A Fênix e o Atlântico

CONSELHO EDITORIAL
Ana Paula Torres Megiani
Eunice Ostrensky
Haroldo Ceravolo Sereza
Joana Monteleone
Maria Luiza Ferreira de Oliveira
Ruy Braga

A Fênix e o Atlântico

A Capitania de Pernambuco e a economia-mundo europeia
(1654-1760)

Gustavo Acioli Lopes

Copyright © 2018 Gustavo Acioli Lopes

Grafia atualizada segundo o Acordo Ortográfico da Língua Portuguesa de 1990, que entrou em vigor no Brasil em 2009.

Edição: Haroldo Ceravolo Sereza/Joana Monteleone

Editora assistente: Danielly de Jesus Teles

Projeto gráfico, diagramação e capa: Larissa Polix Barbosa

Assistente acadêmica: Bruna Marques

Revisão: Juarez Atunes

Imagem da capa: Praefecture Paranambucae Pars Borealis, una cum Praefecture de Itamaraca (detalhe). In: Georg Marcgraf, Frans Post, gravura em cobre do *Rerum per Octennium in Brasilia*, de Gaspar Barléu, 1647. Acervo da Koninklijke Bibliotheek.

Este livro foi publicado com apoio da Fapesp, nº do processo 2015/21348-0

CIP-BRASIL. CATALOGAÇÃO NA PUBLICAÇÃO
SINDICATO NACIONAL DOS EDITORES DE LIVROS, RJ
L852f

Lopes, Gustavo Acioli
A fênix e o Atlântico : a Capitania de Pernambuco e a econo-
mia-mundo europeia (1654-1760) / Gustavo Acioli Lopes.
1. ed. -- São Paulo : Alameda.
il.
Apêndice
Inclui bibliografia
ISBN: 978-85-7939-455-3

1. Pernambuco - História. 2. Administração pública - Pernambuco - História. 3. Provedoria de Pernambuco. I. Título.

17-40337 CDD: 981.34
CDU: 94(81)

ALAMEDA CASA EDITORIAL
Rua 13 de Maio, 353 – Bela Vista
CEP 01327-000 – São Paulo, SP
Tel. (11) 3012-2403
www.alamedaeditorial.com.br

Sumário

9 PREFÁCIO

13 INTRODUÇÃO

21 DEPOIS DA TEMPESTADE: AVALIAÇÃO DA ECONOMIA E DO TRÁFICO DE ESCRAVOS DE PERNAMBUCO NA SEGUNDA METADE DO SÉCULO XVII.

109 O REMÉDIO DOS POBRES E A VENTURA DOS RICOS: A FUMICULTURA E O TRÁFICO DE ESCRAVOS NA CAPITANIA DE PERNAMBUCO.

145 SERVINDO A DOIS SENHORES: O TRÁFICO DE ESCRAVOS DE PERNAMBUCO COM A COSTA DA MINA

221 CONSIDERAÇÕES FINAIS

227 ANEXOS

265 FONTES

269 BIBLIOGRAFIA

291 LISTA DE TABELAS E GRÁFICOS

295 SIGLAS UTILIZADAS

297 PESOS, MEDIDAS E MOEDAS

299 AGRADECIMENTOS

A antiguidade dispos nos melhores ditames da experiencia q o Brazil mandasse a este Reino os seos generos para lhe irem os da Azia e de la os repartissem para Angola provendo ao Brazil dos escravos q nescessita. Se o Brazil senhorear se das Roupas da India como ha de mandar os seos generos a Portugal podera querelos remeter a outros Reinos e não he tão pouco o Brazil nem tão pouca a extenção de aquelle estado q vendosse independente deste Reino não imagine nas Liberdades de Senhorio.[1]

José Galvão de Lacerda, 1700.

[...] os Portuguezes já senão contentão de resgatarem os Escravos das mãos dos Estrangeiros comprando-lhes com ouro, e com Tabacos, e agora tão bem já com assucares, mas comprão lhes outros generos que havia [de] hir deste Reino para o Brazil pagando nelle os direitos da entrada e sahida, e depois nos portos do Brazil a Dizima, o que tudo fica fraudando a fazenda Real por que no Brazil os tirão por alto, e se se não acudir promptamente a esta dezordem, que asim como he de sumo prejuizo a este Reino asim tão bem hé de igual utilidade aos moradores do Brazil, não só se sentirão os damnos propostos, mas consequentemente se extinguirá ou se atinuará totalmente o comerçio reciproco, entre este Reino e o Brazil e consequentemente aquele vinculo da mutua indegencia, que ata huns estados com outros estados, e huns homens com outros homens, que he so o que segura a união, porque as mais cautelas que se lhes aplicão ou são do artifiçio, ou da violença, e como tais debeis e pouco duraveiz [...].[2]

Antonio Rodrigues da Costa, 1721.

---

1 José Galvão de Lacerda in: CONSULTA a S. Mg.de [...]. Lisboa, 16 de Fevereiro de 1700. TT, JT, Maço 56-57, caixa 47 (Avisos).

2 Antonio Rodrigues da Costa in: [CONSULTA do Conselho Ultramarino sobre as cartas dos governadores do Brasil e a petição José de Torres]. Lisboa, 10 de julho de 1721. S. Tomé, Cx. 4, Doc. 81.

Prefácio

Entre 1630 e 1637, a Companhia das Índias Ocidentais conquistou as capitanias do norte do Estado do Brasil, com o objetivo de controlar a produção do açúcar e o seu comércio. Após um curto período de paz (o governo de Nassau), quando se tentou recuperar os engenhos e plantações destruídos pela guerra, a rebelião luso-brasileira, que teve início em 1645, mergulhou a região em novas desordens. A história do domínio holandês é, neste aspecto, também a da desorganização e destruição de boa parte da economia açucareira do Brasil. As guerras, como se sabe, não se limitaram à margem americana do Oceano. Nesta altura, a África já enviava, pelas naus que atravessavam o Atlântico, milhares de escravos para abastecer um mercado de mão de obra que ia se consolidando com base neste trabalhador-mercadoria, em substituição (pelo menos no núcleo mais dinâmico do sistema produtivo) ao indígena - que vinha sendo feito escravo desde o início da colonização. A conquista da Mina (1637) e de São Paulo de Luanda (1641) pelos holandeses demonstra que, na sua dimensão sul-atlântica, o nervo do conflito estava no controle de um lado das zonas produtoras de açúcar e, de outro, das zonas de fornecimento de mão-de-obra. A presença do africano, nova base do escravismo americano, era o resultado e a prática da territorialidade do sistema sul-atlântico. A produção do açúcar, e a criação de todo um sistema complementar de reprodução da sociedade colonial, é que realizava o encaixe do Brasil nos circuitos mercantis da economia-mundo emergente.

A restauração de Pernambuco, em 1654, dá início a um processo de recuperação, de reconstrução da economia arrasada pela guerra - os campos de cana queimados, engenhos de fogo morto ou simplesmente saqueados, empreendimentos abandonados e grande confusão sobre as propriedades. O renascimento da economia de Pernambuco, que das cinzas quer ressurgir, é o assunto deste admirável estudo de Gustavo Acioli Lopes. O historiador, que escreveu o texto originalmente como sua tese de doutoramento (defendida em 2008 no Programa de Pós-Graduação em História Econômica da Universidade de São Paulo), procurou compreender como, ao fim das guerras holandesas, a economia desta capitania "renasceu, por vezes prosperou, e sofreu com as crises e vicissitudes do mercado atlântico". Os cem anos do estudo (este "século de silêncio", na imagem de Flávio Guerra), compreendem justamente o período inicial da crise do XVII até meados do século XVIII. A crise – o "mal do Estado Brasílico", na imagem poética de Manuel Botelho – chegaria a um ponto drástico até a década de 1690, quando a descoberta do ouro no sertão e a recuperação da economia açucareira, indicariam um novo caminho. Neste contexto, a destruição dos Palmares (1694) e o fim das Guerras do Bárbaros (1704) são também marcos importantes desta consolidação do poder colonial. Portugal, tendo já retomado o seu principal entreposto de comércio de escravos em Angola (1648) e as capitanias do Norte do Brasil e do Maranhão (1654), estabiliza as fronteiras internas e externas de seu império Atlântico, controlando as rebeliões dos indígenas e dos escravos na América, estabelecendo as alianças com Inglaterra e os tratados de paz com a Espanha e as Províncias Unidas (1668 e 1669). Nas décadas iniciais do século XVIII, como mostra Lopes, assistiremos um momento de prosperidade relativa de Pernambuco. Relativa, porque a economia da capitania não mais seria a mesma. Prosperidade vinculada aos arranjos que aproximam a produção das mercadorias coloniais ao comércio de escravos africanos.

O livro nos oferece uma visão concreta e muito precisa destes vínculos que se tecem entre o Brasil e a África, informando também o próprio sistema produtivo colonial que, como que se adaptando às demandas do mercado dos escravos, fortalecia a produção de tabaco e cachaça. De tabaco sobretudo. Mas, afinal, para que o açúcar pudesse ser feito. Estes vínculos estavam claros e se tornaram estruturais para o sistema colonial. Para os contemporâneos, era já assente a importância do tráfico de escravos. Em meados do XVII, ninguém hesitaria em perceber a centralidade do mercado em Angola. Em carta ao marques de

Niza, datada de alguns dias antes da retomada de Angola pelas tropas de Salvador Correia de Sá em agosto de 1648, o padre Antonio Vieira considerava a importância do tráfico na geopolítica dos impérios coloniais: ele explica que os holandeses entendem perfeitamente que a África e o Brasil não se podem mais separar, "porque sem negros não há Pernambuco, e sem Angola não há negros". Em sintonia com os estudos renovados da história do tráfico atlântico de escravos, Lopes percebe que para entender estas conexões, é preciso investigar o papel da produção do tabaco. Recuperado o Brasil, retomada a oferta de escravos, será no último quartel do século XVII que as folhas de fumo tornar-se-ião um gênero de primeira importância no império português, como elemento fundamental para o comércio negreiro entre a África Ocidental e as capitanias do Norte do Brasil.

Neste estudo, baseado em ampla documentação, o historiador nos traz uma leitura inovadora do papel dos sistemas produtivos e das conexões dos diversos ramos da economia colonial, notadamente estas duas mercadorias de exportação (açúcar e tabaco), com o tráfico de escravos. Podemos entender, assim, como os setores produtivos e mercantis da economia do Pernambuco colonial foram tocados pela dinâmica da economia-mundo europeia, mas sem deixar de considerar os efeitos das mudanças operadas no próprio Brasil, com a descoberta do ouro no sertão e a nova acomodação dos fluxos regionais – com a revolução demográfica e a ampliação da produção de alimentos e outros gêneros para o consumo interno. Por outro lado, *A Fênix e o Atlântico* nos permite entender como – apesar do comércio com a Costa da Mina ter permitido uma certa recuperação da economia de Pernambuco – a capitania assumiria ao longo das primeiras décadas do XVIII uma posição intermediária no império colonial português. Uma retomada que permitiu a superação da encruzilhada da segunda metade do século XVII, quando a produção do açúcar no Brasil se via ameaçada pelo enfraquecimento da demanda européia e da incapacidade de Portugal de ajustar os mecanismos de troca e de interação entre o capital mercantil e o mundo da produção. Mas esta retomada (é o que nos ensina Lopes) não garantiu a Pernambuco reestabelecer seu *status quo ante bellum*. A centralidade da produção do ouro no sertão dá-se não pela renda ali resultante, mas pelo fluxo monetário que reinsere cada dimensão do sistema colonial em novas conexões mercantis. Desta forma, como que invertendo a frase de Loureto Couto, podemos perceber que nesta recuperação, se os desagravos foram de Pernambuco, a glória seria do Brasil; ou melhor, de Portugal.

De forma muito sugestiva, distinguindo *tráfico* de escravos do *tráfego* dos escravos, Lopes percebe que o primeiro estava ligado à diversos circuitos que envolviam espaços conexos da economia-mundo. Se uma parte do *tráfego* é bipolar, isso não quer dizer que o tráfico o fosse. O circuito de criação de valor e de resolução das trocas era algo que se fazia em escala maior, envolvendo diversos mercados e operações. Neste sentido, Lopes nos mostra como o tabaco e a cachaça não são mercadorias suficientes para fechar os circuitos do tráfico: para comprar escravos em África era também preciso um conjunto de outros produtos, a maioria manufaturados europeus e asiáticos, que seriam compradas pelo ouro que se levava do Brasil. Neste ponto, seu trabalho foi um dos argumentos fortes para a posição assumida por ele e pelo seu colega Maximiliano Mac Menz que procuraram, em uma perspectiva crítica e inovadora, "relativizar a interpretação canônica sobre o tráfico na Costa da Mina e Angola"[1]. Sendo assim, sua posição é que a bipolaridade do trato em escravos entre as porções portuguesas em cada margem do Atlântico sul "não derroga a vigência dos mecanismos do antigo sistema colonial". Neste ponto, fica claro que a postura teórica do historiador considera, como horizonte de interpretação, a constituição de uma economia na escala do mundo, nos termos de Braudel. Regida pelos processos de valorização do capital (pelos ganhos do capital mercantil), a economia colonial aparece, então, como um dos momentos da formação do valor que se realiza nos circuitos do capitalismo nascente.

Pedro Puntoni
Lisboa, março de 2017

---

1   Cf. o artigo de Gustavo Acioli Lopes e Maximiliano Mac Menz. "Resgate e Mercadorias: uma análise comparada do tráfico luso-brasileiro de escravos em Angola e na Costa da Mina (século XVIII)". *Afro-Ásia*, 37;43-73, 2008; e também Maximiliano Mac Menz, "As 'geometrias' do tráfico: o comércio metropolitano e o tráfico de escravos em Angola (1796-1807)", *Revista de História*, 166;185-222, 2012.

Introdução

Este texto foi escrito há cerca de oito anos, como tese de doutorado em História Econômica. Desde então, prometi a mim mesmo, não sei quantas vezes, revisar o texto, mas não o fiz tanto quanto gostaria. Portanto, o livro é a tese menos uma dúzia de páginas (que foram retiradas) e com o acréscimo de bibliografia pertinente, notas, dados quantitativos, pequenos trechos reformulados ou novos e algumas correções.

Quando da época do doutorado, em virtude da leitura de alguns autores fundamentais, a embarcação que seguia para o Índico (que era o objeto inicial da pesquisa) arribou em Pernambuco e aí se deixou ficar, atendo-se às rotas do Atlântico. O foco, então, incidiu sobre a produção de fumo desta capitania. Porém, falar do tabaco do Brasil àquela altura era falar em tráfico de escravos com a Costa da Mina. Por isso, este ramo da mercancia escravista foi agregado aos objetos do trabalho.

O liame original, contudo, das origens desta relação tabaco/escravos foi a própria economia açucareira de Pernambuco. Assim, o conjunto dos temas aqui tratados foi definido e estendeu-se o recorte cronológico dentro do qual seria abordado.

O ponto de partida, portanto, é a produção açucareira de Pernambuco em meados do séc. XVII, o que nos levou, inevitavelmente, a abordar e pesquisar o fluxo de escravos para Pernambuco através do tráfico transatlântico, seja com Angola, seja com a Costa da Mina.

Uma das duas principais zonas canavieiras do Brasil, a economia de Pernambuco e das capitanias que lhe estavam anexas passa por três fases distintas desde o fim das guerras holandesas (1654) até o estabelecimento da companhia pombalina de Pernambuco e Paraíba, um século depois. Estas fases podem ser delimitadas, inicialmente, entre a expulsão da WIC e a metade da década 1690, início da produção aurífera ou, alternativamente, até o fim das guerras contra os quilombos dos Palmares. Um segundo momento estender-se-ia de fins do século XVII até cerca de 1730. E, por fim, a última fase aqui em análise, da década 1730 a fins dos anos 1750. Desejando-se batizar estes intervalos de média duração, poderia-se rotulá-los de períodos de recuperação, de prosperidade relativa ou conjuntural e de crise. Eles compreendem um período ainda pouco conhecido, o que levou Flávio Guerra a falar de um "século de silêncio"[1].

No século XVII, tornara-se comum nos círculos da corte bragantina afirmar-se que sem o Brasil não haveria açúcar e sem o trabalho escravo, nem uma coisa nem outra[2]. Cabe, então, pensar o papel que o tráfico de escravos de Pernambuco exerceu em cada um daqueles períodos em que se div*idem* estes cerca de cem anos, dado que os escravos eram a "contra-senha"[3] do açúcar, o gênero sobre o qual se alicerçava a capitania (e o Brasil) até fins do século XVII. Por conseguinte, deve-se investigar o papel da produção do fumo, uma vez que o tabaco alça-se no último quartel do século XVII a um gênero de primeira importância no império português e passa a ser um elemento fundamental no tráfico escravista das capitanias do Norte com a África Ocidental.

Nas primeiras quatro décadas após a expulsão dos holandeses, esta mercancia em escravos, centrada em Lisboa, mas secundada pelo porto do Recife, somou-se aos esforços metropolitanos e ultramarinos de recuperação da economia local. Ao prover de cativos a combalida economia açucareira das capitanias do

---

1 Flávio Guerra. *Nordeste: um século de silêncio (1654-1755)*. Recife: CEPE, 1984.

2 A célebre frase do padre Antônio Vieira talvez ecoe um dito comum entre os conselheiros e indivíduos ligados ao tráfico ultramarino; num parecer do Conselho de Guerra de 1643, lê-se: "Considerando o Conselho, que pera se conservarem as conquistas deste Reino, e particularmente o Estado do Brasil se não podera conseguir faltando o meneo, e comercio de Angola por rezão dos escravos que daly sayem para beneficiar os engenhos de assucares que ha no Brasil, [...], como bem o tem mostrado a experiência neste pouco tempo que ha os Olandeses invadirão e ocupão a cidade de Loanda [...]". SOBRE a ordem que se deve dar pera se continuar o comercio de Angola. Lisboa, 8 de janeiro de 1643. AHU, CU, [Conselho de Guerra], Angola, Cx. 4, Doc. 18.

3 Charles R Boxer. *Salvador de Sá e a luta pelo Brasil e Angola, 1602-1686*. (Trad.). São Paulo: Nacional, 1973, p. 401.

Norte do Brasil, o tráfico cumpria a função de fornecer mão-de-obra dentro das capacidades financeiras da capitania, ainda muito dependente do açúcar e, portanto, de reanimá-la, contribuindo para a recomposição da produção açucareira.

Quando do advento da produção aurífera ao sul do Brasil, o tráfico de escravos para Pernambuco concentra-se na África Ocidental, na região e nos portos aos quais os portugueses chamavam Costa da Mina. Foi na articulação deste ramo do tráfico escravista com a produção fumageira, mais do que nas exportações do gênero, que o tabaco desempenhou um papel fundamental na economia da capitania. Portanto, a maior expansão da produção de tabaco em Pernambuco e áreas adjacentes deu-se em função da conjunção da demanda agrícola e mineira por mão-de-obra compulsória desde fins do século XVII.

Durante o pico da produção das minas (a partir de 1730), o tráfico de Pernambuco com aquela região da África dá mostras de seguir o mesmo caminho da economia da capitania como um todo: retração ou estagnação. Ver-se-á como o desempenho destes dois segmentos da economia local, comércio negreiro e produção de gêneros exportáveis, se relacionaram.

No entanto, Pernambuco estava, evidentemente, inserido no conjunto do império português e este, na economia-mundo europeia[4]. Portugal encontra-se, na segunda metade do século XVII, num momento de crise econômica e fiscal, agravada por sérios problemas bélicos, desdobrados em tensões diplomáticas. A guerra contra Castela e os dilemas das alianças e contra-alianças com as outras nações europeias, a queda dos preços dos produtos coloniais, a perda de acesso à prata americana (devido à exclusão dos *asientos*)[5], bem como as dificuldades

---

4   Na definição de Immanuel Wallerstein. *O Sistema Mundial Moderno*. Vol. I. A agricultura capitalista e as origens da economia-mundo européia no século XVI. (Trad.). Lisboa: Afrontamento, [1990], p. 25 *et passim*. Deve-se ter em conta, também, as formulações sobre a economia-mundo de Fernand Braudel, que influenciaram Wallerstein e outros autores; F. Braudel. *El Mediterráneo e el Mundo Mediterráneo en la época de Felipe II*. México: Fondo de Cultura Económica, 1995, Vol. 1, p. 433-8; F. Braudel. As divisões do espaço e do tempo na Europa. In: *Idem. Civilização Material, Economia e Capitalismo. Séculos XV a XVIII*. (Trad.). Vol. 3: O Tempo do Mundo. São Paulo: Martins Fontes, 1998, p. 12-58. Uma síntese da abordagem encontra-se em Immanuel Wallerstein, "The rise and future demise of the world capitalist system: concepts for comparative analysis." *Comparative studies in society and history*, 16.04 (1974), 387-415 (especialmente as p. 390-1, 394, 397-9); Terence K. Hopkins and Immanuel Wallerstein, "Patterns of development of the modern world-system", *Review*, 1977, p. 111-145; Ver, também, sobre o "método do sistema-mundo", Walter L. Goldfrank, "Paradigm Regained? The Rules of Wallerstein's World-System Method", *Journal of World-Systems Research*, 6.2, 2000, p. 150-195.

5   E, também, pela própria demanda do negócio da Índia e a balança deficitária com o norte da Europa, cujos Estados estavam empenhados no comércio asiático. Cf. Rita Martins de

de acesso ao ouro africano devido à ofensiva holandesa, tudo redundou numa diminuição drástica da capacidade de importação no reino e de dispêndio pelos cofres do Estado[6]. E como, a um só tempo, parte integrante e origem destes fatores, há o acirramento da concorrência entre metrópoles na economia atlântica (não apenas no mercado europeu de açúcar, no qual o adoçante de cana brasileiro perde espaço após 1670[7], mas também pela oferta africana de escravos)[8].

Dentro desse quadro, o tráfico de escravos realizado desde o Brasil garantia que as colônias atlânticas ocidentais de Portugal fossem providas de escravos sem que fosse preciso recorrer às outras potências[9]. Ao mesmo tempo, o tráfico tornou-se uma fonte importante de recursos para a coroa, pelos direitos régios que gravavam a exportação e a importação de mão de obra africana[10].

Souza. *Moeda e Metais Preciosos no Portugal Setecentista. (1698-1797)*. Lisboa: Imprensa Nacional – Casa da Moeda, 2006, p. 82-3, 86.

6   Para a análise desta conjuntura em seus aspectos econômicos na metrópole e nas colônias, cf., Vitorino de Magalhães Godinho. "Portugal, as frotas do açúcar e as frotas do ouro (1670-1770)". *Revista de História da USP*, São Paulo, n. 15, jul./set. 1953, p. 79; *Idem*, Portugal and her Empire, 1680-1720. In: J. S. Bromley. (Ed.). *The New Cambridge Modern History*. v. VI. Cambridge: Cambridge University Press, 1971, p. 510-1; Carl Hanson. *Economia e Sociedade no Portugal Barroco*. (Trad.). Lisboa: Dom Quixote, 1986, p. 163-5, 171-6; Jorge Borges de Macedo. *Problemas de História da Indústria Portuguesa no século XVIII*. 2ª. ed. Lisboa: Querco, 1982, p. 22-30; Jorge Miguel Viana Pedreira. *Estrutura Industrial e Mercado Colonial. Portugal e Brasil (1780-1830)*. Lisboa: DIFEL, 1994, cap. 1. Sobre os problemas portugueses na Costa do Ouro, cf. Filipa Ribeiro da Silva. *Dutch and Portuguese in Western Africa*. Empires, Merchants and the Atlantic System, 1580–1674. Leiden; Boston: Brill, 2011, p. 247-50.

7   Douglas A. Farnie. "The Commercial Empire of the Atlantic, 1607-1703". *The Economic History Review*, New Series, Vol. 15, n. 2, 1962, p. 209-10.

8   Toda esta conjuntura, evidentemente, desdobra-se a partir da debatida crise do século XVII; a literatura a respeito é vasta, tendo seu ponto de partida fundamental em Eric Hobsbawm. The General Crisis of the European Economy in the 17th Century [1954]. In: Trevor Aston, ed. *Crisis in Europe, 1560-1660: Essays from Past and Present*. London: Routledge & Kegan Paul, 1965, p. 5-58. Vejam-se as sínteses de Immanuel Wallerstein. *O Sistema Mundial Moderno*. Vol. II. O mercantilismo e a consolidação da economia-mundo europeia, 1600-1750. (Trad.). Lisboa: Afrontamento, [1994], cap. 1; Ruggiero Romano. *Conyunturas Opuestas*. La crisis del Siglo XVII en Europa e Hispanoamérica. México: Colegio de México; FCE; Fideicomisso Historia de Las Américas, 1993, cap. 1, cujas interpretações são distintas. Também Niels Steensgaard. The Seventeenth Century Crisis. In: Geoffrey Parker; Lesley M. Smith. *The General Crisis of the Seventeenth Century*. 2th ed. Londres; Nova York: Routledge, 1997, p. 32-56.

9   Como o fazia há muito a Espanha em relação às suas Índias e tornou-se regra nas colônias francesas, que eram abastecidas não só por mercadores franceses, mas por ingleses e holandeses. Cf. Joseph E. Inikori. *Africans and the Industrial Revolution in England*. A study in the international trade and economic development. Cambridge, UK: Cambridge University Press, 2002, p. 252-3.

10   Luiz Felipe de Alencastro. *O trato dos viventes: a formação do Brasil no Atlântico Sul*. São Paulo: Companhia das Letras, 2000, p. 32-41.

A FÊNIX E O ATLÂNTICO

Propõe-se, dessa forma, a pensar o tráfico de escravos de e para Pernambuco e a sua produção mercantil dentro desta cronologia de recuperação, prosperidade relativa e crise econômica. De igual modo, outros dois aspectos serão debatidos, permitindo matizar algumas conclusões que têm tido ampla difusão e aceitação entre os historiadores do tema. Um, consiste no papel que os gêneros tropicais, nomeadamente a cachaça e o tabaco, desempenharam neste tráfico bipolar. O outro, a versão de que o tráfico que abastecia ao Brasil de mão-de-obra compulsória africana passou a ser, em algum momento da primeira metade do século XVII, predominantemente, senão totalmente, realizado a partir dos portos do Brasil, a chamada "bipolaridade"[11].

Os temas e objetos tratados nas páginas que se seguem não constituem novidade na historiografia sobre o Brasil colônia e o império atlântico português. A importância do tabaco no âmbito da economia luso-atlântica, para as finanças e o comércio da metrópole e a economia de sua maior colônia, em geral, e da Bahia e Pernambuco, em particular, já foi ressaltada por vários autores. Neste sentido, este trabalho é tão devedor de Caio Prado Júnior, Roberto Simonsen, João Lúcio de Azevedo, quanto o é de José Roberto do Amaral Lapa, Pierre Verger, Catherine Lugar, Jean Baptiste Nardi, Bert J. Barickman e Guillermo Palacios (como ficará evidente ao longo do texto).

O primeiro grupo de autores citados ressaltou o enquadramento do tabaco na economia luso-atlântica, no nível metropolitano e colonial, traçando em linhas gerais as principais características da lavoura e do comércio deste gênero. Por outro lado, as gerações seguintes de pesquisadores levantaram questões incisivas acerca da fumicultura colonial e aprofundaram o tratamento do tema, desfazendo alguns equívocos e ampliando nosso conhecimento sobre o papel da produção e circulação do tabaco e sua função na reprodução sócio-econômica da América portuguesa[12]. Não caiu em ouvidos surdos a afirmação de outro estudioso da economia do Brasil colonial, o qual afirmou que era

---

11 A ideia não é nova, pois já Oliveira Martins referia-se a Angola como uma colônia do Brasil; cf. J. P. de Oliveira Martins. *O Brazil e as colonias portuguezas*. 5ª ed. Rev. e Aum. Lisboa: Parceria Antonio Maria Pereira, 1920, p. vii. O tema foi aprofundado e ganhou maior peso com Alencastro, *O trato dos Viventes*, p. 116 *et passim*.

12 Cf. Gustavo Acioli Lopes, "A ascensão do primo pobre: o tabaco na economia colonial da América Portuguesa-um balanço historiográfico", *Saeculum*, 12, João Pessoa, Jan.-Jun. 2005, p. 22-37.

"impossível um estudo sobre o açúcar que não inclua o tabaco"[13]. Sem dúvida, a recíproca também é verdadeira.

Esta pesquisa lida, portanto, com estes dois setores produtivos da capitania de Pernambuco entre 1654 e 1760, tendo por eixo que os interliga o tráfico de escravos, bem como busca demonstrar os efeitos que as descobertas auríferas tiveram sobre aqueles três setores. Principia no primeiro ano supracitado por ser o período seguinte equivalente a uma refundação da região. Ao final das guerras holandesas, mais de um quinto dos engenhos estavam a monte e de fogo morto e as áreas ao norte de Olinda desertas[14]. Só então a produção açucareira deixa de estar confinada ao sul da capitania, ao qual a guerra a havia cingido, e busca retomar seus níveis *ante bellum*. O tráfico de escravos, que o interregno holandês havia mostrado ser parte estrutural da reprodução da colônia, pôde retomar a circulação normal.

Por sua vez, em 1760 já se fazia sentir o declínio da produção aurífera, que havia estimulado diversos setores da economia colonial. Por sua vez, todo o setor mercantil externo das capitanias de Pernambuco e Paraíba tornou-se sujeito ao monopólio estabelecido pela criação de uma das companhias de comércio pombalinas. Trata-se, portanto, de outra fase da história econômica da região, cujos aspectos fundamentais, aliás, já foram estudados[15].

Os capítulos estão divididos menos cronologicamente que tematicamente, embora o ponto de partida seja o primeiro dos períodos a que se referiu. No capítulo 1, procede-se a uma avaliação da produção açucareira, com vistas a seguir o seu desempenho até o início do século XVIII. Notar-se-á que o detalhamento, ao longo do trabalho, do comportamento do setor não excede este último limi-

---

13 Virgilio Noya Pinto. *O Ouro Brasileiro e o Comércio Anglo-Português*: uma contribuição aos estudos da economia atlântica no século XVIII. São Paulo; Brasília: Nacional; INL, 1979, p. 43.

14 Evaldo Cabral de Mello. *Olinda Restaurada*. Guerra e açúcar no Nordeste, 1630-1654. 2ª. Ed. rev. e aum. Rio de Janeiro: Topbooks, 1998, p. 206, 211, 453, Tab. 8.

15 José Ribeiro Júnior. *Colonização e Monopólio no Nordeste do Brasileiro*. A Companhia Geral de Comércio de Pernambuco e Paraíba. São Paulo: HUCITEC, 1976; António Carreira. *As Companhias Pombalinas do Grão-Pará e Maranhão e de Pernambuco e Paraíba*. 2ª. ed. Lisboa: Presença, [1982]. Abordagens mais recentes: Maximiliano M. Menz, "A Companhia de Pernambuco e Paraíba e o Funcionamento do Tráfico de Escravos em Angola (1759-1775/80)", *Afro-Ásia*, 48 (2013), 45-76; Erika S. de A. C. Dias. *As pessoas mais distintas em qualidade e negócio*: a Companhia de Comércio e as relações políticas entre Pernambuco e a Coroa no último quartel de Setecentos. Tese de Doutorado em História. Lisboa: Universidade Nova de Lisboa, 2014, cap. 6-8.

te temporal. Isto se deve à escassez de dados e análises do tema para as quatro décadas que se seguem ao fim do domínio da WIC, o que exigiu um esforço de pesquisa à parte.

Ainda no primeiro capítulo é abordada a retomada do tráfico de africanos forçados a labutar nos campos sacaríferos. Procuraram-se indicar as formas pelas quais esta mercancia vinculou-se ao desempenho observado da produção açucareira. Outrossim, além da ligação proverbial de Pernambuco com Angola, procura-se apontar, a partir dos poucos elementos disponíveis para o período, uma outra rota negreira que estava mais à sombra: a da Costa da Mina.

No capítulo seguinte, o foco incide na formação e disseminação do plantio de tabaco na capitania e nas áreas sob sua jurisdição. Apresenta a distribuição geográfica da fumicultura e discute-se um dos elementos fundamentais à sua proliferação: a pequena mão-de-obra. Fechando o capítulo, são abordados a criação e o funcionamento da Junta da Administração do Tabaco, devido à sua influência na forma como a fumicultura e o comércio de tabaco de Pernambuco evoluíram no período.

No terceiro e último capítulo, o tema privilegiado é o comércio de tabaco e aquele que mais esteve vinculado a ele em Pernambuco: o tráfico de escravos com a Costa da Mina. Os vínculos entre as duas atividades são evidenciados, bem como o papel dos homens de negócio da praça do Recife neste ramo. Em seguida, procede-se a uma avaliação das condições enfrentadas pelo tráfico de escravos a partir da capitania de Pernambuco na perspectiva atlântica, com o intuito de delinear como a atividade dos negreiros europeus e de outras partes do Brasil afetava o comércio escravista daquela capitania. Assim, pode-se ter uma melhor estimativa da importância relativa do tráfico do porto do Recife no conjunto do tráfico Atlântico e, em particular, no fornecimento de braços africanos ao Estado do Brasil.

O texto conclui-se por um balanço que visa inserir analiticamente a economia de Pernambuco e os setores abordados (mormente a produção açucareira e do tabaco e o comércio de escravos) no escopo da economia-mundo europeia. Tal tarefa faz-se necessária na medida em que este estudo da economia de uma das regiões portuguesas na América só adquire seu pleno sentido como "dimensionamento regional" das práticas econômicas inerentes ao sistema colonial. Por meio desta articulação entre um segmento do espaço econômico e a totalidade da economia-mundo europeia do qual faz parte (sendo, de fato, componente de um império, ele mesmo subordinado ao centro da economia-mundo)[16], esperamos contribuir para uma "compreensão mais vertical e abrangente da formação social [do Brasil colônia] nos seus dimensionamentos regionais"[17], apontando para diversidade de regimes de mão de obra, de formas de ocupação e uso da terra e da produção colonial[18].

Ao longo da pesquisa que deu origem a este trabalho, tornou-se evidente a vinculação entre a produção de tabaco e o tráfico escravista com os setores exportadores voltados para o mercado europeu. Se, como veremos, o "Negócio da Costa da Mina" foi próspero em boa parte do século XVIII, a ponto de tornar-se sinônimo de "coisa que deixa grande lucro"[19], o arremate desta história conclui pela 'eurotropia' de tais segmentos da economia colonial e dá-se o reencontro com os elementos que lhes deram sentido: a produção exportadora tipicamente colonial de açúcar e ouro.

---

16 Para um argumento em favor da existência de um "subsistema luso-atlântico" e sua importância para a economia-mundo e sobre o reforço da posição dependente de Portugal no último quartel do século XVII, cf. Carl A. Hanson. *Economia e Sociedade no Portugal Barroco*. (Trad.). Lisboa: Dom Quixote, 1986, p. 207-9, 288, 290-1.

17 José Jobson de A. Arruda. "A prática econômica setecentista no seu dimensionamento regional". *Revista Brasileira de História*, São Paulo, v. 5, n. 10, março/ago. 1985, p. 155.

18 Aspectos ressaltados por Arruda, *idem*, p. 150-1.

19 F. A. Pereira da Costa. *Vocabulário Pernambucano*. 2ª. Ed. Recife: Secretaria de Educação e Cultura, 1976, p. 547.

Depois da tempestade: avaliação da economia e do tráfico de escravos de Pernambuco na segunda metade do século XVII

A capitania donatária de Pernambuco nasceu do açúcar[1]. Foi o mesmo açúcar que atraiu os capitais holandeses, na forma de uma companhia de comércio, à conquista da capitania e de suas regiões anexas. O controle batavo, que se estendeu aos outros domínios portugueses nas duas margens do Atlântico, passou por altos e baixos, e teve fim em janeiro de 1654. O momento que marca o fim do nordeste luso-holandês é o ponto de partida da análise da economia da capitania que se empreende neste capítulo, cujo termo se dá na última década do século.

Apesar dos danos provocados por nove anos de combates e campanhas nos campos da capitania (1645-1654), a produção açucareira continuou a ser o esteio da atividade econômica em Pernambuco nos 40 anos que se seguem às guerras holandesas. Certamente a produção de tabaco, que precede o período holandês, foi retomada e deve ter crescido neste período, mas parece ter-se tornado relevante, junto com os couros e a madeira, apenas no final do século XVII[2].

---

1   Como várias outras colônias nas Américas viriam a surgir em função da produção açucareira; cf. Richard B. Sheridan. *Sugar and Slavery*: An Economic History of the British West Indies, 1623-1775. [1974]. Kingston: Canoe Press, 2000, p. 11 e ss. Uma revisão das origens da "revolução do açúcar" no Caribe encontra-se em John J. McCusker and Russell R. Menard, The Sugar Industry in the Seventeenth Century A New Perspective on the Barbadian "Sugar Revolution", in Stuart Schwartz. *Tropical Babylons*. Sugar and the Making of the Atlantic World. Chappell Hill, Londres: The University of North Carolina Press, 2004, p. 289-330.

2   Wätjen dispensa-se de comentar a fumicultura no período holandês por considerar o tabaco gênero completamente secundário no interregno neerlandês. Hermann Wätjen. *O Domínio Colonial Holandês no Brasil*. Trad. São Paulo: Companhia Editora Nacional, 1938, p. 438-9.

Como os agentes da WIC aprenderam rapidamente, o outro lado da moeda açucareira era o tráfico de escravos[3]. Pensar a recuperação produtiva da capitania neste período implica, portanto, pensar em simultâneo o papel que o tráfico de escravos desempenhou na mesma. Assim, além da tentativa de avaliação da produção açucareira e de indicações da produção fumageira, buscar-se-á rastrear as vias de abastecimento de escravos para a capitania.

Veremos, assim, como o tráfico de escravos no Atlântico português, seja a partir do reino, seja das colônias, incluiu-se nos esforços de recuperação econômica do império governado pelos Bragança. Isto se dará pela investigação das rotas do tráfico e dos agentes que proviam de escravos as capitanias do Norte[4].

Os anos de ferro: a economia pernambucana da Restauração às guerras dos Palmares

No que diz respeito ao século XVII, são um tanto obscuras as condições da economia açucareira de Pernambuco e capitanias anexas na segunda metade do século. Conhece-se melhor a crise que a atingiu na segunda década do século seguinte, que o meio século anterior[5].

De forma geral, sabe-se que a economia açucareira da América portuguesa passou por uma relativa prosperidade entre os anos 1660 até 1680/90, quando a tendência declinante se acentua[6]. Estas considerações, todavia, são baseadas no desempenho da economia da Bahia. Há justas razões, porém, para se estender

---

3 Boxer, *Salvador de Sá e a luta pelo Brasil e Angola, 1602-1686*. (Trad.). São Paulo: Nacional, 1973, p. 252 e ss.; Pedro Puntoni. *A Mísera Sorte*. A Escravidão africana no Brasil holandês e as guerras do tráfico no Atlântico sul, 1621-1648. São Paulo: Hucitec, 1999, p. 132-4, 155; Luiz Felipe de Alencastro. *O trato dos viventes: a formação do Brasil no Atlântico Sul*. São Paulo: Companhia das Letras, 2000, p. 221-2.

4 Ou seja, aquelas do Estado do Brasil que estavam acima da margem esquerda do rio S. Francisco: Alagoas, Pernambuco, Paraíba, Itamaracá, Rio Grande do Norte e Ceará.

5 A caracterização geral do período encontra-se em José Antonio Gonsalves de Mello. *João Fernandes Vieira, , mestre-de-campo do Terço de Infantaria de Pernambuco*. 2ª. ed. Lisboa: CEHA; CNCDP, 2000, p. 385-8; Evaldo Cabral de Mello. *A Fronda dos Mazombos*, Nobres contra mascates, Pernambuco, 1666-1715. 2ª. ed. rev. São Paulo: 34, 2003, p. 47-8; *Idem. Olinda Restaurada*. 2ª. ed. Rev. e aum. Rio de Janeiro: Topbooks, 1998, p. 206-10; Vera Lúcia Acioli. *Jurisdição e Conflitos: aspectos da administração colonial*. Pernambuco – século XVII. Recife: EDUFPE; EDUFAL, 1997, p. 29-51.

6 Stuart B. Schwartz. *Segredos Internos*. Engenhos e escravos na sociedade colonial. São Paulo: Companhia das Letras, 1999, p. 146-69; Vera Lúcia Amaral Ferlini. *Terra, trabalho e poder*. O mundo dos engenhos no Nordeste colonial. São Paulo: Brasiliense/CNPq, 1988, p. 70-93.

a avaliação às demais capitanias açucareiras do Norte. Seja porque o fulcro da produção era o mesmo, o açúcar, seja devido à dependência destas capitanias do mesmo mercado externo, a Europa ocidental. Não obstante, comparando as informações para a capitania de Pernambuco que se puderam coligir em diversas fontes, é possível refinar a análise particular desta capitania.

Para avaliar a evolução da economia açucareira de Pernambuco na segunda metade do XVII seria útil estabelecer a evolução do número de engenhos na capitania e anexas desde 1654 a 1700. Ainda melhor seria indicar a evolução do volume da produção mesma, dado que os engenhos de Pernambuco tenderam a diminuir sua produtividade média[7].

Ao longo do terceiro e último quarto do Seiscentos, pedidos de isenção de tributos por uma década para engenhos recém-construídos ou reerguidos pelos senhores de engenho de Pernambuco (concessão feita pela coroa)[8] indicam o soerguimento da economia açucareira da região. Ainda em 1673, informava o provedor da fazenda de Pernambuco que, além do engenho São Brás, propriedade régia,

> Alguz Engenhos ha de particulares tambem de fogo morto, q. dificultozamente se poderão levantar, assim pella pobreza dos donos como pela maior parte das terras delles estarem Repartidas por erdeiroz.[9]

Aos poucos, porém, alguns engenhos renasciam das cinzas e eram postos moentes e correntes, como o caso do engenho *São Felipe e São Tiago* e do *São Jorge* localizados na capitania de Itamaracá, cujo proprietário Manoel da Fonseca Rego, em 1683, pedia a isenção de tributos por dez anos por tê-los reedificado[10].

---

7   Schwartz, *op. cit.*, p. 150, Tab. 15.

8   Frédéric Mauro. *Portugal, o Brasil e o Atlântico*, 1570-1670. (Trad.). Lisboa: Estampa, 1997. v. 1, p. 300-1; a isenção datava do princípio da colonização; foi revogada para os engenhos de "três palitos" no início do século XVII; Evaldo Cabral de Mello. *Olinda Restaurada*. Guerra e açúcar no Nordeste, 1650-1654. 2ª. Ed. Rio de Janeiro: Topbooks, 1998, p. 175. Sua renovação após 1654 demonstra o reconhecimento de que a capitania havia regredido ao estado primevo.

9   CARTA do [provedor da Fazenda Real da capitania de Pernambuco], André Pinto Barbosa, ao príncipe regente [D. Pedro], sobre a situação do engenho São Brás, situado na freguesia do Cabo. Recife, 19 de agosto de 1673. AHU, CU, Pernambuco, Cx. 10, Doc. 987.

10 CONSULTA do Conselho Ultramarino ao príncipe regente D. Pedro, sobre o requerimento de Manoel da Fonseca Rego, em que pede para gozar de dez anos de liberdade pela reedificação dos seus dois engenhos São Filipe e São Tiago, e São Jorge, que possui na capitania de Itamaracá. Lisboa, 19 de janeiro de 1683. AHU, CU, Pernambuco, Cx. 13, Doc. 1244.

Outros engenhos cujos donos requeriam a mercê de uma década de isenção eram totalmente novos, isto é, não se tratava de por a moer engenhos de fogo morto, mas erigi-los onde não haviam, tal como o *Nossa Senhora da Anunciação*, situado na freguesia de Santo Amaro de Jaboatão (ao sul do Recife). Seu senhor, Marcos de Barros Correia, afiançava que na dita freguesia "nunca houve engenho" e que ele erguera à sua custa um engenho real[11]. Talvez ele estivesse a se referir à área específica onde construiu o seu engenho, dado que a produção açucareira em Jaboatão não era novidade[12].

Mapa 1. A capitania de Pernambuco e áreas vizinhas

Autor: Guilherme Conigiero

---

11 CONSULTA do Conselho Ultramarino ao príncipe regente D. Pedro, sobre requerimento do mestre de campo Marcos de Barros Correia, dono do engenho Nossa Senhora da Anunciação, situado na freguesia de Santo Amaro do Jaboatão, pedindo licença para gozar dos dez anos de liberdade de impostos concedidos aos que recuperam os engenhos de açúcar. Lisboa, 29 de outubro de 1678. AHU, CU, Pernambuco, Cx. 12, Doc. 1128.

12 Os engenhos começaram a ser erguidos em Jaboatão já na década de 1570; Cf. Evaldo Cabral de Mello, *O Bagaço da Cana*. São Paulo: Companhia das Letras, 2012, p. 21.

O capitão Antonio Barbosa de Lima e Manoel Barbosa de Lima requeriam, em 1687, igual mercê, por terem erguido um engenho novo na capitania de Itamaracá, ao qual batizaram de *Nossa Senhora dos Prazeres*13. No mesmo ano de 1687, chegava ao Conselho Ultramarino outro pedido de isenção por 10 anos, feito por João de Almeida, senhor do novo engenho *N. Sra. do Bom Sucesso*, erguido na freguesia de S. Lourenço da Mata (a oeste do Recife)[14]. Há que se cuidar, no entanto, das fraudes por parte dos requerentes, para gozar indevidamente da isenção[15].

Passados pouco mais de dez anos, a citada freguesia de S. Lourenço da Mata já contava 29 engenhos, todos recentemente erguidos em terras entre 12 e 16 léguas distantes do Recife e em plena produção. Esperava-se, ainda, que mais 8 ou 10 novos engenhos viessem a ser erguidos. O crescimento da produção açucareira na freguesia foi notável. Em 1654 havia apenas 9 engenhos (um de fogo morto). Portanto, o número de unidades mais que triplicou em 40 anos, levando a freguesia do 6º. ao 1º. lugar em produção.[16]

A razão da preferência dos senhores de engenho por esta freguesia para situar os novos engenhos devia-se, segundo os mesmos senhores, "por cauza de estarem as terras vizinhas à praça [do Recife] muito cançadas"[17]. Pode significar que, mesmo os novos engenhos contribuindo para aumentar a produção açucareira da capitania, o fato de que outros engenhos mais próximos ao litoral apresentassem produtividade decrescente contrabalançaria o acréscimo da produção

---

13 CONSULTA do Conselho Ultramarino ao rei D. Pedro II, sobre o requerimento do capitão Antônio Barbosa de Lima e Manoel Barbosa de Lima, pedindo para gozarem dos dez anos de liberdade do açúcar concedidos aos que constroem novos engenhos. Lisboa, 5 de dezembro de 1687. AHU, CU, Pernambuco, Cx. 14, Doc. 1430.

14 CONSULTA do Conselho Ultramarino ao rei D. Pedro II, sobre o requerimento de João de Almeida, pedindo para ter direito aos dez anos de liberdade do açúcar que foram concedidas aos que constróem engenhos. Lisboa, 16 de julho de 1687. AHU, CU, Pernambuco, Cx. 14, Doc. 1419.

15 Mauro, *Portugal, o Brasil e o Atlântico*, 1570-1670, *op. cit.* p. 301-2.

16 Os cinco engenhos construídos na freguesia antes da conquista da capitania pela WIC continuaram moentes durante e depois do domínio holandês. Evaldo Cabral identificou apenas cinco engenhos em S. Lourenço até findo o período holandês, mas talvez no levantamento feito após a expulsão da WIC, engenhos de outras áreas circunvizinhas tenham sido considerados como estando em São Lourenço. Ver, Evaldo Cabral de Mello, *O Bagaço da Cana*, p. 78-86.

17 REPRESENTAÇÃO dos moradores e senhores de engenhos da capitania de Pernambuco ao rei [D. Pedro II], pedindo consentimento para transportarem os açúcares de São Lourenço da Mata para o Recife, nas caixas que comportam 60 arrobas, a fim de diminuir os custos de transportes. Pernambuco, [Ant. 6 de novembro de 1698]. AHU, CU, Pernambuco, Cx. 18, Doc. 1762.

em áreas do interior (mas é pouco provável que em quantidade suficiente para tornar nulo o crescimento da produção total).

A arrecadação efetiva dos dízimos da safra 1701-2, que as pesquisas de Gonsalves de Mello deram a conhecer, vem confirmar a distribuição da produção açucareira na capitania de Pernambuco e a ascensão de S. Lourenço da Mata como importante freguesia açucareira (Tabela I).

A freguesia de S. Lourenço da Mata aparece como a maior contribuinte para o dízimo, seja em volume, seja em valor, seguida pelas freguesias do Cabo, Ipojuca e da Várzea, nesta ordem. Embora a produção da Várzea apareça bem abaixo das freguesias líderes, ainda era uma das principais áreas de produção açucareira.

Tabela I:
Arrecadação dos Dízimos do Açúcar de Pernambuco por Freguesia, 1701-2

	1	2	3
Freguesia	@[a]	Réis	Preço Médio
São Lourenço	4.550	6.800.035	1.495
Cabo	4.078	5.232.995	1.283
Ipojuca	2.400	3.602.970	1.501
Várzea	2.182	4.092.390	1.876
Muribeca	2.100	3.134.740	1.493
Jaboatão	1.810	2.710.470	1.497
Porto Calvo	1.530	2.340.670	1.530
Igaraçu	1.500	2.254.800	1.503
Serinhaém	1.410	2.215.570	1.571
Una	270	419.580	1.554
Total	21.830	32.804.220	1.503

Fontes: Elaboração própria a partir de José Antonio Gonsalves de Mello. *Um Mascate e o Recife*, A vida de Antônio Fernandes de Matos no período de 1671-1701. 2ª. ed. Recife: Fundação de Cultura da Cidade do Recife, 1981, p. 78-9.

a. Este volume inclui açúcar branco, mascavo e o "traçado", ou seja, incluindo àquelas duas qualidades mais o batido, embora o branco predomine em todas.

Uma outra tendência que é possível apontar é a da redução da capacidade produtiva por unidade, ao menos nos engenhos novos. S. Lourenço deveria contar com, ao menos, 30 de engenhos neste início de século, visto que já havia 29 em 1698. De acordo com a arrecadação dos dízimos em açúcar da freguesia, a produção por unidade era de pouco mais de 1.500 arrobas. Esta média estava abaixo da produtividade da capitania em 1710-1711, de 1.750 arrobas por engenho, mas ainda acima da que se registraria meio século depois, de 1.034 arrobas[18].

Note-se, porém, que, no que toca ao valor do açúcar dizimado, a Várzea supera Ipojuca. Isso nos leva a um outro ponto: o valor do açúcar de cada freguesia.

Enquanto a maioria das freguesias teve o seu açúcar recebido por um preço próximo – um pouco acima ou abaixo – do preço médio, a freguesia da Várzea teve o seu açúcar a avaliado bem acima dos demais, superando-os em mais de 30%. Isto pode ser assim em razão da maior proximidade dos engenhos da Várzea do Capibaribe do porto do Recife, o que diminuiria os custos de transporte para os contratadores. No entanto, pode-se ver que o açúcar das freguesias no entorno do Recife (S. Lourenço, a oeste, Igaraçu, ao norte, Muribeca, Jaboatão, Ipojuca e Cabo, ao sul) receberam preços em torno da média (excetuando-se o Cabo, bem abaixo dos demais), enquanto que as freguesias mais distantes (Serinhaém, Una, estas mais ao sul, e Porto Calvo, em Alagoas do norte) tiveram seus açúcares avaliados não só acima da média, mas acima de todas as freguesias do entorno do Recife.

Tratar-se-ia, então, da qualidade do açúcar? Teriam as freguesias do entorno produzido açúcar considerado de qualidade inferior (o do Cabo seria o pior de todos)? Ou, como argumentam os críticos do uso dos dízimos como indicativo econômico, o peso político da açucarocracia da Várzea do Capibaribe influenciaria na avaliação e na arrecadação?[19] Embora não seja possível uma resposta peremptória, a primeira alternativa parece mais provável[20].

---

18 Schwartz, *op. cit.*, p. 150, Tab. 15; André João Antonil. *Cultura e Opulência do Brasil*. 3ª. ed. Belo Horizonte; São Paulo: Itatiaia; Edusp, 1982, p. 140. Breno Lisboa sugere que a capacidade produtiva dos engenhos de S. Lourenço da Mata seria "uma das maiores do termo de Olinda", do que não discordo, mas não parece que fugisse à tendência de redução da produtividade dos engenhos pernambucanos; cf. Breno A. Vaz Lisboa, "A Doce Riqueza da Mata: São Lourenço e o açúcar no Brasil Colonial. Séculos XVII e XVIII". *Revista do IAHGP*, Recife, n. 65, p. 264-5.

19 Haveria de ser assim se os senhores de engenho de cada uma das capitanias fossem grupos totalmente distintos, excluindo, inclusive, a múltipla propriedade e os laços familiares, o que não é de se esperar. Veja-se o artigo de Helen Osório, onde a autora reflete sobre a relação entre os dízimos e a economia que lhe é subjacente (a do Rio Grande de S. Pedro, neste caso) e demonstra a lucratividade dos contratadores dos dízimos dos "couros e gado em pé". Helen Osório. As elites econômicas e a arrematação dos contratos reais. In: Fragoso, J.L.; Bicalho, M.F.; Gouvêa, M. de F. (Org.) . *O Antigo Regime nos Trópicos*: a dinâmica imperial portuguesa (séculos XVI-XVIII). Rio de Janeiro: Civilização Brasileira, 2001, p. 112-4, 122-5 e 126-34.

20 É possível, igualmente, que o transporte por terra, em carros de bois, dos engenhos a oeste do Recife encarecessem o produto, o que levaria os contratadores a pagarem menos pela arroba para compensar estes custos.

Todavia, como já dito, não basta saber o número dos engenhos a capitania e suas anexas possuíam num dado intervalo de tempo (mesmo porque não sabemos, além destas indicações esparsas), antes é necessário que se conheça o volume da produção.

Exceto pelo recenseamento dos engenhos feito logo após a expulsão dos holandeses e incorporação da capitania de Pernambuco aos bens da coroa[21], não há nenhum rol do número de engenhos ou levantamento da produção e/ou exportação dos engenhos da capitania para esta segunda metade do XVII. Tem-se que recorrer, assim como fez Mauro[22], a buscar medidas indiretas da produção açucareira de Pernambuco. Uma das formas (imperfeita, é verdade) de avaliar esta produção, são os contratos de arrematação dos dízimos[23]. No caso do açúcar de Pernambuco, há também os contratos dos subsídios e a "imposição" de $80 por caixa de açúcar exportado[24]. Foi possível fazer um quadro com estes dados que nos permite ter uma ideia aproximada das condições da produção da capitania no período em questão (Tabela II e Gráfico 1).

Obviamente, não podemos considerar os dízimos como expressando unicamente a produção de açúcar, pois, como se sabe, a décima parte de todo o fruto era devida a Deus e deveria ser pago à coroa. Não se está longe da realidade, porém, ao considerar que para as duas primeiras décadas após as guerras holandesas o açúcar compunha quase a totalidade da produção *mercantil* de Pernambuco. O

---

21 Evaldo Cabral Mello. "Uma relação dos engenhos de Pernambuco em 1656". *RIAP*, vol. XLVIII, 1976, p. 161-8.

22 Mauro, *Portugal, o Brasil e o Atlântico, 1570-1670, op. cit.* p. 298.

23 Há quem considere que os dízimos são um indicador falho para a evolução da produção, como Ruggiero Romano. *Mecanismo y elementos del sistema económico colonial americano. Siglos XVI-XVIII*. México: Colegio de México; Fideicomisso Historia de Las Américas, FCE, 2004, p. 353; mas há, igualmente, os que o aceitam como um índice válido daquela, cf. J.H. Galloway. "Nordeste do Brasil, 1700-1750. Reexame de uma crise". *Revista Brasileira de Geografia*. Rio de Janeiro, 36 (2), p. 85-102, abril/junho, 1974, p. 87-8; Schwartz, *Segredos Internos, op. cit.*, p. 154.

24 Sobre a origem destes impostos e sua arrematação em meados do século XVIII, consulte-se INFORMAÇÃO Geral da Capitania de Pernambuco [1749]. *Annaes da Bibliotheca Nacional do Rio de Janeiro*, vol. XXVIII, 1906, p. 284-92. Na *Informação* diz-se que os $80 por caixa eram cobrados desde os tempos do donatário; mas, durante as guerras holandesas, foram aplicados ao custeamento das defesas da capitania, juntamente com o subsídio do açúcar; Mello, *João Fernandes Vieira, mestre-de-campo do Terço de Infantaria de Pernambuco, op. cit.*, p. 421; Evaldo Cabral de Mello. *Olinda Restaurada. Guerra e açúcar no Nordeste, 1630-1654*. 2ª. Ed. rev. e aum. Rio de Janeiro: Topbooks, 1998, p. 173-215. O subsídio do açúcar foi arrematado a primeira vez em 1656; Flávio Guerra, *Nordeste, op. cit.*, p. 47.

contratador dos dízimos de 1660, João de Nobalhas Urréa[25], não deixa dúvidas quanto a isso, quando afirmava que "os ditos dízimos consistem em seu principal em açúcar"[26]. Mesmo na arrecadação dos dízimos da capitania de Pernambuco e da comarca das Alagoas de 1701-2, a parcela dos dízimos que não se compunha de açúcar foi equivalente a, apenas, 18% do total da arrecadação, somando 6:300$000[27].

---

25 Este contratador tornou-se senhor do engenho Ubaca, que deixou em testamento aos carmelitas do Recife em 1708; Cf. Pereira da Costa, *Anais Pernambucanos*, Vol. 4, p. 169.

26 CARTA do [governador da capitania de Pernambuco], André Vidal de Negreiros, ao rei [D. Afonso VI], sobre solicitação dos contratadores dos dízimos e subsídios da capitania de conceder licença a alguns navios para navegarem sem frota, transportando açúcar. Pernambuco, 9 de abril de 1660. AHU, Documentos Manuscritos Avulsos da Capitania de Pernambuco (DMACP), Cx. 7, Doc. 617.

27 Mello, *Um Mascate e o Recife, op. cit.*, p. 79.

Tabela II
Valor de Arrematação de Três Contratos de Pernambuco, 1656-1702

Anos	Contrato	Cruzados	Réis	Valor/Ano
1654[a]	Dízimos	24.000	9.600.000	
1656	Dízimos	28.000	11.200.000	
1659	Dízimos	32.500	13.000.000	
1660	Dízimos	30.500	12.200.000	
1662	Dízimos	20.000	8.000.000	
1663	Dízimos	20.000	8.000.000	
1667	Dízimos	22.100	8.840.000	
1672[b]	$80/cx.	1.875	750.000	250.000
1677	Dízimos	35.500	14.200.000	
1678	Dízimos	42.000	16.800.000	
1679	Dízimos	44.100	17.640.000	
1678	Subsídio	56.000	22.400.000	7.466.667
1682	Subsídio	62.000	24.800.000	8.266.667
1685	Dízimos	52.050	20.820.000	
1686	Subsídio	62.000	24.800.000	8.266.667
1689	Dízimos	46.000	14.720.000	
1689	Subsídio	63.000	20.160.000	8.400.000
1690	Dízimos	51.000	16.320.000	
1690[c]	$80/cx.	1.000	400.000	
1691	Subsídio	20.667	6.613.440	
1694	Dízimos	45.250	14.480.000	
1701	Dízimos	75.000	24.000.000	

Fontes: Ver Anexo I.

a. Os contratos compreendiam um ano agrícola, que ia de 1º. agosto a 31 de julho do ano seguinte.

b. A fonte não menciona, mas tudo indica que se trata de valor para um triênio, por isso o rendimento anual.

c. Ao contrário do triênio 1672-1674, este valor é para um único ano.

Tabela III
Valor de Arrematação dos Dízimos de Pernambuco, 1654-1701 (Vários Anos)

Dízimos Anos	Valor (Cruzados)
1654-55	24.000
1655-56	28.000
1656-57	28.000
1658-59	32.000
1659-1660	22.000
1660-1661	30.500
1661-62	20.000
1662-63	20.000
1663-64	20.000
1665-66	38.325
1667-68	22.100
1670-71	40.200
1671-72	42.500
1674-75	39.000
1677-78	35.500
1678-79	42.099
1679-80	44.100
1684-85	55.050
1685-86	55.000
1686-87	45.100
1687-88	40.000
1688-89	20.000
1689-90	46.000
1690-91	51.000
1691-92	47.500
1692-93	35.000
1693-94	42.250
1694-95	45.250
1700-01	75.000

Fontes: Angelo A. Carrara. *Receitas e despesas da Real Fazenda no Brasil: 1607-1700*. Juiz de Fora: Editora da UFJF, 2009, Vol. 1, p. 125-6, exceto para os anos que não constam no referido livro ou diferem dos números apresentados pelo autor, sendo os dados que apresento baseados em documentação primária. 1663-64: Mauro, *op. cit.*, p. 326-9, 338-9; 1684-1685: Mello, José A. G. de. Um Mascate e o Recife, p. 77; 1689-1690: AHU, CU, Pernambuco, cx. 15, doc. 1540; 1694-1695: Mello, op. cit., p. 77.

Gráfico 1
Valores de arrematação dos Dízimos de Pernambuco: média trienal (1654-1696)

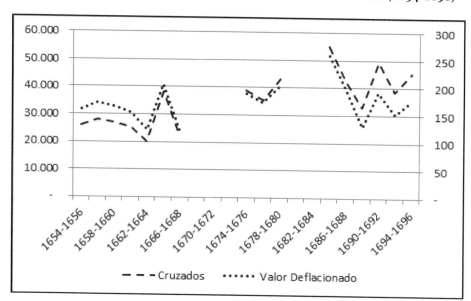

Tendo por referência os números acima apresentados, o período compreendendo a década 1660 foi o mais difícil para a economia da capitania, quando o valor dos dízimos atinge o mais baixo patamar de todo o período considerado. O já referido contratador dos dízimos encontrava dificuldade em manter sua parte no contrato, em 1660, "porquanto he grande a mizeria e falta de dinheiro que tem a praça"[28]. Efetivamente, os primeiros quinze anos após as guerras holandesas sofrem do duplo efeito de "estagnação e fiscalidade escorchante"[29]. Nesta década, às dificuldades do mercado somaram-se à epidemia de varíola, que vitimou parte considerável dos escravos[30].

O período compreendido entre o final das décadas de 1670 e 1680, no entanto, mostram uma franca recuperação, superando os níveis dos anos 1655-1660. Será que estamos diante de conjunturas opostas, como quer Ruggiero Romano, ou seja, que, enquanto a economia européia vergava sobre o peso da crise, a economia americana apresentava sinal positivo?[31] Provavelmente, não. Se

---

28 Ibidem.
29 Mello. *Olinda Restaurada, op. cit.*, p. 206.
30 Mello. *A Fronda dos Mazombos, op. cit.*, p. 48-52.
31 Ruggiero Romano. *Conyunturas Opuestas*. La crisis del Siglo XVII en Europa e Hispanoamérica. México: Colegio de México; FCE; Fideicomisso Historia de Las

os "anos de prata" do açúcar terminam por volta de 1670, o que significaria esta recuperação da capitania de Pernambuco nas décadas seguintes? Primeiro, a produção se recupera de níveis baixos, dado que a produção fora bastante reduzida durante a guerra de restauração e na década seguinte. Segundo, além do açúcar, passam a pesar na economia da capitania os couros, o tabaco e as madeiras[32] e os preços estabilizam nos anos 1670-1680 e voltam a subir nos anos 1690[33]. Por fim, se compararmos os valores de arrematação dos dízimos destas duas décadas aos que se observam no período anterior à conquista holandesa da região, percebe-se que correspondem à cerca de metade dos valores nominais alcançados, por exemplo, no período 1612-1618[34].

Deve-se ter em conta, também, que a segunda metade do século testemunhou três guerras anglo-holandesas, as quais afetavam as importações de açúcar ao norte da Europa. Estas guerras produziam algum alento às exportações luso-brasileiras, como a de 1672-1678[35], cujos decorrer permitira haver pouco açúcar em Portugal, que supria à Europa enquanto a navegação do Norte estava "empatada"[36].

Américas, 1993.

32 Vitorino de Magalhães Godinho. "Portugal, as frotas do açúcar e as frotas do ouro (1670-1770)". *Revista de História da USP*, São Paulo, n. 15, jul./set. 1953, p. 73. Leonor Costa Freire considera que o estabelecimento do monopólio atribuído pela coroa portuguesa à Companhia Geral de Comércio do Brasil alterou os preços relativos das exportações coloniais e dos bens importados pelo Brasil, levando à redução relativa dos preços do açúcar, o que estimulou a diversificação da produção nas áreas açucareiras da América Portuguesa; Leonor Costa Freire. Os primórdios do tabaco brasileiro: monopólios e expansão do mercado (1600-1700). In: SANTIAGO DE LUXÁN (Org.). *Política y Hacienda del Tabaco en los Imperios Ibéricos(Siglos XVII-XIX)*. Madrid: Altadis, 2014, p. 33-4, Gráf. 1.

33 Cf. os preços em Schwartz, Stuart B. *Segredos Internos, op. cit.*, p. 400-2; e a conjuntura em Godinho, "Portugal, as frotas do açúcar e as frotas do ouro (1670-1770)", *op. cit.*, p. 79; *Idem*, Portugal and her Empire, 1680-1720. In: J. S. Bromley. (Ed.). *The New Cambridge Modern History*. v. VI. The Rise of Great Britain and Russia, 1688-1715/25. Cambridge: Cambridge University Press, 1971, p. 510-1.

34 Nos anos 1612-1615, o valor da arrematação atingiu 81.000 cruzados; Angelo A. Carrara. *Receitas e despesas da Real Fazenda no Brasil: 1607-1700*. Juiz de Fora: Editora da UFJF, 2009, Vol. 1, p. 125. A metodologia para deflacionar os preços de arrematação dos dízimos foi a mesma elaborada por Carrara, *idem*, p. 84 e 125-6.

35 Envolvendo os Países Baixos, a Inglaterra e a França; Wallerstein analisa o sentido do desfecho desta guerra como o momento em que os holandeses passaram ao segundo plano da política européia, tornando-se a rivalidade anglo-francesa o fator principal das lutas na Europa. Immanuel Wallerstein. *O Sistema Mundial Moderno*. Vol. I. A agricultura capitalista e as origens da economia-mundo européia no século XVI. (Trad.). Lisboa: Afrontamento, [1990], p. 86.

36 [CARTA sobre a arrecadação do] Tabaco. [S/n., s/l., s/d. 1674]. TT, JT, maços 56, Cx. 47. Apesar do período conflagrado, os preços do açúcar em Amsterdã permaneceram estáveis; cf. Ferlini. *Terra, Trabalho e Poder, op. cit.*, Quadro 10, p. 108.

É possível perceber, por outro lado, que os dízimos da década 1690 acusam as dificuldades do mercado açucareiro, mesmo com preços em ascensão[37]. Embora alguns valores continuem acima das décadas de 1660 e 1670, a queda do índice parece anunciar a crise que se avizinharia, não fossem os preços altos do açúcar nas duas primeiras décadas setecentistas. O estímulo destes para a "recuperação conjuntural"[38] do setor fazem-se sentir logo no início do século seguinte, como mostra o índice para 1701-2.

Note-se, ainda, que quando se compara a estimativa da produção segundo os dízimos à dos subsídios e à dos $80 por caixa – para os anos 1685-1692 –, as três estimativas não divergem significativamente. Esta convergência confere verossimilhança aos resultados.

Os dízimos, se não expressam fidedignamente a produção da capitania, indicam, pelo menos, a tendência a ser considerada. Obviamente, ao valor de arrematação o contratante esperava acrescentar uma arrecadação suficiente para cobrir os gastos com a arrecadação e garantir um saldo positivo. Vejamos um exemplo de resultados efetivos da cobrança de dízimos.

Em 1701, Antônio Fernandes de Matos arrematou o contrato dos dízimos por 75.000 cruzados. Mesmo tendo falecido pouco depois, seus herdeiros procederam ao cumprimento do contrato, o que resultou na arrecadação de açúcar no valor de 41:834$720 ou 104.587 cruzados, excedendo em 39% o valor contratado[39]. Se, efetivamente, se houver despendido um terço do valor do contrato com a arrecadação (25.000 cruzados), o lucro variaria entre 4,6% e 18,3%[40]. O desempenho do contrato nas décadas de 1740 e 1750 parece ter sido menos exuberante. Pode-se constatá-lo segundo um balanço da própria provedoria da fazenda de Pernambuco, resumidos na Tabela IV.

---

37   Os preços pagos ao produtor na Bahia: Schwartz, 152, 401.

38   Ferlini. *Terra, trabalho e poder, op. cit.*, p. 113-5.

39   Isto significa que os 18% arrecadados em outros gêneros (gado, couros e miunças) aumentaram ainda mais este saldo. Cf. Mello. *Um Mascate e o Recife, op. cit.*, p. 77-9.

40   A primeira taxa resulta de considerar-se o valor da arrematação como custo e os gastos, despesas; a segunda, se apenas se consideram as despesas, não computando o valor do contrato.

Tabela IV
Rendimento de Três Contratos de Direitos sobre o Açúcar, 1744-1756

	1	2	3	4
Contrato	Rendimento	Lucro líquido	Lucro	Lucro/Ano
	Réis	Réis		
Dízimos[41]	243.436.236	53.688.228	22%	1,8%
Subsídio do açúcar branco e mascavado	68.608.584	28.487.892	42%	3,5%
Pensão por caixa e feixe de açúcar para fora	4.121.810	518.664	13%	1,0%

Fonte: ESTRATO do Rendimento annual da Provedoria de Pernambuco [...], 1744-1756. Biblioteca Nacional do Rio de Janeiro: 16, 2, 8, 1.[42]

O que interessa aqui, todavia, é apontar que o rendimento dos contratos de direitos e tributos sobre o açúcar excedia o valor estipulado na arrematação dos mesmos, como se vê da Tabela IV. Os oficiais da provedoria de Pernambuco, artífices do *Extrato* citado, informaram os ganhos dos contratadores descontados os gastos. Portanto, o montante arrecadado superou, seguramente, o acordado em contrato (se os gastos, efetivamente, equivaliam a um terço da arrecadação prevista, fica por comprovar).

Além do mais, as oportunidades de fraudar a fazenda régia, proporcionadas pela prática de se pagar em fazendas às tropas (uma das condições destes contratos) e em açúcar à provedoria, permitiam lucros que os valores nominais de arrecadação não expressam[43]. Afinal, como o ouvidor da Paraíba afirmou

---

41 Havia um contrato dos dízimos apenas do açúcar, denominado de real, e outro do dízimo dos demais frutos da terra. Cf. INFORMAÇÃO Geral da Capitania de Pernambuco [1749], op. cit., p. 289-91; No entanto, no documento que serviu à construção da Tabela V, os dízimos reais aparecem com um valor muito inferior ao dos dízimos (cerca de 15% do valor deste), o que leva a concluir que o "contrato dos dízimos" refere-se ao do açúcar.

42 É provável que este Extrato tenha sido solicitado pela coroa devido à iminência do início das operações da Companhia Geral de Comércio de Pernambuco e Paraíba.

43 Mas que os contemporâneos denunciavam; cf. Mello, Evaldo Cabral de. *O Nome e o Sangue.* São Paulo: Companhia das Letras, 1989, p. 303, sobre fraudes em Pernambuco. Ver as situações análogas no Rio Grande em Helen Osório. As elites econômicas e a arrematação dos contratos reais, *op. cit.*, p. 122-5. As mudanças na forma de pagamento à fazenda régia cerca de 1720 em diante, que serão tratadas em capítulo posterior, podem ter diminuído estas possibilidades. Nas Minas os contratadores aproveitavam os períodos de escassez e preços altos dos gêneros de subsistência para, por meio das avenças com os produtores, aumentar

à coroa, os contratos de arrematação de direitos não tinham rendimento certo, arrematando-se uns anos por mais e outros por menos, "conforme o que os Lansadores esperam hajam de fruto de tabaco, e assucares"[44].

Se se quiser, ainda, uma outra forma de comprovar a fiabilidade destes números, pode-se compará-los à produção baiana coeva. No biênio 1701-2, a Bahia exportou 648.900 arrobas de açúcar, perfazendo a média de 324.450 arrobas por ano[45]. A estimativa para a produção de Pernambuco à altura é de 207.612[46], ou seja, 64% das exportações da cabeça do Estado do Brasil. Cerca de 1710, a produção pernambucana equivalia a 85% da baiana[47]. Como a primeira década do Setecentos foi de preços altos para o açúcar, estimulando a proliferação de engenhos e o aumento da produção, é bastante plausível que a produção de Pernambuco por volta do fim do século anterior rondasse os dois terços da baiana, embora pareça menos crível que tenha dobrado em pouco mais de uma década (430.500 arrobas c. 1710 contra 207.612 em 1702).

O período compreendido entre 1694 e 1704 pode ser tomado como marco da passagem à fase de prosperidade relativa que experimentou a economia da capitania. Neste ínterim, duas fontes de grandes preocupações internas para os senhores da região foram vencidas: os Palmares e a "guerra dos Bárbaros". Ambas eram causas de largos dispêndios dos recursos, sobretudo, da provedoria de Pernambuco, mas também pesavam sobre as vilas, pelo contínuo recrutamento de homens e pela requisição de contribuições em dinheiro e gêneros[48]. Ao mesmo tempo, a produção foi estimulada pela tendência ascendente dos preços até meados da década de 1720 (Gráfico 2). Embora a primeira década setecentis-

---

os seus lucros. Cf. Ângelo Alves Carrara. *Minas e Currais*: produção rural e mercado interno em Minas Gerais, 1674-1807. Juiz de Fora, MG: UFJF, 2007, p. 226-9.

44 CARTA do ouvidor-geral da Paraíba, João Nunes Sotto, ao rei [D. João V], sobre os subsídios do açúcar e tabaco e os das carnes, aplicados para o pagamento dos soldos da Infantaria do presídio de Santa Cruz de Itamaracá. Paraíba, 1 de junho de 1729. AHU, CU, Cx. 39, D. 3463.

45 Calculado a partir de Schwartz, *Segredos Internos, op. cit.*, p. 403.

46 Calculado de acordo com os procedimentos já expostos e usando os preços do açúcar branco e do mascavado.

47 Antonil, *Cultura e Opulência do Brasil,op. cit.*, p. 140.

48 Décio Freitas. *Palmares: a guerra dos escravos*. 5ª. Ed. Rio de Janeiro: Graal, 1982, p. 88 e ss.; Pedro Puntoni. *A Guerra dos Bárbaros*. Povos indígenas e a colonização do sertão no Nordeste do Brasil, 1650-1720. São Paulo: FAPESP, Hucitec, Edusp, 2002, p. 133-45, 153, 166, 283.

ta indique queda contínua, a forte apreciação do qüinqüênio que a precedeu deve ter impulsionado a produção, bem como nos quinze anos posteriores.[49]

Gráfico 2
Preço do açúcar no Recife, 1695-1725 (média quinquenal)

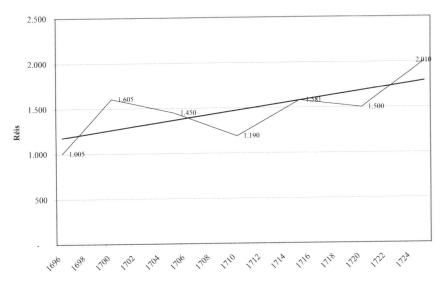

Fonte: José Antonio Gonsalves de Mello. "Nobres e Mascates na Câmara de Pernambuco, 1713-1738". *RIAP*, vol. LIII, 1981, p. 132.

Obs.: A partir dos valores informados pela fonte. O autor recolheu os preços da documentação privada de um mercador do Recife. Supõe-se que a maior parte deste açúcar fosse do tipo branco.

O tráfico de escravos e a recuperação econômica da capitania.

A produção açucareira em Pernambuco e nas capitanias anexas mostrou-se em lenta, mas contínua recuperação no período 1670-1690, segundo visto acima. Por quais meios, então, os senhores de engenho foram abastecidos de seu principal fator de produção, ou seja, os escravos? Pode-se responder à questão,

---

49 A oferta açucareira tendia a responder elasticamente às subidas de preço e, no entanto, diminuía proporcionalmente menos nos períodos de baixa. Mesmo com intervalos de queda nos preços, portanto, os períodos de alta levavam à produção a se manter próxima dos níveis anteriores. Cf. Kit Sims Taylor. *Sugar and Underdevelopment of Northeastern Brazil, 1500-1970*. Gainesville: University of Florida, 1978, p. 39-40. No entanto, pode-se observar que a maioria dos pontos da curva está abaixo da linha de tendência.

ainda que parcialmente, analisando os fluxos do tráfico da e para a capitania. Ver-se-á que existem indícios que confirmam uma tendência indicada pela historiografia acerca do abastecimento de braços africanos forçados ao Brasil. A afluência em África de negreiros saídos dos portos das capitanias do Brasil confirma-se para Pernambuco, embora com escassos sinais diretos sobre este tráfico.

Por outro lado, ficará demonstrado que o tráfico escravista português no Atlântico sul tinha um ramo que partia das capitanias e outro do reino. Embarcações negreiras zarpavam em números significativos de Lisboa, escalavam na Costa da Mina e seguiam para os portos do Brasil. De fato, há muito mais vestígios do tráfico a partir de Lisboa que de Pernambuco.

Esta "cogestão" do tráfico para o Brasil, incluindo os mercadores do reino e os das praças coloniais, é fruto de todas as vicissitudes pelas quais passou Portugal desde a Restauração Bragantina. A diminuição da capacidade de importação de Portugal no período e o acirramento da competição pela mão-de-obra escrava, sobretudo no último quarto do século XVII, são fatores que devem ter contribuído para dificultar aos reinóis o domínio do abastecimento de escravos ao Brasil. Por outro lado, assinalou-se uma retração dos capitais reinóis da mercancia de braços pelo Atlântico, dado que os portugueses já não tinham mais o controle do *assiento* e os produtos coloniais encontravam-se com baixos preços nos mercados europeus[50]. Por sua vez, os súditos estabelecidos na Bahia e em Pernambuco ganham competitividade no mercado africano devido ao acesso a bens de baixo custo e com demanda em África, dois subprodutos da economia colonial: a cachaça (jeribita) e o tabaco refugado[51].

É possível cogitar, também, que o sistema de frotas, vigente desde 1649, pode ter inviabilizado o giro triangular do tráfico. Uma vez que os negreiros portugueses, depois de dirigir-se à África e de lá ao Brasil, deveriam voltar com cargas de açúcar (com as quais os escravos eram pagos), o fato de ter que aguardar a chegada e partida da frota para poderem seguir o terceiro lado do triângulo

---

50 Joseph C. Miller, "Capitalism and Slaving: The Financial and Commercial Organization of the Angola Slave Trade, according to the Accounts of Antonio Coelho Guerreiro", *The International Journal of African Historical Studies*, vol. 17, n. 1, (1984), p. 8, 12-3.

51 José C. Curto. *Álcool e Escravos*. O comércio luso-brasileiro de álcool em Mpinda, Luanda e Benguela durante o tráfico atlântico de escravos (c. 1480-1830) e o seu impacto nas sociedades da África Central Ocidental. (Trad.). Lisboa: Vulgata, 2002, p. 123-49; Alencastro. *O Trato dos Viventes, op. cit.*, p.307-10; Pierre Verger. *Fluxo e Refluxo do Tráfico de Escravos entre o Golfo de Benin e a Bahia de Todos os Santos: dos séculos XVII a XIX*. (Trad.). Salvador: Corrupio, 1987, p. 20 *et passim*.

faria do giro do capital ainda mais lento, pelo desajuste entre o cronograma dos negreiros e o das frotas (além de que a Companhia não cumpria o envio dos comboios com a regularidade prometida, havendo anos que os portos do Brasil não viram um só navio da Junta)[52]. Diante da evidência mencionada da tri-continentalidade de parte do tráfico escravista para Pernambuco no século XVII, resta saber como os negreiros ajustavam a torna-viagem do Brasil à obrigação de navegar em conserva com a frota[53].

Para o aprovisionamento de escravos aos engenhos da ex-capitania duartina, foi de suma importância uma consequência das guerras de restauração. A coroa premiou aos ex-combatentes com a nomeação de indivíduos estreitamente vinculados a Pernambuco para o governo de Angola, nos anos que se seguem à restauração. João Fernandes Vieira (1658-1661) e André Vidal de Negreiros (1661-1666) promoveram a exportação de cativos para o Brasil (certamente para Pernambuco), seja deflagrando guerras no sertão de Angola, seja extorquindo-os aos sobas[54].

O governo de Vieira em Angola começou já associado ao tráfico: a fragata inglesa que o levou à África, junto com mais quatro outras embarcações (uma de sua propriedade), voltou ao Brasil com 1.200 escravos[55]. Outros tantos

---

52 Leonor Freire Costa. *O Transporte no Atlântico e a Companhia Geral do Comércio do Brasil (1580-1663)*. Lisboa: CNCDP, 2002, p. 542. Intermitência que permaneceu mesmo após a revogação do monopólio concedido à Companhia. Em 1660, os contratadores dos dízimos e subsídio do açúcar de Pernambuco queixavam-se da ausência dos navios da Junta para carregar os açúcares da safra, apesar de haver a ordem régia que limitava as exportações da colônia às embarcações da frota. Cf. CARTA do [governador da capitania de Pernambuco], André Vidal de Negreiros, ao rei [D. Afonso VI], sobre solicitação dos contratadores dos dízimos e subsídios da capitania de conceder licença a alguns navios para navegarem sem frota, transportando açúcar. Pernambuco, 9 de abril de 1660. AHU, CU, Pernambuco, Cx. 7, Doc. 617.

53 Apesar das idas e vindas das determinações da coroa sobre a rota do Brasil no período; cf. Leonor Freire Costa. *O Transporte no Atlântico e a Companhia Geral do Comércio do Brasil (1580-1663)*, *op. cit.*, p. 598-9. Para contornar este risco, muitos armadores pediam à coroa o privilégio de virem do Brasil fora de frota; a coroa e o conselho sempre hesitaram em conceder tal apanágio; cf. CONDIÇÕES dos interessados na Companhia de Curisco. Lisboa, Post. 23 de Dezembro de 1723. AHU, CU, S. Tomé, Cx. 4, Doc. 106. Os próprios governadores concediam aos contratadores a autorização.

54 José Antônio Gonsalves de Mello. *João Fernandes Vieira, op. cit.*, p. 335-52; Alencastro, *op. cit.*, p. 274-6, 284-302; Miller, *Way of Death, op. cit.*, p. 256. As formas mais ou menos veladas de extorsão eram tributos que os "sobas" avassalados pagavam à coroa, mas eram retidos pelos governadores: "baculamentos", "presentes", "chamadas", todos pagos em escravos; cf. Beatrix Heintze, Os Tributos dos Vassalos Angolanos no Século XVII. In: *Idem. Angola nos séculos XVI e XVII*. Luanda; Kilombelombe, 2007, p. 437-68.

55 Mello, *op. cit.*, p. 330-1.

ou mais seriam "produzidos" pelas guerras que encabeçou contra os pequenos reinos e sobados locais[56].

Negreiros não ficou atrás de seu antecessor. Lançou a guerra sobre o principal reino aliado de Portugal na região: o Congo. O mesmo fez a dois sobados aliados. Apenas nestas últimas guerras, André Vidal de Negreiros teve um botim particular de 500 escravos. Dizia-se que o próprio soba Angolome Acaíta, e seus súditos, fora cativado por João Fernandes Vieira e enviado para o seu próprio engenho[57].

Assim, o período de proeminência dos governadores em Angola (os com origem no Brasil e os que lhes seguiram) foi de contínuas refregas e razias sobre o interior, gerando um fluxo contínuo de escravos destinados ao Brasil. Somada à maior participação portuguesa no tráfico de gentes na Costa da Mina, estas duas fontes de oferta de mão-de-obra à sacaricultura de Pernambuco devem ter contribuído para um menor custo de produção (ver Anexo II, onde são discutidos alguns números das exportações de Angola). Destarte, ajuda a explicar o aumento, visto acima, na produção açucareira da capitania desde os anos 1670, apesar da queda nos preços e o aumento da competição no mercado externo.

Não obstante, nesta segunda metade do século XVII, o trato negreiro para Pernambuco já não dependia apenas de Angola. A Costa da Mina tornou-se outra fonte de mão-de-obra compulsória para a capitania. E ao menos este ramo do tráfico não se restringiu à navegação bipolar. Encontram-se vários registros da participação direta de mercadores reinóis, no clássico padrão triangular.

Numa carta dirigida por João Fernandes Vieira (1677) ao regente D. Pedro, o ex-combatente e senhor de engenho apresenta as queixas dos traficantes de escravos da capitania quanto à escala obrigatória em S. Tomé. A coroa havia

---

56 Alencastro. *O Trato dos Viventes op. cit.*, p. 275. Sobre os mecanismos de "produção" de cativos em Angola, ver Beatrix Heintze, O comércio de "peças" em Angola. Sobre a escravatura nos primeiros cem anos de ocupação portuguesa. In *Idem, Angola nos séculos XVI e XVII*, op. cit., p. 473-505; Miller, *Way of Death, op. cit.*, p. 119-31.

57 DO PROVEDOR da fazenda Bartolomeu Paes Bulhão. Angola, 16 de maio de 1664. AHU, CU, Angola, Cx. 8. Doc. 8. O próprio Vieira relatou à coroa as razões para guerra contra aquele soba; cf. CARTA do Governador Geral de Angola a El Rei D. Afonso VI. Luanda, 10/05/1659. *MMA*, vol. 12, p. 238. O cerco ao Angolome Acaíta, seguido de execuções sumárias dos "macotas" (capitães) e escravização dos demais, é descrito em Antonio de Oliveira Cadornega. *História Geral das Guerras Angolanas*. Lisboa: Agência Geral das Colônias, 1940 [1680], p. 142-8. De fato, as guerras com fins escravistas em Angola vinham desde os governos de João Correia de Souza (14/10/1621-02/05/1623), Bartolomeu de Vasconcelos da Cunha e Luís Martins Chichorro. Beatrix Heintze, O fim do Ndongo como estado independente. In. Heintze, *Angola nos séculos XVI e XVII, op. cit.*, p. 277-386; Alencastro, *O Trato dos Viventes, op. cit.*, p. 274-88.

autorizado, diz a carta, o comércio dos súditos portugueses na Costa da Mina[58], dizendo João Fernandes Vieira que,

> o principal que aly se fas he de negros para este Brasil, por que sem elles não se podem fabricar os engenhos de fazer asucar nem cultivar outras lavouras.[59]

Para receber licença para este tráfico, devia a embarcação fazer uma avença em S. Tomé, ou seja, pagar antecipadamente o valor dos direitos régios que se supunha resultarem da importação dos escravos. Os mercadores aceitaram a condição, mas se queixavam que os oficiais régios da ilha queriam obrigar os negreiros a retornarem a S. Tomé a fim de fazerem lá o pagamento dos direitos excedentes ao que se havia avaliado (em virtude dos tributos sobre esta mercancia serem destinados ao sustento dos filhos da folha[60] e das côngruas da ilha). Até aí, nada demais.

Continua a carta, informando as razões para não quererem os negreiros escalar na ilha na torna viagem, porque, ao fazê-lo:

> se segue hua total perdição em rezão de ser o clima mortal, tanto para os marinheiros, como para os mesmo negros, mutivo de grandes perdas

além de outras moléstias, dando prejuízo à coroa por não se executar "tão útil negócio".[61] Vejamos, então, o que propõe o superintendente como solução para esta situação incômoda para os mercadores de almas. Diz ele que se poderia remediar o caso quando a coroa permitisse que

---

58 Por uma provisão do Conselho Ultramarino, registrada na Provedoria da Fazenda de Pernambuco, sabe-se que o rei autorizou o resgate na Costa da Mina em 11 de março de 1673, com escala obrigatória em S. Tomé para pagamento dos direitos dos escravos transportados. Veja-se: PROVISÃO do Conselho Ultramarino. Lisboa, 16 de março de 1673. In: Francisco Bezerra Cavalcanti de Albuquerque. *Cathalogo das Reaes Ordens existentes no arquivo da extinta Provedoria de Pernambuco.* Biblioteca Nacional do Rio de Janeiro. Seção de Manuscritos, 11, 3, 1, ff. 172-3. Daqui em diante Albuquerque, *Cathalogo.*

59 CARTA do [superintendente das Fortificações da capitania de Pernambuco], João Fernandes Vieira, ao príncipe regente [D. Pedro], sobre as dificuldades enfrentadas pelos armadores que efetuam o transporte dos escravos da Costa da Mina para Pernambuco, no que diz respeito ao pagamento dos impostos na Ilha de São Tomé, e ainda à cunhagem de moeda na dita capitania. Pernambuco, 26 de julho de 1677. AHU, Pernambuco, Cx. 11, Doc. 1084.

60 Ou seja, aquelas pessoas que, por ocuparem cargos civis ou eclesiásticos, ou simplesmente por mercê régia, recebiam um ordenado ou uma renda da fazenda.

61 CARTA do [superintendente das Fortificações da capitania de Pernambuco], João Fernandes Vieira ao príncipe regente. AHU, Pernambuco, Cx. 11, Doc. 1084.

> os Navios que partirem deste porto aquella Costa fassão as avenças ahi mesmo dando fiança a que nelle mandaram pagar as quantias em que se avansarem fazendo a viagem, ou que a paguem neste Brazil na praça donde vierem fazer a descarga das pessas, sem tomarem a Ilha de São Thomé. Assim ficara V.A. livrando este dinheiro para o aumento de sua Real Fazenda; e os vassalos satisfeitos: *E os Navios que partirem deste Brazil* sigam o mesmo estilo[62].

Tudo indica, pelo que fica dito acima, que havia embarcações que partiam do reino, adquiriam escravos na Costa da Mina e destinavam-se ao Brasil, além das que o faziam saindo do porto de Pernambuco (e de outros, também), o que se torna patente pelo fato de João Fernandes propor condições iguais para os que saíssem "deste porto àquela Costa", ou seja, de Lisboa ou de outro porto do reino, e para "os navios que partirem deste Brasil". Portanto, o tráfico por volta do terceiro quartel do século XVII era realizado pelos súditos portugueses estantes no reino e no Brasil. Havia, assim, duas rotas aparentemente distintas desta mercancia.

Os moradores de S. Tomé parecem ter sido os pioneiros no comércio em escravos com a Costa da Mina dentre os súditos ultramarinos. Apesar de proibido até 1674, os habitantes da ilha já o realizavam, às vezes comprando aos ingleses escravos que estes haviam resgatado na Costa. Foi o que denunciou o novo governador da ilha, em novembro de 1641, talvez dando notícia de uma prática já recorrente. Segundo o mesmo, uma nau inglesa despachara na ilha 80 escravos, 1.000 panos e cerca de um milhar e meio de manilhas (é provável que os panos e manilhas fossem adquiridos pelos moradores para o seu próprio negócio na Mina)[63].

Tenha ou não este comércio continuado após a restauração portuguesa, os súditos de S. Tomé tentaram torná-lo sancionado pela coroa. Passado menos de um ano da ascensão dos Bragança ao trono, o rei foi consultado sobre o pedido da câmara da ilha, com o seguinte arrazoado:

> em toda a costa da Mina tratão e comercião os estrangeiros, e naçoins do norte, sem embaraço, nem contradição algua; porquanto êsta coroa de Portugal não tem na ditta costa mais q' a Fortaleza de Axem. [...]. E elles supplicantes não vão com suas fazendas ao resgate da ditta costa por não terem licença de

---

62 *Ibidem.*

63 MEMOREA que deu Lourenço Pires de Távora, governador de San Thome sobre os des caminhos q ha naq[ue]la Ilha na fazenda Real. S. Tomé, [6 de Novembro de 1641]. AHU, CU, S. Tomé, Cx. 2, Doc. 63.

V.Mag.^{de}, sendo q a Fazenda real de V.Mag.^{de} receberá utilidade de consideração com este comércio delles supplicantes [...]. [64]

Com este argumento que apontava o desfrute do comércio numa área da África à qual Portugal julgava-se com direitos exclusivos e, mais importante, os ganhos diretos e indiretos que decorreriam para a fazenda régia do tráfico com a Mina, pediram provisão para fazer o dito comércio pagando os direitos (provavelmente na própria ilha). Um ex-governador de S. Tomé, consultado, foi favorável à petição, mas os oficiais da Casa da Mina, mais afeitos à predominância pré-Restauração do comércio triangular e metropolitano, deram parecer contrário. Uma vez que o trato na Mina era proibido senão àquelas embarcações que partissem do reino, sugeriram que se facultasse às embarcações de S. Tomé o tráfico com a Costa da Mina desde que partissem exclusivamente do reino, embora pudessem pagar os direitos no castelo de Axém ou na própria ilha.

O procurador da fazenda, vistos todos os pareceres anteriores, mostrou-se reticente: "Seja querer introduzir novidade deve V.Mag.^{de} mandar proceder nella com toda a consideração e com menos preça [...]"[65]. Porém, em pouco tempo, quando outros órgãos compostos por conselheiros com maior experiência nas conquistas, nomeadamente o Conselho Ultramarino, forem consultados, a posição da coroa quanto a esse tráfico e outros a partir dos portos coloniais será substancialmente alterada.

No entanto, a presença de estrangeiros nas rotas comerciais que deveriam ser exclusivamente cursadas pelos vasos metropolitanos infringia muito abertamente as regras das relações coloniais para que os agentes régios não a vissem como uma saída provisória às limitações do reino. Durante as décadas de 1640 e 1650, vários mercadores estrangeiros solicitavam à coroa permissão para fazerem comércio nas colônias atlânticas portuguesas, como em S. Tomé ou escalando na ilha para ir à Costa da Mina. Foi o caso de dois ingleses, que pediram

---

64 [PETIÇÃO dos vereadores e] Oficiais da câmara da ilha de S.Tomé [ao rei D. João IV]. S. Tomé, [9 de agosto de 1641]. AHU, CU, S. Tomé, Cx. 2, Docs. 65 e 67.

65 [Parecer de Lourenço Pires de Távora]. Lisboa, 27 de novembro de 1641. [Parecer da Casa da Mina] Lisboa, 11 de Dezembro de 1641. [Parecer do procurador da fazenda]. Lisboa, 11 de Dezembro de 1641. Todos os pareceres na [PETIÇÃO dos vereadores e] Oficiais da câmara da ilha de S.Tomé [ao rei D. João IV]. S. Tomé, [9 de agosto de 1641], *Doc. cit.* Deu-se vista, igualmente, ao Conselho da Fazenda, que seguiu o parecer da Casa da Mina. CONSULTA do Conselho da Fazenda sobre a petição que fazem os vereadores e oficiais da câmara da cidade de S. Tomé [...]. Lisboa, 12 de Dezembro de 1641. AHU, CU, S. Tomé, Cx. 2, Doc. 68.

permissão para enviarem sua embarcação carregada de fazendas àquela ilha a fazerem negócio. O Conselho Ultramarino assentiu, mas com ressalvas, pois, vista a falta de embarcações do reino, "e que se ouvera modo de isto se remedear com navios de Vassalos de V.Mag.^{de}, hera o que mais convinha [...]". Concluíra, não obstante, que se aceitasse o oferecimento dos navios ingleses,

> enquanto não ouver navios de Portuguezes que fação esta viagem, por q então se poderão guardar as prohibições de estrangeiros não hirem as conquistas, nas quais a necessidade faz por agora dispensar, ou dessimular.[66]

No tocante ao Brasil, Pierre Verger afirma que o tráfico direto da Bahia à Costa da Mina iniciou-se por volta dos primeiros anos do reino de D. João IV, quando as capitanias a norte do rio S. Francisco estavam ainda sob domínio holandês. Verger cita uma carta régia na qual a coroa autoriza aquela rota, devido às complicações decorrentes da tomada de Angola e S. Tomé pela WIC[67]. No entanto, Jean Baptiste Nardi é de opinião que a coroa autorizou este comércio às embarcações de qualquer parte do Atlântico português, desde que zarpassem do reino[68]. Foi esta, efetivamente, a decisão exarada pela coroa.

No caso de Pernambuco, o trato com a Costa da Mina só poderia ter sido encetado após a expulsão dos holandeses. Não foi possível até o momento encontrar sinais deste comércio nas duas primeiras décadas *post bellum*, o que não significa, necessariamente, que não ocorresse. Em princípios dos anos 1670 ele já ocorria, como ficou demonstrado mais acima.

Pernambuco e as demais capitanias do Estado do Brasil beneficiaram-se, por assim dizer, das condições adversas enfrentadas pela metrópole àquela altura. A retração econômica em todas as frentes levou a coroa a fazer algumas concessões, entre elas, a legalização do tráfico com áreas fora do domínio português. As razões para esta concessão inicialmente circunscrita aos naturais de S. Tomé,

---

66 JORGE Chapel e Christóvão Varem Ingrezes, pedem licença para mandarem dous navios a Ilha de São Thome com carga de mercadorias. Lisboa, 29 de Janeiro de 1653. AHU, CU, S. Tomé, Cx. 2, Doc. 90.

67 Pierre Verger. *Fluxo e Refluxo*, p. 21, 34, 56.

68 Jean Baptiste Nardi. *O fumo brasileiro no período colonial*. Lavoura, Comércio e Administração. São Paulo: Brasiliense, 1996, p. 215-7. Um tráfico regular entre a Bahia e a África – Costa da Mina ou angola – parece ter iniciado apenas em fins da década de 1670; cf. D. Eltis; D. Richardson, A New Assessment of the Transatlantic Slave Trade, In: *Idem*. (Org.). *Extending the Frontiers*: Essays on the New Transatlantic Slave Trade Database. New Haven: Yale University Press, 2008, p. 18.

são dadas na provisão passada aos moradores da ilha. Permitia-se aos vassalos portugueses este comércio devido

> a grande utilidade que reçebia a fazenda Real, que pudeçem levar mercadorias, e ir comerçiar a costa da Mina, para com esse negocio se faserem opulentos, e augmentarem seus cabedaes os Vaçallos desta Coroa; e crescerem os direitos de V.A. com grandes vantagens.[69]

Tendo em vista que a permissão abrangia apenas aos naturais de S. Tomé, um capitão negreiro residente em S. Tomé, mas de origem reinol, solicitou à coroa provisão para que ele gozasse do privilégio concedido aos súditos portugueses naturais de S. Tomé. O parecer da Conselho Ultramarino indica claramente qual o papel, àquela altura, do tráfico de escravos no império atlântico português. Foram os conselheiros de parecer que, não apenas se permitisse ao suplicante aquele tráfico, antes, que se passasse um alvará geral, pelo qual

> todos os Vassallos de V.A. deste Reyno, e suas Conquistas, possão livremente comerçiar na costa da Mina, e mais distritos, [...] pois desta faculdade senão segue prejuiso algum, mas antes muita utilidade assy a Fazenda de V.A. como aos Vaçallos que continuarem este comercio, e não haver ordem em contrario que prohiba tal comerçio.[70]

Curiosamente, não era verdade que não houvesse ordem vedando àquele comércio aos súditos de além-mar, apesar de a proibição datar do reinado de Felipe III[71]. Não se estava, porém, dadas as prementes necessidades do reino e de suas colônias, em condições de aferrar-se a coroa e seus agentes às premissas das habituais relações coloniais. Os anos 1670 assistem à mais difícil conjuntura da tendência secular de baixa do século XVII.

Todavia, não significa dizer que o abastecimento de africanos para a demanda por trabalho compulsório no Brasil fosse feito, exclusivamente, pelos sú-

---

69 SOBRE a provisão que pede o cappitam João Machado de Oliveyra, assistente na Ilha de S. Thome. Lisboa, 31 de julho de 1674. AHU, CU, S.Tomé, Cx. 3, Doc. 23.

70 SOBRE a provisão que pede o cappitam João Machado de Oliveyra, assistente na Ilha de S. Thome, *Doc. cit.* Os conselheiros eram Salvador Correa de Sá e Benavides, Rui Teles de Menezes, Francisco Malheiros, Pedro Álvares Secco Macedo. A provisão que autorizou o tráfico entre S. Tomé e a Costa da Mina está reproduzida neste documento.

71 Cf. O parecer da Casa da Mina na [PETIÇÃO dos vereadores e] Oficiais da câmara da ilha de S.Tomé [ao rei D. João IV]. S. Tomé, [9 de agosto de 1641]. AHU, CU, S. Tomé, Cx. 2, Doc. 65 e 67.

ditos do ultramar. Joseph Miller demonstrou como ao predomínio dos governadores (incluindo àqueles saídos de Pernambuco) e seus testas-de-ferro no tráfico de Luanda da segunda metade do século XVII seguiu-se a hegemonia dos contratadores e mercadores reinóis na virada do século XVIII[72].

No caso da Costa da Mina, há várias evidências das armações que os reinóis faziam para ir ao resgate na Mina e de lá seguirem para o Brasil. Foi o caso de João de Saldanha e Diogo Fernandes Branco, que informavam, em 1678, serem senhores de um patacho chamado *N. Sra. da Encarnação e S. Antonio*, mestre Pedro Vaz da Cruz, que fora à Costa da Mina fazer comércio e de lá tencionava escalar em S. Tomé para pagarem os direitos e, certamente, seguiriam logo para o Brasil. Apenas por acidentes de percurso a viagem não se completou, pois o patacho arribou na Ilha do Príncipe, onde o governador lhe seqüestrou a carga e a embarcação[73].

Como estes, desde que a coroa liberou o trato aos seus vassalos, outros mercadores reinóis enviavam suas embarcações para o trato na Costa da Mina. Contudo, os moradores de S. Tomé foram os que menos lograram fazerem-se "opulentos" com aquele trato, que passou a ser majoritariamente feito do Brasil e do reino. Queixava-se a este respeito o governador de S. Tomé, pela falta de recursos para fazer os pagamentos das folhas da ilha. A razão, segundo ele, era que

> thé agora não houve efeitos da repartição da costa, nem ouve Rendimento na Alfandiga, para acabar de fazer um mes de pagamento a este Prezidio; e desse Reino, e do Brazil vão navios a Costa sem virem por esta Ilha pagarem os direitos, com q não há dinheiro, por cuja cauza são prejudicados os filhos da folha.[74]

---

72   Joseph C. Miller. *Way of Death*. Merchant Capitalism and the Angolan Slave Trade, 1780-1830. Madison, Wisconsin: University of Wisconsin, 1988, 256-7, 285-6, 295-6. *Idem*. "Capitalism and Slaving: The Financial and Commercial Organization of the Angola Slave Trade, according to the Accounts of Antonio Coelho Guerreiro. *The International Journal of African Historical Studies*, vol. 17, n. 1, (1984), p. 1-56. Os governadores reinóis nomeados para Angola no ultimo quartel do séc. XVII e início do XVIII também se envolveram diretamente no tráfico escravistas, apoiando-se não apenas na sua posição de autoridade régia, mas nas relações com as autoridades na outra margem do Atlântico sul, com as quais, alias, aqueles governadores tinham vínculos familiares. Miller, *Way of Death*, p. 256; João Fragoso; Maria de Fátima Silva Gouvêa. Nas rotas da governação portuguesa: Rio de Janeiro e Costas da Mina, seculos XVII e XVIII. In: FRAGOSO *et alii*, *Nas Rotas do Império*, p. 31-5.

73   SOBRE o que pedem João de Saldanha e Diogo Fernandez Branco. Lisboa, 9 de Agosto de 1677. AHU, CU, S.Tomé, Cx. 3, Doc. 43. SOBRE o que pedem João de Saldanha e Diogo Fernandez Branco. Lisboa, 27 de Setembro de 1678. AHU, CU, S.Tomé, Cx. 3, Doc. 45.

74   DO GOVERNADOR João Álvares [da Cunha] sobre a informação que se lhe pedio, e do q escreveo o feitor da dita Ilha Manoel da Silva da Costa. S. Tomé, 14 de agosto de 1685.

Assim, reitera-se que o tráfico na Costa da Mina para o Brasil era feito por súditos portugueses de aquém e além-mar. Veremos, mais à frente, que o século XVIII trouxe alterações a este padrão com relação a Pernambuco.

Ainda no início da última década seiscentista, a rota Lisboa-Costa da Mina-Brasil já havia se tornado corriqueira, a ponto de serem fretadas as embarcações que tinham este destino para levarem os governadores que iam tomar posse em S. Tomé. Quando a coroa ordenou a Nicolau Pedro, senhorio do navio *S. Nicolau e S. Pedro*, que levasse em sua embarcação o novo governador e o ouvidor a S. Tomé, aquele alegou que o frete que se lhe pagaria era muito pouco, dado que a sua embarcação era de grande porte e estava engajada na rota direta com a Bahia. O frete de 6.000 cruzados, normalmente pago às embarcações para cumprir estes desígnios régios escalando em S. Tomé, argumentou, mal cobririam um terço de seus gastos, pois as embarcações que costumavam encarregar-se desta viagem eram «navios de pouca gente, e pequenos e q vão negociar a Costa da Mina, aonde com facilidade chegão a S. Tomé por ser essa a sua derrota»[75].

Percebe-se, assim, que o tráfico triangular e bilateral envolvendo Portugal, o Brasil e a Costa da Mina ocorriam paralelamente. A penúria em que mergulhou a economia de S. Tomé na segunda metade do século XVII levou à coroa a ter que recorrer a fontes de outras de suas colônias atlânticas para sustento dos filhos da folha. Graças a isto, o rei ordenou por provisão[76] que as embarcações quando viessem da Costa da Mina estavam obrigadas a pagarem os direitos em S. Tomé. Assim, os negreiros que saíam de Lisboa com destino à Costa da Mina davam fiança no Conselho Ultramarino de que, caso não escalassem em S. Tomé[77], estavam obrigados a pagarem no Conselho os direitos dos escravos que desembarcassem no Brasil[78].

AHU, CU, S.Tomé, Cx. 3, Doc. 74.

75 SOBRE o que pede Niculao Pedro, senhorio do Navio S. Niculau e S. Pedro, q na prezente occasião leva o Governador e Ouvidor Geral a Ilha de S. Thome. Lisboa, 11 de março de 1692. AHU, CU, S.Tomé, Cx. 3, Doc. 117.

76 A provisão é de 11 de março de 1673.

77 O que passou a ser permitido pela coroa pouco depois da provisão de 1673.

78 Sobre a economia de S. Tomé no século XVII, consulte-se Maria Tereza Seuan Serafim. *A Ilha de S. Tomé na segunda metade do século XVII*. Lisboa: CHAM, 2002, p. 210-32. Devo esta referência ao prof. Arlindo Caldeira do CHAM/UNL.

Ainda nos anos 1680, a coroa determinou que os direitos fossem pagos no porto do Brasil onde a embarcação fizesse descarga dos escravos[79]. Melhor para os historiadores, porque, com base nos registros das provisões passadas aos negreiros com aquela finalidade, é possível acompanhar boa parte do fluxo de embarcações saídas de Lisboa com destino à Costa da Mina e, de lá, para o Brasil. Foram, ao menos, 78 viagens, como se apresenta na Tabela V (ver detalhes no Anexo III)[80].

Vários aspectos podem ser discutidos sobre estas informações, a começar pelas constantes do Anexo III. Não é difícil concluir que o fiador da viagem fosse o armador ou partícipe da carga[81]. O armador, normalmente, tinha o senhorio da embarcação. Daqueles fiadores, poucos nomes repetem-se, enquanto os demais aparecem uma única vez. Poderíamos concluir, ainda, que aqueles cujos nomes aparecem mais de uma vez como fiadores fossem os senhorios dos negreiros, mas não parece ser o caso, vistos outros elementos. Francisco Slooter, por exemplo, aparece como fiador de três armações cujas embarcações não lhe pertenciam[82]. Certamente, porém, ele entrava com parte da carga ou de seu financiamento, pois a prática comum no ramo negreiro era que ao senhorio e/ou armador se associassem, *ad hoc*, outros interessados, partilhando os riscos e ganhos de uma viagem[83].

---

79   Não encontrei a ordem expressa sobre este particular, mas os termos estabelecidos nas fianças no início da década 1680 indicam que a coroa modificara, entretanto, a forma de arrecadação destes direitos.

80   A pesquisa no TSTD para negreiros portugueses partindo de Lisboa resulta em somente 16 viagens que fizeram tráfico de escravos na Costa da Mina, nenhuma com data anterior a 1692. Destes 16 registros, cinco não constam em minha lista: 1692, 1715, 1720, 1721 e 1723 (uma viagem em cada ano). http://www.slavevoyages.org/tast/database/search.faces acessada em 18/02/2016.

81   Sobre o sentido contemporâneo dos termos "armador", "capitão" e outros termos do tráfego e tráfico atlântico, cf. Costa. *O Transporte no Atlântico e a Companhia Geral do Comércio do Brasil (1580-1663)*, op. cit., p. 119-20, 392.

82   A nau *S. Pedro e S. Clara* e a nau e a fragata homônimas (talvez uma mesma embarcação, mas os senhorios eram distintos) *S. Ana*, que fizeram viagem em 1691, 1697 e 1699, respectivamente.

83   De forma análoga às chamadas *comanditas*, que se praticavam desde a Idade Média. Fernand Braudel. *Civilização Material, Economia e Capitalismo. Séculos XV a XVIII.* T. II: *O Jogo das Trocas*. (Trad.). São Paulo: Martins Fontes, 1995, p. 394-6.

Tabela V - Saída de Negreiros de Lisboa para a Costa da Mina, 1676-1731 (1676-1705/1717-1731)

Ano	Viagens	Ano	Viagens
1676	4	1715	1
1677	1	1717	2
1678	5	1718	3
1679	1	1719	2
1680	1	1720	4
1684	1	1721	3
1686	3	1722	3
1687	1	1723	7
1691	2	1724	1
1692	1	1725	7
1697	1	1726	3
1698	1	1727	3
1699	2	1728	3
1703	6	1729	2
1704	1	1730	1
1705	1	1731	1

Fontes e detalhes sobre as viagens: Anexo III e TSTD

Por isso, o fato do nome de um indivíduo aparecer uma única vez como fiador indica, por um lado, o caráter especulativo deste ramo, o qual, nos momentos de alta demanda, atraía investidores ocasionais[84]. Não quer dizer, por outro lado, que ele não mais participasse do tráfico negreiro lisboeta, podendo fazê-lo sem assumir o encargo de garante dos direitos devidos à coroa. A associação de vários mercadores nos investimentos para uma viagem diminuía os riscos individuais e a necessidade de aporte de cada um[85].

Ainda quanto aos fiadores e partícipes das armações, percebe-se que dos registros posteriores a 1720, a grande maioria já não consta de um só avalista, mas pelo menos dois. E não apenas alguns nomes repetem-se com mais fre-

---

84 Robert L. Stein. *The French Slave Trade in the Eighteenth Century*. An Old Regime Business. Madison, Wisconsin.: The University of Wisconsin Press, 1979, p. 63-4, 151; Manolo Florentino. *Em costas negras*. Uma história do tráfico entre a África e o Rio de Janeiro. São Paulo: Companhia das Letras, 1997, p. 14-5.

85 Ralph Davis. *The Rise of English Shipping Industry in the Seventeenth and Eighteenth Century*. London; New York: Macmillan and Co.; St. Martin's Press, 1962, p. 87-8.

qüência, como aparecem em associação com nomes diversos. É provável que o aumento no número de fiadores por viagem seja um indicativo do incremento do volume de capitais associados ao tráfico negreiro na Costa da Mina por parte dos homens de negócio de Lisboa. Os motivos para este maior interesse por este ramo de negócio são os mesmos que levam ao crescimento do fluxo de embarcações metropolitanas naquela rota, ou seja, a atração exercida pelo ouro do Brasil, como veremos mais adiante.

Precisamente neste período, representantes da praça lisboeta haviam requerido licensa à coroa para artilhar uma fragata para fazer frente aos holandeses na Costa da Mina, o que denota o adensamento do tráfico reinol naquela região de trato. A proposta não foi à frente, dado que os conselheiros consideraram que a medida era mais guerra que represália e "que nunca se vira que os vassalos fizessem as represalias, muito menos guerra"[86].

Certamente havia distinções importantes entre Lisboa e as capitanias do Brasil no sortimento de negreiros destinados à Costa da Mina. Os armadores das praças do Brasil tinham acesso direto ao cobiçado tabaco, que encontrava um mercado certo na África Ocidental. Os homens de negócio de Lisboa tentaram usar o tabaco refugado nos armazéns do gênero para traficar na Costa da Mina, mas foram desautorizados pela Junta do Tabaco[87]. Por outro lado, em Lisboa o acesso às demais fazendas necessárias ao tráfico, sobretudo têxteis e armas, era mais abundante e com preço mais acessível[88], embora, como veremos que os negreiros de Pernambuco compravam-no às feitorias europeias em África.

---

86 SATISFASCE ao q S. Mag.[de] ordena na Consulta incluza sobre as vexações q padecem os navios Portugueses no comercio da Costa da Mina. Lisboa, ?/?/1719. S. Tomé, Cx. 4, Doc. 68. Deve-se assinalar que uma das características das companhias de comércio holandesas era a autorização para declarar guerras, fazer tratados, entre outras que seriam apanágio do Estado. Femme Gaastra. *The Dutch East India Company*. Expansion and Decline. Zutphen: Walburg Pers, 2003, p. 37-9. Gaastra salienta que a VOC não assumia juridicamente o papel do Estado, mas que o fazia na prática. Sobre a WIC: Henk der Heijer, The Dutch West India Company, 1621–1791. In: Johannes M. Postma; Victor Enthoven (Org.). *Riches from Atlantic Commerce*. Dutch Transatlantic Trade and Shipping, 1585-1817. Leiden; Boston: Brill, 2003, p. 77-112, que afirma que as companhias uma "relação simbiótica entre política e negócios privados"; *ibidem*, p. 83; para Braudel, a VOC (1602) constituía um "Estado dentro do Estado"; Fernand Braudel. *Civilização Material, Economia e Capitalismo: séculos XV-XVIII*. Vol. 2. São Paulo: Martins Fontes, 1998, p. 194.

87 SOBRE a reprezentação q fazem os homenz de negocio q comerceão na Alfandega do tabaco. Lisboa, 29 de maio de 1728. TT, JT, Maço 12.

88 DO CONSELHO Ultramarino. Dasse conta a S.Mag.[de] dos Navios que vão deste porto comerciar a Costa da Mina e a outraz Costa de Africa a resgatar escravos por cumutação

Os financiadores lisboetas do comércio escravista tinham outra vantagem: sonegar os direitos sobre os escravos introduzidos no Brasil. Até meados da década 1720, os negreiros que zarpavam do Tejo para a Costa da Mina estavam autorizados a só pagarem os direitos régios quando fundeassem de novo em Lisboa. O prazo, porém, não poderia ultrapassar os dois anos. Na prática, até pelos menos 1725, raros foram os financiadores e avalistas das viagens que saldaram esta obrigação fiscal[89].

Quando por uma só mão passavam o tráfico e a arrecadação dos tributos sobre os escravos importados, é possível imaginar outras conveniências para os homens de negócio de Lisboa. Jerônimo Lobo Guimarães aparece como fiador de um negreiro de Lisboa em 1725 (Anexo III). Por esta mesma época e até 1733, este homem de negócio de Lisboa[90] deteve os contratos de entrada e saídas de escravos de Pernambuco, Bahia e Rio de Janeiro, chegando a administrar os três de uma só vez[91]. Tendo ele e seus agentes que arrecadar os direitos sobre os escravos que entravam no Brasil, certamente que aqueles que iam por sua conta, embora tributados, contribuíam para a própria arrecadação de que estavam encarregados.

Uma vez que também é plausível que Jerônimo Lobo Guimarães tivesse sócios nas suas arrematações e empreendimentos no tráfico escravista, as beneses decorrentes de agrupar os dois ramos de negócio afluíam para outros negociantes da praça de Lisboa[92].

---

de armas de fogo e pólvora contra a ordenação da Bulla da Cea. Lisboa, 16 de Fevereiro de 1720. AHU, CU, S. Tomé, Cx. 4, Doc. 75.

89 OFÍCIO de António de Barros Câmara, executor do Conselho, para o rei D. João V, sobre a ordem que tinham para mandar notificar vários fiadores que se haviam obrigado a pagar os direitos dos escravos que se resgatassem na Costa da Mina. Lisboa, 23 de junho de 1725. AHU, CU, S. Tomé, Cx. 5, Doc. 8

90 Natural de Guimarães, filho de sapateiro e neto de cuteleiro, chegou em Lisboa cerca de 1700; em 1722 recebeu o Hábito de Cristo, pagando 100$000 réis pela dispensa dos defeitos mecânicos de seus antepassados. TT. Habilitações da Ordem de Cristo. Maço 87, N. 52. Habilitações do Santo Ofício. Maço 5, N. 92.

91 Ver p. 77, Tabela XI e p. 78, nota 192. Sobre a atuação deste homem de negócio no contrato da dízima da alfândega de Pernambuco, cf. Luanna Maria Ventura dos Santos Oliveira. *A Alfândega de Pernambuco*: História, Conflitos e Tributação no Porto do Recife (1711-1738). Dissertação (Mestrado em História). Recife: UFRPE, 2016, p. 96-149.

92 Seus fiadores no contrato de 1725 foram os homens de negócio Antonio Pais de Lemos, Manoel Rodrigues Costa, Manoel Soares da Cruz, José Ferreira da Silva e João da Costa Ferreira. Bento Pestana, por exemplo, que afiançou quatro negreiros entre 1676 e 1686, era co-proprietário de uma charrua junto com outros três moradores de Lisboa. Cf. VENDA de parte de Charrua Domingos Lopes Gago a Bento Pestana e outros. Lisboa, 4 de julho de 1678. LIVRO de Notas de Manoel Machado, f. [80v]. TT, Arquivo Distrital de Lisboa. *Registro Notarial de Lisboa*, Cartório 1 (Antigo 12 A). Livros de Notas. Livro 248, Cx. 60.

Não obstante, os homens de negócio das praças do Brasil também acabaram por conseguir implementar arranjos que lhes permitiam não pagar ou pagar apenas em parte os direitos sobre os escravos 'minas'. Como já indicado, tais tributos deveriam ser pagos à passagem por S. Tomé ou no porto no qual o negreiro desse entrada no Brasil.

Os responsáveis pelo tráfico no Brasil passaram a ordenar aos capitães dos negreiros que, em lugar de escalar em S. Tomé, fossem à Ilha do Príncipe, onde havia um feitor para receber os tais direitos[93]. Indivíduos que se ocupavam do ofício de feitor ou pessoas que privavam de sua intimidade eram ou vinham a ser, ao mesmo tempo, procuradores dos senhorios dos negreiros do Brasil. Quando uma embarcação saída do Brasil voltava do tráfico na Costa da Mina e aportava na ilha, não pagava um tostão sequer de direitos régios.

Os feitores responsáveis pela arrecadação, exercendo o papel, também, de procuradores dos negreiros do Brasil, em lugar de receberem o valor dos direitos devidos, depositavam "bilhetes" reconhecendo que eles ficavam devedores à fazenda em lugar dos traficantes. Para serem pagos por seus constituintes, passavam letras de risco[94] (com juros de 50%) sobre a praça do Brasil de origem da embarcação em nome dos donos da carga humana. Os procuradores eram reembolsados posteriormente de apenas uma parte do valor das letras, mas os cofres régios não viam a cor do dinheiro dos negreiros, pois os feitores levavam anos sem resgatar os bilhetes depositados. A prática parece ter estado em vigor desde princípios da década de 1720, mas talvez antes[95].

O governador de S. Tomé resumiu o esquema de forma cristalina para o rei e ao Conselho Ultramarino. Nele estavam envolvidos os "três" cunhados, ou

---

93 SOBRE o que escreve o Governador da Ilha de São Thomé aserca da falta q ha de fazer ao rendimento daquella Alfandega a extinção da Alfandega da Ilha do Principe. S. Tomé, 20 de Setembro de 1709. AHU, CU, S. Tomé, Cx. 4, Doc. 23.

94 Sobre as "letras de risco", cf. Joseph C. Miller. "Capitalism and Slaving: The Financial and Commercial Organization of the Angola Slave Trade, according to the Accounts of Antonio Coelho Guerreiro". *The International Journal of African Historical Studies*, vol. 17, n. 1, (1984), p. 45.

95 A manobra foi denunciada várias vezes. [OFÍCIO do provedor da Fazenda da Ilha do Príncipe, dando conta de como se acha o cofre da dita Fazenda]. Ilha do Príncipe, 12 de Dezembro de 1725. AHU, CU, S. Tomé, Cx. 5, Doc. 15; [CARTA do governador de S. Tomé José Caetano Souto Maior ao rei D. João V sobre os procedimentos do provedor e do almoxarife da Ilha do Príncipe]. S. Tomé, 25 de março de 1738. AHU, CU, S. Tomé, Cx. 6, Doc. 74; [REQUERIMENTO do capitão-mor João da Matta e Silva, morador da Ilha do Príncipe]. Ilha do Príncipe, [ant. 5 de março de 1739]. AHU, CU, S. Tomé, Cx. 7, Doc. 7.

seja, Manoel Raposo de Brito, João Fernandes Lima e João da Silva Borges, mais o seu sogro e outros "sócios":

> por q os tres cunhados e dous ou tres socios maiz q [a] elles havião se aggregado, tinhão na Bahia e Pernambuco adquerido as procuraçõens dos Senhorios dos Navios q vinhão a Costa da Mina aos resgates de escravos q' na volta mandavão a despachar naquella Alfandega pella segurança que tinhão do Provedor e Almoxarife para o favor dos seus despachos; aos Capitãens dos mesmos Navios não só davão livres de direytos todos os escravos q' trazião de sua conta, mas para mais os obrigarem a buscar sempre aquelle porto lhe davão comissão nos dinheiros que lhes trazião dos ganhos das letras de risco q' havião passado para o Brazil, q' os proprios dos ditos direytos se pagavão nas Provedorias de Pernambuco, e Bahia, e se lhes remetião conhecimentos em forma para os fazerem descarregar.[96]

No Brasil, os capitães dos negreiros apresentavam uma certidão de que haviam pago os direitos na Ilha do Príncipe, o que resolvia todo o assunto quanto à fazenda régia[97].

Ao compararmos o tráfico do reino e do Brasil com a Costa da Mina, deve-se assinalar, também, o perfil dos tipos de embarcações que, desde o último quartel do século XVII, encontram-se na rota Lisboa-Costa da Mina (Tabela VI). Predominam as embarcações de maior porte, como os navios, as naus e as galeras (que incluem os tipos fragata e bergantim)[98], responsáveis por 67% das viagens registradas e 84% das quais há informação. Quando comparado aos tipos de embarcações que partiam dos portos do Brasil em direção da Costa da

---

96 [CARTA do governador de S. Tomé Dom José Caetano Souto Maior ao rei D. João V sobre aos descaminhos praticados na alfândega da ilha do Príncipe]. 16 de abril de 1740. AHU, CU, S. Tomé, Cx. 7, Doc. 52.

97 Em 1736, por exemplo, 3.640 "cabeças" da Costa da Mina entraram na Bahia em embarcações com escala na Ilha do Príncipe. Destes escravos, apenas 14 foram tributados, uma vez que os demais tiveram seus direitos supostamente pagos naquela ilha. [CARTA do rei D. João V ao provedor da alfândega da Bahia sobre o dinheiro reservado para os filhos da folha de S. Tomé]. Lisboa, 28 de fevereiro de 1737. AHU, CU, S. Tomé, Cx. 6, Doc. 75. Segundo o governador de S. Tomé, o número de embarcações que passavam pela Ilha do Príncipe vindas da Costa da Mina era três vezes superior ao das que escalavam em S. Tomé. [CARTA do governador de S. Tomé José Caetano Souto Maior ao rei D. João V sobre os procedimentos do provedor e do almoxarife da Ilha do Príncipe]. S. Tomé, 25 de março de 1738. AHU, CU, S. Tomé, Cx. 6, Doc. 74.

98 Frédéric Mauro. Navios e construções navais na Europa Ocidental nos séculos XVI e XVII. In: *Idem. Nova História e Novo Mundo*. (Trad.). 3ª. ed. São Paulo: Perspectiva, 1973, p. 99-100.

Mina, entre 1675 e cerca de 1710, o contraste é notável. Os negreiros da Bahia e de Pernambuco eram sumacas e patachos, vasos de pequeno tonelagem, afeitos, inclusive, à navegação fluvial[99].

Tabela VI
Tipos de Embarcações no Tráfico Lisboa–Costa da Mina, 1676-1730

Tipo	N.	%
Bergantim	2	3
Charrua	2	3
Corveta	3	4
Fragata	8	11
Galera	6	8
Nau	7	10
Navios	23	32
Patacho	7	10
Sem informação	15	21
Total	73	

Fontes: Anexo III.

O capitão-mor da Ilha do Príncipe em fins do século XVII Manoel de Souza da Costa referia-se às sumacas do Brasil na Mina como "barquinhos", presas fáceis para as galeras holandesas[100]. Cerca de duas décadas depois, os negreiros do Brasil que traficavam na Costa da Mina ainda eram considerados de

---

99 Nardi, *op. cit.* p. 247-8, ; Evaldo Cabral de Mello. O aparecimento da sumaca. In: *Idem. Um Imenso Portugal*. História e historiografia. São Paulo: 34, 2002, p. 195-6. Há tipologia das embarcações deste período não é tão precisa quanto poderia se pensar pela nomenclatura. Os tipos pelos quais os vasos são identificados dizem mais respeito à mastreação que à capacidade de carga; cf. Davis, *The Rise of English Shipping Industry in the Seventeenth and Eighteenth Century*, *op. cit.*, p. 78-9; Frédéric Mauro. Navios e construções navais na Europa Ocidental nos sécs. XVI-XVII. In: *Idem. Nova História e Novo Mundo*, *op. cit.*, p. 99-102 No entanto, a identificação pelo tipo de velame e mastreação indicava quais eram superiores em dimensões e tonelagem a outras; por exemplo, os navios e galeras frente aos patachos e sumacas. Esta última, inclusive, era desconhecida na navegação metropolitana, pois foi uma adaptação no Nordeste colonial das *smacks* holandesas, segundo Mello, *op. cit.*, p. 184-5, 188. Há uma boa discussão sobre o tema para a primeira metade do século XVII em Costa, *O Transporte no Atlântico e a Companhia Geral do Comércio do Brasil*, *op. cit.*, p. 349-50 e ss.; para o século XIX, Jaime Rodrigues. *De Costa a Costa*. Escravos, marinheiros e intermediários do tráfico negreiro de Angola ao Rio de Janeiro (1780-1860). São Paulo: Companhia das Letras, 2005, p. 135-55.

100 TRESLADO dos Cappitulos da carta, q escreveo à Companhia o Cappitam mor da Ilha do Princepe Manoel de Souza da Costa. In: DO CONSELHO Ultramarino ao rei D. Pedro II. Lisboa, 23 de Dezembro de 1697. AHU, CU, S.Tomé, Cx. 3, D. 146-A.

pequeno porte. Quando a coroa determinou que de S. Tomé fosse madeira para o reino por via do Brasil, o provedor da fazenda da ilha alegou que não havia embarcações para o transporte, pois as de Portugal passavam na ilha abarrotadas de escravos, "enquanto as embarcações dos Estados do Brazil algumas q' vem a este porto são tão pequenas q' não são tão suficientes para a dita conducção"[101].

Muito provavelmente, o número de indivíduos compelidos dentro dos porões dos negreiros das capitanias do Brasil ultrapassava pouco mais de uma centena, até o final da primeira década setecentista. Quanto aos negreiros lisboetas traficando na região, poucas foram as informações disponíveis nos registros acerca de sua lotação. De três deles, apenas, pôde-se averiguar a capacidade de carga humana. O navio *N. Sra. da Conceição* descarregou 320 cabeças no Rio de Janeiro em 1709; a corveta com o raro nome pagão *Diana* foi arqueada em 1726 em 530 cabeças; já o patacho *N. Sra. de França e S. José*, que zarpou em fins de 1727, podia transportar em suas cobertas 490 cabeças[102].

Estes dados indicam que o volume do tráfico reinol em carga humana era proporcionalmente maior que o realizado do Brasil à Costa da Mina, ao contrário do que o número de embarcações de cada parte poderia sugerir. Contudo, no quadro maior dos transportes no Atlântico, os negreiros lisboetas eram considerados embarcações de pequeno porte, como visto mais acima. Portanto, os negreiros do Brasil, até cerca de 1720, eram, talvez, as menores embarcações mercantis a cruzarem o Atlântico[103].

No item destino, de acordo com os próprios registros oficiais, a provisão passada aos negreiros informava apenas que os mesmos, feita a primeira parte do trajeto, iriam "a um dos portos do Brasil", sem especificar quais. Porém, devido

---

101 [CARTA de Manoel Ferreira de Abreu, provedor da fazenda de S. Tomé, ao rei D. João V sobre o envio de madeiras para o reino por conta da fazenda real]. S. Tomé, 3 de junho de 1723. AHU, CU, S. Tomé, Cx. 4, Doc. 98.

102 TERMO de fiança q faz Antonio Antunes por Lourenço Ferreira ao cumprimento da provisão que se lhe passou para mandar digo ir no navio N. Sra. da Conceição a comerciar ao rio de Gavão, e mais portos da Costa da Guiné e Mina. 6 de julho de 1703. AHU, CU – Livro dos Assentos, Contratos e Fianças, 1º. vol. 1671-1731 f. 174v; [REQUERIMENTO de Domingos Lopes, mestre da curveta Diana]. Lisboa, 13 de agosto de 1726. AHU, CU, S. Tomé, Cx. 5, Doc. 25; [REQUERIMENTO de João Alves Ferrel, capitão do patacho N. Sra. de França e S. José]. Lisboa, 13 de novembro de 1727. AHU, CU, S. Tomé, Cx. 5, Doc. 46.

103 Sobre a capacidade média das várias carreiras escravistas no Atlântico, cf. KLEIN, *The Middle Passage*, op. *cit.*, p. 27-8, 30-1, 180-3, 187, 228. Já no séc. XVIII, as embarcações do tráfico de Rode Island eram as menores do Atlântico; Jay Alan Coughtry. *The Notorious Triangle: Rhode Island and the African Slave Trade, 1700-1807.* (Tese de Doutorado). The University of Wisconsin-Madison, 1978, p. 162-5.

a alguns outros registros, pode-se saber especificamente a segunda escala dos negreiros, com seus porões já repletos de cativos.

Do total de 73 viagens, foi possível averiguar o porto de entrada no Brasil de apenas 19 negreiros. A fragata *Santo Rei Davi*, que zarpou de Lisboa em 1676, descarregou seus escravos em Pernambuco[104]; o mesmo fez o navio *Sta. Cristina*, que fez viagem dois anos depois; e, cerca de uma década mais tarde, o navio *N. Sra. da Penha de França e S. Francisco Xavier* teve o mesmo destino[105].

Por sua vez, o negreiro cujo nome não foi registrado, sendo seu mestre Domingos Martins Pereira, saído de Lisboa também em 1676, escalou na Bahia[106], antes de retornar ao reino. A Bahia foi o destino também da nau *S. Jorge*, no ano seguinte, e da nau *S. Pedro e S. Clara*, em 1691. Portanto, das embarcações lisboetas destinadas à Costa da Mina nestes últimos 25 anos do século XVII, para as quais sabemos o destino no Brasil, todas entraram em Pernambuco e na Bahia. O que não surpreende, visto que estas duas capitanias formavam, ainda, o núcleo produtivo mais importante do Atlântico português. Não é à toa que os moradores do Rio de Janeiro queixavam-se ao rei da falta de escravos e da ausência de tráfico negreiros em seus portos neste período[107].

Passando ao quarto de século seguinte, verificamos apenas 12 embarcações para as quais foi possível apontar a escala no Brasil. O navio *N. Sra. da*

---

104 TERMO de Fiança que deu no Concelho Ultramarino João Machado de Oliveira, capitão da Fragata o S. Rey David. Lisboa, 16 de março de 1676. AHU, CU – Livro dos Assentos, Contratos e Fianças, 1º. vol. 1671-1731, f. 13v. A entrada em Pernambuco confirma-se em: Albuquerque, Francisco de Brito Bezerra Cavalcanti de. *Cathalogo das Reaes Ordens existentes no arquivo da extinta Provedoria de Pernambuco.* Biblioteca Nacional do Rio de Janeiro, Sessão de Manuscritos, 11, 3, 1, Registro da Provisão do Conselho Ultramarino de 16 de março de 1676, ff. 172-3. (Daqui em diante: Albuquerque, *Cathalogo.*

105 TERMO de Fiança que deu no Concelho Ultramarino o Antonio Ribeiro Rosa e João Gomes Aranha capitão e mestre do Navio Sta. Cristina. Lisboa, 07/02/1678. AHU, CU – Livro dos Assentos, Contratos e Fianças, 1º. vol. 1671-1731, f. 21v-22; Albuquerque, *Cathalogo*, ff. 172-3.

106 TERMO de Fiança que deu no Concelho Ultramarino o capitão Domingos Martins Pereira morador na Bahia de Todos os Santos. 4 de Setembro de 1676. f. 17v.-18.

107 SOBRE os navios que despacharem de Angolla para o Rio de Janeiro não tomarem este porto. Lisboa, 6 de novembro de 1679. In: INFORMAÇÃO Geral da Capitania de Pernambuco. [1749]. *Annaes da Bibliotheca Nacional do Rio de Janeiro*, vol. XXVIII, 1906, p. 211-2. PROVISÃO Régia sobre os navios de escravos. Lisboa, 13 de outubro de 1670. In: *MMA*, vol. 13, p. 124-5. Ver, ainda, José Antonio Gonçalves Salvador. *Os Magnatas do Tráfico*, p. 56. Se as importações de cachaça do Brasil por Luanda forem um índice fiável, também se confirma a superioridade da economia de Pernambuco frente à do Rio de Janeiro no final dos Seiscentos, quando a participação relativa da primeira capitania era o dobro da segunda; cf. Curto, Álcool e Escravos, p. 148.

Conceição e a fragata *N. Sra. de Nazaré*, o navio *N. Sra. Mãe de Deus, S. José, Santa Catarina e Almas*, a galera *N. Sra. da Rábida, S. Antônio e Almas*, o navio *Jesus, Maria, José e Almas* e o patacho *N. Sra. de França e S. José*, os quais zarparam em 1703[108], 1720, 1723, 1725 e 1727[109], respectivamente, deram todos entrada no porto do Rio de Janeiro. Três embarcações anônimas, uma em 1717 e duas em 1719, tiveram o mesmo porto como destino.

Apenas a fragata *N. Sra. da Arrábida*, que partiu em 1723, e a galera comanda por Valentim Rodrigues da Costa em 1726 declararam ter por destino na América a Bahia ou Pernambuco, alternativamente[110]. Enquanto outro negreiro deu entrada na Bahia em 1717.

Assim, conclui-se que o destino preferido dos negreiros lisboetas a esta altura já não era o nordeste açucareiro, mas o centro-sul mineiro. As entradas de negreiros lisboetas no Rio de Janeiro ganham proeminência justamente no período aurífero (Tabelas VII e VIII; Anexo III)[111].

---

108 TERMO de fiança q faz Antonio Antunes por Lourenço Ferreira ao cumprimento da provisão que se lhe passou para mandar digo ir no navio N. Sra. da Conceição a comerciar ao rio de Gavão, e mais portos da Costa da Guiné e Mina. Lisboa, 6 de julho de 1703. AHU, CU – Livro dos Assentos, Contratos e Fianças, 1°. vol. 1671-1731, f. 174v

109 [AVISO ao Conselho Ultramarino para dar despacho tocante ao sal da galera N. Sra. da Rábida, S. Antônio e Almas de que é mestre Agostinho Gomes Lisboa]. Lisboa, 18 de Setembro de 1723. AHU, CU, S. Tomé, Cx. 4, Doc. 100; [TERMO de fiança que deu Antonio Vaz Coimbra por Luís de Barros Santos capitão da fragata N. Sra. de Nazaré]. Lisboa, 1°. de Setembro de 1703. AHU, CU – Livro dos Assentos, Contratos e Fianças, 1°. vol. 1671-1731, ff. 177v-178; [DESPACHO do Conselho Ultramarino ao navio Jesus, Maria, José e Almas, capitão e mestre Antonio Roiz Rocha, que vai para a Costa da Mina e Rio de Janeiro]. Lisboa, 16 de Agosto de 1725. AHU, CU, S. Tomé, Cx. 5, Doc. 12; [REQUERIMENTO de João Alves Ferrel, capitão do patacho N. Sra. de França e S. José]. Lisboa, 13 de novembro de 1727. AHU, CU, S. Tomé, Cx. 5, Doc. 46 (fiança registada em Livro de Registo Provisões do Conselho Ultramarino, 6°. vol., 1728-1734, Cód. 97, ff. 325v-326.

110 [REQUERIMENTO de Antonio Roiz Rocha, capitão da fragata N. Sra. da Arrábida, que ia fazer resgate na Costa da Mina, em que pede provisão para que de Pernambuco ou Bahia possa fazer viagem à Costa da Mina a fazer resgate]. Lisboa, 28 de Agosto de 1723. AHU, CU, S. Tomé, Cx. 4, Doc. 101.

111 De acordo com os números do TSTD, o quadro é um pouco distinto deste; de 16 viagens que fizeram a rota Lisboa-Costa da Mina-Brasil, cinco se destinaram ao Rio de Janeiro (Sudeste do Brasil no TSTD), seis, à Bahia e nenhuma a Pernambuco; porém, há sete negreiros que fizeram esta rota, dos quais não consta a capitania específica de desembarque no Brasil, mas é provável que a maioria tenha desembarcado no Rio. Para o conjunto do tráfico Portugal-África-Brasil, excetuando-se a Costa da Mina, são 11 viagens, cujos destinos da segunda jornada aparecem assim distribuídos: Pernambuco, 5; Bahia, 2; Rio de Janeiro, 1; porém, para três viagens não constam o destino específico no Brasil (1720, 1723, 1725). No período, em Pernambuco foram desembarcados escravos da Senegâmbia (três viagens), de Angola (uma) e do Golfo de Biafra (uma); as escalas na Senegâmbia na última década do séc. XVII podem estar relacionadas à atuação da Companhia da

Tabela VII - Tráfico de Negreiros: Lisboa – Costa da Mina por quinquênio, 1676-1730 (vários anos)

Anos	Viagens	Média
1676-1680	12	2,4
1681-1685	1	0,2
1686-1690	4	0,8
1691-1695	2	0,4
1696-1700	4	0,8
1701-1705	8	1,6
1716-1720	10	2,0
1721-1725	19	3,8
1726-1730	12	2,4

Fontes: Anexo III

Tabela VIII - Tráfico de Negreiros: Lisboa – Costa da Mina por período

Anos	Viagens	Quota
1676-1700	23	32%
1701-1730	49	68%
Total	72	100%

O número atipicamente alto de viagens no quinquênio 1676-1680 talvez esteja associado à participação indireta dos negreiros de Portugal nos fornecimentos aos assentistas holandeses[112]. Note-se que, para as primeiras décadas do século XVIII, há dez anos (1706-1715) para os quais não foi encontrado registro algum de saídas de Lisboa. Duas hipóteses podem explicar a lacuna: uma, por assim dizer, arquivística, e outra histórica, propriamente. Os documentos que continham as licenças e/ou provisões podem estar extraviados[113]. Ou as hostilidades praticadas por embarcações francesas durante quase todos os anos da Guerra de Sucessão Espanhola contra as possessões ultramarinas portuguesas afastaram

---

Guiné ou Companhia de Cachéu e Cabo Verde. Cf. Silva, "The Atlantic Slave Trade to Maranhão", p. 479-80; Goulart, *A Escravidão Africana no Brasil*, p. 176-7.

112 Postma. *The Dutch in the Atlantic Slave Trade, op. cit.*, p. 38-42, 47. Não é de se descartar, também, o aumento na produção açucareira desde fins da década de 1670 e durante o decênio seguinte (Gráfico 1).

113 Várias das licenças que aparecem na série de S. Tomé não têm correspondência nos livros de registros de provisões do Conselho Ultramarino. Mais, várias das viagens noticiadas na *Gazeta de Lisboa* de 1717 a 1719 não aparecem em nenhum documento oficial destinados a tal registro.

os negreiros de Lisboa da Costa da Mina[114]. Ainda assim, o período 1701-1730 responde por 68% das viagens nesta rota.

Esta preferência verifica-se, igualmente, no tráfico triangular com origem em Lisboa e escala intermédia em Luanda[115]. Voltaremos a este aspecto, após tratarmos do tráfico de Pernambuco na Costa da Mina, pois ele ajuda a compreender a preeminência dos mercadores estantes naquela capitania no tráfico dos portos no Golfo de Benin ao longo da primeira metade do século XVIII.

Por fim, apenas uma viagem de Lisboa à Costa da Mina foi verificada para o período 1731-1750. Trata-se, mais uma vez, de ausência de registro ou, efetivamente, de negreiros lisboetas na rota da Costa da Mina? Não é possível uma resposta definitiva, mas há, ao menos, um indício de que, de fato, os homens de negócio desinteressaram-se por este ramo do tráfico atlântico.

Numa relação de 1752 em que se aponta o número de embarcações portuguesas potencialmente engajáveis no tráfico de Angola e no da Costa da Mina, estão discriminadas as dos três principais portos do Brasil e as de Lisboa. Enquanto para o tráfico de Angola computam-se quatro embarcações de Lisboa, nenhuma é contada para a Costa da Mina[116]. Parece, enfim, que os homens de negócio da praça de Lisboa abriram mão de investir nesta última, talvez afastados pela agressividade holandesa ou pela dura concorrência causada pelo derrame de ouro pelas mãos dos traficantes das praças do Norte do Brasil.

Esta última razão talvez tenha sido mais forte, uma vez que nas duas décadas após 1730 os traficantes luso-brasileiros sofrem relativamente menos as vexações holandesas. Isto se deveu ao patrulhamento efetuado por uma fragata régia e, acima de tudo, à proteção oferecida pelos ingleses, que ofereciam sua

---

114 Sobre os vários ataques e saques praticados por corsários franceses às possessões portuguesas no Atlântico, vide Charles R. Boxer. *A Idade de Ouro do Brasil*. Dores de crescimento de uma sociedade colonial. (Trad.). 3ª. ed. Rio de Janeiro: Nova Fronteira, 2000, p. 111-28; Maria Fernanda Bicalho. *A Cidade e o Império*. O Rio de Janeiro no século XVIII. Rio de Janeiro: Civilização Brasileira, 2003, p. 53-4, 185-92.

115 Miller, *Way of Death*, p. 257; *Idem*. A marginal institution on the margin of the Atlantic System: the Portuguese southern Atlantic slave trade in the eighteenth century. In: Barbara L. Solow. (Ed.) *Slave and the rise of the Atlantic System*. Cambridge: Cambridge University Press, 1991, p. 129-30, 133.

116 RELLAÇAM dos Navios que da Bahia, Rio de Janeiro: Pernambuco, e Lisboa Podem handar empregados no Transporte da Escravatura que se pode Resgatar para os ditos 4 portos de Angola e mais Portos da Costa de Africa [...]. S/ data [1752]. AHU, S. Tomé, Cx. 8, Doc. 100. Este rol foi feito com o intuito de subsidiar a formação de uma companhia para o tráfico das capitanias do Norte do Brasil.

bandeira aos negreiros portugueses saídos do Brasil em troca de 5% da carga dos mesmos[117].

Outro sinal que indica a escassez de tráfego Lisboa-Costa da Mina no período é o fato de os governadores nomeados para S. Tomé não irem diretamente à ilha nos negreiros fretados em Lisboa. Passaram a dirigir-se à Bahia, indo de lá assumir seu posto em S. Tomé[118].

O tráfico Pernambuco–Costa da Mina

Que o tráfico entre Pernambuco e os portos do golfo da Guiné estava em operação desde meados da década de 1670 já ficou evidente, pelo que atrás se mostrou[119]. O quão antes ele se estabelecera, não é possível dizer com precisão. Parece, contudo, que não logo após a restauração da capitania.

Pelo menos uma década depois, as importações da Costa da Mina não haviam começado, ou talvez fossem muito reduzidas frente às de Angola. Numa lista de todos os tributos aplicados sobre os gêneros e negócios de Pernambuco, enviada ao rei em 1664, a câmara informa que, além da tributação dos gêneros da terra e os importados, pagava-se um cruzado por escravo de Angola desembarcado no Recife. Não se faz menção alguma à importação dos "minas"[120].

---

117 O Conselho Ultramarino havia ordenado que o vice-rei do Brasil rejeitasse a proposta feita pelos ingleses por indecorosa. Não obstante, os capitães das embarcações a aceitaram extra-oficialmente. CARTA do governador da capitania de Pernambuco Duarte Sodré Pereira Tibão, ao rei D. João V, sobre uma fragata de guerra inglesa que esteve no porto de Pernambuco vinda da Costa da Mina e acerca da possibilidade de comerciarem os portugueses naquela Costa, sob bandeira britânica. Recife, 17 de julho de 1729. AHU, CU, Pernambuco, Cx. 39, Doc. 3488; [CARTA do governador de S. Tomé Serafim Teixeira Sarmento ao rei D. João V]. S. Tomé, [Ant. 13 de Novembro de 1731]. AHU, CU, S. Tomé, Cx. 5, Doc. 88; INFORMAÇÃO sobre as violências de roubos, que fazem os Hollandezes na Costa da Mina a navegação Portugueza. [Bahia, ?/?/1771]. AHU, CU, S. Tomé, Cx. 5, Doc. 32.

118 [CARTA do capitão-mor da Ilha do Príncipe Antonio Marques do Vale e Silva Correa ao rei D. João V sobre as ocorrências na ilha de S. Tomé]. Ilha do Príncipe, 17 de agosto de 1745. AHU, S. Tomé, Cx. 8, Doc. 42; [CARTA de Antonio Ferrão de Castel Branco nomeado governador da Ilha de S. Tomé]. Bahia, 10 de Outubro de 1740. AHU, S. Tomé, Cx. 7, Doc. 60; PETIÇÃO de Lopo de Souza Coutinho, governador nomeado das Ilhas do Príncipe e S. Tomé, à Junta de Governo do Brasil. [Ant. a 4 de Setembro de 1761]. AHU, S. Tomé, Cx. 10, Doc. 56.

119 CARTA do [superintendente das Fortificações da capitania de Pernambuco], João Fernandes Vieira, ao príncipe regente [D. Pedro], sobre as dificuldades enfrentadas pelos armadores que efetuam o transporte dos escravos da Costa da Mina para Pernambuco, no que diz respeito ao pagamento dos impostos na Ilha de São Tomé, e ainda à cunhagem de moeda na dita capitania. Pernambuco, 26 de julho de 1677. AHU, CU, Pernambuco, Cx. 11, Doc. 1084.

120 CARTA dos oficiais da Câmara de Pernambuco ao rei [D. Afonso VI] sobre um relato de todos os produtos que pagam impostos naquela capitania [...]. Recife, 1º. de agosto

Já em fins do século XVII, há indícios de que o tráfico a partir das praças do Estado do Brasil avulta no comércio de escravos da Costa da Mina. Não por acaso, isto se dá após a descoberta do ouro no Brasil e a disseminação da fumicultura na Bahia e em Pernambuco. Podemos inferir esta tendência pelo que comunicava ao rei o provedor da fazenda de S. Tomé, em 1699, acerca do rendimento da alfândega da ilha. A carta arrolava os desmandos fiscais e arbitrariedades cometidas pelo governador de S. Tomé, por cuja causa a ilha estava em penúria, não por falta de recursos, pois tinha "esta alfandega há dous annos dobrados rendimentos pellos muitos navios que do brazil vem despachar escravos"[121].

A escala das exportações de escravos da costa africana conhece um aumento substancial na virada do século XVIII, em função da competição feroz entre as potências européias pela mão-de-obra compulsória de homens e mulheres de África. Ao mesmo tempo, incluída nesta renovada demanda por escravos, a demanda das áreas mineradoras do interior do centro-sul do Brasil soma-se à das regiões açucareiras.

Os comerciantes estabelecidos no centro do império português, apesar das dificuldades em competir no mercado de escravos do litoral africano, contavam com os privilégios de um mercado cativo em Luanda e seu *hinterland*[122]. Mesmo durante o período em que a mineração atinge seu auge nas minas do Brasil, os mercadores metropolitanos lançaram mão de sua posição privilegiada em Portugal e Luanda para garantir-lhes a parte do leão nas exportações e ganhos ligados ao tráfico em Angola[123].

Na África supra-equatorial, no entanto, nenhum Estado ou grupo mercantil europeu (como as várias companhias de comércio) detinha mais que fortes

---

de 1664. AHU, CU, Pernambuco, Cx. 8, Doc. 743. Contudo, nos anos 1670 registrou-se a presença de "ardras" entre as lideranças dos quilombos dos Palmares, o que indica que algum tráfico havia com a Costa da Mina, quando o reino de Arda era o centro das exportações, mas não necessariamente a partir de Pernambuco. Freitas, *Palmares: a guerra dos escravos, op. cit.*, p. 172; Robin Law. **"The Slave Trade in Seventeenth-Century Allada: A Revision"**. *African Economic History*, No. 22 (1994), pp. 59-92.

121 [REPRESENTAÇÃO do Senado da Câmara e homens bons da cidade e ilha de S. Tomé sobre o mau estado da ilha]. S. Tomé, 4 de março de 1699. AHU, CU, S.Tomé, Cx. 3, Doc. 157.

122 Miller, *Way of Death, op. cit.*, 257, 264, 274, 285-6, 295-6. Para a segunda metado do séc. XVIII, cf. Maximiliano M. Menz, "A Companhia de Pernambuco e Paraíba e o funcionamento do tráfico de escravos em Angola (1759-1775/80)". *Afro-Ásia*, 48 (2013), 45-76; M. M. Menz, "As "geometrias" do tráfico: o comércio metropolitano e o tráfico de escravos em angola (1796-1807)". *Revista de História*, n. 166 (2012), p. 185-222.

123 Miller, *Way of Death, op. cit.*

ou feitorias em áreas autorizadas pelos soberanos locais. Não era possível, portanto, a qualquer estrangeiro monopolizar o comércio dos portos e do interior. Nestes portos, a situação do tráfico português era distinta da que se verificava em Angola. Na Costa da Mina, centro das exportações de cativos africanos nas primeiras décadas setecentistas[124], a competição era aberta, e apenas a capacidade de dispor a baixo custo de bens demandados pelos naturais garantiam aos fornecedores estrangeiros êxito na aquisição de indivíduos africanos a serem compulsoriamente exportados[125].

As trocas comerciais bilaterais entre o Brasil e a África, durante o antigo império português, tem sido abordadas pela maior parte da historiografia com ênfase no papel de dois subprodutos do Brasil: a cachaça e o tabaco de terceira qualidade[126]. Ambos atendiam às exigências dos mercados africanos de importação de bens em troca de escravos. No caso do tráfico na Costa da Mina, o reconhecido papel que o tabaco desempenhou na mercancia de escravos da Bahia e Pernambuco, no entanto, conta apenas metade da história[127].

Os principais bens importados pelos portos da Costa da Mina, em ordem de relevância, eram os têxteis (sobretudo indianos), armas, pólvora e cauris, enquanto os instrumentos de metal e o tabaco respondiam por uma porção modesta desta

---

124 Sobre as guerras locais do período e sua relação com o tráfico, cf. LAW, Robin. "Royal monopoly and private enterprise in Dahomey: The Case of Dahomey". *The Journal of African History*, vol. 18, n. 4, 1977, p. 558-9; Verger, *Fluxo e Refluxo*, p. 166-72.

125 David Richardson. West African Consumption Patterns and Their Influence on the Eighteenth-Century English Slave Trade. In: Gemery; Hogendorn, *The Uncommon Market*. Essays in the Economic History of Atlantic Slave Trade. Nova York: Academic Press, 1979, p. 323. David Eltis. *Economic Growth and the Ending of the Transatlantic Slave Trade*. Nova York: Oxford University Press, 1987, p. 60.

126 Alencastro. *O Trato dos Viventes, op. cit.*, p. 307-26; Manolo Florentino. *Em Costas Negras*. São Paulo: Cia das Letras, p. 122-6; Pierre Verger. *Fluxo e Refluxo*, p. 692-707, (1ª ed. 1968), p. 20 *et passim.*; Nardi, Jean Baptiste. *O fumo brasileiro no período colonial*. Lavoura, Comércio e Administração. São Paulo: Brasiliense, 1996, p. 224, 381-94.

127 Curto, Álcool e Escravos, p. 198-9, e Ferreira, *Transforming Atlantic Slaving, op. cit.*, p. 3-8, apontam para a superestimação do poder de compra e do peso da cachaça do Brasil no tráfico angolano; este último, inclusive, retificou o argumento que apresentara antes, com ênfase no papel da *jeribita*; cf. Roquinaldo Ferreira, Dinâmica do comércio intracolonial: Geribitas, panos asiáticos e guerra no tráfico angolano de escravos (século XVIII). In: J. Fragoso; M. F. Bicalho; M. de F. Gouvêa. (Org.). *Antigo Regime nos Trópicos: A dinâmica imperial portuguesa (séculos XVI a XVIII)*. Rio de Janeiro: Civilização Brasileira, 2001, p. 339-78. O próprio Curto, porém, superestimou um pouco o papel das jeribitas no tráfico angolano; ver Gustavo Acioli Lopes e Maximiliano Mac Menz. "Resgate e Mercadorias: uma análise comparada do tráfico luso-brasileiro de Escravos em Angola e na Costa da Mina (Século XVIII)". *Afro-Ásia*, 2008, p. 43-73.

pauta[128]. Por sua vez, os traficantes de Pernambuco lançaram mão do tabaco, cada vez mais produzido e beneficiado na capitania e áreas adjacentes, para comprar escravos na Costa da Mina. A vantagem do tabaco nesta região era ser um produto sem concorrentes à altura, nem europeus (ou de suas colônias) nem africanos[129].

No entanto, da mesma forma que a cachaça em Luanda[130], o tabaco não apresentava termos de troca que permitissem aos seus fornecedores saldar integralmente o valor dos cativos que pretendiam adquirir. Além do mais, na maior parte das vezes, não era possível comprar escravos nos mercados litorâneos da África utilizando um único produto, mas era necessário um conjunto de mercadorias, a maioria manufaturados europeus e asiáticos. Tais condições eram atestadas pelos contemporâneos do tráfico. Apesar de que os navios de Pernambuco (assim como os da Bahia) registravam apenas o tabaco[131] quando partiam para a Costa da Mina, suas cargas compunham-se de uma miscelânea de bens do tráfico, incluindo

> aguardente de cana, açúcar, ouro lavrado e em pó, couros de onça, curtidos e em cabelo, redes, chapéus de sol de seda, rabos de boi, facas de ponta com cabo de tartaruga, fazenda branca da Europa e da Índia e [...] alguma seda ligeira [132].

Desses, certamente o tabaco, ouro e os têxteis eram os mais importantes e foi o recurso a ambos que permitiu que os mercadores portugueses estabelecidos no Recife contribuíssem para o abastecimento de mão-de-obra compulsória ao Brasil. Assim, o tráfico da Costa da Mina tornou-se, a um só tempo, uma fonte

---

128 David Eltis. *The Rise of African Slavery in the Americas*. Cambridge: Cambridge University Press, 2000, p. 175-7, 187; Patrick Manning. *Slavery, Colonialism and Economic Growth in Dahomey, 1640-1960*. Cambridge: Cambridge University Press, 1982, p. 44, nota 64. A importação de têxteis, aliás, ao contrário do que alguns autores afirmaram, teve impacto na produção de algumas sociedades da África Ocidental. Cf. Joseph E. Inikori, English versus Indian Cotton Textiles: the impact of imports on cotton textile production in West Africa. In: G. Riello. *How India Clothed the World*: The World of South Asian Textiles, 1500-1850. Boston, MA: Brill, 2007, p. 85-114.

129 Os negreiros anglo-americanos incluíam, invariavelmente, o tabaco em suas cargas, mas apenas para suplementar as cargas de rum, principal bem traficado pelos mesmos. Jay Alan Coughtry. *The Notorious Triangle: Rhode Island and the African Slave Trade, 1700-1807*. (Tese de Doutorado). The University of Wisconsin-Madison, 1978, p. 186-7.

130 Miller, *Way of Death, op. cit*, p. 317, nota 4; José C. Curto. *Álcool e Escravos, op. cit*., p. 158; Ferreira. *Transforming Atlantic Slaving, op. cit*., p. 3-8.

131 O que era obrigatório pelo § 3 do Regimento da JT. Cf. Regimento da Ivnta da Administraçam do Tabaco. Lisboa: Miguel Deslandes, 1702, p. 40-2. Biblioteca Nacional de Lisboa.

132 INFORMAÇÃO Geral da Capitania de Pernambuco. [1749]. *Annaes da Bibliotheca Nacional do Rio de Janeiro*, vol. XXVIII, 1906, p. 482-3.

importante de escravos para as zonas de mineração e açucareiras do Atlântico sul português e rota de contrabando de ouro e de tabaco de primeira qualidade, o que punha a coroa e seus agentes num dilema quando discutiam esta rota comercial.

A coroa tinha total interesse em manter o tráfico de seus vassalos ultramarinos com a Costa da Mina, dado que o mesmo aliviava a crise econômica das áreas majoritariamente agrícolas e atendia à insaciável demanda da mineração. Sobretudo porque ao longo da metade inicial do século XVIII, a demanda mineira de braços africanos não parou de crescer, tornando imprescindível a garantia de fontes de escravos. A perspectiva de diminuição ou extinção do tráfico português na Mina parecia aos agentes régios

> hum incomparavel perjuizo a todas as terras das Capitanias do Estado do Brazil pela falta da extracção dos negros, por q não terão os escravos para a cultura dos seus frutos, e mais especialmente assim para o serviço das Minas geraes, como para as q se tem descoberto nas do Cuyabá, e nas dos Goyazes.[133]

Assim, quando confrontada com as contínuas denúncias de que os traficantes levavam ouro para a Costa da Mina, a coroa decretou não a interdição desta rota, mas a proibição do embarque de ouro pelos negreiros. A ordem, quando recebida pelo governador de Pernambuco, mereceu deste um comentário franco:

> Não duvido eu q' algum ouro hira sem embargo de ser prohibido, o q' se não pode evitar, nem eu o avalio [a proibição] conveniente ao serviço de V. Mag.[de] antes muito prejudiçial o não hir [ouro], por q' os Navios vão sobre carregados com tabacos, e sahem alguns in capazes de navegarem, levando a agoa no convés, mas esta tal carga não basta para os Navios trazerem os Escravos da sua lotação; assim, as fazenda q' levão da Europa [...] a troco do mesmo ouro, ou dinheiro q' levão, fica como servindo com sal em tempero de hua panela.[134]

---

133 DO CONSELHO Ultramarino. O Vice-Rey do Brazil remete a copia da Carta q lhe escreveo o segundo Director da Feitoria de Ajudá, representando o q se fas precizo [para] se evitarem se os repetidos insultos q nos fazem na Costa da Mina os Olandeses. Lisboa, 16 de Junho de 1726. AHU, CU, S. Tomé, Cx. 5, Doc. 21. O aumento da produção a partir daquelas novas áreas auríferas veio a confirmar-se; cf. Pinto, *O Ouro Brasileiro e o Comércio Anglo-Português*, p. 85-112.

134 [Carta do governador Duarte Sodré Pereira Tibão] In: Carta dos oficiais da Câmara de Recife ao rei [D. João V], pedindo deferimento da conta que deu a dita Câmara e a proposta que fizeram os homens de negócio do Recife sobre a proibição do comércio [de escravos] com a Costa da Mina. Recife, 23 de abril de 1732. AHU. Conselho Ultramarino. Cx. 43, D. 3860. Este governador falava certamente com grande conhecimento do assunto, não só porque governava a capitania há 5 anos (tendo permanecido 10 anos ao todo), como ele mesmo

A FÊNIX E O ATLÂNTICO

Confirma-se, pois, que apenas o tabaco não bastava para fechar a carga de torna-viagem dos negreiros de Pernambuco destinados à Costa da Mina. O ouro era necessário para pagar pelas "fazendas de negros" compradas às feitorias européias e com elas comprar os escravos aos mercadores africanos.

Os traficantes do Brasil não dispunham das oportunidades de seus congêneres britânicos. O tráfico da maior carreira escravista do século XVIII, a inglesa[135], abastecia-se de têxteis por meio *East India Company* e das fontes européias. No entanto, a parte das manufaturas importadas nas re-exportações inglesas para a África atlântica recuou continuamente desde meados do Setecentos. Primeiramente em lanifícios e, crescentemente, nos algodões e armas, a Inglaterra passou a contar com fontes internas de manufaturados, substituindo as importações e re-exportações paulatinamente ao longo do século[136].

Outro caso, passado na Bahia alguns anos depois do período que analisamos, reitera este ponto. Em 1761, Lopo de Souza Coutinho, nomeado governador das Ilhas do Príncipe e S. Tomé em 1760, partira de Lisboa para a sede do Estado do Brasil para de lá rumar às ilhas. No ano seguinte encontrava-se na Bahia. Pretendia fazer a viagem a S. Tomé na galera *N. Sra. da Penha de França e Boa Hora,* cujo senhorio era o letrado João Cardoso de Miranda. Uma vez que estava em vigor uma nova lei para o tráfico com a Mina, limitando a arqueação dos negreiros nesta rota[137], pediu à Mesa de Inspeção que concedesse a licença

---

era um fidalgo-mercador, ou seja, estava bastante envolvido com o tráfico e comércio de outros gêneros; cf. Maria Júlia de Oliveira e Silva. *Fidalgos-Mercadores no século XVIII.* Duarte Sodré Pereira. Lisboa: Imprensa Nacional – Casa da Moeda, 1992, p. 59 e ss.

135 Philip D. Curtin. *The Atlantic Slave Trade: A Census.* Madison, Wisconsin: University of Wisconsin, 1969, p. 210-1; David Richardson. "Slave Exports from West and West-Central Africa, 1700-1810: New Estimates of Volume and Distribution". *The Journal of African History,* vol. 30, n. 1, 1989, p. 9-11.

136 E, mesmo assim, as sedas asiáticas compuseram, em média, 60% das exportações inglesas de têxteis para a costa africana atlântica naquele século. Cf. Joseph E. Inikori. *Africans and the Industrial Revolution.* A study in the international trade and economic development. Cambridge, UK: Cambridge University Press, 2002, p. 58-60, 68-71, 75-8, 287-90, 407-11, 412-451, 458-72. Sobre as exportações para a África atlântica pela carreira francesa, cf., Robert L. Stein. *The French Slave Trade in the Eighteenth Century.* An Old Regime Business. Madison, Wisconsin.: The University of Wisconsin Press, 1979, p. 71-2, 134-5; da holandesa, cf. Postma, *The Dutch in the Atlantic Slave Trade, op. cit.,* p. 103-5.

137 As embarcações não poderiam levar mais que 3.000 rolos de tabaco. Cf. Nardi, *O Fumo Brasileiro, op. cit.,* p. 258-61.

necessária, por ser a galera de arqueação maior que a permitida pela lei de 30 de março de 1756[138].

Em resumo, a Mesa concedeu, desde que a galera não levasse mais que 3.000 rolos de tabaco e nenhum outro gênero ou fazenda, tomando ao pé da letra a provisão régia. O senhorio da embarcação replicou que assim não lhe convinha, porque "a nenhum senhorio podia fazer conta costear a sua embarcação para negocio com um só genero". O governador nomeado ajuntou que, assim, as embarcações que iam à Costa da Mina sem prestarem serviço algum à coroa ficavam em melhor situação que as que o faziam, pois aquelas "alem do tabaco destinado carregão todo o genero preciso para o negocio"[139].

Se o tabaco era essencial para o tráfico da Bahia e Pernambuco na Costa da Mina, não era suficiente para concretizá-lo. Havia que se lançar mão de outras fazendas, a maior parte não produzidas na colônia, se se quisesse trazer uma carga completa de escravos da África Ocidental. Na primeira metade do século XVIII, foi o ouro, como já salientado, que garantiu o acesso dos traficantes daquelas duas capitanias aos manufaturados demandados em África.

Outra testemunha contemporânea, com larga experiência no tráfico do Brasil com a Costa da Mina, também caracterizou da mesma forma o fluxo de bens das capitanias do Brasil para aquela costa. José de Torres, ativo comerciante e traficante de escravos, com passagem pelo Rio de Janeiro, Bahia e Pernambuco deu conta à coroa de como se processava este tráfico no primeiro quartel do século XVIII[140].

---

138 O rei ordenara por provisão de 20 de abril de 1756 que se dessem tais licenças as embarcações que fossem levar os governadores e os bispos à S. Tomé e Príncipe ou materiais para a fortaleza de Ajudá.

139 PETIÇÃO de Lopo de Souza Coutinho, governador nomeado das Ilhas do Príncipe e S. Tomé, à Junta de Governo do Brasil. [Ant. a 4 de Setembro de 1761]. AHU, S. Tomé, Cx. 10, Doc. 56.

140 Este mercador deveria estar ativo no tráfico de indivíduos africanos desde, pelo menos, o princípio do século XVIII. Veja-se [CONSULTA do Conselho Ultramarino ao rei D. João V sobre a representação de José de Torres]. Lisboa, Post. 2 de novembro de 1721. AHU, CU, S. Tomé, Cx. 4, Doc. 85], na qual ele informa que realizara 9 viagens à Costa da Mina; e [REPRESENTAÇÃO de José de Torres sobre os descaminhos do ouro, diamantes e tabaco fino na Costa da Mina e projeto de uma Companhia para a Bahia]. Lisboa, [Post. a 1724]. AHU, C.U., S. Tomé, Cx. 4, Doc. 118; na qual afirma ser "prático" naquela navegação há 24 anos. Era estrangeiro, radicado no Brasil, tendo sido acusado de contrabando, junto com outros sócios não portugueses, e comércio com os europeus na costa ocidental africana. Sobre suas peripécias no Brasil e na Costa da Mina, cf. Verger, *Fluxo e Refluxo*, p. 152-9, 172-4. O José de Santos Torres que aparece fazendo negócios em Benguela não é o mesmo indivíduo, apesar do que afirma Roquinaldo Ferreira, "Biografia, Mobilidade

José de Torres foi a Pernambuco por ordem de D. Lourenço de Almeida, governador das Minas Gerais, para averiguar o descaminho de ouro da capitania pela Costa da Mina[141]. Fez a mesma sindicância na própria costa, quando lá fora para erguer uma fortaleza e feitoria e, naturalmente, para traficar escravos. Este negreiro certamente deu conta daquilo que viu praticarem e ele mesmo praticou, visto que poucos anos após o seu primeiro relato (1721) encontrava-se atrás das grades do Limoeiro. Ele fora acusado em devassa de fazer comércio em ouro, açúcar e tabaco fino com os holandeses e os ingleses na costa ocidental africana[142]. Ainda assim, voltou à carga, acusando os homens de negócio das praças do Brasil de contrabandearem mais ouro que qualquer outra fazenda para a Costa da Mina. No entanto, pode-se dar crédito ao que relata, pois o que parece pretender a esta altura é beneficiar-se de uma "delação premiada".

Ainda por volta de 1720, relatando as providências que dizia ter tomado para erguer a fortaleza Cezárea ou de N. Sra. do Livramento, afirma que levou de Pernambuco todos os apetrechos para aumentar a fortaleza de Ajudá. De lá passou ao porto de Jaquém, do reino de Arda, onde os holandeses tinham uma grande casa de comércio, na qual vendiam

> escravos e fazendas aos navios da Bahia [no] vallor de mais de hum milhão [de cruzados] cada anno em ouro em pó, além dos muitos escravos q a dita caza manda nos Navios em nome alheio ao Brazil para lhe vir o procedido em ouro, e em muitas pessas do mesmo metal e de prata, e serpentinas, cadeiras, panos, Bordados de ouro [...].[143]

Acrescenta que, além do ouro, ia muito tabaco fino e couros da Nova Colônia (Sacramento). Note-se que, não só os mercadores da Bahia e de Pernambuco compravam escravos com os bens defesos pela coroa, como parte dos escravos que entravam naquelas capitanias em embarcações de súditos portugueses eram, de fato, carregados a frete pelos mesmos, pois eram enviados

---

e Cultura Atlântica: A Micro-Escala do Tráfico de Escravos em Benguela, séculos XVIII-XIX". *Revista Tempo*, Niterói, 2006, p. 39 e ss.

141 Verger, *Fluxo e Refluxo*, p. 173.

142 O VICE-REI do Brasil responde a ordem q lhe forão [sic] sobre o procedimento q se devia ter com Jozeph de Torres, e o offerecimento q este lhe fes para hir estabelecer a feitoria de Ajudá [...]. S/d. [Ant. 6 de março de 1723]. AHU, CU, Guiné, Cx. 5, Doc. 20-A.

143 [CONSULTA do Conselho Ultramarino sobre a representação de José de Torres]. Lisboa, Post. 2 de novembro de 1721. AHU, CU, S. Tomé, Cx. 4, Doc. 85].

por conta dos holandeses. Situação análoga verificava-se em Angola, onde as embarcações do Brasil venciam apenas o frete de boa parte dos escravos que nelas entravam com destino à América portuguesa, custeados por capitais de Lisboa[144]. A vigência destes arranjos deve nos alertar para que o fato de os escravos seguirem para o Brasil em embarcações de suas capitanias e mesmo em nome de seus mercadores nem sempre significava que a sua comercialização tinha início e fim numa das praças portuguesas da América[145].

Obviamente, os negreiros da Bahia (o mesmo deveria se passar em Pernambuco) declaravam na alfândega, à saída, apenas as fazendas que não eram proibidas. Quando findava a vistoria pelo provedor, explica ainda José de Torres, os negreiros, à socapa, descarregavam parte destas mercadorias e substituíam-na por ouro. Por isso, a lei que proibia o embarque de ouro para a Mina não tinha qualquer efeito prático[146]. No retorno ao porto de origem, se com o tabaco que haviam levado conseguiam comprar 100 escravos, diziam ao provedor e oficiais na alfândega nos portos do Brasil que renderam 200 escravos, "e o valor neste acressimo he o ouro que levarão para comprarem as fazendas"[147].

Portanto, ainda que se deva ponderar este relato, parece claro que o ouro desempenhou um papel, no mínimo, igual ao do tabaco no tráfico de escravos originado na Bahia e Pernambuco vinculado à Costa da Mina. Não por acaso os holandeses assentados no castelo de S. Jorge, acostumados a extorquirem 10% da carga em tabaco dos negreiros daquelas capitanias desde a virada do século XVIII, mudam a forma desta exação. Como a descoberta do ouro no Brasil aumentou drasticamente o fluxo de negreiros na região, os holandeses, deixaram de contentar-se apenas com o tabaco. Passaram, então, a exigir o pagamento do

---

144 Miller, *Way of Death*, *op. cit.*, p. 315-7.

145 Deve-se distinguir, assim, duas funções no comércio escravista: a do *tráfico* e o do *tráfego*, tal como nos demais ramos do comércio atlântico; cf. Leonor F. Costa. *O Transporte no Atlântico e a Companhia Geral do Comércio do Brasil (1580-1663)*. Lisboa: CNCDP, 2002, p. 119-22, 424-7; por outro lado, ambas tendiam a andar juntas na mercancia de escravos, ao contrário da tendência à sua separação nos outros ramos. Cf. Davis, *The Rise of English Shipping Industry in the Seventeenth and Eighteenth Century*, *op. cit.*, p. 82-8, 91, 94-5.

146 AHU, CU, S. Tomé, Cx. 5, Doc. 71 e 72. Lisboa, 1º. de julho de 1730.

147 [REPRESENTAÇÃO de José de Torres sobre os descaminhos do ouro, diamantes e tabaco fino na Costa da Mina e projeto de uma Companhia para a Bahia]. Lisboa, [Post. a 1724]. AHU, C.U., S. Tomé, Cx. 4, Doc. 118.

décimo da carga em ouro, embora também aceitassem couros e outras fazendas, mas não apenas tabaco[148].

Passada pouco mais de uma década das denúncias de José de Torres, o ouvidor geral de S. Tomé fazia um relato quase idêntico ao daquele. Segundo este

> do Brazil sahia todos os annos para a Costa da Mina mais de dous milhõens de ouro em pó disfarçado em tellas, galasses, panicos, veludos, Tafetas, Damascos, os quais davão ao Registo no Brazil, e não vinhão para a Costa, e se remetia em lugar dellas ouro em pó. [149]

Tal denúncia tem um duplo valor: por um lado, corrobora a intensidade do tráfico de ouro na rota da Mina; por outro, indica que a notória importância dos têxteis ("galasses, panicos, veludos, tafetás, damascos")[150] no tráfico com a África era utilizada para ludibriar a fiscalização sobre o contrabando. O mesmo ficou provado por uma "dúvida", ou seja, uma querela, que houve entre o capitão de uma sumaca da Bahia, cujo proprietário era Felix de Lemos, e outros indivíduos, em que estes provaram que as alegadas fazendas da carga da sumaca, no valor de mais de 40.000 cruzados, não saíram da Bahia, embarcando-se ouro em seu lugar.

---

148 Estes procedimentos estão relatados na RELLAÇÃO das tiranias e sem rezõens que usão os Olandeses na Costa da Mina com as embarcaçõens da América que a ella vão fazer negocio. In: [CARTA do governador de S. Tomé Serafim Teixeira Sarmento ao rei D. João V]. S. Tomé, [Ant. 13 de Novembro de 1731]. AHU, CU, S. Tomé, Cx. 5, Doc. 88. Schwartz e Postma viram estas relações, ao menos a partir da década de 1720, mais como parceria que como uma exação por parte dos holandeses. Cf. Stuart B. Schwartz; Johannes Postma. The Dutch Republic and Brazil as Commercial Partners on the West African Coast During the Eighteenth Century. In: Johannes Postma; Victor Enthoven (org.). *Riches from Atlantic Commerce. Dutch Transatlantic Trade and Shipping*. Leiden: Brill, 2003, p. 174 e ss.

149 EXTRACTO das Contas q tenho dado a Sua Mag.de pello Tribunal do Concelho do Ultramar de q não veyo the agora resolussão. S. Tomé, 4 de abril de 1737. AHU, CU, S. Tomé, Cx. 6, Doc. 49.

150 "Panicos": "[...] roupa branca e a lençaria hamburguesa de diferentes espécies"; Lapa, *A Bahia e a Carreira da Índia*, p. 367. "Tafetá": "tecido de seda leve, fino e liso, de origem persa, embora não necessariamente fabricado na Pérsia"; Robert S. Duplessis, "Mercadorias Globais, Consumidores Locais: Têxteis no Mundo Atlântico nos Séculos XVII e XVIII", *Afro-Ásia*, 41, 2010, p. 57. "Damasco": "Seda de lavores, entre tafetá e raso"; Raphael Bluteau. *Vocabulario Portuguez e Latino*. Vol. 03. Coimbra: Collegio das Artes da Companhia de Jesus, 1713, p. 7-8. "Veludo": "pano de seda felpudo por uma banda"; Bluteau. *Vocabulario Portuguez e Latino*. Vol. 08, p. 391; "Tafetá": "certo pano leve de seda [...]; há muitas castas de tafetá"; Bluteau. *Vocabulario Portuguez e Latino*. Vol. 08, p. 15.

O comércio com os estrangeiros, sobretudo com os ingleses, é mais uma vez reafirmado. Todos os navios estrangeiros que passavam pela ilha levavam para suas terras de 5 a 7 arrobas de ouro "português", e que, para isso, segundo os próprios capitães dos negreiros britânicos, traziam duas carregações: uma para adquirir escravos e vendê-los aos portugueses por 6 a 9 onças de ouro, outra para comprarem escravos e levá-los a Barbados e Martinica[151].

Diante da sangria de ouro pelo descaminho africano, a coroa proibiu que se embarcasse o metal amarelo nas embarcações do tráfico para a Costa da Mina e obrigou às embarcações que fossem arqueadas antes de partirem para a costa[152]. No caso do tráfico pernambucano, o governador procurou minimizar as exportações de ouro por aquela rota, embora a admitindo, como já visto.

Outro indício desta prática encontra-se numa denúncia de um magistrado régio da capitania de Pernambuco. Segundo o ouvidor

> Tenho noticia de que de Santos, foy hum patacho portuguez a fazer negocio a Costa da Mina, levando quantidade de ouro, em pó, que se dis emportava duzentos mil [cruzados], e que em Ajudá, porto de Arda, em a dita Costa, negociara com hun navio Inglez, escravos e fazendas, com o ouro, [...]; em a certeza desta noticia não ha duvida, e menos em que os quintos se não cobram, quando o ouro assim se diverte: e porq deste modo vai parar as mãos de Estrangeiros, [...] o ouro do Brasil; supondo q. pela Bahia, e mais capitanias, em q se acha freqüentada a navegação da Costa, pode repetir a mesma sahida, fasso prezente a V.Mg.^{de} este dano [...].[153]

A suposição de que o mesmo poderia se repetir nas capitanias ao norte parece muito mais uma denúncia velada do que já se repetia.

Não foi por acaso que a *Royal African Company*, inglesa, passou a interessar-se pelo intercâmbio com os traficantes portugueses no litoral africano logo após as descobertas auríferas. O diretor da *Royal African Company* escreveu aos feitores de *Cape Coast Castle* e Uidá, em 1707, nos seguintes termos:

---

151 EXTRACTO, *doc. cit.* AHU, CU, S. Tomé, Cx. 6, Doc. 49.

152 LEI porque V.Magestade [...].Lisboa, 1º. de julho de 1730. AHU, CU, S. Tomé, Cx. 5, Doc. 71 e 72.

153 CARTA do [ouvidor geral da capitania de Pernambuco], João Guedes de Sá ao rei [D. Pedro II] sobre um patacho português que partiu de Santos para a Costa da Mina, levando ouro em pó para negociar escravos e fazendas com navios ingleses, e as desvantagens de tal negócio à Fazenda Real. Recife, 11 de setembro de 1702. AHU, CU, Pernambuco, Cx. 20, Doc. 1892.

> We had forbade [the factors] to trade with the Portuguese
> [...]. But now we see that there are possibilities of gain fair
> profits, if they could be influenced *to bring gold* for the Coast
> *in lie of others goods*. We desire that [...] you urge the most
> possible the Portuguese, but under condition they don't take
> European merchandises and that they could procure, *in ex-
> change of gold*, merchandise and blacks [...].[154]

A aquisição de ouro do Brasil pela RAC em troca de manufaturas e escravos continuava durante a década de 1720[155]. O mesmo se observou com as
orientações dadas pela WIC aos seus agentes em S. Jorge da Mina, que, da proibição do comércio com os portugueses, passou-se a autorizá-los e incentivá-los
a comercializar com os negreiros "brasileiros": *We have been informed that the
Brazilians always come to Africa with large quantities of gold. We charge you, the-
refore, to encourage the Brazilians to trade with you in order that you can exchange
European goods for gold.*[156]

Mesmo o tabaco exportado pelos negreiros para a África, que deveria ser
apenas o de qualidade inferior, uma vez que o "de escolha" estava destinado a
Portugal, foi uma fonte de preocupações para a coroa. Quantias cada vez maiores de tabaco de primeira qualidade seguiam a rota da Costa da Mina saindo de
Pernambuco (e, sobretudo, da Bahia).

Apesar do fornecimento de têxteis asiáticos pelas naus da Índia arribadas à Bahia, o tráfico direto das capitanias com a Costa da Mina não dependia,
em sua maioria, desta oferta. A maior parte dos têxteis do Oriente e da Europa
utilizados pelos negreiros de Pernambuco e da Bahia para adquirir escravos
na África Ocidental era adquirido na própria costa, às feitorias holandesas,
inglesas e francesas[157].

---

154 Apud: Verger, *Fluxo e Refluxo*, p. 61 (grifos acrescentados). Cf. também, *Ibidem*, p. 57-62.

155 Silke Strickrodt. *Afro-European Trade in the Atlantic World: The Western Slave Coast,
C.1550-c.1885*. Oxford: James Currey, 2015, p. 115. Cf. também, Charles R. Boxer,
"Brazilian gold and British traders in the first half of the eighteenth century", *The Hispanic
American Historical Review*, 49, n. 3, 1969, p. 454-472.

156 Apud: Schwartz; Postma, The Dutch Republic and Brazil as Commercial Partners on the
West African, p. 190.

157 Ferreira, Dinâmica do comércio intracolonial, p. 50-1, 53-66, argumenta que o acesso
direto pelos mercadores da Bahia e Rio de Janeiro aos panos da Índia trazidos nas "liberdades" dos mareantes daquela carreira lhes permitiu (sobretudo à praça do Rio) dominar
o comércio de escravos em Benguela a partir de 1730.

Mesmo passado o pico da produção aurífera no Brasil, a dependência da oferta européia de fazendas para o tráfico naquela região permanecia. Segundo o capitão-mor da Ilha do Príncipe, no início dos anos 1770, o tráfico português com a Costa da Mina, Gabão e Calabar estava praticamente parado pela falta das fazendas necessárias ao mesmo, decorrente da ausência de embarcações "estrangeiras" na região[158].

É possível, mesmo, que a larga circulação do ouro do Brasil na Costa da Mina (a exportação do ouro da Mina, propriamente, declina desde fins do século XVII) tenha levado ao estabelecimento de um "padrão-ouro" na precificação dos gêneros do tráfico. Um piloto de um negreiro português com experiência na Costa da Mina informou, em 1777, que o preço de um rolo de tabaco era "regulado pelo que valia a ouro, uzual e praticavel costume na dita Costa"[159].

Em plena efervescência do tráfico português na Costa da Mina, meio século antes, intentou-se criar, no reino, uma companhia para este tráfico. Batizada de Companhia do Corisco, incluía vários homens de negócio de Lisboa, forte indicador do interesse e participação dos homens de negócio reinóis neste tráfico (Ver Anexo IV).

O primeiro deles tinha por signatários seis homens de negócio da praça lisboeta. O "Companhia" apenso ao nome do primeiro sócio denota que o grupo não se restringia aos nomes que subscrevem a proposta. Um segundo projeto foi apresentado com o suporte de 14 homens de negócio. Por sua vez, a terceira proposta consiste num conjunto de condições que a Companhia da Costa da África e Guiné, criada por alvará régio de 23 de dezembro de 1723[160], apresentou ao rei para sua aprovação. Este grupo era liderado pelo francês João Dansaint, associado a outros estrangeiros e portugueses[161].

---

158 CARTA do capitão-mor das Ilhas de S. Tomé e Príncipe ao secretário de Estado Martinho de Melo e Castro. Ilha do Príncipe, 17 de março de 1771. AHU, CU, S. Tomé, Cx. 13, Doc. 47

159 PETIÇÃO do sargento mor José Gonçalves Silva pedindo treslado do alvará de permissão para negociar na Costa da Mina. [Ilha do Príncipe, Ant. 4 de Fevereiro de 1778]. AHU, CU, S. Tomé, Cx. 16, Doc. 19.

160 Alvará (23/12/1723) confirmando à Companhia da Costa da África a faculdade de tirar escravos para o Brasil. In: Antonio Lopes da Costa Almeida. *Repertório remissivo da legislação da Marinha e do Ultramar comprehendida nos annos de 1317 até 1856*. Lisboa : Imprensa Nacional, 1856, p. 162.

161 Pedro de Azevedo. "A Companhia do Corisco". *Archivo Historico Portuguez*, vol. 1, n. 12, dezembro de 1903, p. 424; Ernst Pijning. "Le Commerce Négrier Brésilien et la Transnacionalité. Le cas de la Compagnie Corisco (1715-1730)". *Dix-Hutième Siécle*, n. 33, 2001, p. 69.

O primeiro conjunto de condições contém 11 artigos, enquanto o segundo, 23. Por sua vez, as condições da Companhia da Costa da África são nada menos que 40. As três propostas destoam em alguns aspectos: abrangência geográfica do tráfico, pretensão de monopólio e o número de condições aventadas. No entanto, nos pontos essenciais, as condições que os homens de negócio propõem nos permitem perceber disposições comuns aos grupos e entrever as características efetivas em que se dava o tráfico de escravos na Costa da Mina e, em alguns aspectos, em Angola.

Primeiramente, os grupos envolvidos mostram-se dispostos a internalizar os custos de defesa daquela navegação[162]. Dado o ambiente hostil de competição na África Ocidental com a WIC e seus agentes, sobretudo suas temíveis galeras, todas as propostas incluem o apresto de uma fragata artilhada para defender os súditos portugueses dos ataques e exações pelos holandeses, além dos piratas, comuns na região. A primeira proposta planeja fazer da fragata artilhada o próprio negreiro, enquanto os dois outros grupos atribuem à coroa a responsabilidade pela embarcação, mas se comprometem a custeá-la. (Ver Preâmbulo do Projeto 1; Condições 1ª., 2ª. e 3ª. do Projeto 2; Condição 1ª. e 19ª. do Projeto 3).

O papel do tabaco no circuito das trocas escravistas na Costa da Mina destaca-se com nitidez das propostas, o que não poderia ser diferente, dado que a pretensa companhia visava a substituir o tráfico direto do Brasil com a África. Assim, duas das três propostas prevêem destinar uma determinada quantia de tabaco do Brasil, posto no porto de Lisboa, para fazerem o tráfico na Costa da Mina. Uma delas requeria 5.000 rolos por ano (Ver Condição 2ª. do Projeto 1; Condição 6ª. Projeto 2).

No entanto, as acusações dos agentes régios sobre o tráfico do Brasil com a África Ocidental efetuar-se com tabaco fino confirmam-se nas próprias condições apresentadas pelos grupos. Ao estabelecerem a compra do tabaco do Brasil, nenhuma das propostas especifica que esse seria o tabaco de terceira qualidade ou o "baixo", como se dizia. Poderia dizer-se que esta condição estava implícita, dado que apenas o tabaco inferior poderia ser enviado legalmente do Brasil à Costa da Mina. Atente-se, porém, para as condições em que os homens de negócio afirmam abertamente que o tabaco que pretendiam comercializar no tráfico

---

162 Leonor Freire Costa. *O Transporte no Atlântico e a Companhia Geral do Comércio do Brasil (1580-1663)*, *op. cit.*, p. 14-6, discute os efeitos da internalização dos custos extracomerciais nos fretes e na estrutura de navegação na rota do Brasil no século XVII.

tanto era passível de ser vendido aos mercados da Europa quanto de servir ao estanco do tabaco em Portugal (o que os levou a pedirem sua completa exclusão da escolha do contratador; ver Condições 6ª., 7ª. e 8ª. do Projeto 2).

Da mesma forma, os homens de negócio foram bastante francos ao colocar como uma das condições para o êxito da pretendida companhia a negociação direta, em África, com outras nações européias (Ver Condição 15ª. do Projeto 2). Como pretendiam açambarcar o ramo dominado por seus congêneres do Brasil – e por isso o tabaco de que precisariam não era apenas o inferior –, estes mercadores deveriam negociar com os europeus traficando nas costas ocidentais da África. Venderiam para eles tabaco e receberiam escravos ou manufaturados destinados ao tráfico.

As condições estabelecidas pela pretendida companhia mostravam a disposição de seus membros de reproduzirem justamente as ilegalidades que se pretendia evitar ao conceder-lhe o monopólio, nomeadamente o trato com os "estrangeiros" na África. Um parecer apenso às propostas reprovou esta pretensão. O conselheiro sugeriu que não se devia permitir-lhes a condição de negociarem com outras nações os escravos que estas lhes levassem à Ilha do Príncipe ou outra parte, "por que é engrossar as suas companhias, e os negros serão mais caros, porque comprados já em segunda mão". Também porque já havia estabelecimento português em Ajudá e Jaquém, os quais se poderiam e deveriam ser aumentados[163].

No que diz respeito aos demais gêneros que os grupos julgavam necessários para adquirirem escravos em África, o que é ainda mais relevante nas condições que estipulam é a importância dos produtos com origem externa ao Império Português (Ver Condição 13ª. do Projeto 2; Condição 4ª. do Projeto 3). Os homens de negócio conheciam o ramo que pretendiam monopolizar e incluíram entre as garantias de suas companhias postulantes à concessão régia a importação isenta de direitos de gêneros europeus, nomeadamente têxteis, armas, pólvoras e aguardentes (Condição 4ª., Projeto 3).

Estas condições permitem-nos por em suas devidas proporções o papel que o tabaco exercia no tráfico entre o Brasil e a Costa da Mina. Não há dúvida que o tabaco era um diferencial positivo da oferta portuguesa de bens aos traficantes de escravos da África Ocidental. Contudo, o seu papel não era o de um

---

163 APONTAMENTOS sobre Companhias de Diamantes e Costa da Mina. In: CONDIÇÕES dos interessados na Companhia de Curisco. Lisboa, Post. 23 de Dezembro de 1723. AHU, CU, S. Tomé, Cx. 4, Doc. 106. O autor do parecer não está identificado.

bem aglutinante, responsável pelo núcleo do preço pago por cada cativo ou lote de cativos. O tabaco trocado diretamente com os mercadores africanos de escravos exercia papel análogo ao da jeribita em Luanda, ou seja, permitia aos mercadores luso-brasileiros uma oferta diferenciada ao mercado africano e a redução dos seus custos totais na compra de escravos[164]. Essa condição era possível devido aos baixos custos de produção destes subprodutos da colônia e era essencial, já que os demais produtos com os quais os mercadores das praças do Brasil entravam na disputa pelos braços africanos eram as fazendas européias e asiáticas.

Ainda sobre este aspecto, atente-se para uma das condições estipuladas pelo terceiro grupo de homens de negócio. Como este tinha planos mais ambiciosos, pois sua companhia deveria abranger todos os portos da África atlântica, o número de condições que propõe é maior e, em alguns pontos, distinto das outras duas.

Na condição 5ª. do Projeto 3, é explicitamente referido o peso dos tecidos asiáticos, os algodões da Índia[165]: "a maior parte das Fazendas que esta Companhia há de consumir na Costa são algodões da Índia, e outros gêneros do dito País". Não só isso: todo o circuito multi-continental das trocas que tinham por eixo o tráfico atlântico de escravos está resumido nesta 5ª. condição. O carreamento de prata americana para o Índico; a aquisição de têxteis em Coromandel e Zurate (o Gujarath ou Guzerate), respectivamente no Sudeste e Noroeste da Índia, em troca da prata; para, por fim, de posse dos algodões, comprar os indivíduos africanos escravizados. O fato de estarem, em boa medida, alheados de tal circuito é que fazia dos súditos portugueses estabelecidos em praças americanas parceiros menores do tráfico atlântico[166].

---

164 Curto, *Álcool e Escravos, op. cit.*, p. 125-6; Gustavo Acioli; Maximiliano M. Menz. "Resgate, mercadorias e economia mundo: uma análise comparada do tráfico luso-brasileiro de escravos (Angola e costa da mina, século XVIII)". Afro-Ásia, n. 37 (No prelo).

165 Conhecidos pelo nome genérico de calicó, havia diversas variedades, os "panos de preto" ou "fazendas de negros"; ver uma lista destas fazendas em Joseph C. Miller. "Capitalism and Slaving", p. 33-5, Tabela V; o significado dos nomes de alguns tipos de têxteis transacionados à época é dado em José Roberto do Amaral Lapa. *A Bahia e a Carreira da Índia*. São Paulo: Companhia Editora Nacional/Edusp, 1968, p. 363-9.

166 Miller, *Way of Death, op. cit.*, p. 315, 461, 470-1, 547-8. Ainda que as arribadas das naus da Índia suprissem parte da demanda por têxteis asiáticos da Bahia e das outras praças do Brasil, como argumenta Roquinaldo Ferreira, não me parece que fosse o suficiente para dispensar os mercadores de escravos das capitanias do Norte de adquirirem a maior parte dos tecidos de sua carga nas feitorias da África Ocidental. Sobretudo por ter o fluxo de vasos portugueses na rota do Índico declinado drasticamente ao longo do século XVII, a ponto de tornar-se insignificante quando comparado às carreiras inglesa e holandesa.

Os projetos de companhias monopolistas para o tráfico surgem, como inicialmente assinalado, no que parece ser um pico de tráfico reinol com a Costa da Mina. Assim, que interesse teriam estes indivíduos de cabedal em submeterem o comércio de escravos que já realizavam aos limites de uma companhia? Em primeiro lugar, os ganhos de monopólio (ou do oligopsônio[167]), pois todos pretendiam vedar aos súditos ultramarinos o tráfico entre o Brasil e a Mina (Condição 33ª. do Projeto 3; apenas o Projeto 1 não prevê o monopólio da iniciativa a partir do reino; ver Condição 5ª.). Ao contrário do que se passava em Luanda, os traficantes de Lisboa não dispunham da possibilidade de exercer pressões (econômicas e extra-econômicas) sobre o mercado escravista da Costa da Mina. Assim, o estabelecimento do monopólio, se não afastaria a concorrência das nações do Noroeste europeu, pretendia cercear a concorrência dos traficantes saídos dos portos do Brasil.

Em segundo lugar, no escopo mais amplo do comercial colonial atlântico, pretendiam usufruir as vantagens normalmente atreladas à condição de contratadores de direitos e estancos régios[168]. Ter garantida a preferência no carregamento nos portos de África, nos do Brasil, a liberdade dada às suas embarcações de retornarem ao reino fora do corpo da frota e a condição de cobrarem os débitos à companhia como se foram devidos à fazenda régia eram privilégios de que

---

Por esta época, Portugal despachava de 2 a 3 naus por ano ao Oriente. Já em meados do século XVII, os holandeses enviavam acima de 20 embarcações para o Índico, enquanto os ingleses, cerca de 10; cf. Neels Steensgard. The growth and composition of long--distance trade of England and the Dutch Republic before 1750. In: James D. Tracy. (Ed.). *The Rise of Merchant Empires*. Cambridge: Cambridge University Press, 1993, p. 109. Na primeira metade do século XVIII, o número de embarcações holandesas rumo ao Índico passava de 30 por ano. Cf. Ruggiero Romano. Between the Sixteenth and Seventeenth Centuries: the economic crisis of 1619-22. In: Geoffrey Parker and Lesley M. Smith. (Ed.). *The General Crisis of Seventeenth Century*. 2ª. Ed. Londres; Nova York: Routledge, 1997, p. 186. Sobre a conexão entre as arribadas e a demanda do tráfico bipolar, veja-se Lapa. *A Bahia e a Carreira da Índia, op. cit.*, p. 277; Roquinaldo Ferreira. *Transforming Atlantic Slaving, op. cit.*, p. 7-8, 13-6, 50-61, 66. Uma análise detalhada do movimento da Carreira da Índia de seu início ao século XVIII encontra-se em António Lopes; Eduardo Frutuoso; Paulo Guinote. "O Movimento da Carreira da Índia nos sécs. XVI-XVIII. Revisão e propostas". *Maré Liberum*, n. 4, Dezembro de 1992, p.187-265.

167 Fernando A Novais. *Portugal e Brasil na Crise do Antigo Sistema Colonial (1777-1808)*. São Paulo: HUCITEC, 1978, p. 89-90.

168 Ver, por ex., as vantagens das quais gozavam os contratadores do tabaco no reino; cf. Jean Baptiste Nardi. "Retrato de uma indústria no Antigo Regime: o Estanco Real do Tabaco em Portugal (1675-1830)". *Arquivos do Centro Cultural Português*, Lisboa-Paris: Fundação Calouste Gulbenkian, 1990, p. 321-39.

gozavam os contratadores de Angola[169] (Ver Condições 10ª., 11ª. e 14ª. do Projeto 2; e Condição 7ª. e 27ª. do Projeto 3).

Ser o primeiro a carregar os seus escravos, independente da ordem de entrada no porto na África (chamado "direito de preferência"), reduzia o tempo de espera e garantia uma melhor condição de salubridade da carga humana e, portanto, menor mortandade na travessia do Atlântico. Os escravos desembarcados em melhores condições físicas alcançavam preços mais favoráveis nas praças do Brasil.

Ter preferência no carregamento dos gêneros coloniais no Brasil e, sobretudo, poder fazer o terceiro segmento do trajeto triangular, sem esperar pela frota, permitia aos armadores ofertar os seus produtos numa situação de relativa escassez no mercado reinol e, logo, auferirem preços mais altos[170]. Enfim, cobrar dívidas privadas como se os recalcitrantes devessem à fazenda régia era o mesmo que usar o braço da justiça para livrarem-se dos riscos de insolvência dos clientes, deixando aos oficiais régios à execução dos bens dos maus pagadores[171].

Um forte sinal de quanto os homens de negócio lisboetas estavam conscientes destas vantagens aparece num dos artigos propostos pelo terceiros grupo

---

169 Miller, *Way of Death, op. cit.*, 285-6, 295-6, 316-7, 553-7.

170 Os contratadores do tabaco contavam com as chamadas "naus de licença", privilégio combatido pelos homens de negócio de Lisboa que não se incluíam entre os contratadores. Cf. SOBRE um aviso do Secretario de Estado e negocios do Reyno, a respeito de se prohibirem as Naus de licença aos contratadores gerais [...]. Lisboa, 31 de Agosto de 1737. TT, Ministério do Reino. Consultas da JT. Maço 396, Cx. 497; DA JUNTA da Administração do tabaco Com a consulta inclusa do Conselho Ultramarino e rezprentação q fazem o Provedor, e Deputados da Meza do Esperito Santo dos Homens de negocio [...]. Lisboa, 5 de janeiro de 1723. TT, JT, Maço 11 (Consultas). Os conflitos entre o monopólio dos contratadores e os interesses dos demais homens de negócio da praça de Lisboa são discutidos em Nardi. *O Fumo Brasileiro, op. cit.*, p. 122-8.

171 Miller, "Capitalism and Slaving: The Financial and Commercial Organization of the Angola Slave Trade, according to the Accounts of Antonio Coelho Guerreiro". *The International Journal of African Historical Studies*, vol. 17, n. 1, (1984), p. 20-1; vejam-se as denúncias da Câmara de Luanda sobre o uso deste privilégio pelos contratadores para cobrar dívidas alheias ao contrato dos direitos de Angola, em SOBRE as ordens que se hão de passar aos governadores do Brazil, e do Reyno de Angola, para se dar comprimento as condições 17 e 18 do Contrato daquelle Reyno. Lisboa, 10 de Dezembro de 1660. AHU, CU, Angola, Cx. 7, Doc. 34. Quando um homem de negócio do Recife pediu para cobrar seus devedores pelo almoxarifado da fazenda de Pernambuco, o rei indeferiu a petição, pois não tinha lugar dar-se este "privilégio" ao requerente, "pelo prejuízo e vexação que se podia seguir a esses moradores em os privarem do recurso, e meyos ordinarios que possão ter para sua defença". PARA O BISPO de Pernambuco. Sobre Manoel da Fonseca Rego acerca da cobrança das suas fazendas e da promeça que prometia para ornato da See. Lisboa, 2 de Fevereiro de 1690. Códices do CU. REGISTO de Cartas Régias para o governador de Pernambuco e Paraíba e outras entidades dessas e mais capitanias do Brasil, 1673-1698. Cód. 256, f. 101v.

de sócios. Na condição 3ª. os proponentes requerem para si a arrematação do contrato de Angola, certamente um filão de ganhos ligados ao tráfico de escravos ainda mais significativo do que o tráfico da Costa da Mina.

Por fim, os mercadores reinóis não desdenhavam o comércio com os gêneros do Brasil, em troca dos quais admitiam ofertar os cativos que se dispunham a vender no Brasil. Parece claro, todavia, que outra riqueza atraiu mais os vários interesses para a consolidação de um comércio triangular tendo por centro o tráfico de escravos na Costa da Mina: o ouro. É no período de ascensão da mineração no Brasil que, como já dito, avoluma-se o fluxo de embarcações fazendo a triangulação entre Portugal, a Costa da Mina e o Brasil, fechando-se no reino este circuito.

Os sócios pretendiam gozar não só de uma nau de licença, mas da condição de que suas embarcações poderiam retornar do Brasil a Portugal fora de frota "trazendo somente o seu Cabedal em ouro" (Condição 8ª. do Projeto 3). Fica patente que, se a companhia tinha entre os seus objetivos a "maior utilidade dos moradores do Brasil", visava, muito mais, canalizar para as mãos destes homens de negócio a íntegra do fluxo de ouro que, em parte, escapulia pela Costa da Mina das mãos dos mercadores coloniais para as dos europeus.

A criação desta malograda companhia corresponde ao ápice das preocupações da coroa com o contrabando na Costa da Mina pelos súditos do Brasil[172]. Diante dos pareceres e queixas sobre o tráfico em tabaco de primeira na Costa da Mina, houve alguns ministros régios que chegaram a sugerir que se proibisse aos vassalos ultramarinos o tráfico de escravos. Os pareceres da Junta do Tabaco e do Conselho Ultramarino, em geral, (apesar de uma ou outra voz discordante em seu seio) e dos governadores das conquistas sempre foram contrários a este arbítrio.

No início das atividades da Junta de Administração do Tabaco (1674), o desembargador Belchior da Cunha Brochado, que servira no Brasil e que, no reino, compunha a Junta, sugeriu que se aplicasse ao embarque de tabaco para a Costa da Mina a mesma fiscalização que se aplicava ao embarque para Portugal. A Junta, apesar de elogiar o zelo do deputado, foi de parecer que era "desnecessario q' a cautella comprehenda mais que o tabaco q' vem para Portugal e não o

---

172 Sobre a origem, vida e morte da Companhia: Ernst Pijning. "Le Commerce Négrier Brésilien et la Transnacionalité. Le cas de la Compagnie Corisco (1715-1730)", *op. cit.*, p. 63-79.

que se consome na Bahia, e Pernambuco, ou em todas as povoações da Costa da Guine"[173], ou seja, o destinado ao tráfico.

Quando, posteriormente, o desvio de tabaco de qualidade superior para o tráfico luso-africano tornou-se contumaz, não apenas se aplicou aquela arrecadação proposta, mas chegou-se mesmo a consultar os governadores do Estado do Brasil sobre se convinha proibir o tráfico na Mina. O governador-geral, em 1706, considerava que tal proibição

> será totalmente nociva a todo este Estado, aonde são tam necessarios os negros para se cultivarem as fazendas; e estiverão idas a morte as de Pernambuco, e as desta Capitanía, [Bahia] se não vieram alguns escravos da dita Costa, principalmente depois dos descobrimentos das Minas de S. Paulo, para onde concorrem as remessas dos escravos de Angola, que costumavam repartirse por todas estas Capitanías[174]

Os pareceres dos governadores do ultramar devem ser ponderados, uma vez que os mesmos tinham duplos interesses no comércio escravista das áreas sob sua jurisdição. Seus ordenados eram pagos dos rendimentos das alfândegas das capitanias. Além do mais, não raro, e mesmo após a interdição régia, os governadores eram partícipes do tráfico como investidores[175].

Todavia, mesmo os ministros régios metropolitanos não destoavam muito desta apreciação sobre a utilidade para o império português do comércio direto entre o Brasil e a Costa da Mina.

Já foi demonstrado, porém, que o abastecimento das capitanias do Brasil de braços exportados pela Costa da Mina não era exclusividade dos homens de negócio das praças ultramarinas. No entanto, procurou-se indicar, também, que se em períodos anteriores os mercadores de escravos de Lisboa destinaram com alguma freqüência sua carga de escravos minas ao Recife, tudo indica que raramente o faziam neste primeiro quartel do século XVIII. Os registros de fiança do Ultramarino não informam o destino específico dos negreiros após zarparem da Costa da Mina, exceto que pretendiam tomar um dos portos do Brasil. De acordo com uma lista

---

173 SOBRE o papel do Doutor Belchior da Cunha Brochado em ordem aos meyos do remedio para que no Estado do Brazil não haja descaminhos no embarque do tabaco para este Reyno. Lisboa, 21 de Janeiro de 1698. TT, Conselho da Fazenda, Livro 403 - Livro 3º. do Registo das Consultas da Junta da Administração do Tabaco, 1699-1703.

174 SUPPERINTENDENTE da Recadação do Tabaco da B.ª [Joseph da Costa Correa]. Bahia, 21 de janeiro de 1706. TT, JT (JT). Cartas do Brasil e da Índia, Maço 97.

175 Veja-se o caso emblemático de Duarte Sodré Pereira, citado na nota 125.

de entrada de negreiros no Recife em 1725, a única documentada com este nível de detalhamento, podemos saber as embarcações, seus mestres e/ou capitães, porto de partida e a origem e quantidade de escravos que foram desembarcados (Tabela IX).

Tabela IX - Entrada de Negreiros no Recife, 1724

Data	Tipo de Embarcação	Nome	Capitão/ Mestre	Escravos	Porto de Origem	Porto de Tráfico
06/jan	?	N. Sra. do Rosário e Almas	?	167	?	?
13/jan	Navio	?	Santiago Machado	?	?	Costa da Mina
16/jan	Sumaca	Sto. Antonio e Almas	João Martins [Pereira?]	135	Recife	Costa da Mina
01/abr	Navio	N. Sra. da Boa Morte e Todos os Santos	Manoel de Souza Santiago	398	Recife	?
08/abr	Sumaca	N. Sra. da Boa Morte	Francisco Xavier de Azevedo	208	Recife	Costa da Mina
14/abr	Sumaca	N. Sra. da Conceição	Tomás Ferreira	328	Recife	Costa da Mina
14/mai	Patacho	N. Sra. do Pilar e S. Antonio	?	243	Recife	Costa da Mina
12/jul	Bergantim	Sta. Anna e Sto. Antonio e Almas	Antonio Francisco	220	?	Cachéu
24/jul	Navio	N. Sra. de Nazareth e Sto. Antonio	Manoel de Andrade	452	Bahia	Costa da Mina
31/out	Navio	[...] Ressurreição e Almas	[Felix Garcez?]	583	Recife	Angola
10/nov	Bergantim	[N. Sra. ...]	[José Gomes]	223	Recife	Costa da Mina

Fontes: CARTA do provedor da Fazenda Real da capitania de Pernambuco, João do Rego Barros, ao rei [D. João V], remetendo relação do rendimento do direito dos escravos vindos da Costa da Mina, assim como dos navios e embarcações. Recife, 25 de julho de 1725. AHU, CU, Pernambuco, cx. 31, doc. 2865.

Obs.: as más condições de partes do documento impediram a leitura de alguns dados.

Como se vê, todas as embarcações cujo porto de origem está identificado desaferraram do Recife, exceto uma, da Bahia, mas, enfim, todas do Brasil. Para três embarcações não foi possível verificar a origem, mas se compararmos com as saídas de negreiros de Lisboa rumo à Costa da Mina (Tabela VII), no ano de 1723, quando 5 embarcações fizeram esta rota, não há coincidência de seus nomes ou de seus mestres/capitães com as que entraram no Recife no ano seguinte. Mesmo que não se possa afirmar que aquelas embarcações lisboetas de 1723 chegaram a salvamento (como se dizia então) a um porto do Brasil no ano seguinte, o fato de que de 11 negreiros que fundearam no Recife em 1724, 8 haviam partido do Brasil, mostra que o Recife não era um destino de eleição dos mercadores de escravos reinóis à altura[176].

É mais que provável que os negreiros de Lisboa que, na primeira metade do século XVIII, traficavam nos portos da Costa da Mina, fizessem a *middle passage* com destino ao Rio de Janeiro, como se procurou demonstrar acima. Não haveria grandes atrativos no Recife ou na Bahia que levassem estes mercadores a destinarem para estas praças sua carga humana. Era muito melhor negócio enviá-las diretamente para o porto de entrada e saída do cobiçado ouro do Brasil: o Rio.

Um caso pode ilustrar bem o ponto. José Damásio, homem de negócio em Lisboa, galardoado cavaleiro da Ordem de Cristo, participou do tráfico de escravos lisboeta nos anos 1720. Os três negreiros que partiram com destino à Costa da Mina sob fiança sua e de outros sócios (ver Anexo III) foram ao Rio de Janeiro. A embarcação *N. Sra. Mãe de Deus, S. José, Santa Catarina e Almas*, que partiu do reino em dezembro de 1720, fez comércio de escravos e outros gêneros no Rio e para a Nova Colônia (Sacramento), leia-se, para Buenos Aires. Em meados de 1723, tencionava retornar ao reino, carregada de couros, sem trazer açúcar ou tabaco algum[177].

---

176 O bergantim que viera de Cachéu, cuja origem não foi possível identificar, talvez seja o único oriundo de Lisboa, dado que era raro o tráfico saído do Brasil naquela região. Cf. Diego de Cambraia Martins. *O Tráfico de Escravos nos Rios da Guiné e a Dinâmica da Economia Atlântica Portuguesa (1756-1807)*. Dissertação de Mestrado em História Econômica. São Paulo: FFLCH/USP, 2015, p. 52 e ss.

177 Certamente traria ouro, embora os seus senhorios não o mencionem. Cf. estas informações em: [REQUERIMENTO de Antonio Coelho em que pede que lhe seja passada provi-

Tal como este homem de negócio da praça lisboeta[178], os indivíduos estantes na cabeça do império português investiram no tráfico de africanos forçados para a América, na primeira metade do século XVIII, visando usufruir parte do fluxo do ouro do centro-sul do Brasil.

Não só os capitais lisboetas preferiam o mercado do Rio de Janeiro, como os mercadores e capitães de Angola recusavam-se a enviar escravos para Pernambuco e Bahia depois das descobertas auríferas[179]. De sorte que o comércio de escravos da Bahia e Pernambuco passou a ser dominado pelos mercadores estabelecidos nos portos destas capitanias. Como argumentou Joseph Miller, os capitais reinóis afluíam para os segmentos mais rentáveis do mercado atlântico colonial. A principal rota comercial do Atlântico português envolvia o comércio direto entre a metrópole e o Brasil (envolvendo a exportação de víveres e manufaturas em troca de gêneros tropicais). Em seguida, vinha o tráfico indireto de escravos de Angola para o Rio de Janeiro, carreando para Lisboa uma boa parte do ouro das minas no século XVIII[180].

As demais rotas do comércio que abastecia o Brasil de escravos eram nichos menos favorecidos nos quais os mercadores de menor poder econômico se estabeleciam[181]. É o caso, sobretudo, de Pernambuco. As oportunidades de negócios proporcionadas pela ampla circulação de ouro no Atlântico após 1695 atraíram um grande número de reinóis ao Brasil[182]. No entanto, nem todos podiam

---

são em que se declare não ser obrigado a tomar a ilha de S. Tomé]. Lisboa, 2 de Dezembro de 1720. S. Tomé, Cx. 4, Doc. 79. CARTA do [governador do Rio de Janeiro], Aires de Saldanha de Albuquerque, ao rei [D. João V], sobre a licença atribuída ao senhorio da embarcação Nossa Senhora da Madre de Deus e São José, José Damásio. Rio de Janeiro, 28 de Novembro de 1722. AHU, CU, Rio de Janeiro, Cx. 13, Doc. 134; REQUERIMENTO de Manuel Velho da Costa e José Damásio ao rei [D. João V], solicitando licença para que a nau Nossa Senhora Madre de Deus e São José retorne da Nova Colônia de Sacramento carregada de couros, sem ter de parar para carregar açúcar ou tabaco nos portos do Brasil; Lisboa, [ant. 4 de Junho de 1723]. AHU, CU, Rio de Janeiro, Cx. 13, Doc. 77.

178 Aliás, a ementa do AHU, CU, Rio de Janeiro, Cx. 14, Doc. 17, descreve-o erronemante como "homem de negócio do Rio de Janeiro".

179 oquinaldo Ferreira. *Transforming the Atlantic Slave Trade, op. cit.*, p. 37.

180 Miller, *Way of Death, op. cit.*, p. 452-7, 475-6; *Idem. A marginal institution on the margin of the Atlantic System, op. cit.*, p. 124-5, 128-30.

181 Miller, *Way of Death, op. cit.*, p. 457-8; Isto não significa que não fossem rentáveis para os seus investidores, mas a escala dos rendimentos era menor e os riscos, maiores.

182 Jorge Miguel Viana Pedreira. Brasil, fronteira de Portugal. Negócio, emigração e mobilidade social (séculos XVII e XVIII). In: Mafalda Soares da Cunha. *Do Brasil à Metrópole*: efeitos sociais (séculos XVII e XVIII). Évora: Universidade de Évora, 2001, p. 58-60. Pensar, no entanto, a colônia como fronteira de expansão da metrópole pode levar à con-

estabelecer-se no centro econômico da colônia, ou seja, no Rio de Janeiro. Assim, muitos dos que se aventuravam no ultramar português escolhiam o Recife para se estabelecer. Nesta praça, era-lhes possível ter acesso aos fluxos mercantis que animavam o Atlântico, embora lhes tocasse uma parcela menor destes negócios, inclusive dentro da colônia, o que será discutido adiante.

O perfil daqueles "mascates" já foi bem delineado por Gonsalves de Mello, Vera Lúcia Acioli, Evaldo Cabral de Mello e, mais recentemente, por George Cabral de Souza[183]. Os poucos casos que aqui serão comentados podem ser úteis, contudo, para demonstrar o impacto do ouro no padrão de migração reinol para a capitania, bem como acrescentar alguns aspectos dignos de nota.

A origem provincial dos reinóis que passavam o Atlântico para estabelecer-se no Brasil é bem conhecida. A maior parte vinha do norte do reino, sobretudo da região do Minho. Alguns dos homens de negócio que mais prosperaram no Recife da primeira metade do século XVIII fogem à regra, no entanto.

Uns eram naturais das duas principais cidades mercantis/portuárias do reino (Tabela X). Destes, uns não só nasceram em Lisboa, como já lá eram mercadores de mercearia. Portanto, optaram por deixar seus negócios na cabeça do império português e vieram para o Brasil tentar sorte maior[184]. No Recife, tornaram-se homens de grossos cabedais, arrematando contratos régios, enviando mercadorias para o reino e engajando seus haveres no tráfico de escravos.

Francisco de Brito Neves e João de Oliveira Gouvim, por exemplo, haviam sido mercadores de mercearia em Lisboa. De lá passaram ao Recife, onde

---

cepção de que o Brasil era uma reprodução de Portugal em ponto maior, da qual não partilhamos.

183 José Antônio Gonsalves de Mello, "Nobres e Mascates na Câmara de Pernambuco, 1713-1738". *Revista do Instituto Arqueológico, Histórico e Geográfico Pernambucano*, vol. LIII, 1981, p. 113-262; Vera Lúcia Costa Acioli. *Jurisdição e Conflitos: aspectos da administração colonial*. Pernambuco – século XVII. Recife: EDUFPE; EDUFAL, 1997; Evaldo Cabral de Mello, *A Fronda dos Mazombos*. Nobres contra mascates, Pernambuco, 1666-1715. 2ª. ed. rev. São Paulo: 34, 2003, p. 143-60; George F. Cabral de Souza. *Tratos e Mofatras*. O Grupo Mercantil do Recife Colonial. Recife: EDUFPE, 2012. A trajetória de mercadores portugueses em atividade nos portos do Brasil e nos sertões tem sido objeto de várias pesquisas; cf. Júnia Ferreira Furtado. *Homens de negócios: a interiorização da metrópole e do comércio nas Minas setecentistas*. São Paulo: Hucitec, 1999; Raphael Freitas Santos. *Minas com Bahia: Mercados e negócios em um circuito mercantil setecentista*. Tese de Doutorado (História). Niterói, ICHF/UFF, 2011; Maria Aparecida de Menezes Borrego. *A teia mercantil: negócios e poderes em São Paulo colonial (1711-1765)*. Tese de Doutorado (História). São Paulo: FFLCH/USP, 2006.

184 Houve casos, certamente, em que algum outro parente ficou em Lisboa mantendo o negócio da família.

prosperaram, atingindo a condição de homens de negócio. O pai do primeiro era mercador em Lisboa, com loja aberta ainda no início do século XVIII[185].

Julião da Costa Aguiar, por sua vez, filho de um almoxarife do contrato do sal em Lisboa, seguira um padrão mais clássico, ou seja, fora comissário volante antes de estabelecer-se com comércio próprio no Recife. Os irmãos Riba, por seu turno, apresentam outra configuração. Dois deles estavam no Recife mesmo antes do início do período aurífero. Um, Simão Ribeiro Ribas, tornara-se um grande homem de negócio na praça recifense, enquanto outro seu irmão, Miguel, voltou para Lisboa, onde se estabeleceu no mesmo ramo de atividades. José, talvez o mais novo, depois de passar por Lisboa, foi para o Recife cerca de 1690, morar na casa do irmão. Este, por fim, terminou como senhor de um engenho na Muribeca e outro no Cabo de S. Agostinho[186].

---

185 Sobre Francisco de Brito Neves, ver Habilitações do Santo Ofício, Maço 29, Dil. 706; sobre J. de O. Gouvim, HSO, Maço 50, Dil. 976. Ver, ainda, Souza, *Tratos e Mofatras*, p. 91-2.

186 O primeiro era um engenho centenário, o *Penanduba*, adquirido a Antonio Fernandes de Matos por 6:400$000 em 1702; o outro era o *S. Miguel*. Cf., respectivamente, Mello. *Um Mascate e o Recife, op. cit.*, p. 83; REQUERIMENTO de Clara Gomes de Figueiredo, mulher do comissário geral Simão Ribeiro Riba, ao rei [D. João V], pedindo medição e tombamento das terras de seu engenho São Miguel, o Anjo, na freguesia do Cabo. AHU, CU, Pernambuco, Cx. 61, Doc. 5244. Mello. *Nobres e Mascates na Câmara do Recife*, p. 137-40. Durante as "alterações" de Pernambuco que levaram à invasão do Recife pelo partido de Olinda, Simão Ribeiro Ribas teve que passar uma temporada na Bahia. Sobre os Ribas, cf. Souza, *Tratos e Mofatras*, p. 89-90.

Tabela X - Homens de Negócio do Recife, 1ª. Metade do século XVIII

Nome	Natural	Obs.
Francisco de Brito Neves	Lisboa	Filho de mercador
		Mercador de Mercearia em Lisboa (1703)
		No Recife desde os anos 1730
		Comércio de tabaco para Lisboa
João de Oliveira Gouvim	Braga	Mercador de Mercearia em Lisboa (1714)
		Fora caixeiro em Lisboa
		No Recife desde os anos 1720
		Comércio de tabaco
		Tráfico de escravos
		Arrematação de contratos
		Genro de mercador
José de Freitas Sacoto	Lisboa	No Recife cerca de 1718
		Arrematação de contratos
		Tráfico de escravos
		Morre ainda negociando, 1756-7
José Ribeiro Ribas	Barcelos	No Recife cerca de 1690
		Casa-se com neta de mercador de mercearia
		Irmão mercador em Lisboa: Miguel Ribeiro Riba
		Irmão mercador no Recife
		O irmão torna-se sr. de um engenho no Cabo
José Vaz Salgado	Guimarães	Tráfico de escravos
		Genro de boticário
		No Recife desde 1705-1710
		Arrematação de contratos
Julião da Costa Aguiar	Lisboa	Comércio de açúcar e gêneros para Lisboa
		No Recife desde cerca de 1700
		Filho do almoxarife do sal do contrato
		Pai associado a Francisco Pinheiro em Lisboa
		Comissário de Francisco Pinheiro, 1713-1720
		Genro de um Barros Rego
		Compadre de João do Rego Barros
		Casou 2a. vez com uma cunhada de Simão Ribeiro Ribas, homem de negócio

> Genro de mercador: "sogro vive de negócio muito abastadamente"
>
> Fora comissário volante
>
> Comércio de tabaco

Fontes: Habilitações do Santo Ofício, Maço 29, Diligência 706; Maço 50, Diligência 976; Maço 33, Diligência 539; Maço 1, dil. 7.

Dois dos principais homens de negócio da praça recifense, João Gonçalves Reis e Julião da Costa Aguiar, atuaram, em períodos sucessivos, como correspondentes de Francisco Pinheiro, homem de negócios de Lisboa. Eles recebiam comissão para gerir as transações com as cargas importadas por conta daquele negociante e por lhe mandar as cargas em retorno das vendas[187].

Estas poucas informações apenas pretendem reforçar a importância que as descobertas auríferas tiveram em atrair não só os minhotos para o Brasil, mas também a mercadores já estabelecidos no reino[188] e moradores de cidades litorâneas[189]. Enfim, homens e recursos mercantis concentraram-se nas rotas

---

187 Cf. as várias cartas trocadas entre o Recife e Lisboa assinadas por um dos dois mercadores in: Luís Lisanti Filho. *Negócios Coloniais.* uma correspondência comercial no século XVIII. Brasília : Ministério da Fazenda, 1973, v. 1, p. 135-6, 139, 149-51 e ss.

188 Três das testemunhas que depuseram em Lisboa na inquirição de *genere* e *limpesa* de sangue de José Vaz Salgado haviam morado no Recife e exercido lá a mercancia, tendo retornado, definitivamente, a Lisboa: são elas Antonio Lopes da Costa, 38 anos, homem de negócio em Lisboa; Constantino Gonçalves Reis, homem de negócio em Lisboa, natural de Barcelos, 40 anos (provavelmente parente de João Gonçalves Reis, homem de negócio do Recife); José da Silva Chaves, homem de negócio em Lisboa, 33 anos, natural de Chaves. INFORMAÇÕES de Limpeza de Sangue e geração do Capitão Joze Vas Salgado, homem de negocio [...], f. 33-33v, f. 36-37. Significa dizer que nem todos os que migravam para o Brasil tornavam-se "homens coloniais". Muitos devem ter iniciado o percurso típico dos "homens coloniais", mas vieram a se tornar "homens ultramarinos", como os denomina Alencastro. *O Trato dos Viventes, op. cit.*, p. 103-4.

189 Dos 26 vereadores da câmara do Recife (1713-1738) cuja principal ocupação era o comércio e dos quais se sabe o local de nascimento (dentre 32), 42% vieram de Lisboa (19%), Viana do Castelo (15%) e do Porto (8%). Cf. Acioli, *Jurisdição e Conflito*, p. 210-22; com base em Mello, *op. cit.*, 1981, p. 149-218. O tema foi aprofundado por Souza, *Tratos e Mofatras*, p. 97-100; para o período 1654-1759, apenas 10,8 dos agentes mercantis do Recife (332 identificados) vieram de Lisboa, enquanto 49,5% provinham do Minho ou Trás-os-Montes, ou seja, durante a "corrida do ouro" para o Brasil, o perfil parece modificar-se sensivelmente. Para a praça de Lisboa da segunda metade do século XVIII, o Minho aparece como origem de cerca de 35% dos homens de negócio; porém, apenas pouco mais de 10% nasceram no Porto; enquanto cerca de um terço tiveram origem na própria Lisboa. Jorge Miguel de M. Viana Pedreira. *Os Homens de Negócio da Praça de Lisboa de Pombal ao Vintismo*. Diferenciação, reprodução e identificação de um grupo social. Lisboa, 1995. (Tese de Doutorado em Sociologia), Universidade Nova de Lisboa, p. 194-7.

A Fênix e o Atlântico

ligando Portugal, Brasil e Costa da Mina, adensando os fluxos mercantis no Atlântico[190] (Ver Anexo V).

Essa renovada leva de reinóis aportados na América portuguesa coincide com e contribui para uma nova configuração de forças na colônia. Os homens de negócio passam a ser um grupo social com o qual a coroa contava, apoiando-os, inclusive, contra as pretensões exclusivistas dos senhores de engenho e filhos da terra[191].

Compare-se a trajetória desses mercadores do Recife com a de um outro, também radicado na mesma vila, mas de geração anterior: Manoel da Fonseca Rego. Apesar de ter tido desempenho destacado nas lides para expulsar os holandeses de Pernambuco e contra os quilombolas dos Palmares, este mercador, que chegou a senhor de engenho, viu indeferido seu pedido de um hábito de Cristo, tendo que se contentar com o de Avis[192]. No entanto, muitos dos homens de negócio citados acima foram agraciados com o hábito.

Na primeira metade do século XVIII, a ex-capitania duartina era a segunda maior produtora de açúcar e o Recife era o terceiro porto em importância da colônia. No entanto, seu peso econômico no império atlântico português estava longe do que havia sido nas três primeiras décadas de governação bragantina (para já não falar do primeiro século de colonização).

Se o Portugal restaurado encaminhou-se rapidamente para a "semiperiferia"[193] da economia-mundo européia, Pernambuco chegava ao início do século XVIII como um elemento menor da periferia colonial[194]. A derrota sofri-

---

190 Portanto, além do fluxo de "dirigentes e cérebros" da Europa para a América, de que fala Frédéric Mauro. *Nova História e Novo Mundo*. (Trad.). 3ª. ed. São Paulo: Perspectiva, 1973, p. 58-60, deve se acrescentar o fluxo de agentes mercantis.

191 Mello. *Nobres e Mascates na Câmara do Recife, op. cit.*, p. 113-7; Acioli. *Jursidição e Conflito, op. cit.*, p. 143-6; Maria Fernanda Bicalho, *A Cidade e o Império*. O Rio de Janeiro no século XVIII. Rio de Janeiro: Civilização Brasileira, 2003, p. 371-6.

192 Infelizmente, não foi possível localizar as provanças relacionadas à concessão do hábito a Manoel da Fonseca Rego.

193 Immanuel Wallerstein, *O Sistema Mundial Moderno*. Vol. I. A agricultura capitalista e as origens da economia-mundo européia no século XVI. (Trad.). Lisboa: Afrontamento, [1990], p. 90-1, 106-10; *Idem, op. cit.*, p. 94-5121; Sandro Sideri. *Comércio e Poder*. Colonialismo informal nas relações anglo-portuguesas. Lisboa; Santos: Cosmo; Martins Fontes, [1978], p. 17-21, 47, 129-31; Carl Hanson. *Economia e Sociedade no Portugal Barroco*. (Trad.). Lisboa: Dom Quixote, 1986, p. 207-9.

194 Como definida em: Wallerstein, *op. cit.*, Vol. II, p. 425-6, 474-5, 496.

da pela elite açucareira da capitania nos episódios de 1709-1711[195] frente aos mercadores do Recife reflete a perda de substância no conjunto do império português, quando a coroa permite-se castigar os senhores de engenho por sua "fronda mazomba", quando havia contemporizado em episódio semelhante 40 anos antes[196].

Vejamos por outro ângulo o lugar da praça central de Pernambuco no império atlântico português. Após a expulsão dos holandeses da capitania, um dos saldos resultantes das guerras foram os tributos lançados para custear as campanhas. Estes se tornaram mais pesados na medida em que os senhores de engenhos tinham que arcar com a restauração e reconstrução dos partidos e das moendas[197].

Contudo, mesmo com estas dificuldades financeiras, os contratos de arrecadação de tributos de Pernambuco, administrados pelas câmaras, eram arrematados por indivíduos estabelecidos na própria capitania. Alguns deles eram, mesmo, senhores de engenho, como João de Navalhas Urréa e Diogo de Seixas Barraza. Outros eram homens de negócio, tais como Manoel da Fonseca Rego, Gonçalo Ferreira da Costa e Antonio Fernandes de Matos.

No início do século XVIII, a coroa procede a uma centralização do aparelho fiscal do ultramar, determinando que a maior parte dos direitos (particularmente os dízimos, a dízima da alfândega, subsídios e impostos sobre a importação de escravos) passassem das câmaras às provedorias[198].

Outra medida com este sentido veio em 1723, quando a provedoria de Pernambuco é comunicada que os tributos da capitania seriam postos em arre-

---

195 Evaldo Cabral de Mello. *A Fronda dos Mazombos*. Nobres contra mascates, Pernambuco, 1666-1715. 2ª. ed. rev. São Paulo: 34, 2003, *passim*.

196 Vera Lúcia Costa Acioli. *Jurisdição e Conflitos: aspectos da administração colonial*. Pernambuco – século XVII. Recife: EDUFPE; EDUFAL, 1997, p. 109-10, 143-6.

197 Mello. *Olinda Restaurada, op. cit.*, p. 205-6.

198 Bicalho. *A cidade e o Império, op. cit.*, p. 350. Em Pernambuco, a transferência dos subsídios do açúcar, carnes, peixe seco, tabaco e vinhos deu-se pela carta régia de 23 de agosto de 1727; cf. F. A. Pereira da Costa. *Anais Pernambucanos* (AP). 2ª. Ed. Recife: Fundarpe, 1983, Vol. 5, p. 408. Pereira do Costa acrescenta: "mas dando esta ordem lugar a mui fortes representações, modificou o governo da metrópole essa ordem, mandando que os contratos fossem novamente arrematados em Pernambuco, mas submetidos a uma nova e final arrematação em hasta pública, na cidade de Lisboa, de sorte que, a feita aqui, não servia mais do que de base para a segunda e definitiva, sobre a qual licitavam os concorrentes naquela cidade, os quais, apenas cobrindo com insignificantes quantias os lanços de Pernambuco, ficavam com os contratos". O mesmo se deu em outras conquistas portuguesas, como S. Tomé. Cf. ORDEM de S. Mag. ao Provedor da Fazenda, em que determina que quem quizer arrematar os Dízimos os vá, ou mande a rematar em Lisboa. Lisboa, 8 de junho de 1725. In: ORDENS de S. Mag. [...] em traslado das vindas da Ilha de S. Thomé tiradas do Livro em que nelle se achão registadas. [Ilha do Príncipe, 8 de abril de 1771]. AHU, CU, S. Tomé, Cx. 13, Doc. 62, f. 32-32v.

matação no Conselho Ultramarino[199]. Um década antes, a coroa deixa de aceitar o pagamento dos contratos em fazendas e passa a exigi-lo em dinheiro de contado[200]. Em 1725, a coroa determina que um quarto do valor de arrematação dos contratos fosse depositado em fiança no Conselho Ultramarino, além do arrematante ter que dar fiadores abonados na praça de Lisboa[201].

A soma destas medidas parece estar na origem de alterações no perfil dos arrematadores dos contratos régios da capitania. Os contratos dos dízimos, dízima da alfândega e de entrada dos escravos ficam quase todos nas mãos de homens de negócio de Lisboa (Tabela XI). É possível que isto seja uma indicação do menor alcance de atuação dos homens de negócio da praça do Recife, que se vêem alijados do ramo da arrecadação dos tributos[202].

---

199 A resolução é de 20 de abril de 1723. O mesmo passou a valer para S. Tomé, depois que o rei foi informado que os contratos da Bahia, RJ e Pernambuco aumentaram de valor depois que passaram a ser arrematados no Reino. ORDEM de S. Mag. ao Provedor da Fazenda, em que determina que quem quizer arrematar os Dízimos os vá, ou mande a rematar em Lisboa. Lisboa, 8 de junho de 1725. In: ORDENS de S. Mag. [...] em traslado das vindas da Ilha de S. Thomé tiradas do Livro em que nelle se achão registadas. [Ilha do Príncipe, 8 de abril de 1771]. AHU, CU, S. Tomé, Cx. 13, Doc. 62, , f. 32-32v.

200 Carta régia ao provedor de Pernambuco de 12 de outubro de 1714. In: Francisco de Brito Bezerra Cavalcanti de Albuquerque. *Cathalogo das Reaes Ordens existentes no arquivo da extinta Provedoria de Pernambuco*, f. 510. BN, Rio de Janeiro, Sessão de Manuscritos, 11, 3, 1.

201 CONTRACTO novo dos direitos dos escravos que vão para as minas do ouro do porto da Bahia arrematado a Hyeronimo Lobo Guimarães. Lisboa, 16 de Dezembro de 1724. AHU, CU, LIVRO DE REGISTO dos contratos reais do Conselho Ultramarino. 1º. vol. Cód. 296, f. 301-303v.

202 Ao menos diretamente, pois era praxe que a arrecadação mesma fosse subarrendada em vários ramos. Ver Mello, *Um Mascate e o Recife, op. cit.*, p. 77-9.

Tabela XI - Contratos de Pernambuco: Arrematadores e Local de Arrematação, 1723-1750

Período	Contrato	Arrematante	Valor/ano (cruzados)	Arrematação
1723-1726	Dízimos	?	45.000	PE
1724-1726	Dízima da Alfândega	Jerônimo Lobo Guimarães	82.000	Lisboa
1725-1728	Saídas dos Escravos	Jerônimo Lobo Guimarães	15.000	Lisboa
1728-1731	Saídas dos Escravos	Diogo de Querenou	17.000	Lisboa
1728-1731	Dízima da Alfândega	José dos Santos	102.000	Lisboa
1726-29	Dízimos	Manoel Rodrigues Costa	50.000	Lisboa
1729-30	Entrada dos escravos	Fazenda Real	56.500	
1730-33	Entrada dos escravos	Manoel Correa Bandeira	45.250	Lisboa
1730-33	Saída dos escravos	Jerônimo Lobo Guimarães	15.000	Lisboa
1732-1735	Dízimos	Garcia Velho da Ponte	51.000	Lisboa
1733-1736	Saída dos escravos	Diogo Guereno	17.000	Lisboa
1736-1739	Dízimos	José dos Santos	36.000	Lisboa
1740-1743	Saída dos escravos	Estevão Martins Torres	7.000	Lisboa
1740-1743	Dízimos	João de Araújo Lima	28.000	Lisboa
1743-1746	Dízimos	Francisco Fernandes Soares	35.000	Lisboa
1747-1750	Dízimos	José Vaz Salgado	40.000	PE

Fontes: LIVRO DE REGISTO dos contratos reais do Conselho Ultramarino. 1º. vol. Cód. 296, ff. 274v-281v, 307v-310, 326-327, 381v; 2º. vol., Cód. 297, ff. 9, 12, 16, 23, 64, 90v, 136v, 183v.APAS dos contratos reais do Conselho Ultramarino. 1º. vol. Cód. 1269, ff. 36v, 52v-53, 61v-62.

A tendência apontada dá-se em paralelo com outra, que convém analisar. Compare-se os números referentes à importação de cativos da Costa da Mina pelas tres principais praças do Brasil aos de re-exportação dos mesmos para as Minas Gerais (Tabelas XII e XIII). Eles indicam que as importações por Pernambuco daquela região da África equivaliam a 50% das efetuadas pelas outras duas capitanias no período 1725-1730. No entanto, as re-exportações pelo

Recife rumo ao sul não chegavam a 20% do montante das outras. É possível, portanto, que nos anos 1720, os homens de negócio da praça do Recife estivessem perdendo terreno em frentes mercantis importantes, inclusive numa das que garantia acesso direto ao ouro, o que ajudaria a explicar a sua exclusão do mercado dos contratos régios[203].

Tabela XII - Direitos sobre a Entrada de Escravos no Brasil (Contratos em cruzados)

	1	2	3	
	PE	BA	RJ	1/(2+3)%
1725-27		62.000	50.000	112.000
1729-30	56.500			56.500
Total				50%

Fontes: AHU, CU, MAPAS dos contratos reais do Conselho Ultramarino. 1º. vol. Cód. 1269, ff. 34v-36v.

---

203 Este é, também, outro ponto que merece melhor atenção e desdobramento em futuras pesquisas. Seria importante ver o que se passa com os contratos das demais praças, Bahia e Rio de Janeiro. Quanto ao contrato de entrada de escravos, parece que se dá o mesmo que no Recife.

Período	Contrato	Arrematador	Valor/ ano	Local
1725-27	Entrada dos escravos na Bahia	Jerônimo Lobo Guimarães	62.000	Lisboa
1725-27	Entrada dos escravos no RJ	Jerônimo Lobo Guimarães	50.000	Lisboa
1725-28	Saída dos escravos BA-MG	Jerônimo Lobo Guimarães	50.000	Lisboa
1725-28	Saída dos escravos RJ-MG	Jerônimo Lobo Guimarães	36.000	Lisboa
1728-31	Saída dos escravos BA-MG	José Pereira da Costa	72.000	Lisboa
1728-31	Saída dos escravos RJ-MG	Henrique Pedro Dauvergne	26.000	Lisboa

Porém, na ausência de dados anteriores a estes, não é possível comparar o abastecimento das minas do centro-sul pelo tráfico a partir do Recife, que poderiam ter se mantido igual em termos do volume absoluto.

Tabela XIII - Direitos sobre a Saída de Escravos para as Minas Gerais
(Contratos em cruzados)

	1	2	3	4	4/1
Anos	PE	BA	RJ	2+3	1/(2+3) %
1725-28	15.000	50.000	36.000	86.000	17%
1728-31	17.000	62.000	26.000	88.000	19%

Fontes: AHU, CU, MAPAS dos contratos reais do Conselho Ultramarino. 1º. vol. Cód. 1269, ff. 34v-36v.

Estes valores podem estar subestimados, devido às fraudes na Ilha do Príncipe, conhecidas na colônia, e que faziam baixar o valor do contrato dos tributos sobre a importação de escravos da Costa da Mina[204]. O que não altera, porém, as proporções entre o tráfico das capitanias. Pode-se dar crédito, talvez, ao que um comissário do Recife, agente de um grande homem de negócio de Lisboa, informava sobre a praça nos anos 1730, o qual dizia "estar a terra muito pobre e que não há aqui um dobram"[205].

A cronologia defendida por J.H. Galloway sobre a crise da economia açucareira das duas principais capitanias ganha novos elementos quanto a Pernambuco. A queda na produção da capitania deve-se, segundo argumentou, não às descobertas auríferas (que provocaram o aumento nos custos do trabalho compulsório), mas à queda dos preços do açúcar no mercado externo, cujo ponto mais baixo foi atingido em meados da década de 1730[206].

O autor sustenta, também, que Pernambuco sofreu mais que a Bahia devido a não dispor de uma produção local de tabaco. Assim, um elemento que permitiu à capitania sede do Estado do Brasil amenizar os efeitos da alta da mão-de--obra faltou àquela[207]. Embora os números aqui apresentados sobre a economia

---

204 PETIÇÃO de José de Macedo Álvares, contratador dos direitos dos escravos que vem da Costa da Mina para a Bahia, ao rei D. José. [Ant. a 24 de março de 1763]. AHU, S. Tomé, Cx. 10, Doc. 68.

205 Digo talvez, porque este comissário deu calote em Francisco Pinheiro, adquirindo às custas do patrão um curral de gado no Rio Grande do Norte. CARTA de Manuel de S. João Madeira a Francisco Pinheiro. Recife, 23 de junho de 1733. In: Luís Lisanti Filho. *Negócios Coloniais*. uma correspondência comercial no século XVIII. Brasília : Ministério da Fazenda, 1973, v. 1, p. 206.

206 J.H. Galloway. "Nordeste do Brasil, 1700-1750. Reexame de uma crise". *Revista Brasileira de Geografia*. Rio de Janeiro, 36 (2), p. 85-102, abril/junho, 1974, p. 89-91, 96, 99.

207 *Ibidem*, p. 92-3.

açucareira de Pernambuco se coadunem com esta análise diacrônica, devem-se acrescentar dois pontos.

Não faltou tabaco a Pernambuco para o comércio de escravos na Costa da Mina, o que garantiu ao setor açucareiro parte dos benefícios logrados pelo seu congênere baiano. Por outro lado, como discutido anteriormente, o ouro somou-se ao tabaco como gênero essencial no comércio escravista da região. De forma que os anos 1730 apresentam um efeito de tesoura na economia açucareira de Pernambuco: queda nos preços externos e crescente exclusão de seus traficantes do mercado mineiro e do da Costa da Mina[208]. O declínio em cada um destes dois últimos mercados, pode-se dizer, retro-alimentava-se. A falta de ouro diminuía o poder de compra dos negreiros de Pernambuco na África Ocidental. Menos escravos adquiridos, menor fornecimento às minas e, logo, menos ouro afluía para a capitania, e assim por diante.

A abundância do tráfico com a região africana supra-equatorial gerava uma externalidade positiva para o setor açucareiro. Parte dos escravos (os que não serviam para as minas, como diziam as autoridades) permanecia na capitania. Num lote de 62 escravos minas vendidos na praça do Recife em 1702, o preço médio de 10 "negros" foi de 90$800, não muito distante do preço médio dos escravos angolas, cujo preço variava entre 75$000 e 95$000[209]. Os demais cativos, porém, foram vendidos a preços inferiores, valendo, em média, de 17% a 35% menos[210].

Enquanto o açúcar pôde pagar preços compatíveis com o pago nas áreas auríferas (dado que se adquiriam os escravos com o resultado das safras), a economia teve um novo fôlego que durou três décadas. Quando sobreveio a queda nos preços, verifica-se, concomitantemente, um refluxo das reexportações de escravos

---

208 O declínio absoluto e relativo do tráfico do Recife com a Costa da Mina será demonstrado no capítulo 3. No entanto, cabe verificar se o tráfico em Luanda não compensou o declínio desta rota na África Ocidental. Por exemplo, entre 1720-1741, cerca de 52.700 escravos foram importados pela capitania, dos quais 80% vieram da Costa da Mina. Já nas duas décadas seguintes, as importações caíram 12%, mas o percentual dos "angolas" subiu para 68% dos cativos. Cf. Os números em Daniel Barros Domingues da Silva and David Eltis. The Slave Trade to Pernambuco, 1561-1851. In: David Eltis; David Richardson (org.). *Extending the Frontiers*. Essays on the New Transatlantic Slave Trade Database. New Haven: Yale University Press, p. 102, Tabela 3.3.

209 Os preços dos "minas" em José Antônio Gonsalves de Mello. *Um mascate e o Recife, op. cit.*, p. 77-8; o dos "angolas" em Miller, Slave prices in the Portuguese southern Atlantic, 1600-1830, *op. cit.*. p. 63, Tab. 3.1.

210 Incluíam "peças" (molecões), "negras", molecas e moleques. Mello, *Um mascate e o Recife, op. cit.*, p. 77-8.

para as minas. Isso pode ter significado um aumento nos preços dos escravos, à medida em que os traficantes do Recife contavam cada vez menos com o mercado mineiro. A crise açucareira, portanto, teve mais este elemento a aprofundá-la.

Negócios, fazendas e engenhos: mercadores & senhores de terra no *post bellum*.

Outro aspecto relevante, também por confirmar, é que a divisão mercador/produtor na colônia, ou seja, de um lado os traficantes de escravos e mercadores dos gêneros coloniais, de outro os produtores destas *commodities*, ainda não havia se aprofundado na segunda metade do século XVII[211]. A metamorfose da classe dos produtores em estamento[212] não estava consolidada, pois se encontra um dos grandes, senão o maior, produtor de açúcar da capitania à época, João Fernandes Vieira, a comerciar escravos com a África em suas próprias embarcações. Este herói do panteão restaurador possuía uma fragata e um patacho engajados na mercancia de escravos africanos[213].

O caso de João Fernandes Vieira, a um só tempo grande senhor de engenho e traficante, caso se encontrem outros contemporâneos iguais, demonstraria a convivência das duas funções num mesmo agente. Pode-se supor, porém, que as origens de João Fernandes expliquem suas ligações com o comércio simultaneamente ao engajamento na produção, ou seja, ao fato de que ele era um "novo rico", cuja fortuna se devia ao período em que colaborou com os holandeses e ao seu protagonismo nas guerras contra a WIC[214].

Um contemporâneo de João Fernandes, no entanto, pode reforçar estes indícios de indefinição do papel dos agentes econômicos na capitania de Pernambuco. O capitão Manoel da Fonseca Rego, já citado, além dos serviços realizados como militar (fora soldado, cabo de esquadra, sargento, alferes e ajudante do número), exercitou-se na mercancia e no meneio da produção açucareira.

---

211 Sobre o período anterior à conquista de Pernambuco pela WIC, ver José Antonio Gonsalves de Mello. *Gente da Nação*. Cristãos-novos e judeus em Pernambuco, 1524-1654, p. 5-28. Para a segunda metade do Seiscentos, ver Souza, *Tratos e Mofatras*, p. 81-3.

212 Evaldo Cabral Mello. *A Fronda dos Mazombos*, op. cit., p. 134-7.

213 José Antônio Gonsalves de Mello. *João Fernandes Vieira, mestre-de-campo do Terço de Infantaria de Pernambuco*. 2ª. ed. Lisboa: CEHA; CNCDP, 2000, p. 359-63, 381.

214 *Ibidem*, p. 75-140.

Manoel da Fonseca Rego acrescentou àqueles os serviços prestados na guerra contra os quilombolas dos Palmares. Concorreu para o aprovisionamento de tropas e cessão de escravos seus, além de ter comparecido pessoalmente a Porto Calvo e Serinhaém, mas tudo indica que não pelejou nestas campanhas. Tinha já engenho montado, moente e corrente em 1683, aliás, dois, o *São Filipe e São Tiago*, e o *São Jorge*, ambos localizados em Tejucopapo, na capitania de Itamaracá.

Além disso, deu o melhor lance no contrato dos dízimos de 1677 e forneceu os insumos necessários a mais de quatro dezenas engenhos da capitania, tendo, inclusive, colaborado para a reedificação de nove daqueles. Em decorrência destes fornecimentos, fiado como de praxe, em 1688 era credor de 260 mil cruzados, quantia considerável, "e per a não poder cobrar passa com suas molestias"[215]. Ainda no início de 1690, apesar das sentenças favoráveis na cobrança dos créditos mal parados, Manoel da Fonseca ainda não conseguira receber de seus devedores. Não teve sucesso nem mesmo tendo apelado para a mediação do bispo de Pernambuco, ao qual prometera dar 30.000 cruzados para as obras e ornato da Sé, dos 270.000 cruzados que esperava reaver[216].

Por conta dos afazeres nas guerras contra os palmarinos, o capitão desamparara os dois campos de suas atividades econômicas, "o seu *negócio*, e a reedificação de suas *fazendas e engenhos*, em cuja ausencia experimentarão consideravel perda"[217]. Não obstante, estas atividades econômicas faziam dele, segundo o

---

215 Os dois parágrafos acima são baseados em INFORMAÇÃO do [Conselho Ultramarino] sobre os serviços de Manoel da Fonseca Rego, que serviu de capitão de Infantaria na capitania de Pernambuco, lutou na guerra dos Palmares e serviu em Porto Calvo. Lisboa, post. 2 de agosto de 1680. AHU, DMACP, Cx. 12, Doc. 1172; INFORMAÇÃO do [Conselho Ultramarino] sobre os serviços do capitão Manoel da Fonseca Rego, desde 1674 até 1688, nas capitanias de Pernambuco e Rio Grande. Obs.: m. est. Lisboa, post. 28 de agosto de 1688. AHU, DMACP, Cx. 14, Doc. 1454; CONSULTA do Conselho Ultramarino ao príncipe regente D. Pedro, sobre o requerimento de Manoel da Fonseca Rego, em que pede para gozar de dez anos de liberdade pela reedificação dos seus dois engenhos São Filipe e São Tiago, e São Jorge, que possui na capitania de Itamaracá. Lisboa, 19 de janeiro de 1683. AHU, DMACP, , Doc. 1244.

216 PARA O OUVIDOR geral da Capitania de Pernambuco. Sobre Manoel da Fonseca Rego lhe serem devedor alguas pessoas de duzentos e sessenta mil cruzados. Lisboa, 7 de janeiro de 1690. AHU, CU. REGISTO de Cartas Régias para o governador de Pernambuco e Paraíba e outras entidades dessas e mais capitanias do Brasil, 1673-1698. Cód. 256, f. 100v. PARA O BISPO de Pernambuco. Sobre Manoel da Fonseca Rego acerca da cobrança das suas fazendas e da promeça que prometia para ornato da See. Lisboa, 2 de Fevereiro de 1690, CU. REGISTO de Cartas, Cód. 256, f. 101v.

217 INFORMAÇÃO do [Conselho Ultramarino] sobre os serviços do capitão Manoel da Fonseca Rego, desde 1674 até 1688, nas capitanias de Pernambuco e Rio Grande, *Doc. cit.* Grifos acrescentados.

próprio, "o unico, e mais capaz vassalos nos cabedaes, q V.Mag.de tem naquellas partes"[218]. Veio a possuir, por compra, um outro engenho, o Guararapes, adquirido a uma das principais famílias luso-pernambucanas, os Sá e Albuquerque[219].

Dado significativo desta mescla de senhorio de engenho e mercancia ou de estar simultaneamente ligado a Olinda e ao Recife, é que Manoel da Fonseca Rego morava, desde 1660, no Recife e, mesmo assim, em 1689 servia como o vereador mais velho na Câmara de Olinda.

Sabe-se, todavia, que as tensões entre a "loja e o engenho" já começaram a avolumar-se desde então. A deposição do governado Jerônimo de Mendonça Furtado, o "Xumbergas" foi o seu primeiro episódio. O agastamento de parte a parte era suscitado pelas cobranças executivas que os homens de negócio intentavam e as manobras, em conluio com as autoridades régias, que os senhores de engenho implementavam para postergar os pagamentos ou manter-se indefinidamente insolventes.

Além do caso citado de Manuel da Fonseca Rego, que tinha mais de 200.000 cruzados em créditos mal parados, Antonio Pinto, outro mercador, reclamava das mesmas dificuldades. Havia recebido provisão régia para cobrar executivamente os créditos que se lhe deviam, mas a câmara e demais órgãos responsáveis por efetivar a execução não lhe deferiram os requerimentos sobre as cobranças. Tal se devia, segundo ele, ao fato de os seus devedores serem poderosos e aproveitarem para fazer dilações injustas[220].

É plausível supor que se deveu à mineração o aprofundamento da especialização e, conseqüentemente, o fosso entre produtores e mercadores na capitania. A atração do ouro sobre os reinóis, que, inclusive, atraiu de volta os capitais lisboetas para o tráfico de escravos com o Rio de Janeiro[221], chamou à América portuguesa muitos reinóis de pouca fortuna. Os laços dos adventícios com pa-

---

218 REQUERIMENTO do capitão Manoel da Fonseca Rego ao rei [D. Pedro II], pedindo um hábito de Cristo com tenças efetivas, em remuneração aos seus serviços. Anexos: 4 docs. Lisboa, ant. 1 de julho de 1689. AHU, DMACP, Cx. 15, Doc. 1483.

219 Evaldo Cabral de Mello. *O Nome e o* Sangue. Uma fraude genealógica no Pernambuco colonial. São Paulo: Companhia das Letras, 1989, p. 268, 295.

220 PARA o Ouvidor geral de Pernambuco. Sobre Antonio Pinto da Fonseca se lhe defferir a Camara e mais justiças lhe darem toda a ajuda e favor. Lisboa, 16 de janeiro de 1689. AHU, CU, REGISTO de Cartas Régias para o governador de Pernambuco e Paraíba e outras entidades dessas e mais capitanias do Brasil, 1673-1698. Cód. 256, f. 84.

221 Miller, Joseph C. *Way of Death*. Merchant Capitalism and the Angolan Slave Trade, 1730-1830. Madison, Wisconsin: University of Wisconsin, 1988, p. 460-1 e ss.

trícios já engajados no comércio, seja no reino, seja no Recife, eram vitais para granjearem algum cabedal com o qual pudessem, posteriormente, assumirem seu próprio negócio ou ampliarem o que já tinham. A grande maioria dos vereadores da câmara do Recife na primeira metade do século XVIII, não apenas eram comerciantes, como haviam migrado outrora para Pernambuco[222].

Ligações Venturosas: males benéficos do tráfico escravista no Império Português.

O "aprendizado da colonização" portuguesa passou pela percepção do caráter complementar entre as várias partes do seu império atlântico, sobretudo no tocante às conquistas da África e da América[223]. Tal percepção estendeu-se ao tráfico do Brasil com a Costa da Mina, numa altura em que a demanda escravista por mão-de-obra atinge um pico.

O tráfico direto entre os portos do Brasil e os de África data, talvez, de antes da metade do século XVII. O deslocamento de parte do comércio de escravos triangular para o bipolar deve-se a fatores concernentes à posição de Portugal na economia-mundo moderna[224]. O declínio do Estado da Índia português durante a primeira metade do século XVII, sobretudo a perda do controle das áreas de produção das especiarias (Sumatra, Ceilão), no contexto da crise do "longo século XVII", diminuiu a capacidade de importações de Portugal. Entre fins do século XVI e meados do Seiscentos, o Estado da Índia teve suas possessões diminuídas drasticamente, não só em número, mas em importância. Flamengos, ingleses, persas, otomanos e soberanos do subcontinente indiano, foram os responsáveis

---

222 José Antonio Gonsalves de Mello. "Nobres e Mascates na Câmara de Pernambuco, 1713-1738". *Revista do Instituto Arqueológico, Histórico e Geográfico Pernambucano*, vol. LIII, 1981, p. 154-262. Perfil confirmado pelas habilitações de moradores do Recife a familiar do Santo Ofício; cf. FEITLER, Bruno. *Nas Malhas da Consciência*. Igreja e Inquisição no Brasil. Nordeste, 1640-1750. São Paulo: Phoebus; Alameda, 2007, p. 96-7.

223 A expressão é de Alencastro, mas a idéia já havia sido sinteticamente elaborada por Edmundo Correia Lopes, que fala do tráfico como parte da "política colonial" portuguesa, pela qual se estabeleceram "colônias para suprir de mão-de-obra outra colônia", isto é, Angola para servir ao Brasil; Edmundo Correia Lopes. *A Escravatura*. (Subsídios para sua história). [Lisboa]: Agência Geral das Colônias, 1944, p. 5-6; Alencastro. *O Trato dos Viventes, op. cit.*, p. 11-31.

224 Há discordâncias sobre o caráter triangular do tráfico de escravos de outras nações, especialmente o britânico, modelo deste padrão. Para um resumo das críticas ao modelo e uma argumentação a seu favor, cf. Walter E. Minchinton. The Triangular Trade Revisited. In: Gemery; Hogendorn, *op. cit.*, p. 331-52.

por expulsar ou tomar dos portugueses alguns de seus principais portos. As perdas estenderam-se do Suaíli, na costa oriental da África, ao Sudeste do Índico, incluindo as possessões do Golfo Pérsico, do Guzerate, no Malabar e na costa do Coromandel[225]. Ao mesmo tempo, aumentava continuamente a concorrência entre as nações européias pela exportação de mão-de-obra africana.

Os Países Baixos, por meio de uma de suas companhias de comércio, arrebataram boa parte dos entrepostos portugueses no Índico, enquanto sua outra companhia disputava com os ibéricos o controle do Atlântico sul. Os ingleses, por sua vez, penetram aos poucos no Oriente e no Atlântico sul, criando, também, uma companhia para traficarem escravos. Com a perda do *asiento* de escravos para as Índias de Castela (fonte de prata) e, simultaneamente, dos principais entrepostos de especiarias pelos portugueses, estes vêem sua capacidade de importação reduzida, no momento preciso que a demanda pelos tecidos orientais, sobretudo, ou pelos seus símiles europeus (que Portugal não produzia em quantidade/qualidade suficientes), cresce no lado africano do Atlântico[226].

Os homens de negócio do reino viam diminuída sua capacidade de concorrer com os dos outros Estados europeus no tráfico. Sem a possibilidade de suprir, em níveis adequados, a mão de obra requerida no Estado do Brasil, a metrópole poderia, assim como Castela, permitir aos estrangeiros o fornecimento de escravos às suas colônias. No entanto, o que se configurou foi uma solução que, a despeito de ter sido ou não prevista pela coroa, parece que foi adequada aos interesses metropolitanos. Portugueses reinóis, estabelecidos nos principais portos do Brasil, passaram a fazer o tráfico com a África utilizando, no século XVII, gêneros da terra: cachaça e tabaco juntamente com as demais manufaturas demandadas em África. Deste modo, não só o suprimento colonial de mão de obra compulsória estava garantido, como Portugal evitava a evasão dos escassos meios monetários (que seriam necessários para comprar bens no Oriente ou

---

225 Carl A. Hanson. *Economia e Sociedade no Portugal Barroco*. (Trad.). Lisboa: Dom Quixote, 1986, p. 233-6; Sanjay Subramahnyam. *O Império Asiático Português, 1500-1700: uma história política e econômica*. Lisboa: DIFEL, 1995, p. 205-50; M. N. Pearson. *Os portugueses na Índia*. Lisboa: Teorema, 1987, p. 148-9.

226 Veja-se, por exemplo, embora em período posterior, as dificuldades da Companhia do Grão-Pará e Maranhão para concorrer com os têxteis europeus na "Costa da Guiné", mesmo tendo acesso aos tecidos de algodão manufaturados em Cabo Verde. Cf. António Carreira. *As Companhias Pombalinas do Grão-Pará e Maranhão e de Pernambuco e Paraíba*. 2a. ed. Lisboa: Presença, [1982], p. 64-5, 80-2, 209-14.

para comprá-los nas praças do Norte da Europa, juntamente com outros itens indispensáveis ao tráfico na África[227]).

No tocante ao caso do tabaco de Pernambuco e capitanias anexas, nem mesmo esta aquisição de bens para o tráfico demandava moeda, uma vez que aquele era obtido por meio de fazendas fiadas aos produtores, reproduzindo, em ponto menor, o mecanismo de endividamento que garantia o monopólio da moeda metálica pelos mercadores de grosso trato[228].

Por fim, apesar das queixas das autoridades locais e reinóis quanto ao envio de tabaco de primeira qualidade para a Costa da Mina, diversos testemunhos destas mesmas autoridades permitem perceber que a tolerância ao tráfico direto, legal e ilegal, pautava-se na reconhecida necessidade de mão-de-obra escrava no Estado do Brasil. Não foi à toa que a coroa atendeu aos rogos da vila de Goiana para que navegasse o tabaco diretamente para a Costa da Mina, sem passar pelo Recife, onde estava a superintendência do tabaco, assim como concedeu à Paraíba a realização do mesmo tipo de comércio.

Sobre o papel que a coroa esperava que as possessões ultramarinas cumprissem, podemos inferi-lo de uma declaração bastante cristalina provinda do Conselho Ultramarino. Este órgão consultara ao rei sobre a possibilidade de envio de navios diretamente à Índia pelos colonos do Brasil. Num dos pareceres dados acerca da consulta afirma-se que não era a primeira vez que se solicitava a permissão e, nas demais vezes, havia sido negada[229]

---

227 No último quartel do século XVII, Portugal produzia armas de fogo para as colônias do Brasil e Angola, mas parece ter deixado de fazê-lo, no caso do mercado africano, no XVIII. Cf. Pedro Puntoni. *A Guerra dos Bárbaros*. Povos indígenas e a colonização do sertão no Nordeste do Brasil, 1650-1720. São Paulo: FAPESP, Hucitec, Edusp, 2002, p. 267-8, que trata do fornecimento de armas de fogo pelo armeiro Simão Fernandes; sobre a dependência portuguesa do fornecimento norte-europeu de armas para o tráfico com a África no século XVII, cf. R. A. Kea. "Firearms and Warfare in the Gold Coast and Slave Coast from the Sixteenth to the Nineteenth Centuries". *The Journal of African History*, Cambridge University Press, vol. 12, n. 2, 1971, p. 185-7. Ainda havia produção de munição e artilharia no reino durante o séc. XVIII, mas em pequena escala; cf. Jorge Borges de Macedo. *Problemas de Historia da Indústria Portuguesa no Século XVIII*. 2. ed. Lisboa: Querco, 1982, p. 64-5.

228 Sobre o monopólio da moeda como um dos "mecanismos" da colonização, cf. Ruggiero Romano. *Mecanismo y elementos del sistema económico colonial americano. Siglos XVI-XVIII*. México: Colegio de México, FCE, 2004, p. 345-7, 355-6, 399-401, 418-9, 421-2; embora o autor trate da América hispânica, penso que seu raciocínio aplica-se, em boa medida, ao contexto luso-americano.

229 D. Pedro, ainda regente, havia autorizado o envio de embarcações do Brasil para Moçambique, mas não para o Estado da Índia, em 1672; essa permissão foi logo revogada, mas renovada em 1680 e 1686, para ser mais uma vez derrogasda, dando lugar a uma

> Pois o q fas mais segura a obediencia nas partes Ultramarinas he a dependencia q todas devem ter dos generos q lhe faltão, e estes não convem q os busque a sua deligencia mas q lhos dispense este Reino e q na subordinação se segure a sua obediencia. A antiguidade dispos nos melhores ditames da experiencia q o Brazil mandasse a este Reino os seos generos para lhe irem os da Azia e de la os repartissem para Angola provendo ao Brazil dos escravos q nescessita Se o Brazil senhorear se das Roupas da India como ha de mandar os seos generos a Portugal podera querelos remeter a outros Reinos e não he tão pouco o Brazil nem tão pouca a extenção de aquelle estado q vendosse independente deste Reino não imagine nas Liberdades de Senhorio.[230]

Este parecer é de, ninguém mais, ninguém menos, que o procurador da fazenda régia com acento no Conselho Ultramarino. Por ele pode-se perceber a visão que a coroa, ou seus agentes, tinha da relação das *partes* do império com a metrópole. Ao Brasil, neste caso, cabia enviar sua produção para o reino e dele receber os produtos que vinham da Ásia (e, certamente, os manufaturados europeus) e, de posse destes, fazer o tráfico (não era possível fazer tráfico sem alguns itens manufaturados, notadamente tecidos), sem o qual não haveria produção colonial.

Vejamos ainda algumas outras perspectivas que são pertinentes ainda mais diretamente ao tráfico de escravos. As autoridades percebiam que as condições econômicas e geográficas do Brasil em relação à África eram de molde a lhe fazerem mais fácil o tráfico de escravos[231].

Respondendo a uma petição dos contratadores do tabaco no reino, os quais pediam a proibição do envio de magotes de tabaco da alfândega deste gênero em Lisboa para a Costa da Mina, a Junta do Tabaco foi favorável à solicitação. Primeiro,

---

companhia de comércio, de pouca ventura e de vida curta; P.P. Shirodkar "Brazil's colonial administration as reflected in the Goa Archives". *Purabhilekh-Puratatva*, vol. VIII, n. 1, jan.-jun. 1990, p. 22; Subrahmanyan, *op. cit.*, p. 281-2; Luís Frederico Dias Antunes. "A crise no Estado da Índia no final do século XVII e a criação das Companhias de Comércio das Índias Orientais e dos Baneanes de Diu". *Mare Liberum*, 9. Lisboa: CNCDP, março 1995, p. 23-5.

230 CONSULTA a S. Mg.de [...]. Lisboa, 16 de Fevereiro de 1700. TT, JT, Maço 56-57, caixa 47 (Avisos).

231 E, no entanto, a proximidade física, apenas, não explica a bipolaridade do tráfico, mas as condições econômicas do mesmo, como discutido mais acima; sobre o mesmo, cf. Eltis. *The Rise of African Slavery*, op. cit., p. 124-5; Manolo Florentino. *Em costas negras*. Uma história do tráfico entre a África e o Rio de Janeiro. São Paulo: Companhia das Letras, 1997, p. 114-5; este autor, contudo, considera que o papel dos gêneros da terra também não é um fator explicativo da bipolaridade do tráfico.

porque não havia lei, regimento ou concessão que o permitisse; segundo, porque a permissão dada no Regimento do Tabaco era para que só do Brasil se embarcasse o tabaco de 3ª. qualidade para a África e, portanto,

> não era premitido o comercio do dito genero deste Reino para ella [Costa da Mina] e q só era premitido do mesmo Brazil para a dita Costa [...]; [além disto] ... tambem era sem nenhuma [duvida] q do Brazil para a dita Costa tinha mais Conveniencia aos Comerciantes a negociação e embarque do tabaco assim na comodide dos direitos como dos fretes [...].[232]

Ora, se à coroa e aos seus agentes parecesse que o tráfico bipolar de escravos fosse lesivo aos interesses metropolitanos, porque haveria de proibir que se lhe fizesse concorrência a partir do próprio reino?

Sobre a relevância daquela mercancia, expressou-se o procurador da fazenda com assento no Tribunal da Junta do Tabaco. Ao ser consultado sobre o alvitre de limitar-se o número de embarcações da Bahia para a Costa da Mina, deu parecer contrário, alegando que "nellas vem os escravos, q percizamente hão de ser muitos por necessitarem delles as minas, e as fabricas dos tabacos e mandioquas [...]"[233]. Poucos anos antes, quando se chegou a sugerir a proibição do tráfico de tabaco para a Costa da Mina dos portos da Bahia e Pernambuco, o superintendente da Bahia foi categoricamente contra. Considerava ele que

> será [a proibição] totalmente nociva a todo este Estado [do Brasil], aonde são tam necessarios os negros para se cultivarem as fazendas; e estiverão idas a morte as [fazendas] de Pernambuco, e as desta Capitania, se não vieram alguns escravos da dita Costa[234].

Antes, o que se procurou coibir foi o contrabando de fazendas européias (ou asiáticas) obtidas das mãos dos demais traficantes europeus no litoral ocidental da África, sobretudo no período próspero da mineração, pois a coroa percebia o tráfico como uma fuga do ouro brasileiro e de outros gêneros coloniais.

---

232 PEDE Luis Correa dos Santos e Companhia Contratantes Geraes do mesmo genero lhes faça S. Mag.ᵉ Mercê mandar prohibir q não sayão da Alfandega do tabaco mangotes para a Costa da Mina [...]. Lisboa, 9 de julho de 1740. TT, Conselho da Fazenda, Livro 405, fl. 28-30.

233 [CONSULTA da Junta do Tabaco ao rei]. Lisboa, 9 de Outubro de 1708. TT, JT, Maço 51(Decretos).

234 SUPPERINTENDENTE da Recadação do Tabaco da Bahia [Joseph da Costa Correa]. Bahia, 21 de janeiro de 1706. TT, JT, Maço 97, (Cartas do Brasil e da Índia).

Assim é que a coroa expediu um decreto proibindo o comércio dos negreiros do Estado do Brasil com os holandeses na Costa da Mina,

> porque convem muito ao Real Serviço, q as embarcaçõens q dos portos do Brazil forem a dita Costa, de nenhuã maneyra fação negocio algum nos que nella tem os Holandezes, nem com estes em outra qualquer parte, ou no mar como custumão, por ser o unico meyo que há para se evitar a extracção do ouro; dinheiro; e Tabaco fino de que os ditos Holandezes se utilizão, introduzindo nos varias drogas da Europa[235].

Uma vez mais, o que preocupa a metrópole não é a ocorrência do tráfico em si, mas a fuga de ouro da colônia para as outras nações européias e a introdução de mercadorias manufaturadas européias e asiáticas no Brasil. Mesmo a proibição que se lançasse mão do ouro para o tráfico na Costa da Mina pareceu a um governador de Pernambuco despropositada, apontando os ganhos para a fazenda régia com o tráfico de escravos praticado entre as duas margens do Atlântico pelos súditos americanos:

> Paga cada Escravo quando vem da Costa da Mina quatro mil e quinhentos rs' por entrada de direitos, e para o Donativo real mil seis centos reis, e por sahida quando vão para o Rio de Janeiro outro tanto, e se vão por terra para as Minas nove mil rs', fora o q' nellas pagão quando la chegam ou ao Rio de Janeiro, e sendo o prejuizo da fazenda real tão grande, mayor sera o da falta dos Negros para minararem o Ouro para o q só servem os da Costa da Mina.[236]

Os interesses da coroa no tráfico eram duplos, portanto: os direitos pagos pelos mercadores eram uma grande fonte de recursos para a fazenda real, uma vez que os escravos introduzidos eram tributados no porto em que eram desembarcados, ao serem enviados paras as Minas Gerais, no porto do Rio de Janeiro,

---

235 COPEA da Carta do V.Rey. Bahia, 16 de agosto de 1731. In: Carta dos oficiais da Câmara de Recife ao rei [D. João V], pedindo deferimento da conta que deu a dita Câmara e a proposta que fizeram os homens de negócio do Recife sobre a proibição do comércio [de escravos] com a Costa da Mina. Recife, 23 de abril de 1732. AHU, Conselho Ultramarino, Pernambuco, Cx. 43, D. 3860.

236 [CARTA do governador de Pernambuco a D. João V]. Recife de Pernambuco, 23 de Novembro de 1731. In: Carta dos oficiais da Câmara de Recife ao rei [D. João V], pedindo deferimento da conta que deu a dita Câmara e a proposta que fizeram os homens de negócio do Recife sobre a proibição do comércio [de escravos] com a Costa da Mina. Recife, 23 de abril de 1732. AHU, Conselho Ultramarino, Pernambuco, Cx. 43, D. 3860.

por onde eram introduzidos ou no caminho do sertão às mesmas Minas[237] e, ainda, nas próprias Minas Gerais, além do *donativo*. E sem os ditos escravos "para minarem o ouro" a coroa não teria seu quinhão do tão cobiçado metal. O governador Duarte Sodré Pereira Freire estimava em dez mil cruzados (4:000.000) o valor do ouro embarcado anualmente de Pernambuco para a Costa da Mina. Ele, todavia, considerava que resultava "deste descaminho o haver Negros para desentranhar da terra o mesmo Ouro sem os quaes o não poderá haver", e ficariam muito mais caros, e os mineradores não os poderiam comprar, e a fazenda real teria prejuízo de milhões, pela falta do quinto[238].

O que estava em causa não era o fato de que os principais agentes deste tráfico fossem os mercadores do Brasil, aspecto que desaparece dos argumentos dos conselhos e órgãos da coroa passados alguns anos da Restauração. Como dito, o que se punha como contrário aos interesses metropolitanos era o contrabando de ouro, tabaco fino e manufaturados entre os vassalos do Brasil e os europeus na África, pois estabelecia trocas que se deveriam dar, unicamente, entre Portugal e seus domínios. O papel que cada segmento do império português deveria cumprir, incluindo o fluxo de importações e exportações, estava claro para os agentes régios.

A exportação para Portugal dos produtos tropicais, a importação de manufaturados por meio da metrópole e, de posse destes, a realização do tráfico de escravos são assinalados como constitutivos da condição do Brasil no império.

Quanto ao tráfico da Costa da Mina, que se avoluma em virtude da demanda e da oferta mineira, o comércio bilateral com as capitanias do Brasil é avaliado em virtude da inserção de cada uma das partes que interagiam no Império atlântico português. No entanto, por razões já adiantadas, ele não deixa de transbordar dos limites aos quais a coroa desejaria cingi-lo. Mais uma vez, o parecer de um ministro régio põe as claras os impasses da situação:

> [...] este negocio que fazem as embarcações da Bahia, Pernambuco, Parahiba e Rio de Janeiro com a Costa da Mina

---

237 Sobre o caminho que partia de Salvador e seguia pelo interior para as Minas, cf. Antonil, *op. cit.*, p. 186-7. Esta via de abastecimento às minas cede a primazia no fornecimento de escravos ao caminho novo, que partia do Rio de Janeiro, a partir de 1729; Ângelo Alves Carrara. *Minas e Currais*: produção rural e mercado interno em Minas Gerais, 1674-1807. Juiz de Fora, MG: UFJF, 2007, p. 119-23.

238 [CARTA do governador de Pernambuco a D. João V]. Recife de Pernambuco, 23 de Novembro de 1731. *Doc. cit.* AHU, Conselho Ultramarino, Pernambuco, Cx. 43, D. 3860.

vay abrindo hua entrada muy larga para a ruina, e perdição do comérçio deste Reino com o Brazil em prejuizo notorio dos vassalos do Reino e do rendimento das Alfandeguas Consulados Comboyos e outras Cazas de direitos reaes, he precizo que se de [dê] hua pronta e eficas providençia a tão grandes danos os quais já se comessão a sentir e a cada ves serão maiores se senão atalharem eficazmente. He certo que se leva para a Costa grande quantidade de ouro, e que muinta parte dos Tabacos não he de infima qualidade como devia ser na forma das ordens de V.Mag.^{de} e que com estes generos se faz o resgate dos Escravos, ou em toda, ou em grande parte, não das mãos dos Regulos da Costa, mas dos Estrangeiros, porque os Negros não querem ouro, nem apetecem Tabacos finos, nem os destinguem, e pello contrario os Estrangeiros estes são os que procurão, e principalmente o ouro, e tão bem estimão os asucares bons; e o que he mais [é] que os Portuguezes já senão contentão de resgatarem os Escravos das mãos dos Estrangeiros comprando-lhes com ouro, e com Tabacos, e agora tão bem já com assucares, mas comprão lhes outros generos que havia [de] hir deste Reino para o Brazil pagando nelle os direitos da entrada e sahida, e depois nos portos do Brazil a Dizima, o que tudo fica fraudando a fazenda Real por que no Brazil os tirão por alto [i.e. sem passar pela alfândega], e se se não acudir promptamente a esta dezordem, que asim como he de sumo prejuizo a este Reino asim tão bem hé de igual utilidade aos moradores do Brazil, não só se sentirão os damnos propostos, mas consequentemente se extinguirá ou se atinuará totalmente o comérçio reciproco, entre este Reino e o Brazil e consequentemente aquele vinculo da mutua indegencia, que ata huns estados com outros estados, e huns homens com outros homens, que he so o que segura a união, porque as mais cautelas que se lhes aplicão ou são do artifiçio, ou da violençia, e como tais debeis e pouco duraveiz, e assim para se evitarem tantos prejuizos e consequencias.[239]

Em suma, a metrópole encontrava-se entre garantir o indispensável provimento de braços africanos à sua maior colônia e tolerar o contrabando ou buscar extinguir este sob pena de por em risco àquele. O fornecimento aos europeus, rivais de Portugal, de gêneros tropicais que caberia a este reino prover ao mercado europeu e de metais preciosos (ouro) às nações européias em troca de fazendas

---

239 [CONSULTA do Conselho Ultramarino sobre as cartas dos governadores do Brasil e a petição José de Torres]. Lisboa, 10 de julho de 1721. S. Tomé, Cx. 4, Doc. 81. O parecer longo, de 12 ff. é do conselheiro Antonio Rodrigues da Costa. Sobre o perfil deste conselheiro régio, cf. Laura de Mello e Souza. *O Sol e a Sombra*. política e administração na América portuguesa do século XVIII. São Paulo: Companhia das Letras, 2006, p. 90-8.

sem a intermediação metropolitana, tudo redundado em fraude dos direitos devidos à fazenda régia, eram outras tantas graves infrações às regras que deveriam reger as relações coloniais.

O que se pretende enfatizar, enfim, é que a ocorrência da bipolaridade do trato em escravos entre as porções portuguesas em cada margem do Atlântico sul não derroga a vigência dos mecanismos do antigo sistema colonial[240]. Como afirma Luiz Felipe de Alencastro, a complementaridade entre Angola e o Brasil foi percebida e incentivada pela coroa, bem como o papel desempenhado pelo tráfico no engaste das zonas portuguesas na América à economia-mundo e sua importância como fonte de receita régia[241]. Esta mesma percepção demonstrou a coroa acerca do tráfico direto do Brasil com a Costa da Mina.

Contra este raciocínio pode-se apontar a proibição régia de que se exportasse cachaça do Brasil para Angola em 1679, interditando, inclusive, o consumo no interior daquela colônia[242]. Esta medida foi uma vitória dos grupos mercantis metropolitanos, mas uma vitória de Pirro para a metrópole. Esperava-se com a proibição que a *jeribita* fosse substituída pela aguardente e vinho portugueses e que, conseqüentemente, os traficantes luso-brasileiros dessem lugar aos metropolitanos. A rejeição das bebidas alcoólicas portuguesas pelos mercadores de escravos de Angola (e, portanto, pelos consumidores da região) levou por água abaixo os planos da coroa e do grupo mercantil interessado. Ainda assim, a proibição valeu por cerca de 16 anos.

Depois de repetidas petições dos súditos ultramarinos, apoiados por algumas autoridades régias coloniais, o rei acabou por deferir a volta à legalidade do comércio de cachaça brasileira em Angola (que, na verdade, nunca havia cessado, mas apenas sido dificultado). O momento desta decisão régia, conformando-se com um parecer do Conselho Ultramarino, não poderia ser mais adequado. Deu-se justamente depois de sabidas as notícias das descobertas minerais no centro-sul do Brasil, fazendo com que o fornecimento de escravos à colônia – e

---

240 Tais como entendidos por Novais. *Portugal e Brasil na Crise do Antigo Sistema Colonial (1777-1808)*. São Paulo: HUCITEC, 1978, p. 57-116.

241 Alencastro, *op. cit.*, p. 34-8, 241-2; aprendizado que os holandeses fariam na prática ao se apossar de Pernambuco em 1634; cf. Pedro Puntoni. *A Mísera Sorte*. A Escravidão africana no Brasil holandês e as guerras do tráfico no Atlântico sul, 1621-1648. São Paulo: Hucitec, 1999, p. 132-4, 155-6.

242 José C. Curto. Vinho verso Cachaça – A luta luso-brasileira pelo comércio do álcool e de escravos em Luanda, c. 1648-1703. In: Selma Pantoja; José F. Sombra Saraiva. (Org.). *Angola e Brasil nas Rotas do Atlântico Sul*. Rio de Janeiro: Bertrand Brasil, 1999, p. 81.

de ouro à metrópole – fosse mais importante que reservar o tráfico de escravos aos súditos metropolitanos de Portugal[243].

Antes que as autoridades reinóis percebessem-nas como uma porta aberta ao contrabando de ouro brasileiro por fazendas estrangeiras – objeto efetivo da preocupação régia – e descaminho do tabaco de primeira (também a troco de gêneros defesos), as ligações negreiras das capitanias do nordeste colonial com a Costa da Mina não inspiravam maiores cuidados. Se sem Angola não haveria Pernambuco nem Brasil, sem a Costa da Mina perigavam as minas e a produção açucareira da Bahia e de Pernambuco.

Ocorre que, quando este tráfico avolumou-se, cresceu junto com ele o contrabando de ouro e tabaco fino (mais à frente poderá ver-se em que medida). Chegou a ponto de incomodar o comércio de re-exportações da metrópole, tanto para as nações européias quanto para a América. Os homens de negócio da praça de Lisboa alertaram a coroa para este aspecto, numa declaração onde pontifica o mais clássico mercantilismo:

> As conquistas se fazem uteis as Coroas, ou Republicas que as dominão pela prohibição de não poderem transportar os seus frutos senão directamente para os portos dos seus Soberanos: Como também passa a mesma prohibição a negar lhes o poderem admitir os frutos, ou generos de que caressem, senão os transportados dos mesmos portos, nascendo de hua e outra prohibição a unica utilidade das conquistas; que he a dos direitos de entradas, e sahidas, com que se augmenta a fazenda de seu Soberano. Esta circunstancia tam preciza para serem frutuozas as conquistas, se experimenta menos praticada a respeito das nossas, ou seja pela demaziada ambição dos vassalos e estrangeiros, ou por descuido e menos conhecimento dos Ministros a quem possa pertencer a attenção da sua conservação[244].

Afirmavam, ainda, que não havia dúvida que as capitanias cresceriam com a introdução de "operários" para suas culturas e descobertas de suas minas. Este era um objetivo próprio dos interesses da metrópole. Porém

> quando para este augmento se conseguir, ficar preciza a premição de serem transportados os mesmos frutos, ou metaes,

---

243 Curto, *op. cit.*, p. 93-5, onde este argumento é desenvolvido.

244 CARTA dos deputados da Mesa [do Espírito Santo dos Homens de Negócios] ao rei [D. João V]. Lisboa, [?] setembro de 1723. AHU, Reino, Brasil – Geral, Cx. 3, Doc. 294.

> extraidos das Minas que se descobrirem, para os dominios
> estranhos, sem a entrada neste Reyno, ou sahida delle, nos
> parecem se devem desprezar os meyos de todo augmento, de
> que não possa resultar utilidade a Fazenda Real e aos Vassalos
> desta Coroa.[245]

Em suma, o crescimento das "conquistas" só era útil quando redundava em crescimento das "coroas que as dominam". Caso não, melhor seria deixá-las fenecer.

Portanto, o que cabia aos oficiais régios era atalhar estes descaminhos sem, todavia, por obstáculos ao tráfico Brasil-África, essencial na reprodução das estruturas produtivas coloniais. Qualquer medida que pudesse por em risco a continuação do tráfico de braços africanos para o Brasil, desde que realizado pelos súditos portugueses, ainda que visasse a por fim ao contrabando, era vista com reservas pela maior parte dos conselheiros. Sugestões, várias vezes repetidas, de proibir-se o envio de tabaco do Brasil para Costa da Mina foram sempre rechaçadas, pois, "não se havia de fazer um mal certo", isto é, inviabilizar o tráfico, "para seguir-se um bem, [o fim do contrabando] talves com algua duvida"[246]

---

245 *Ibidem.*

246 SOBRE um avizo do Secretario de Estado e negocios do Reyno, a respeito de se prohibirem as Naus de licença aos contratadores gerais [...]. Lisboa, 31 de Agosto de 1737. TT, Ministério do Reino. Consultas da JT. Maço 396, Cx. 497. O trecho citado é do parecer do procurador da fazenda.

O Remédio dos Pobres e a Ventura dos Ricos: a fumicultura e o tráfico de escravos na capitania de Pernambuco.

Terra e trabalho: zonas e formas de produção do tabaco

A presença de pequenos agricultores na capitania de Pernambuco e suas anexas produzindo, em sua maioria, com mão de obra familiar, data de início do século XVII[1]. De acordo com Guillermo Palácios, ao longo da metade do século, estes produtores associaram a produção de tabaco para o mercado à produção de alimentos e de subsistência. O auge desta produção, contudo, seria atingido no século XVIII, em sua metade inicial, enquanto nas décadas seguintes, os seus interesses deslocaram-se para o algodão[2].

---

1   Entre as fontes de riqueza arroladas por Brandônio no *Diálogo das Grandezas do Brasil*, de 1618, não se inclui o tabaco; fala-se na riqueza de mantimentos de que dispunha Pernambuco, entre elas a mandioca. Porém, há indicação de escassez de gêneros alimentícios produzidos pelos colonos, que só seria solucionada "quando a gente que houver no Brasil for mais daquela que de presente se há mister para o granjeamento dos engenhos de fazer açúcar, lavouras [de canas] e mercancia, porque então os que ficarem sem ocupação de força hão de buscar alguma de novo de que lancem mão, e por esta maneira se farão uns pescadores, outros pastores, outros hortelões, e exercitarão os demais ofícios, dos que hoje não há nesta terra na quantidade que era necessária houvesse [...]". [Ambrósio Fernandes Brandão]. *Diálogo das Grandezas do Brasil*. [1618]. São Paulo: Melhoramentos, [1977]. Nota Capistrano de Abreu que, pela descrição feita no *Diálogo*, "os lavradores de menos cabedal, [...], cultivavam mantimentos [...]". C. de Abreu. Prefácio. In: "[A. F. Brandão]. *Diálogo das Grandezas do Brasil*, op. cit., p. 13-4.

2   Guillermo Palacios. *Cultivadores libres, Estado y crisis de la esclavitud em la época de la Revolución Industrial*. México, DF: Colegio de México; Fondo de Cultura, 1998, p. 35-41, 122-4, 128-9, 133-4.

Além das condições socioeconômicas que propiciaram que a produção em pequena escala medrasse às margens da grande lavoura escravista, concorreram para o mesmo efeito aspectos ambientais da região Nordeste do Brasil colônia. Dado o açambarcamento das melhores terras conquistadas no litoral do Brasil pelos grandes senhores, aos quais a coroa fez mercê de largas extensões de terras[3], apenas as áreas onde a lavoura da cana-de-açúcar não fosse viável poderiam, excluídos outros fatores, restar abertas ao pequeno cultivo. Por outro lado, os fatores ambientais propícios à difusão da lavoura fumageira foram, por vezes, condicionados pela ação antrópica.

No caso particular da fumicultura, cuja gestação deu-se aliada à lavoura de subsistência, as duas áreas em que mais se desenvolveu apresentam aspectos ambientais comuns. A área do Recôncavo baiano onde os sítios de tabaco prosperaram, conhecida como campos da Cachoeira, tinha solo diverso daquele das áreas mais próximas ao litoral, que se constituía do famoso solo de massapé. Aqueles eram *salões,* solos de areia ou "areíscas", uma mistura de areia e argila[4]. Os senhores de engenhos preferiam as terras localizadas junto aos rios e ao litoral, de maior fertilidade.

Na capitania de Pernambuco os engenhos também ocuparam as terras próximas aos rios navegáveis e não muito distantes da marinha. Desde o limite norte da região, capitania da Paraíba, ao sul, comarca das Alagoas, a presença de rios perenes, navegáveis e com foz marítima atraiu a *plantation* açucareira para seus arredores. Às margens dos rios Paraíba, Goiana, Beberibe, Capibaribe, Serinhaém, o Formoso, S. Antônio Grande foram semeando-se os engenhos e os canaviais desde princípios da colonização portuguesa na região.

O solo de conhecida fertilidade das áreas de várzea de Pernambuco mostrou-se sob medida para a cana-de-açúcar. A faixa destes tipos de solos se estreita de norte para sul da capitania e, com ela, vão minguando o número de engenhos erguidos nos séculos XVI e XVII[5].

---

3   Sobre a especificidade das doações de terras pela coroa portuguesa na América, cf. António Vasconcelos de Saldanha. *As Capitanias do Brasil.* Antecedentes, Desenvolvimento e Extinção de um Fenómeno Atlântico. Lishoa: CNCDP, 2001, p. 301, 306, 312.

4   André João Antonil. *Cultura e Opulência do Brasil.* 3ª. ed. Belo Horizonte; São Paulo: Itatiaia; Edusp, p. 77, 101.

5   *Ibidem*, p. 263. Manuel Correia de Andrade. *A Terra e o Homem do Nordeste.* 6ª. ed. Recife: Ed. da UFPE, 1998, p. 25-8.

A Fênix e o Atlântico

Além destas similaridades entre o Recôncavo baiano e o Nordeste Oriental açucareiros, quais sejam, áreas irrigadas por rios perenes e de solo de alta fertilidade, outro ponto em comum mostrou-se relevante. É possível que a disponibilidade de madeiras tenha se tornado igualmente importante para a localização dos engenhos[6]. No século XVII, a distribuição dos engenhos na Paraíba, Pernambuco e Bahia correspondia à da *mata* natural[7] (as zonas da Mata norte e sul, em Pernambuco, ou a seca e a úmida). Aos poucos, ao longo do século XVII, estas zonas tornar-se-iam desprovidas de boa parte de sua cobertura vegetal original[8].

Ora, não só a sacaricultura seria responsável pelo esgotamento das matas nativas da colônia. A construção naval requisitaria as madeiras "de lei" para os estaleiros nas ribeiras da Bahia e do Recife e, inclusive, de Lisboa. Navios feitos por ordem régia e outros de propriedade particular eram construídos na própria colônia e abasteciam-se da madeira disponível nas florestas tropicais atlânticas. Escasseando a madeira no Recôncavo e em Pernambuco, onde os senhores de engenho a disputavam com a coroa e os particulares, por serem aquelas imprescindíveis aos engenhos como combustível e material para as caixas de açúcar, foram os armadores buscá-las, desde muito cedo, nas matas do sul de Pernambuco e, sobretudo, em Alagoas.

A disputa entre senhores de engenho, lavradores de alimentos e armadores pelas madeiras intensificou-se no século XVII, com o crescimento da produção açucareira, da população e da construção naval, esta estimulada também pelo tráfico de escravos africanos a partir dos portos do Brasil. A coroa buscou regulamentar o uso das matas, considerando a crescente escassez de madeiras no Recôncavo. Proibiu que se construíssem engenhos a menos de meia légua uns dos outros e determinou que os senhores de engenho reflorestassem as áre-

---

6   Stuart B. Schwartz. Free Labor in a Slave Economy: the *Lavradores* de Cana of Colonial Bahia. In: Dauril Alden. (Ed.). *Colonial Roots of Modern Brazil*. University of California Press, 1973, p. 170.

7   Mauro, *op. cit.*, p. 264.

8   Gilberto Freyre já lamentava o fato nos anos 1930 e alertava para a iminência da extinção pelas usinas dos trechos de mata ainda existentes; G. Freyre. *Nordeste*. Aspectos da influência da cana sobre a vida e a paisagem do Nordeste do Brasil. Rio de Janeiro: José Olympio, 1937, p. 70 e ss; o mesmo fenômeno deu-se em Cuba, em fins do século XVIII e início do seguinte, com a expansão açucareira sem precedentes na ilha, levando ao rápido desmatamento do entorno de Havana e da região de Matanzas, obrigando a sacaricultura a deslocar-se para a zona oriental de Cuba; Manuel Moreno Fraginals. *O Engenho*. Complexo sócio econômico açucareiro cubano. Vol. I. Trad. São Paulo: Hucitec, 1987, p. 199-208.

as derrubadas[9]. Quando os recursos florestais do Recôncavo e da zona da Mata pernambucana tornaram-se mais escassos, as matas de Alagoas tornaram-se as maiores fontes de madeira da região[10].

Originalmente, uma só extensão de matas densas prolongava-se da margem esquerda do rio S. Francisco até o rio Goiana. A exploração destas matas pelos engenhos atingiu alguns trechos com maior intensidade, criando descontinuidades no seio dela. Assim é que, entre a margem esquerda do S. Francisco e a norte do S. Miguel, capitania de Alagoas, a vegetação, em fins do século XVIII, compunha--se de *matas rotas*[11], ou seja, de vegetação esparsa. O mesmo se deu com as matas compreendidas entre o rio Una e os tabuleiros de Goiana, incluindo as florestas em torno dos rios Ipojuca, Formoso e Serinhaém, bem como as do Cabo[12], todas zonas açucareiras da zona da *Mata* norte e sul e pernambucana ou a mata seca e a úmida. Nem toda a mata pernambucana, porém, sofreu por igual. Em 1802, a área de Moreno, zona da Mata sul, não muito distante do litoral, ainda era dada como de "mata virgem"[13].

As regiões em que a produção de tabaco disseminou-se não correspondem apenas àquelas onde a sacaricultura desbastou a vegetação original. A área entre as margens esquerda do S. Francisco e direita do S. Miguel foi dilapidada de sua cobertura vegetal pela extração de madeiras para a construção naval. Esta se deu desde o século XVI, de forma contínua, abastecendo à ribeira de Salvador, mas também às menores da região, como a da barra de S. Miguel, foz deste rio[14]. Embarcações de pequenas dimensões, comparadas às de longo curso construídas na Bahia, eram fabricadas para o comércio de cabotagem e o tráfico de escravos. Diga-se que, além das madeiras, vários outros materiais eram aproveitados da

---

9   José Roberto do Amaral Lapa. *A Bahia e a Carreira da Índia*. São Paulo: Companhia Editora Nacional; Edusp, 1968, p. 31-3.

10 Entre 1733 e 1752, a frota de Pernambuco foi a responsável pelo maior fornecimento de pau-brasil à metrópole; Virgilio Noya Pinto, *op. cit.*, p. 203-5.

11 Dirceu Lindoso. *A Utopia Armada*. Rebeliões de pobres nas matas do tombo real. Rio de Janeiro: Paz e Terra, 1983, p. 94-6, 108.

12 *Idem, ibidem*, p. 94-8, 100.

13 José Antônio Gonsalves de Mello. Três roteiros de penetração de Pernambuco. In: *Idem. Da Inquisição ao Império*. Recife: EDUFPE, 2004, p. 97. (Org. Denis Bernardes). No século XIX, "mata virgem" significava floresta primária; cf. Warren Dean. *A Ferro e Fogo*. A história e a devastação da Mata Atlântica brasileira. São Paulo: Companhia das Letras, 1996, p. 215.

14 Lindoso, *op. cit.*, p. 106-7.

vegetação da colônia: para calafetagem, estopa, cordames, velas, cujos usos os conquistadores aprenderam com a população indígena[15].

A região de S. Miguel, portanto, cuja mata em fins do século XVIII seria uma sombra do que fora, manteve-se aberta à pequena produção agrícola, conjugando alimentos e tabaco. Esta área tornou-se a produtora do tabaco da melhor qualidade da colônia, embora com um volume de produção inferior ao de Cachoeira, no Recôncavo. Mais acima, na chamada Alagoas do Norte – S. Miguel localiza-se ao sul – Porto Calvo era dada como área igualmente fumageira, conquanto fosse a principal área de produção açucareira das Alagoas.

Podemos supor, como o faz Guillermo Palacios[16], que as áreas de "mata rota", desbastadas pela extração para a construção náutica, ficaram livres para a ocupação pelos sitiantes, pequenos produtores com mão-de-obra familiar. Da mesma forma, mesmo que a mata voltasse a retomar seu espaço, nas chamadas *capoeiras*, mata secundária[17], propiciando uma fonte de madeiras, os engenhos davam preferência às matas virgens. Dentro da jurisdição de Pernambuco, também a vila do S. Francisco, às margens do "velho Chico", foi importante como produtora de tabaco.

Os roceiros não demandavam exclusivamente mata virgem, contentando-se com ocupar áreas de capoeira, onde evitavam disputar terras com os grandes senhores[18]. As áreas onde se plantava o tabaco também eram propícias à mandioca e não raro as duas culturas conviviam na mesma terra. Desta forma, os pequenos produtores mantinham duas culturas comerciáveis, com a vantagem de poderem alimentar-se da mandioca, da qual se fazia "farinha de pau"[19]. O mesmo pode ser dito da produção de tabaco nos tabuleiros de Goiana, de onde saíam fumo e mandioca, aquele para o tráfico de escravos e esta para o abastecimento

---

15 Lapa, *op. cit.*, p. 41, 51, 83-7, 106-7. Onde havia demanda por pequenas embarcações, de menor custo de construção, a tendência era haver dispersão dos estaleiros; cf. Mauro. Navios e construções navais na Europa Ocidental nos séculos XVI e XVII. In: *Idem. Nova História e Novo Mundo.* (Trad.). 3ª. ed. São Paulo: Perspectiva, 1973, p. 93-4.

16 Palacios, *op. cit.*, p. 40-1.

17 Ou "mata falsa" em oposição ao "mato verdadeiro" ou *caá-etê*; Dean, *op. cit.*, p. 53.

18 Lindoso, *op. cit.*, p. 100-1.

19 A manutenção de um plantio de subsistência e outro comerciável caracteriza o campesinato em várias partes e vários momentos históricos, segundo Daniel Thorner. Peasant as a Category in Economic History. In: Teodor Shanin. (Ed.). *Peasants and Peasants Societies.* 7ª. ed. Middlesex: Penguin Books, 1984, p. 206-7.

interno e mesmo externo, uma vez que supria de farinha as naus da carreira da Índia e era exportada para o reino[20].

Aliada, portanto, às condições socioeconômicas, as condições mesológicas e ambientais das capitanias do Nordeste colonial ajudam a entender a disseminação da pequena produção de alimentos e tabaco na região na virada do século XVIII. A inadequabilidade do solo ou seu esgotamento, ao lado da escassez de madeira em certas regiões, devida à extração imoderada e à exploração dos recursos vegetais sem planejamento, abriam espaço para outras culturas que não a sacarífera. Nestas margens ou interstícios da *plantation*, os roceiros, sitiantes e, mesmo, pequenos proprietários de escravos estabeleceram-se como produtores de tabaco, ao qual associavam a lavoura de subsistência[21].

O cultivo simultâneo e rotativo de várias culturas, ainda, permitia ao solo regenerar-se e retomar a fertilidade, o que não acontecia com a monocultura açucareira[22]. Os roceiros também consumiam madeira das matas, para uso doméstico e beneficiamento daquilo que comercializavam, mas a madeira não era cortada e sim apanhada do chão, dentre os galhos partidos[23]. Essa presença significativa de pequenos produtores seria ameaçada, na capitania de Pernambuco, na virada do século XVIII, não pelo esgotamento dos recursos naturais, mas pelo rearranjo do agro colonial da região, com sua renovada demanda por insumos e terras[24].

Como dito no início, as 'origens' da fumicultura na região encontram-se no segundo século da colonização. As informações sobre a produção fumageira de Pernambuco até o penúltimo quartel do século XVII são bastante esparsas. Uma das poucas referências à sua produção aponta que o tabaco já era suficientemente relevante nos anos 1660 para ser tributado. A câmara de Olinda estabe-

---

20 Sobre a exportação de farinha de mandioca de Pernambuco para Portugal, cf. Virgílio Noya Pinto. *O ouro brasileiro e o comércio anglo-português*, op. cit., p. 188; para a África, cf. Luis Felipe de Alencastro. *O trato dos viventes: a formação do Brasil no Atlântico Sul*. São Paulo: Companhia das Letras, 2000, p. 251-2.

21 Constituíam, assim, uma lavoura *híbrida*, no sentido que Jacob Gorender chamou-a, ao combinar mão de obra familiar e escrava, bem como ao combinar produção em pequena escala e exportação. Jacob Gorender. *O Escravismo Colonial*, 5. ed. Rev. e Amp. São Paulo: Ática, 1988, p. 85-6.

22 Bert J. Barickman. *Um Contraponto Baiano*: açúcar, fumo, mandioca e escravidão no Recôncavo, 1780-1860. Rio de janeiro: Civilização Brasileira, 2003, p. 103.

23 Dean, *op. cit.*, p. 210.

24 Palacios, *op. cit.*, 137-8, 140-1, 186-91.

leceu o "subsídio do tabaco"[25], assim como havia o do açúcar, pondo sua arrecadação em praça em 1662. Infelizmente, não foi possível verificar o valor desta primeira arrematação.

Passadas duas décadas, o contrato do subsídio do tabaco foi arrematado por 11.600 cruzados para o triênio 1683-1686. Sendo o tributo de 160 réis por arroba, a produção de tabaco era, então, de aproximadamente 29.000 arrobas por ano. No contrato seguinte – 1686-1689 – o valor de arrematação caiu para 9.000 cruzados, o que aponta para uma produção de 22.500 arrobas.

Para se ter uma idéia do que representava este volume, as exportações do gênero do Brasil para Portugal no qüinqüênio 1681-1685 foram, em média, de 124.388 arrobas, enquanto nos cinco anos seguintes foram de 80.475 arrobas. Portanto, Pernambuco produzia, então, entre um quinto e um terço do tabaco do Brasil, visto que, neste período, as exportações para a metrópole respondiam por quase a totalidade do comércio externo do tabaco do Brasil[26].

As primeiras décadas do século seguinte assistiram a um recuo na produção de Pernambuco, ao menos quanto ao tabaco registrado nas exportações. Entre 1698 e cerca de 1717, o volume das exportações cai de cerca de 12.000 arrobas para menos de 10.000 arrobas, atingindo 4.500 arrobas naquele último ano. Estes valores só são ultrapassados nas duas décadas seguintes, quando se registram volumes superiores às 20.000 arrobas e mesmo 40.000 arrobas (Tabela XV, p. 130). De fato, o primeiro efeito do controle estabelecido pela Junta do Tabaco sobre os preços pagos pelo tabaco parece ter sido de provocar o recuo da produção[27], como temeram à época os governadores da capitania.

Assim como o açúcar, o crescimento da fumicultura na Bahia e em Pernambuco enfrentou uma conjuntura adversa, por razões pertinentes ao mercado europeu de gêneros tropicais. Ao mesmo tempo em que a produção açucareira deslanchava nas Antilhas, o cultivo do tabaco nas colônias continentais inglesas crescia a passos largos. A maior oferta do gênero na Europa levou à queda

---

25 Segundo Pereira da Costa, esse subsídio foi criado em 19 de setembro de 1656. *AP*, Vol. 3, p. 381 e 415. No entanto, uma referência sugere que a primeira arrematação é de 1662. CARTA do governador da capitania de Pernambuco, Fernão de Sousa Coutinho, ao príncipe regente D. Pedro. Pernambuco, 2 de setembro de 1671. AHU, CU, Pernambuco, cx. 10, doc. 937.

26 Para os números e percentuais de exportação, cf. Nardi. *O Fumo Brasileiro, op. cit.*, p. 115, 339.

27 Nardi, *O Fumo Brasileiro*, p. 111-2.

contínua dos preços entre 1620-1715[28]. Ainda assim, as exportações da América britânica atingiram a média anual de 625.000 arrobas na década 1670[29]. As dificuldades para o comércio do tabaco do Brasil na Europa deviam-se, também, ao crescente protecionismo adotado pelos demais Estados colonizadores, como percebia o procurador da fazenda:

> Todos sabem q quasi o negoçio destes Reynos se tem reduzido a assucar e tabaco: e sendo estes os principais generos do nosso Comercio nem para a França, nem para a Inglaterra, nem para a Holanda lhe podemos dar sahida: por que aquelles Princepes, e Estados a fim de adiantarem nas suas Conquistas as fabricas destes mesmos generos carregaram os nossos de tão excessivos direitos, que lhe não acham conta os Mercadores para os navegar para aquelles Reynos [...][30].

Todavia, até fins do séc. XVII, o tabaco do Brasil correspondia à maior parte do consumo deste gênero em Espanha e França, sendo importante, também, nas conexões mercantis com a Itália[31].

A julgar pelos preços praticados na Espanha (Gráfico 3), houve uma nova tendência de redução dos preços do tabaco do Brasil na Europa a partir da década de 1730, agravada a partir de meados da década seguinte[32].

---

28 Segundo os valores de importação em Londres, os preços do tabaco começam a declinar no início da década de 1640; cf. Jacob Price. *France and the Chesapeake*. Ann Arbor: University of Michigan Press, 1973, p. 17.

29 Preços no mercado inglês. Cf. Alan Kulikoff. *Tobacco and Slaves*. Carolina: University of Carolina Press, 1986, p. 31-2, 38-9. Nas décadas seguintes, a Inglaterra passou não só a abastecer-se exclusivamente de suas colônias em Chesapeake, como tornou-se o maior fornecedor de tabaco para a França.

30 PARECER do Conselho Ultramarino sobre as causas de que nascem os excessos da saca da moeda (saída da moeda do Reino) e as dificuldades de escoamento dos frutos do Reino e suas conquistas, especialmente o açúcar e o tabaco do Brasil. Lisboa, 11 de Novembro de 1687. AHU_CU_Reino, Cx. 25, pasta 9.

31 Jacob Price. *France and the Chesapeake*. Ann Arbor: University of Michigan Press, 1973, Vol, 1, p. 4-5. Rafael Torres Sánchez, Capitalismo internacional y política estatal. Los asientos de tabaco em España durante la segunda mitad del siglo XVIII. In: Augustin Gonzáles Enciso; Rafael Torres Sanchez (org.). *Tabaco y Economia in el Siglo XVIII*. Navarra: Eunsa, 1999, p. 417. Os dados deste autor mostram que o a "folha Brasil" ainda era a preferida em Espanha até o final do séc. XVIII; o comércio do tabaco do Brasil para as cidades italianas é evidenciado por João Figuerôa Rêgo, "Os agentes do tabaco e a mobilidade ibérica. Brasil, Indias de Castela e conexões italianas (séculos XVII e XVIII)", *Ammentu*, n. 5, Julho-Dezembro 2014, p. 50-1, 54.

32 Torres Sanchez, Capitalismo internacional y política estatal, p. 437, gráfico 15. Estes preços eram pagos pelos monopolistas aos fornecedores de Portugal.

Gráfico 3 – Índice dos Preços pagos pela *Renta del Tabaco*

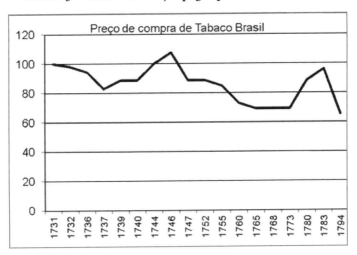

Fonte: Torres Sánchez, R (1999): "Capitalismo internacional y política estatal. Los asentistas del tabaco en la segunda mitad del siglo XVIII", In González Enciso e Torres Sánchez (Org.). *Tabaco y Economía en el siglo XVIII*. Pamplona: Eunsa, p. 437, Gráfico 15.

Porém, estes são preços de monopsônio. A tendência em outros mercados parece ter sido ligeiramente diferente (Gráfico 4)[33].

---

33 No entanto, uma vez que os preços não estão discriminados por tipo ou procedência do tabaco, não é possível afirmar se o tabaco do Brasil atingia os mesmos valores que os da Virgínia.

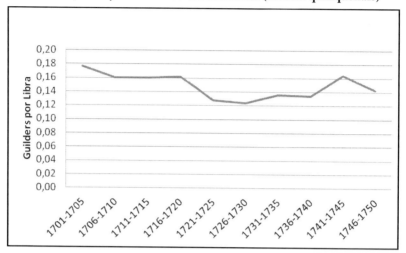

Gráfico 4 – Preços do Tabaco em Amsterdã (Médias quinquenais)

Fonte: elaborado com os dados de Jacob Price. *France and the Chesapeake*. Ann Arbor: University of Michigan Press, 1973, Vol. 2, p. 852.

Os problemas em torno às rotas alternativas para o tabaco das áreas sob jurisdição pernambucana, aos quais se retornará mais à frente, datam de, pelo menos, o estabelecimento da cobrança do subsídio. Os produtores da vila do S. Francisco queixaram-se do imposto, por dizerem que embarcavam o tabaco que produziam pela Bahia e não por Pernambuco. Impetraram um agravo na Relação da Bahia, que lhes deu ganho de causa, por entender que não se poderia por tributo "nas mãos dos lavradores que o fabricam", mas apenas sobre o seu comércio. O mesmo fizeram os produtores do Rio Grande, obtendo resultado igual[34].

A importância relativa em Pernambuco da produção fumageira entre as guerras holandesas e o final do século XVII pode ser estipulada por outros indícios. Numa das remessas de gêneros para pagar a cota de Pernambuco nos donativos da rainha da Grã-Bretanha e da Paz de Holanda, embarcada em 1665, o tabaco consta entre os produtos despachados. Foram 193 arrobas em 83 rolos.

---

34 CARTA do [governador da capitania de Pernambuco], Fernão de Sousa Coutinho, ao príncipe regente [D. Pedro], sobre o imposto do tabaco que servirá para o sustento dos presídios, e informando que os moradores do Rio Grande e do São Francisco tem se negado a pagar. Pernambuco, 2 de setembro de 1671. AHU, CU, Pernambuco, Cx. 10, Doc. 937. É interessante notar que, no século XVIII, o Rio Grande não aparece na documentação como uma área produtora de tabaco.

O valor deste lote foi de 386$000, o equivalente a 7% de toda carga despachada, a qual, obviamente, era composta mormente por açúcar[35].

Os pobres do tabaco: em busca de uma caracterização dos pequenos produtores.

Tendo analisado as condições nas quais se deu a disseminação da produção de tabaco em Pernambuco e capitanias anexas, pode-se averiguar outros fatores que a possibilitaram. Dois aspectos principais, que podemos chamar de institucionais, favoreceram à fumicultura e, ainda mais, ao predomínio da pequena produção neste setor, com maioria de mão-de-obra familiar, sem a presença de escravos. Em primeiro lugar, a permissão para que os donos de escravos com plantéis de menos de 6 cativos pudessem cultivar cana-de-açúcar – o que havia sido proibido para todo o Estado do Brasil (embora, se aplicasse efetivamente às zonas açucareiras). Em segundo lugar, a suspensão da proibição de criação de gado até 10 léguas do litoral[36]. A coroa portuguesa abriu, portanto, duas exceções para a capitania de Pernambuco quanto à vigência destas duas ordens régias proibitivas.

A lei régia sobre os lavradores de cana é de 27 de fevereiro de 1700. Os oficiais da câmara de Porto Calvo alegaram prejuízo com a lei

> em razam de se achar aquella Villa muyto falta de Escravos por lhe terem levado pelos os negros levantados, e por esta cauza se haverem os moradores della de mais cabedal retirado para outras capitanias, e ficarem só os pobres, q não tem posses para comprarem os ecravos tam caros como hoje se acham nessa Capitania. [37]

O governador de Pernambuco sugeriu que se concedesse o direito do plantio de cana aos que possuíssem acima de 4 escravos, em função dos prejuí-

---

35 CONSULTA do Conselho Ultramarino ao rei D. Afonso VI, sobre a representação dos oficiais da Câmara de Olinda, informando o envio ao Reino de cincoenta caixas de açúcar, referente ao donativo da Rainha da Grã Bretanha e Paz de Holanda no navio Nossa Senhora da Assunção, do qual é mestre Manoel da Cruz Pereira. Lisboa, 24 de outubro de 1665. AHU, CU, Pernambuco, Cx. 8, Doc. 780.

36 QUE não tenha vigor a Ley de não haver Lavrador de Cãnas [com] menos de 6 escravoz, e doz gadoz junto a Costa do Mar. Lisboa, 19 de abril de 1708. Instituto Arqueológico, Histórico e Geográfico Pernambucano (IAHGP), Coleção Conde dos Arcos, Cód. 331, Maço 1, Fl. 376, n. 2.

37 QUE se informe sobre o requerimuito doz m.ores do Porto Calvo, em q pertendem ser Lavradores com menos de 6 escravos. Lisboa, 6 de novembro de 1704. Fl. 334, n. 35. IAHGP, Coleção Conde dos Arcos. *Ordens Reaes a D. Fernando Martinz Mascarenhas.*

zos causados pelos quilombolas de Palmares, cuja presença teria afugentado os moradores daquela região. Alegou-se também a dificuldade de manter o gado *alongando o da* costa. O rei deferiu o pedido e estendeu-o, como sugeriu o governador, a toda a capitania de Pernambuco e suas anexas. A permissão para que os donos de pequenos plantéis, com menos de 6 escravos, produzissem cana que seria processada, certamente, por engenho de outrem, abriu a possibilidade de que os pequenos proprietários mantivessem-se no setor açucareiro, deixando a lavoura de outros gêneros aberta à produção familiar.

Guillermo Palacios sugeriu que a retração da produção açucareira em Pernambuco, nas primeiras décadas do Setecentos, levou a uma concentração dos escravos em grandes plantéis, cujo trabalho aplicava-se na quase totalidade à produção de açúcar, limitando a produção de gêneros ao estritamente necessário ao consumo do plantel, sem gerar excedentes a serem negociados[38]. A crise econômica de então atingiu em cheio os pequenos e médios produtores de alimentos, excluindo a mão-de-obra escrava do cultivo alimentar que antes se destinava ao abastecimento das praças da capitania[39]. Assim, a produção mercantil de alimentos ficou aberta aos pequenos produtores que não dispunham de escravo algum[40].

Todavia, a supra citada permissão para o cultivo de cana de açúcar por pequenos proprietários de escravos (com menos de 6 escravos) mantinha a possibilidade de que se mantivessem ligados à principal produção de exportação, provavelmente fornecendo matéria-prima aos engenhos da capitania. Se a concessão régia denota a permanência de pequenos plantéis entre os lavradores de cana da região, no entanto, sendo a lei de 1700, é possível que Palacios esteja correto ao supor que, no correr das duas primeiras décadas setecentistas, estes pequenos proprietários tenham desaparecido.

A conjugação da alta demanda pelo tabaco – como moeda para o tráfico de escravos – com a mercantilização da pequena produção proporcionada pelo pequeno capital escravista, teria sido o impulso principal que levou à disseminação da produção de tabaco em áreas da jurisdição de Pernambuco[41]. O papel

---

38 Já Celso Furtado argumentara que, nos momentos de crise, os plantéis de escravos eram concentrados na produção do gênero exportado e a produção de subsistência resumia-se estritamente ao autoconsumo, sem gerar qualquer excedente; cf. C. Furtado. *Formação Econômica do Brasil*. 25a. ed. São Paulo: Nacional, 1995, p. 51-2, 54.

39 Palacios, *op. cit.*, p. 58-63.

40 *Ibidem*, p. 59-62.

41 *Ibidem*, p. 64-8.

principal neste processo coube, segundo Palacios, ao comissário volante, agente financiador da produção fumageira. Mais adiante voltaremos a este ponto.

Evidências esparsas, de teor qualitativo, desde o último quartel do século XVII, indicam que aqueles que se dedicavam à produção do tabaco constituíam a parcela mais pobre dos produtores da capitania. Ainda em 1675, numa petição enviada ao rei pela câmara de Olinda, pedia-se que os moradores da capitania fossem isentos do tributo de vintena sobre o tabaco, pois, além de já pagarem meia pataca por arroba, "como as pessoas que se occupão nas lavouras dos tabacos são pobres [o] deixarão de cultivar [...]"[42]. Em meio ao arrazoado os peticionários incluíram como argumento o zelo com que os moradores da capitania tinham servido ao rei, no decurso de tantos anos "com as vidas e fazendas ate se recuperarem essas capitanias do poder dos olandezes [...]". Apesar de dizer-se inclinado a atendê-los, ainda assim o rei indeferiu o pedido, em virtude de estar aquele tributo destinado aos gastos de defesa da própria capitania[43].

Em resposta a uma ordem régia sobre uma compra de tabaco, o governador de Pernambuco Francisco Martins Mascarenhas informou, em 1699, que os "Lavradores deste genero morão vinte e sincoenta Legoas em distancia do Recife, e que são os mais pobres do Brazil". Portanto, é possível inferir que a condição de pobreza se verificasse, entre outros aspectos, pela ausência de propriedade de escravos pelos lavradores de tabaco. Além disso, as vinte e cinqüenta léguas assinaladas pelo governador indicam que as zonas produtoras distribuíam-se por grande extensão da capitania de Pernambuco e suas anexas. Se supusermos que as vinte léguas sejam para o norte do Recife e as cinqüenta para o sul, teríamos aproximadamente os limites setentrionais de Goiana/Itamaracá aos meridionais da vila do S. Francisco. A produção de tabaco em Pernambuco parece ter se disseminado ainda mais rapidamente nas duas décadas seguintes.

Há algumas pistas acerca do desenvolvimento da produção fumageira ao longo desta área, embora pontuais. É possível, no entanto, entrever alguns sinais de como a fumicultura pôde lançar raízes ao sul de Pernambuco e no interior das Alagoas no último quarto do século XVII. Assim como na Bahia, onde ape-

---

42   [CONSULTA de 17 de junho de 1676]. TT, JT, Maço 115 (Papéis Findos). A petição da vila de Olinda está datada de 6 de julho de 1675.

43   Lisboa, [?/?/1676?]. TT, JT, Maço 115 (Papéis Findos).

nas após a derrota de grupos indígenas no interior do Recôncavo[44] foi possível a consolidação da produção de tabaco, em Pernambuco uma das áreas preferidas pela fumicultura esteve, por décadas, sob a ameaça de grupos refratários à colonização. Por meio século os quilombolas dos Palmares rondaram por esta região limítrofe entre Pernambuco e Alagoas. Sua presença pôs em suspenso o domínio colonial sobre diversas áreas, incluindo não só a serra da Barriga, mas várias freguesias, como Una, Serinhaém, S. Miguel e Porto Calvo. Após a derrota definitiva dos palmarinos, estas áreas voltariam a serem colonizadas, isto é, ocupadas por produtores de açúcar e outro gêneros[45].

O capitão do terço dos Palmares André Furtado de Mendonça compunha o contingente de paulistas que haviam deixado a capitania vicentina para lutar nas guerras contra os Palmares[46]. Parte dos pagamentos e mercês em retribuição a estes serviços consistiu em recebimento de sesmarias na região conquistada aos quilombolas[47]. Quando o dito capitão requereu sua sesmaria, já habitava com sua família na mesma área a cerca de 20 anos, situada próxima à barra do riacho Gurapama e às margens do rio Paraíba, nas Alagoas do sul. Nela havia feito "povoação com casas e sobrado e telha aberto mattos, e feito pastos, aonde tem feito lavouras de roças e *tabacos*"[48].

A petição data de 1717 e, portanto, o capitão paulista havia se estabelecido na região em fins do século XVII. Pode-se concluir que a ocupação por produtores de tabaco na região das Alagoas não só se encetou ou vingou com a destrui-

---

44 Pedro Puntoni. *A Guerra dos Bárbaros*. Povos indígenas e a colonização do sertão no Nordeste do Brasil, 1650-1720. São Paulo: FAPESP, Hucitec, Edusp, 2002, p. 89-122.

45 Décio Freitas. *Palmares: a guerra dos escravos*. 5ª. Ed. Rio de Janeiro: Graal, 1982, p. 63, 71, 89. O tabaco já se incluía no rol de gêneros que algumas destas vilas produziam na década de 1670; cf. RELAÇÃO das Guerras feitas aos Palmares de Pernambuco no tempo do governador D. Pedro de Almeida de 1675 1678. In: Leonardo Dantas Silva. *Alguns Documentos para a História da Escravidão*. Recife: Fundaj; Massangana, 1988, p. 30.

46 Ele foi o responsável pela morte de Zumbi. Freitas. *Palmares, op. cit.*, p. 160, 180-2.

47 A mercê foi concedida por el rei já terminadas as campanhas dos Palmares, dando-se algumas léguas de terra em quadra segundo a patente e a cor dos combatentes paulistas; cf. a cópia da carta régia de 28 de janeiro de 1698 em SESMARIA que se passou ao Capitam André Furtado de Mendonça, do terço dos Palmares. In: DOCUMENTAÇÃO Histórica Pernambucana. Sesmarias. Vol. I. Recife: Biblioteca Pública, 1954, p. 232-3.

48 [PETIÇÃO do capitão André furtado de Mendonça, Paulista do 3º. de Infantaria paga dos Palmares]. Recife, 13 de abril de 1717. In: SESMARIA que se passou ao Capitam André Furtado de Mendonça, do terço dos Palmares *op. cit.*, p. 230-1. (Grifo acrescentado). Percebe-se aqui o mesmo processo de legitimar a posse após ter "fabricado os sítios", identificado nas Minas Gerais por Ângelo Alves Carrara. *Minas e Currais*: produção rural e mercado interno em Minas Gerais, 1674-1807. Juiz de Fora, MG: UFJF, 2007, p. 156-9, 162.

ção dos quilombos dos Palmares, como, possivelmente, os mesmos paulistas que aí se estabeleceram foram responsáveis por parte daquela produção. No entanto, indivíduos como André Furtado de Mendonça não devem ter composto o rol dos produtores menos afortunados[49] (outros vão estabelecer-se com a pecuária e, até, engenhos açucareiros).

Os fumicultores estavam disseminados pela capitania, eram muitos e, ao menos em sua maioria, eram pobres. Se não tinham escravos, o que parece ser o caso, a mão-de-obra que se aplicava à produção de tabaco constituía-se dos braços familiares, membros do grupo doméstico. Alguns autores têm denominado de camponesa a estas unidades domésticas de produção no período colonial, mesmo com a presença de escravos em seu seio, desde que em pequenos plantéis[50]. Embora discorde desta interpretação, não pretendo me deter sobre o tema, pois é suficiente que se tente estabelecer as características da produção do tabaco em Pernambuco e seus vínculos com a economia atlântica[51].

Um aspecto relevante a ser discutido concerne à autonomia daqueles pequenos produtores no tocante à ocupação da terra (que, legalmente, ou era domínio da coroa ou de sesmeiros e senhores da região). Em alguns momentos, as autoridades reinóis dão a impressão de que os pequenos fumicultores do Nordeste Oriental tinham relativa autonomia na decisão sobre o quê e quanto produzir.

---

49 A coroa, com o fim das guerras dos Palmares, mandou reduzir o terço dos paulistas a 6 companhias assentadas em 3 arraiais: uma no distrito da vila das Alagoas, com duas companhias, tendo por cabo delas o cap. André Furtado Mendonça; outra na vila de Porto Calvo, com mais duas companhias, cujo cabo era Miguel de Góis de Vasconcelos; e, finalmente, outra na vila de Serinhaém, na localidade chamada Cucaú, tendo por capitão Domingos Rodrigues da Silva. Cf. CARTA de sesmaria que se passou a Domingos Ro[drigues] da Silva, capitão do Terço pago da Campanha dos Palmares. In: DOCUMENTAÇÃO Histórica Pernambucana. Sesmarias. Vol. I. Recife: Biblioteca Pública, 1954, p. 265-6.

50 Sobre produtores domésticos, sem escravos, cf. Maria Isaura Pereira de Queiroz. *O Campesinato Brasileiro*. Ensaios sobre civilização e grupos rústicos no Brasil. Petrópolis, RJ; São Paulo: Vozes; Edusp, 1973; sobre produtores domésticos com ou sem escravos no centro-sul da colônia, cf. João Luís Fragoso. *Homens de Grossa Aventura*. Acumulação e hierarquia na praça mercantil do Rio de Janeiro (1790-1830). 2ª. ed. rev. Rio de Janeiro: Civilização Brasileira, 1998, p. 124, 132-4, 136-8.

51 Quanto aos aspectos historiográficos e teóricos do uso do conceito de campesinato, ver Gustavo Acioli Lopes, "O Saco de Batatas Colonial? Considerações sobre o uso do conceito de Campesinato na Historiografia do Brasil Colônia.". *Clio*, n. 29, vol. 1, 2011; Angelo Alves Carrara. Camponês: uma controvérsia conceitual. In: OLINTO, Beatriz Anselmo; MOTTA Márcia Menendes; OLIVEIRA, Oséias de. (Org.). *História Agrária: Propriedade e Conflito*. Guarapuava, PR: UNICENTRO, 2008; Mario Grynszpan. Campesinato. In: MOTTA, Márcia (org). *Dicionário da terra*. Rio de Janeiro: Civilização Brasileira, 2005.

Quando se propôs, por exemplo, um conjunto de reformas na arrecadação dos direitos sobre o tabaco em Pernambuco, o procurador da fazenda, com assento na Junta do Tabaco, foi contrário às medidas sugeridas, "poiz se tinha alcançado que bolir no tabaco não mão dos Lavradores seria perder este gênero" e que a forma que se propunha, além de impraticável, "seria grande encargo aos Lavradores do Brazil no fruto que cultivão os quaes se se virem molestados deyxarão a cultura della [...]"[52]. Numa missiva do superintendente de Pernambuco, explicando as razões da diminuição da remessa do gênero para o reino, afirma que entre os motivos estava o preço tabelado, razão pela qual "se dam muitos Lavradores a outra cultura dechando a do tabaco por menos *útil*"[53]. Seria, assim, decisão dos lavradores o que produzir e, portanto, denotava um domínio efetivo sobre uma parcela de terra.

Deve-se, todavia, matizar esta autonomia, mesmo que relativa, pois a condição precária na ocupação da terra parecia ser ainda a realidade para muitos dos não aquinhoados oficialmente com doações de terra. É o que se deduz de um parecer anônimo do primeiro qüinqüênio dos anos 1710, oferecido ao governador de Pernambuco Felix Machado. O autor oculto explicava o apoio dado pelos moradores dos engenhos à causa de Olinda e ao cerco do Recife pelo domínio exercido da parte dos grandes senhores sobre àqueles. Este domínio derivava justamente da ocupação incerta pelos pequenos produtores de terras dos açucarocratas, os quais se negavam a aforá-las aos sitiantes, de forma a mantê-los dependentes de seu arbítrio e "ter mais liberdade [...] para expulsá-los delas". O autor sugeria o aforamento obrigatório das áreas incultas ou destinadas à mata como forma de diminuir a sujeição dos moradores pobres aos senhores de terras e homens[54].

Para Palacios, o argumento não é de todo válido. Ele propõe a hipótese de que interesses próprios dos pequenos produtores pobres e livres guiaram-nos na adesão ao partido de Olinda. A vinculação dos pequenos fumicultores ao mercado pela mediação dos mercadores do Recife deu origem a atritos, uma vez que

---

52 SOBRE o papel que Sua Mg.de mandou ver na Junta acerca dos meyos q se apontão p.a melhor a recadação do tabaco da B.a. Lisboa, 30 de junho de 1700. TT, Conselho da Fazenda, Livro 403, fl.82-82v.

53 [CARTA do] Superintendente do Tabaco de Pernambuco. Recife, 20 de Março de 1704. TT, JT. Cartas remetidas do Brasil e da Índia, Maço 97.

54 Biblioteca Nacional de Lisboa, Pombalina 526, fls. 269-269v. Apud: Evaldo Cabral de Mello. *A Fronda dos Mazombos*. Nobres contra mascates, Pernambuco, 1666-1715. 2a. ed. rev. São Paulo: 34, 2003, p. 465.

estes últimos eram credores dos primeiros, daí a invasão do Recife pelos moradores das matas[55]. Para o caso das freguesias centrais – às margens do Capibaribe, a oeste do Recife e de Olinda – Cabral de Mello aponta as mesmas razões para a tomada de partido pelos pequenos lavradores: o açambarcamento da farinha e do tabaco pelos mercadores recifenses[56].

Uma vez que a adesão matuta à açucarocracia foi maior na ribeira do Capibaribe e na mata seca que na úmida, sobretudo tendo as vilas de Alagoas, Porto Calvo e S. Miguel recusado apoio aos mazombos, e tendo sido grande a adesão em Goiana (ao norte), a geografia da participação matuta na sedição da nobreza parece denotar a ascendência dos sacaricultores sobre os pequenos lavradores de roça e fumo em determinadas áreas. A mata úmida – ao Sul – era mais marcada pela monocultura e pelo escravismo que a mata seca[57] – ao Norte. Portanto, foi mais atingida pela crise açucareira das primeiras décadas do século XVIII. Logo, aí restaram mais terras abertas ao pequeno cultivador, fora (ao menos temporariamente) do alcance dos senhores das terras. Sendo assim, onde os produtores de açúcar mantiveram-se menos afligidos pela depressão no setor exportador da região, seu domínio eminente sobre as terras conservou-se mais efetivo, o que lhes permitia comandar os moradores pobres, como no caso de Goiana, onde os Cavalcanti lideraram o partido de Olinda[58].

A condição dos pequenos fumicultores, todavia, não me parece ter sido de autonomia na gestão de seus tratos de terra. Uma vez que se encontravam vinculados ao mercado pela produção de um gênero não alimentício (ainda que cultivassem alimentos), cuja comercialização se dava pela intermediação de comissários volantes e homens de negócio, suponho que os fumicultores pobres caíam na dependência destes mesmos financiadores da produção.

O início da produção de tabaco pelos produtores domésticos da região pode não ter dependido de recursos alheios, dada a acessibilidade de seu plantio aos carentes de cabedal[59]. No entanto, com o predomínio de uma lavoura mer-

---

55 Palacios, *op. cit.*, p. 30-2. A marcha dos milicianos das matas sobre o Recife é reconstituída por Cabral de Mello. *A Fronda dos Mazombos*, op. cit., p. 297-302.

56 Mello, *op. cit.*, p. 298.

57 *Idem, ibidem*, p. 430.

58 *Ibidem*, p. 301, 349-50.

59 Diz o autor do DISCURSO: [a lavoura do tabaco] "não demanda grandes possessões, e huns extraordinarios supprimentos, [...] e porque nella não demanda grandes costeios, todos quantos querem, e podem, [...], são lavradores deste genero". [Luís Antonio

cantil entre estas pequenas unidades agrícolas, os fumicultores devem ter passado a depender cada vez mais daqueles agentes responsáveis pela reprodução destes sítios. Inicialmente, talvez, nem tanto para a sua reprodução econômica, propriamente, mas para o seu acesso a bens manufaturados importados[60].

A forma pela qual os negociantes em tabaco adquiriam o gênero aos seus produtores na capitania de Pernambuco consistia no adiantamento do valor das safras futuras, adiantamento não em moeda, mas em *fazendas*. Eis o porquê da perplexidade do governador de Pernambuco ao receber ordem régia de que comprasse tabaco fino pagando aos produtores com letras. Ele informava ser impossível este tipo de transação com os fumicultores, que eram "quase infinitos", espalhados pela capitania, com os quais o pagamento, "deve ser antecipado, e destribuhido por comesarios que vão a Goyana e Alagoas no tempo da Colheita; e assim he necessario remeter se me este dinheiro antes, para eu poder fazer semelhante emprego [...]"[61]. Não por acaso, o rei cancelou a ordem.

Não se haveria de pagar em moeda aos produtores de tabaco. Os comissários que vinham do reino a comprar tabaco e enviá-lo para Lisboa e África pagavam adiantado aos produtores, mas sem o desembolso de moeda metálica. Este comércio constituía um circuito: fazendas-tabaco-escravos, o qual conformava a seguinte circulação: Lisboa-Pernambuco-Costa da Mina e o caminho inverso rumo às minas gerais, uma espécie de versão geometricamente alterada do comércio triangular. Desta forma, a lei que limitava a doze tostões o preço da arroba de tabaco na colônia, não tinha muito efeito sobre as transações agenciadas pelos comissários a soldo de mercadores reinóis, justamente pela ausência de pagamento em moeda, pois

> [...] os Comissarios do Brazil comulmente tratavão de se
> pagarem das fazendas, q tinham fiado, dos Lavradores, não

---

de Oliveira Mendes]. DISCURSO Preliminar, Histórico, Introdutório, com Natureza de Descrição Econômica da Comarca e Cidade da Bahia. In: *Anais da Biblioteca Nacional do Rio de Janeiro*, vol. XXVII. Rio de Janeiro: BN, 1906, p. 322.

60   Nos casos em que a mão-de-obra escrava estava presente nas pequenas unidades, esta dependência só poderia acentuar-se, pois, então, o pequeno produtor passaria a depender do mercado não apenas para a reprodução simples mas para a reprodução ampliada de sua unidade. Nestes casos, não se pode falar em camponês, dado que um dos principais fatores da produção é mercadoria, posto que semelhante a quem a compra. Cf. Abramovay. *Paradigmas do Capitalismo Agrário, op. cit.*, p. 116.

61   DO G[OVERNADOR] Francisco Martins Mascarenhas sobre a compra que se lhe encommendou de cinco mil cruzados de tabaco selecto p.a a frota de 1700. Pernambuco, 10 de Junho de 1699. Maço 96-A; Caixa 83.

> trabalhavão muito sobre os preços senão sómente de procu-
> rarem muito q mandar a seus Correspondentes, fosse pelo
> preço q fosse.
> Tambem se deve ponderar que o direito he hum em cargo
> que senão paga com outra couza, senão que em dinheiro, e o
> principal do tabaco se satisfaz com os generos que se trocão
> com os donos a quem vem o tabaco, e estes remetem nos as
> Conquistas em retorno delle e quem aqui o negocea, o troca
> tambem com os Estrangeiros [...].[62]

Do testemunho acima se infere que todas as etapas das transações envolvendo o tabaco de Pernambuco enviado ao reino eram feitas em gêneros, sem a presença da moeda metálica. Os mercadores reinóis que importavam o tabaco vendiam-no a troco de fazendas, as quais voltavam a serem remetidas para o Brasil. O que nos interessa ressaltar, no entanto, é que, na etapa colonial deste circuito, as fazendas eram *fiadas* aos fumicultores, o que, certamente, garantia aos compradores, pelo empenho das safras futuras e pela ausência de pagamento em moeda, adquirir o tabaco a preços mais cômodos aos interesses de seus empregadores do reino. O mesmo se pode supor na compra de tabaco destinado ao comércio de escravos na Costa da Mina, cuja participação dos comissários volantes e mercadores do Recife será tratada mais adiante.

O endividamento antecipado dos produtores[63] foi uma forma que permitiu aos comerciantes dominarem os destinos da produção exportadora do Brasil colônia, como se observa no caso dos produtores de açúcar da capitania de Pernambuco, mas não apenas desta, dando-se o mesmo na Bahia[64], Rio de

---

62 DA JUNTA da Administração do Tabaco Com a petição inclusa do Provedor e Deputados da Meza do Espirito Santo dos Homenz de Neg.o desta Cidade [de Lisboa] [...].Lisboa, [s/d]. TT, JT, Maço 9 – Consultas.

63 Este sistema de relações entre produtores e comerciantes não é original do Brasil colônia, mas da Europa da Baixa Idade Média. Sobre o mesmo, que Wallerstein chama de "sistema de peonagem internacional", afirma o autor que "a compra de bens antes de serem produzidos, ou seja, pagamentos adiantados por fornecimentos a fazer no futuro [...] impedia a venda num mercado aberto. Permitia que fossem os mercadores, e não os produtores, a decidir o momento ótimo para revenda a nível mundial. E uma vez que o dinheiro emprestado tendia a estar já gasto por alturas da entrega dos bens – quando não existiam já dívidas – o produtor era sempre tentado a perpetuar o sistema". Immanuel Wallerstein. *O Sistema Mundial Moderno*. Vol. I. A agricultura capitalista e as origens da economia--mundo européia no século XVI. (Trad.). Lisboa: Afrontamento, [1990], p. 124-5. No caso do Brasil colônia, podemos dizer que o produtor endividado era mais que tentado, era obrigado a perpetuar o sistema.

64 Antonil, *op. cit.*, p. 95-6; Prado Jr., *op. cit.*, p. 295-6; Stuart B. Schwartz. *Segredos Internos*. Engenhos e escravos na sociedade colonial. São Paulo: Companhia das Letras, 1988, p. 173-84.

Janeiro[65] e em outras regiões da América colonial, como o Caribe francês e inglês[66]. Dificilmente, portanto, poder-se-ia supor uma autonomia, ainda que relativa, dos pequenos fumicultores do Nordeste Oriental no manejo de suas unidades produtoras no tocante ao quê e quanto produzir. Esta condição subalterna e, conseqüentemente, responsável pela transferência dos ganhos da lavoura do tabaco dos produtores para os comerciantes é que levou um contemporâneo a afirmar que o fumicultor "certamente seria incomparavelmente muito mais feliz, se não tivesse por inimigos os atravessadores, os comerciantes [...]"[67].

É possível que a esta condição escapassem alguns produtores de maior envergadura, senhores de escravos, como aquele sargento-mor de S. Miguel, Francisco Álvares Camelo, citado em 1722 como um dos donos de uma carga de tabaco enviada de S. Miguel a Pernambuco. Como o ser oficial, geralmente, era sinônimo de ter algumas posses[68], Francisco Álvares Camelo bem poderia dispor de escravos na produção de tabaco [sobretudo se lembrarmos que ela foi um dos capitães-mores que liderou entradas contra os Palamares entre 1677 e 1678, tendo sob seu comando 120 homens, o que certamente rendeu-lhe "presas" na forma de quilombolas capturados][69]. E, ainda mais, seria mesmo possível que, como sugere Catherine Lugar para o Recôncavo, os maiores produtores canalizassem parte da produção dos pequenos, beneficiando-a e vendendo-a aos mercadores[70].

---

65 Fragoso. *Homens de Grossa Aventura*, op. cit., p. 27-8, 35-6, 181-5.

66 Robert Louis Stein. *The French Slave Trade in the Eighteenth Century*. An Old Regime Business. Madison, Wisconsin.: The University of Wisconsin Press, 1979, p. 130-1, 169-70, 181-3; 197; Jacob Price. Credit in the slave trade and plantation economies. In: Barbara L. Solow. *Slave and the rise of the Atlantic System*. Cambridge: University Press, 1991, p. 300-5, 306-10. Sabe-se, no entanto, que a maior parcela das plantations das Antilhas eram propriedades de mercadores absenteístas, sobretudo as inglesas.

67 [Luís Antonio de Oliveira Mendes]. Discurso Preliminar, Histórico, Introdutório, com Natureza de Descrição Econômica da Comarca e Cidade da Bahia. In: *Anais da Biblioteca Nacional do Rio de Janeiro*, vol. XXVII. Rio de Janeiro: BN, 1906, p. 283-, *op. cit.*, p. 323.

68 Kalina Vanderlei Silva. *O Miserável Soldo e a boa ordem da sociedade colonial*. Recife: Fundação de Cultura da Cidade do Recife, 2001, p. 82. Afirma a autora que "Para o comando das tropas auxiliares, a Coroa explicitamente escolhe os senhores não apenas de maior cabedal, mas *com maior séqüito*, no caso, aqueles que já possuíssem um numeroso exército particular de escravos e agregados" (grifos originais).

69 Edson Carneiro. *O Quilombo dos Palmares*. 2ª. Ed. Rev. São Paulo: Nacional, 1958, p. 115.

70 Catherine Lugar. The Portuguese Tobacco Trade and Tobacco Growers of Bahia in the Late Colonial Period. In: ALDEN, Dauril; DEAN, Warren. (Ed.). *Essays Concerning the Socioeconomic History of Brazil and Portuguese India*. Florida: University Presses of Florida, 1977, p. 33.

As regiões produtoras e os (des)caminhos do tabaco.

O novo Regimento do Tabaco (1698-1702)[71], com a criação das Superintendências, veio por sob a alçada do Estado português as condições da comercialização deste gênero, embora não deixasse de visar, também, a uma certa influência sobre a produção, mediante o controle oficial dos preços pagos na colônia aos produtores e comerciantes. Na capitania de Pernambuco, ao contrário do que se observou na Bahia[72], a produção estava geograficamente disseminada, ocorrendo a fumicultura no litoral de norte a sul e em algumas poucas áreas do interior.

De Portugal, o desembargador Belchior da Cunha Brochado, cujo parecer de 1698 foi uma das principais peças para a composição do Regimento, assinalava que, por seus dez anos de experiência no Brasil, podia afirmar quais as principais regiões onde havia produção de tabaco. Depois de listar as da Bahia e outras fora do Recôncavo, diz que, não obstante conhecer menos Pernambuco, atestava como regiões produtoras o "Rio de S. Francisco, Rio de S. Miguel, [rio] Santo Antonio grande Alagoas, Porto do Calvo, Serinhaem, Barra Grande, Rio Fermozo, e Guayana [Goiana]", de onde era o tabaco levado "em sumacas", sendo descarregados na casa do peso do Recife, de lá sendo levado por particulares para ser beneficiado[73].

Das ditas localidades, umas aparecem com freqüência apontadas como fumicultoras nas missivas oficiais. É o caso de Alagoas, onde, segundo um dos superintendentes do tabaco de Pernambuco, "naquella p.[te] se cultivava a maior quantidade do melhor tabaco, q nesta Capitania se fabrica"[74]. Antes mesmo da criação dos órgãos administrativos do tabaco na colônia, dizia um deputado da Junta do Tabaco em Lisboa, num parecer sobre a taxação do gênero, que se o

---

71 REGIMENTO da Ivnta da Administraçam do Tabaco. Lisboa: Miguel Deslandes, 1702. Biblioteca Nacional de Lisboa. Reservados. Os itens deste Regimento referentes à administração no Brasil estão reproduzidos in: INFORMAÇÃO Geral da Capitania de Pernambuco [1749]. *Annaes da Bibliotheca Nacional do Rio de Janeiro*, vol. XXVIII, 1906, p. 361-6.

72 Prado Jr., *op. cit.*, p. 153; Nardi, *op. cit.*, p. 36-40 *et passim*.

73 BELCHIOR da Cunha Brochado sobre o registo e arrecadação do tabaco no Brasil. Lisboa, 14 de Dezembro de 1697. TT, JT, Maço 96-A, Caixa 83. Este ministro foi nomeado juiz conservador da JT. Cf. Decreto de 6 de Setembro de 1698. Lisboa. TT, JT, Maço 51.

74 DO SUPERINTENDENTE [do Tabaco] de Pernambuco sobre não vir tabaco do Lugar digo Villa das Lagoas ao Recife de Pernambuco. Recife de Pernambuco, 16 de Março de 1704. TT, JT, Maço 96, Caixa 82.

tabaco da Bahia pagava 400 réis de direitos por rolo, o das Alagoas "bem poderá sendo melhor pagar 80 réis"[75].

A maior parte da produção se dava em Porto Calvo e S. Miguel[76], junto ao rio deste mesmo nome, pelo que se deduz de alguns outros testemunhos, que davam conta que o tabaco lá produzido era desencaminhado para a Paraíba e Bahia[77], dando-se o mesmo com a produção de Goiana e Itamaracá, apontadas, também, entre as principais produtoras[78]. Note-se que, não obstante Itamaracá ser uma capitania à parte – incluindo a vila de Goiana[79] –, domínio do marquês de Cascais[80], estava sobre a alçada da superintendência de Pernambuco, como confirmou a Junta ao superintendente Roberto Car Ribeiro[81].

---

75 CONSULTA a S.Mg.^{de} [sobre consulta do Conselho Ultramarino] na parte que respeita ao ordenado que hade ter o Ouvidor da Villa das Alagoas e Rio de São Francisco nos outentas rs que se apontão por cada rolo dos tabacos q se navegão daquellas terras para a Bahia [...]. Lisboa, 17 de Dezembro de 1699.

76 Foi-me sugerido por Jean-Baptiste Nardi que, talvez, São Miguel dos Campos não fosse a área onde a produção de tabaco concentrou-se em Alagoas, mas em outro município, que estaria na jurisdição de São Miguel, mas que, posteriormente, teria sido desvinculado desta cidade. É possível, mas, certamente, não se tratava de Arapiraca, cujo povoamento data de apenas meados do séc. XIX; cf. http://biblioteca.ibge.gov.br/visualizacao/dtbs/alagoas/arapiraca.pdf Acesso em 09/08/2015.

77 Superintendente do Tabaco de Pernambuco. Recife, 20 de março de 1704. TT, JT, Maço 96, Caixa 82.

78 D. FERNANDO Martins Mascarenhas q fará executar a ordem q tem sobre os preços do tabaco. Recife de Pernambuco 22 de Maio de 1701. Do Governador Dom Fernando Martins Mascarenhas de Lancastro. Pernambuco, 15 de Setembro de 1702. EXTRACTO das cartas do Superint.e do Tabaco de Pernambuco de Fever.o de M.ço e Abril de 1704. Nº 12 - Super.te do Tabaco de Pern.o. Recife de Pernambuco, 20 de março de 1704. TT, JT, Maço 96, Caixa 82.

79 Cf. QUE os officiaes da Camar.a, Ouvidor Juis de Orfãos e mais Officiaes de Justiça assistão na Vila de Na. Sra. da Conceyção ficando Goyanna Vila. Instituto Arqueológico, Histórico e Geográfico Pernambucano (IAHGP). Ordens Reais. Coleção do Conde dos Arcos, maço I, fl. 338, n. 45.

80 O marquês de Cascais obteve sentença favorável do Desembargo do Paço contra a coroa e tomou posse da capitania de Itamaracá em 1692. cf. CARTA dos oficiais da câmara de Itamaracá ao rei sobre o motim popular que impediu a posse do marquês de Cascais, no governo da mesma, e como foram obrigados a assinar o requerimento feito pelos moradores, naquela ocasião. [Itamaracá], 29 de Agosto de 1692. Arquivo Histórico Ultramarino. Conselho Ultramarino – Pernambuco. Cx. 16, Doc. 1580. Cf. sobre as disputas na corte pela capitania de Itamaracá: José Bernardo Fernandes Gama. *Memórias Históricas da Província de Pernambuco*. [1844-1847]. Vol. I. Tomo 10. Recife: Arquivo Público Estadual, 1977, p. 127-8. Mello, *A Fronda dos* Mazombos, op. cit., p. 87-8.

81 EXTRACTO das cartas do Superint.e do Tabaco de Pernambuco de Fevereiro, de Março e Abril de 1704. Lisboa, 18 de fevereiro de 1704. TT, JT, Maço 96, Caixa 82.

Para o início do século XVIII, os frutos da fumicultura no Nordeste oriental estão longe de serem escassos e, ao contrário de ter que recorrer ao fornecimento baiano (como viria a ocorrer em finais do século)[82], era para lá que ia parte do que se produzia. E por qual motivo não se escoava na sua totalidade o tabaco da região pelo Recife de Pernambuco? Há pelo menos duas razões para isso, de que davam testemunho as próprias autoridades coloniais.

A primeira diz respeito a um tributo cobrado pelas autoridades locais sobre o tabaco, o já mencionado subsídio do tabaco. Seu valor nominal era o mesmo que na Bahia, mas sua incidência relativa era mais alta em Pernambuco. O efeito deste tributo sobre o comércio de tabaco na capitania foi observado pelo superintendente do tabaco, à procura de saber a razão que levava os produtores das Alagoas a não trazerem seu tabaco para o Recife, sabedor de que

> naquella parte se cultivava a maior quantidade do melhor tabaco, q nesta Capitania se fabrica, vendo que a este Recife se não condusia quantidade alguma sendo-lhe facil a conduçam por mar, e inquirindo a rasam desta falta achei que como cada arroba de tabaco pague neste Recife 160 rs. para o contrato da imposiçam do subcidio, e na Bahia pague a mesma quantia cada rolo os levam os Lavradores antes aquella Cidade, ainda que fique em dobrada distancia porq vem a lucrar a diminui-çam do tributo e, completou, "para tambem o poderem-no mais facilmente descaminhar [...]"[83].

Poucos anos depois, a causa e o efeito persistiam. A câmara de Olinda, que àquela altura ainda administrava as arrematações do subsídio, recebeu uma carta do rei em 1709 questionando as razões do valor cobrado de subsídio sobre a arroba de tabaco. Baseado nas informações do juiz de fora Valensuella Ortiz, que tinha tirado uma devassa na capitania, dizia o rei que

> tinha mostrado a experiencia porque o contrato do subsidio do tabaco tinha dado a baxa em que se acha no tempo prezente, por que não havendo na sua rematação conluyo, [...], hera sem duvida que procedia a baxa do preço dos poucos tabacos que os lavradores mandavão a essa capitania fogindo della por se livrarem do grande direyto que aly pagão de outo

---

82 Nardi, *op. cit.*, p. 273-4.

83 DO SUPERINTENDENTE [do Tabaco] de Pernambuco sobre não vir tabaco do Lugar digo Villa das Lagoas ao Recife de Pernambuco. Recife de Pernambuco, 16 de Março de 1704. TT, JT, Maço 96, Caixa 82.

> vinteis de subsidio por cada arroba, e [...] levam a Bahia aonde somente pagamse quantro vinteis por Rollo, a cujo dano se devia dar algum Remedio. E pareceume ordenar vos (como por esta o faço) me digais a razão que houve para se imporem outo vinteis em cada arroba de tabaco de subsidio pagandose na Bahia somente quantro vinteis por rollo, entendendose ser esta diferença cauza para hir a mayor parte deste genero para a Bahia o que poderia não ser assim se o dito subsidio se puzera naquele tributo racional.[84]

Ignora-se qual a resposta dada pela dita câmara. Porém, há uma pequena discordância de informações. Algumas das autoridades afirmam que na Bahia o subsídio era de 160 réis (ou 8 vinténs) por rolo de tabaco, enquanto o juiz Ortiz diz ser de 80 réis (ou 4 vinténs). Não obstante esta diferença, na Bahia o ganho era maior, já que, pagando os comerciantes 160 réis por rolo, e pesando esse cerca de 8 arrobas, o valor do subsídio ficava em cerca de 20 réis ou 1 vintém por arroba. Em Pernambuco, portanto, o valor do mesmo tributo era, de fato, 700% maior.

A outra razão, ainda de acordo com as autoridades, para não se remeterem os tabacos da capitania por seu porto principal, passou a ser o preço arbitrado pela coroa pago aos produtores e comerciantes. Após consultar pessoas consideradas capazes e entendidas no assunto, o rei ordenou que o maior preço a ser pago no Estado do Brasil pelo tabaco *mais fino*, isto é, o de melhor qualidade, seria de 1$200 réis a arroba[85]. Para escapar a esta imposição, os lavradores evitavam a praça do Recife.

A primeira reação que as autoridades temeram era que, com o preço tabelado e congelado, os lavradores se desinteressassem pela fumicultura. Assim se expressou o governador de Pernambuco, em 1701, informando ao rei que

> o preço de doze tostões o não aprovam os homens de negoçio desta praça, [..] e discorrem se seçará a Lavoura deste género em Pernambuco pelo pouco lucro que resulta aos seus lavradores e noticia tenho eu ja houve tal na jurisdição de Goyanna q arrancou algum tabaco que tinha plantado e que os mais não tratarão de semelhante cultura [...].[86]

---

84 PARA os oficiais da Câmara da cidade de Olinda. Sobre a baxa em que acha o subsidio do tabaco. Lisboa, 18 de maio de 1709. LAPEH – UFPE. Consulta do Conselho Ultramarino. AHU. Cód. 257, fl. 228/228v.

85 DE DOM João de Alencastre sobre o preço do tabaco no Brasil. Bahia, 31 de Julho de 1701. TT, JT, Maço 96, Caixa 82.

86 D. FERNANDO Mis. Mascarenhas q fará executar a ordem q tem sobre os preços do tabaco. Recife de Pernambuco 22 de Maio de 1701.

A FÊNIX E O ATLÂNTICO

Menos de um ano depois, como se as ameaças se cumprissem dos produtores, dizia aquele mesmo governador, que em Goiana "aonde era maiz comum a sua Lavoura [...] o não ha nem para o uso dos escravos; e o principal estimulo é a taxa de doze tostões"[87]. Antes da ordem régia, a arroba do melhor tabaco vendia-se a 2000 réis[88], o que indica que lavradores e comerciantes (talvez aqueles mais que estes) sofreram uma perda de 40%.

Os desvios do tabaco da capitania se davam, como já vimos, pela Bahia e a Paraíba. É mais que provável que parte do produzido ao sul da capitania de Pernambuco, sobretudo o de Alagoas[89], tinha saída pela Bahia, por onde, aliás, os produtores alagoanos estavam autorizados a embarcar seu tabaco[90]. Ao norte, a proximidade entre algumas áreas facilitava o descaminho da produção para a vizinha Paraíba, sobretudo do tabaco de Goiana e Itamaracá. Podemos inferir estes circuitos do que dizia, em 1704, o superintendente do tabaco sobre os descaminhos do gênero na região. Para ele, a solução para evitar a fuga à arrecadação régia seria possível

> [...] só evitando-se a sahida deste genero pella Parahiba por donde tive noticia se embarcava quantidade sem arrecadação e condusindo-se para este porto o tabaco das [A]Lagoas cujo descaminho ficava assim cessando, impedindo-se-lhe a entrada pella Bahia[...][91].

Por efeito do controle do preço do tabaco, os lavradores

> [...] foram dexando de o traser a este porto, descaminhando-o da Capitania de Itamaracá e Porto Calvo, donde o mais se produs para a Parahiba, donde por não haver arrecadaçam

---

87 DO GOVERNADOR Dom Fernando Mis. Mascarenhas de Lancastro. Recife, 09 de março de 1702. TT, JT, Maço 96, Caixa 82.

88 *Idem, ibidem.*

89 Bem entendido, a comarca das Alagoas compreendia duas partes: a do Norte e a do Sul. Naquela ficava Porto Calvo, e nesta, S. Miguel, principais regiões de fumicultura, sobretudo esta última.

90 Os produtores de Alagoas receberam autorização para mandarem seu tabaco para a Bahia, sem precisar enviá-lo ao Recife. DO OUVIDOR Geral de Pernambuco. Pernambuco, 20 de maio de 1714. TT, JT, Maço 97-A, Caixa 85.

91 CARTA do Superint.e do Tabaco sobre hum Barril que veyo desencaminhado na Nau Almirante que se entregou no Estanco Real e descaminhos que se fazem nos Conv.tos da da. Capp.ania. Recife, Abril de 1704. TT, JT, Maço 96, Caixa 82.

alguma, segundo a exacta informaçam q tenho tomado, se dá sahida á maior p.^te [...]⁹².

Da Paraíba, destinava-se ao trato negreiro na Costa da Mina[93].

Na Costa da Mina os negreiros ofertavam um dos produtos demandados na região: os rolos de tabaco[94]. As autoridades coloniais, no entanto, afirmavam que não eram apenas com os fornecedores africanos que tratavam estes negreiros. Assim como ocorria com as embarcações soteropolitanas que faziam o resgate na Mina[95], as de Pernambuco e Paraíba mantinham trocas com os holandeses, instalados no Forte de S. Jorge, e com outros europeus. A demanda negreira, da mesma forma que na Bahia, exerceu grande influência sobre a produção da capitania de Pernambuco. Assim se pronunciava o superintendente do tabaco, sobre a relação tráfico e fumicultura, ao dizer

> que de proposito se fabrica o tabaco inferior não só para a Costa da Mina, não só para os Negros, senão para os Flamengos que lá os vão buscar, [...] em q pella noticia q tenho vam os Mercadores mais a negocear com os Flamengos q correm aquella Costa q com os Negros della[96].

O embarque do tabaco das regiões anexas a Pernambuco rumo à África era realizado não só pelos portos do Recife, da Paraíba e de Salvador. Estes detinham o embarque oficial, reconhecido pela coroa posteriormente, no caso destes dois últimos, para a produção ao sul e ao norte da capitania. Das Alagoas saíam peque-

---

92 DO SUPERINTENDENTE do Tabaco de Pern.o. Recife de Pernambuco, 20 de Março de 1704. TT, JT, Maço 96, Caixa 82.

93 Ver sobre a economia da Paraíba no período Mozart Vergetti Menezes. *Colonialismo em ação*. Fiscalismo, economia e sociedade na capitania de Paraíba (1647-1755). (Tese de História Social). FFLCH, USP. São Paulo, 2005.

94 David Richardson. West African Consumption Patterns and Their Influence on the Eighteenth-Century English Slave Trade. In: Henry A. Gemery; Jan S. Hogendorn. (Ed.). *The Uncommon Market*. Essays in the Economic History of Atlantic Slave Trade. Nova York: Academic Press, 1979, p. 326-7.

95 Pierre Verger. *Fluxo e Refluxo do Tráfico de Escravos entre o Golfo de Benin e a Bahia de Todos os Santos: dos séculos XVII a XIX*. São Paulo: Corrupio, 1987, p. 20, 32-4.

96 DO SUPERINTENDENTE [do Tabaco] de Pernambuco sobre não vir tabaco do Lugar digo Villa das Lagoas ao Recife de Pernambuco. Recife de Pernambuco, 16 de Março de 1704. TT, JT, Maço 96, Caixa 82.

nas embarcações (sumacas[97] e patachos[98]), cujo pequeno porte lhes permitia entrar nos portos naturais, tais como a Barra Grande e a do rio Santo Antônio Grande, próxima a Porto Calvo, e a Barra de São Miguel, foz deste rio[99]. Ao sul da capitania de Pernambuco, Serinhaém beneficiava-se da proximidade do rio e de sua barra, além do porto de Tamandaré[100]. De Goiana, parte da capitania de Itamaracá, o rio homônimo desta vila era a via de escoamento da produção fumageira local[101]. Este comércio local em pequena escala ficava por conta dos comissários volantes, dos quais falaremos mais adiante.

A Mão Visível: a Superintendência de Administração do Tabaco de Pernambuco

Durante a regência (1667-1683) e o reinado (1683-1706) de D. Pedro II, várias medidas foram tomadas com vistas a superar ou mitigar a grave crise fiscal pela qual passava a monarquia portuguesa após 28 anos de guerra com Castela. No conjunto de uma política que procurou fomentar a produção manufatureira[102], recuperar o comércio da Carreira da Índia[103], recunhar e estabilizar a

---

97 As sumacas faziam tanto a navegação de cabotagem como transoceânica. Das sumacas, diz Frédéric Mauro que "embora sendo um barco pequeno, parece ter tido algum papel no tráfego de longo curso [...]". No Brasil, no final do século XVII e no século XVIII, parece especializado no transporte de tabaco. F. Mauro. *Portugal, o Brasil e o Atlântico, 1570-1690, op. cit.*, Vol. I, op. cit., p. 66-7. No caso de Pernambuco, a assertiva se confirma. Uma análise do papel da sumaca no transporte flúvio-marítimo no "Nordeste oriental" encontra-se em Evaldo Cabral de Mello. A aparição da sumaca, *op. cit.*, p. 188 e ss.

98 Dos patachos, diz Mauro, *op. cit.*, p. 67, ser "um pequeno navio de transporte com dois mastros, e de uma centena de toneladas", de origem holandesa como a sumaca.

99 Cf. Thomaz Bom-Fim Espíndola. *A Geografia Alagoana*. Ou Descrição física, política e histórica da Província das Alagoas. Maceió: Catavento, 2001, 48 e 57-8. [Ed. original: 1860]. Ainda em 1871 (2a. ed. da obra), o rio S. Miguel era navegável por sumacas uma légua além da vila homônima, situada entre 18 e 20 léguas da foz; ibdem, p. 48.

100 Mello, *op. cit.*, p. 191, 195-6.

101 O uso destes rios para o escoamento da produção açucareira ocorria desde os anos 1630, tendo sido utilizados, também, para o ataque aos holandeses com pequenos barcos pelos habitantes de Pernambuco; cf. E. C. de Mello. *Olinda Restaurada*. Guerra e açúcar no Nordeste, 1650/1654. Rio de Janeiro; São Paulo: Forense Universitária; Edusp, 1975, p. 36-40, 59-61, 125-6.

102 Jorge Borges de Macedo. *Problemas de História da Indústria Portuguesa no século XVIII*. 2a. ed. Lisboa: Querco, 1982, p. 26-37; Carl A. Hanson. *Economia e Sociedade no Portugal Barroco*. (Trad.). Lisboa: Dom Quixote, 1986, p. 183-93, 291-5.

103 Hanson, *op. cit.*, p. 231-6; Glenn J. Ames. "The *Estado da Índia*, 1663-1677: Priorities and Strategies in Europe and the East". *Revista Portuguesa de História*. Lisboa, 1987, vol. XXII, p. 31-46.

moeda,[104] aumentar as receitas do Estado[105], incluiu-se a reorganização da arrecadação dos direitos régios alfandegários. É desta conjuntura político-econômica que nasce a Junta da Administração do Tabaco (1674)[106]. Assim como "[t]here is nothing remarkable about France adopting a tobacco monopoly in 1674"[107], o mesmo pode-se afirmar quanto a Portugal, pois estas iniciativas tributárias, e a criação de monopólios na Europa calcados na comercialização do tabaco produzido nas colônias das Américas, faz parte do que dois pesquisadores do tema chamam de "Sistema Atlântico do Tabaco"[108].

O Estado português enfrentava um nível de gastos crescentes numa conjuntura de crise econômica ocidental e, consequentemente, de queda contínua e acentuada dos preços das commodities coloniais[109]. Sobre a produção e comercialização do tabaco brasileiro recaiu uma carga de direitos alfandegários com vistas à arrecadação de 600.000 cruzados, os quais as Cortes haviam "oferecido" à coroa em 1674. Estes recursos destinavam-se, originalmente, ao pagamento da Paz de Holanda e dos custos do casamento da infanta de Portugal com o rei da Inglaterra[110], que deram origem aos "donativos" com os quais os súditos do Brasil deveriam contribuir para o cumprimento daqueles compromissos monárquicos[111].

Logo, porém, a importância dos recursos oriundos da entrada de tabaco em Portugal era de tal monta, que 100.000 cruzados foram consignados a vários

---

104 Macedo, *op. cit.*, p. 22-3; Hanson, *op. cit.*, p. 172-6; Maria Manuela Rocha; Rita Maria de Souza. Moeda e Crédito. In: Pedro Lains; Álvaro Silva. (Org.). *História Econômica de Portugal, 1700-2000*. Vol. 10.: século XVIII. Lisboa: ICS, 2005, p. 214-6.

105 Hanson, *op. cit.*, p. 163-6, 171-3.

106 Ver a síntese recente sobre a criação da administração do tabaco a partir do donativo ajustado nas Cortes de 1674; João Paulo Salvado. O Estanco do Tabaco em Portugal: Contrato Geral e Consórcios Mercantis (1702-1755). In: SANTIAGO DE LUXÁN (Org.). *Política y Hacienda del Tabaco en los Imperios Ibéricos(Siglos XVII-XIX)*. Madrid: Altadis, 2014, p. 138-40.

107 Jacob Price. *France and the Chesapeake*. Ann Arbor: University of Michigan Press, 1973, Vol. 1, p. 17.

108 Santiago Luxan Melendez; Montserrath Gárate Ojanguren, "La creación de un sistema atlántico Del tabaco (Siglos XVII-XVIII)", *Anais de História de Além-Mar*, Vol. XI, 2010, p. 147.

109 Vitorino de Magalhães Godinho. "Portugal, as frotas do açúcar e as frotas do ouro (1670-1770)". *Revista de História da USP*, São Paulo, n. 15, jul./set. 1953, p. 74-5; V. de M. Godinho. Portugal and her Empire, 1680-1720. In: J. S. Bromley. (ed.). *The New Cambridge Modern History*. v. VI. The Rise of Great Britain and Russia, 1688-1715/25. Cambridge: Cambridge University Press, 1971, p. 511-2.

110 Cf. Evaldo Cabral de Mello. *O Negócio do Brasil*. Portugal, os Países Baixos e o Nordeste, 1641-1669. 2ª. ed. Rio de Janeiro: Topbooks, 1998, p. 227-9, 236-8.

111 Nardi, *op. cit.*, p. 79-83.

outros gastos do reino, aplicados às seguintes despesas: 20 contos de réis (ou 50.000 cruzados) entregues à Junta dos Três Estados[112] para o gasto das embaixadas; despesas da cavalaria e infantaria "que V.Majestade mandava acrescentar no Reino"; 50 mil cruzados para pagar o "troço" dos marinheiros e artilheiros[113].

Compreende-se que o procurador da Fazenda real com assento na Junta do Tabaco afirmasse que os descaminhos do tabaco vindo nas frotas do Brasil

> he um delicto atrocissimo, assy pela Calidade como pela irreverencia [...] he um furto e de grande consequencias , poiz se faltar o rendimento do tabaco perecerão os Presídios que são a defensa do Reyno, faltarsse ha a assistencia dos Ministros publicos , que são o esplendor delle, e não se acodira as mais aplicações tanto do serviço de V. Mg.^{de} [...].[114]

Desde a década 1680, as receitas do tabaco já eram a segunda maior fonte de recursos para a fazenda régia e continuarão entre as três maiores daí em diante, mesmo durante os anos dourados da mineração[115].

Se a Junta do Tabaco é filha desta conjuntura acima resumida, as Superintendências de Administração do Tabaco estabelecidas na Bahia e Pernambuco são os membros coloniais da família. A criação de um Contrato Geral do Tabaco em 1699-1700, isto é, o estabelecimento do monopólio sobre a venda do tabaco no reino, arrendado a contratadores, e o ter gravado o tabaco na

---

112 A Junta dos Três Estados e Provimento das Fronteiras foi estabelecida para administrar a arrecadação da décima (1641), criada no contexto das guerras bragantinas contra a Espanha, mas assumiram, crescentemente, o encargo de administração mais ampla dos tributos arrecadados; cf. Joaquim Romero Magalhães, "Dinheiro para a Guerra: as décimas da Restauração", *Hispania*, LXIV/1, N. 216, 2004, p. 162-3; Pedro Cardim. *Cortes e Cultura Política no Portugal do Antigo Regime*. Lisboa: Cosmos, 1998, p. 102-3. A formação e consolidação da ossatura do Estado moderno a partir das necessidades bélicas foi característica geral do período, como argumenta Charles Tilly. *Coerção, Capital e Estados Europeus*. Trad. São Paulo: EDUSP, 1996, p. 126-32.

113 SOBRE não haver donde se pague a consignação que S.Mag.de ordena [...].Lisboa, 7 de Dezembro de 1694. TT, Conselho da Fazenda, Livro 402 - 30. Do Registo das Consultas da Junta da Administração do Tabaco.

114 SOBRE os meyos q' aponta o Procurador da Fazenda de S. Mg.de desta repartição para se evitar o descaminho do tabaco das frotas q' vem do Brazil [...]. Lisboa, 7 de janeiro de 1695. TT, Conselho da Fazenda, Livro 402, fl. 204-206.

115 Hanson, *op. cit.*, p. 171-3; António Manuel Hespanha. A Fazenda. In: *Idem*. (Coord.); José Mattoso. (Dir.). *História de Portugal*. 4º. v.: O Antigo Regime (1620-1807). Lisboa: Estampa, [1993], p. 202, 210-1.

alfândega de Lisboa em mais um cruzado[116] foi o que levou a coroa a instituir um controle maior sobre o gênero na colônia[117].

Antes do Contrato e do "cruzado", as autoridades metropolitanas não viam a necessidade de regulamentar o preço e qualidade do tabaco brasileiro na origem[118]. Com o novo tributo, a coroa, ouvindo pareceres de pessoas experientes no assunto, resolveu *taxar*, ou seja, tabelar o preço a 1$200 réis a arroba de tabaco de primeira paga na colônia[119], sendo os demais tipos, o de segunda e o de terceira, pagos abaixo daquela *taxa*. Essa foi a forma que as autoridades régias encontraram para contar com a aquiescência dos mercadores da praça de Lisboa ao aumento dos direitos alfandegários sobre o tabaco. Não é outra coisa o que diz um parecerista da Junta, segundo o qual para "remediar" o peso do novo tributo, sua majestade "prometeo q dos Brazis não havia de vir o tabaco por mayor presso o fino de [1200 réis a arroba] e o mais inferior dahi pera baxo a este respeito"[120].

Os produtores da Bahia e de Pernambuco não receberam com satisfação a medida e escreveram à coroa para queixar-se[121]. Mesmo com várias petições das câmaras de Cachoeira, Olinda e Itamaracá, a Junta do Tabaco foi irredutível, mantendo o tabelamento, parecer seguido pelo rei. Este comunicava ao governador de Pernambuco as razões do tabelamento imposto aos produtores na colônia. Por um lado, precisando aumentar a arrecadação fiscal, achou-se por bem, em lugar de lançar outro imposto sobre a população do reino, gravar o tabaco, tendo por contrapartida garantir seu fornecimento pela colônia a um

---

116 [DECRETO de D. Pedro II]. Lisboa, 14 de julho de 1701. TT, JT, Maço 51, Decretos.

117 Sobre a organização da junta, ver, também, João Paulo Salvado. O Estanco do Tabaco em Portugal: Contrato-Geral e Consórcios Mercantis (1702-1755). In: SANTIAGO DE LUXÁN (Org.). *Política y Hacienda del Tabaco en los Imperios Ibéricos (Siglos XVII-XIX)*. Madrid: Altadis, 2014, p. 137-45.

118 A origem do Contrato Geral do Tabaco, sua importância e vicissitudes no correr do século XVIII são abordadas em J. Lucio de Azevedo. *Épocas de Portugal Económico* . 4a. ed. Lisboa: Clássica, 1988, p. 280-7; e a exposição mais detalhada em Nardi, *op. cit.*, p. 122-7; *idem. Le tabac brésilien et ses fonctions dans l'Ancien Système Colonial portugais (1570-1830)*. Tese de Doutorado. Aix-en-Provence, 1991, p. 372-415.

119 DE DOM João de Alencastre s^e. o preço do tabaco no Brasil. Bahia, 31 de Julho de 1701. TT, JT, Maço 78-A, Caixa 65. [CARTA do governador de Pernambuco Francisco Martins Mascarenhas de Lancastro]. Recife de Pernambuco, 15 de Setembro de 1702. TT, JT, Maço 82 (Cartas e informes).

120 DA JUNTA da Administração do Tabaco. Lisboa, 9 de junho de 1702. TT, JT, Maço 82. Cartas e Informes.

121 COM A CONSULTA inclusa do Conselho ultramarino sobre o q escrevem os officiaes da Camara da Vila da Cachoeira aserca da taxa q se pôs no tabaco no Estado do Brasil. Lisboa, 9 de junho de 1703. TT, Conselho da Fazenda, Livro 403, fl. 176v-177v.

A Fênix e o Atlântico

preço mais baixo. Sendo, assim, "esta a base fundamental de se poder perpectuar nesse Reyno o cruzado que novamente se lhe impôs [sobre o tabaco] para aliviar o comum dos vassallos de V.Mag.ᵉ de outras contribuiçõens que lhe seriam de maior gravamem [...]"[122].

Quanto ao preço estabelecido de 1$200 réis, comunicava sua majestade, sem mais tergiversações, que não se devia mexer na taxa arbitrada pela Junta, uma vez que estava informado que o tal preço "basta pera os seus Lavradores terem ganho sem aquelle excesso que ponha o genero em risco de não ter saia [saída?] e só com esta moderação poder nesse Reyno ter extracção para os portos da Europa [...]"[123]. Garantia-se, desta forma, que a colônia cumprisse o papel de fornecedora de gêneros à metrópole dentro das condições que asseguravam os ganhos dos mercadores reinóis.

Enquanto isso, na colônia, após a Bahia ter visto a criação da Superintendência de Arrecadação do Tabaco, ainda em 1698-1699, foi a vez de Pernambuco. A Superintendência do Tabaco de Pernambuco foi estabelecida poucos anos após sua congênere da Bahia. De início, apesar de o Regimento do Tabaco, elaborado entre 1698 e 1702, valer para todo o Estado do Brasil, a coroa vacilou quanto à necessidade de criar uma superintendência na ex-capitania duartina.

O Regimento estabelecia que o ouvidor de Pernambuco deveria assumir a supervisão do embarque de tabaco no porto do Recife – assim como na Bahia a função cabia ao desembargador mais antigo da Relação – mas o primeiro oficial régio a desempenhar tal função não detinha o posto de supervisor. O governador de Pernambuco, em 1698, lamentava não haver outro ministro encarregado da arrecadação a não ser o ouvidor geral Manuel da Costa Ribeiro "que foy perciso faltasse nas obrigações de seu cargo para poder acudir a tão forçoza e continuada assistencia como esta [...]"[124].

No mesmo ano, o ouvidor recém-empossado Ignacio de Moraes Sarmento tirou uma devassa sobre o embarque de tabaco em Pernambuco e passou a apli-

---

122 [CARTA do governador de Pernambuco Francisco Martins Mascarenhas de Lancastro]. Recife de Pernambuco, 15 de Setembro de 1702. TT, JT, Maço 96-A, Caixa 83.

123 [CARTA do governador de Pernambuco Francisco Martins Mascarenhas de Lancastro], *ibidem.*

124 DE CAETANO de Mello sobre a arrecadação do tabaco. Pernambuco, 30 de junho de 1698. TT, JT, 1a. via. Maço 96-A; Caixa 83.

car mais estritamente o Regimento[125]. Outra devassa repetiu-se em 1700, apreendendo o ouvidor o tabaco em casas de particulares e enviando a maior parte para o reino[126]. As queixas dos descaminhos do tabaco de Pernambuco pelo Porto levou ao envio do desembargador Cristóvão Tavarez de Moraes da Bahia a Pernambuco, que tirou nova devassa e fez novas apreensões[127]. A Ignacio de Moraes Sarmento sucedeu na ouvidoria João Guedes de Sá. Embora ambos apareçam na documentação como superintendentes do tabaco e exercessem de fato o cargo, parece que não o eram de direito, ou seja, não recebiam um ordenado específico pela função.

O primeiro a fazer jus ao cargo e ao salário foi Roberto Car Ribeiro que, curiosamente, não era ouvidor, mas juiz de fora[128]. Deve ter sido decisivo para a criação do cargo na capitania as contínuas queixas no reino dos descaminhos e a necessidade de implementar na colônia o preço máximo pago por arroba de tabaco estabelecido pela coroa. Quando a Junta do Tabaco apresentou ao rei a petição de Roberto Car Ribeiro solicitando o ofício de superintendente em Pernambuco, o rei ordenou que lhe consultassem sobre a necessidade do cargo, ao que responderam os membros da Junta que "como em Pernambuco ha tabaco como na Bahia, a mesma razão que se persuadio a se criar Menistro Superintendente na Cidade da Bahia, e a q persuade que haja tambem em Pernaobuco [...]"[129].

Após o período de Roberto Car Ribeiro na Superintendência, os demais ocupantes do cargo foram ouvidores-gerais (ver Anexo IX)[130]. Além da Superintendência de Pernambuco, outra foi estabelecida na Paraíba, aos cuidados, igualmente, do ouvidor daquela capitania. O mesmo foi encarregado da arrecadação sobre o tabaco na vila de Goiânia, de onde o gênero era remetido à

---

125 DE IGNACIO de Moraes Sarmento sobre arrecadação do tabaco. Arrecife, 22 de Julho de 1698. TT, JT, Maço 96-A; Caixa 83.

126 DO OUVIDOR geral. Recife, 27 de junho de 1700. TT, JT, Maço 96-A; Caixa 83.

127 DO DEZEMBARGADOR Cristovão Tavarez [de Moraes]. Bahia, 25 de Agosto de 1701. TT, JT, Maço 96-A; Caixa 83.

128 Este ministro foi o primeiro juiz de fora de Olinda. TT, *Chancelaria de D. Pedro II*, vol. II, Livro 63, f. 11v.

129 SATISFAÇÃO á Rezolução da Cons.a Registada neste L.o a fl. 182v [...]. Lisboa, 30 de julho de 1703. Resolução favorável do rei: Lisboa, 07 de agosto de 1703. TT, JT, Conselho da Fazenda, Livro 403, fl. 185.

130 Em princípio, seriam todos os ouvidores gerais de Pernambuco do período, mas nem sempre foi o caso.

Costa da Mina. A criação desta Superintendência data de 1707 e ainda em 1728 continuava em atividade, estando a ouvidoria a cargo de João de Souza Nunes[131].

A Superintendência do Tabaco de Pernambuco foi uma cópia incompleta de sua similar baiana. Pelo Regimento do Tabaco, as superintendências na colônia deveriam compor-se de, pelo menos, 11 oficiais: um escrivão da ementa, um do registro, um juiz da balança, um marcador (dos rolos), um guarda-mor, um escrivão deste, um guarda-livros, um porteiro, três cabos de lanchas e soldados para as mesmas[132]. Em Pernambuco, por sugestão do próprio superintendente em 1704, os cargos efetivados foram reduzidos a quatro: Juiz da Balança, Escrivão do Registro, Guarda-Mor e Porteiro, sendo que estes dois últimos eram exercidos pelo mesmo indivíduo. O mesmo superintendente propôs que se efetivassem os cabos e soldados para as lanchas das diligências a serem feitas. No momento, porém, não havia nem lancha nem soldados, pois não havia de onde se lhes pagasse.

A dita Superintendência estava estabelecida num armazém particular no Recife (bem entendido, no istmo), onde o tabaco era recolhido e de onde era despachado após as vistorias regulamentares para ser beneficiado[133]. Com a assunção do cargo por Roberto Car Ribeiro, este achou por bem transferi-la para um imóvel que servira de Casa da Moeda, devido a que julgara "indecente que a mesma casa [a anterior] sem divisam servisse de tribunal, armasem e venda publica, impedindo-se o despacho com o estrondo, e turba dos compradores e outras indecencias [...]"[134]. Por este armazém, que pertencera ao próspero Antonio Fernandes de Mattos e, à época, pertencia à Ordem Terceira de S. Francisco[135], eram pagos 60$000 de aluguel pela fazenda régia, mas os oficiais da administração eram remunerados pelos emolumentos que recebiam da vistoria do tabaco

---

131 DO OUVIDOR da Parayba. Paraíba, 7 de março de 1728. TT, JT - Maço 100-A, Caixa 90. Ainda que este órgão da Paraíba tenha funcionado de forma insatisfatória, sua existência vai além dos anos 1712-1718, aos quais Jean Baptiste Nardi a havia limitado; cf. Nardi, *op. cit.*, p. 105.

132 REGIMENTO da Iunta da Administraçam do Tabaco. Lisboa: Miguel Deslandes, 1702, p. 40-2 (§ II-VI), 43-4 (§ IX).

133 O Regimento estipulava que deveria haver um armazém e um trapiche exclusivos para o tabaco; REGIMENTO, *Doc. cit.*, p. 43, § VIII.

134 [CARTA do Superint.e do Tabaco de Pernambuco]. Recife de Pernambuco 10. de Abril de 1704. TT, JT, maço 97, Cartas remetidas do Brasil e da Índia.

135 DO SUPERINTENDENTE do Tabaco de Pernambuco Joseph Ignacio de Arouche. Recife, 2 de Setembro de 1708. TT, JT, Maço 97, Cartas remetidas do Brasil e da Índia. A Ordem Terceira herdou-o de Antonio Fernandes de Matos, que o construíra e emprestara para que nele funcionasse a Casa da Moeda. Cf. Mello. *Um mascate e o Recife, op. cit.*, p. 65-6.

que entrava no armazém e das multas aplicadas aos infratores do Regimento, sem receberem qualquer pagamento pela fazenda de sua majestade[136].

Em 1727, os homens de negócio do tabaco requereram ao governador Manoel Rolim de Moura e ao ouvidor e superintendente Manoel do Monte Fogaça que se ampliasse a casa do armazém, alegando ser a mesma muito pequena e "não ter sufiçiençia de recolher quanto tabaco a elles vinha", o que provocava prejuízos pelos roubos, perdas e descaminhos do tabaco. O governador e o superintendente vistoriaram o armazém e concordaram com sua ampliação, autorizando o proprietário, que então era o homem de negócios João Gonçalves Reis, a erguer um sobrado sobre o mesmo, para a recolha do tabaco e para seu tribunal onde se lhe daria despacho[137]. Nesta época o valor de locação do armazém já era de 100$000 e devia-se ao proprietário outros 690$000. João Gonsalves Reis, do qual já tivemos oportunidade de falar, pediu a propriedade dos ofícios de guarda e juiz da balança, oferecendo em troca o armazém e o cancelamento do montante dos aluguéis de que era credor.

Não foi possível encontrar a resposta a esta petição mas, apesar de ter recebido apoio do superintendente e do escrivão do tabaco de Pernambuco, deve ter sido rejeitada pela coroa. Isto se pode deduzir pelo fato de que em 1743, ainda era num armazém alugado que funcionava a Superintendência. O imóvel (que talvez fosse o mesmo) era de propriedade de um tal João de Souza Cabral, ao qual se devia 420$000 réis, saldados naquele ano. O desembargador conservador da Junta do Tabaco foi de parecer que se devia pagar a letra do aluguel do armazém por boa fé, mas não pela utilidade do gasto, uma vez que o tabaco ia todo para a Costa da Mina e não para o reino, devido à sua qualidade inferior. Portanto, dizia, o superintendente deveria evitar aquele gasto mandando que os donos do tabaco recolhido no armazém pagassem seu aluguel[138].

Até a instituição das Mesas de Inspeção do açúcar e do tabaco (1751), a Superintendência de Pernambuco funcionou com o reduzido quadro de oficiais que já indicamos, recebendo pelos emolumentos e, desde 1706, tendo ordenado

---

136 [CARTA do] Superintendente do Tabaco de Pernambuco. Recife, 31 de Março de 1704. TT, JT, maço 97, Cartas remetidas do Brasil e da Índia.

137 INFORMAÇÃO do Superintendente do Tabaco Recife, 15 de agosto de 1727. TT, JT, maço 99.

138 SOBRE as Contas q nella deu o Ouvidor Geral e Supperintendente do mesmo genero de Pernambuco. Lisboa, 8 de Fevereiro de 1744. TT, Conselho da Fazenda, Livro 405, fl. 116v-118.

fixo da fazenda régia[139]. Porém, por decreto de 12 de Dezembro de 1740, havia ordenado o rei que as serventias no Brasil que não tivessem proprietários fossem providas por donativo, pago à fazenda antes do sujeito tomar posse. Nos casos em que alguém oferecesse maior quantia que o último ocupante do ofício, seria preferido para o ofício e ninguém poderia ser provido pelas autoridades no Brasil sem antes pagar o donativo, que deveria ser pago a cada seis meses[140].

A medida veio prejudicar o funcionamento da Superintendência, de acordo com o ouvidor, se achando a alfândega sem guarda por não haver quem servisse por donativo

> como V.Mg.^{de} ordenava. E o Escrivão [Manuel Vaz Pinho] q servia a dita ocupação havia vinte annos com muita inteligencia e fidelidade como lhe tirarão o ordenado q V.Mg.^{de} era servido dar lhe de quarenta mil reis por anno para o donativo, e por não ter outros emolumentos taobem queria largar o dito Officio, e não haveria pessoa de satisfação q o servisse.[141]

Na Bahia, a medida também foi vista com reservas pelo superintendente do tabaco. Em sua opinião, seria de grande prejuízo que os ofícios da arrecadação corressem por donativos, sendo concedidos a quem desse mais, pois os homens de negócio é que os comprariam e desencaminhariam tabaco ao seu talante[142]. O desembargador conservador da Junta do Tabaco concordou com os ministros régios na colônia, argumentando que sem ordenados não haveria que quisesse servir nos cargos, por não ter outros emolumentos "ou utilidades licitas, não haveria quem os quisesse servir de graça nem se havião de sustentar do vento e lá lhe buscarião geitos e industrias perniciosas para extorquirem com q se mantivessem [...]"[143].

---

139 DO SUPERINTENDENTE de Pernambuco. Sobre haverem de ter consignação p.a pagam.o de seus ordenados os officiaes. TT, JT, Maço 97, Cartas remetidas do Brasil e da Índia. DO SUPPERINTENDENTE [do tabaco da Bahia]. Informação sobre hua carta do Superintendente [do tabaco] de Pernambuco sobre varios particulares. Bahia, 20 de Janeiro de 1706. TT, JT, Maço 96.

140 [DECRETO de 18 de Fevereiro de 1741]. Lisboa, 18 de Fevereiro de 1741. TT, JT, Maço 53, Decretos 1731-1760. O decreto original está incluído neste enviado ao Brasil.

141 SOBRE as Contas q nella deu o Ouvidor Geral e Supperintend.^{te} do mesmo gn.^{o} de Pernambuco. Lisboa, 8 de Fevereiro de 1744. TT, Conselho da Fazenda, Livro 405, fl. 116v-118.

142 SOBRE a conta q dá o Dez.or Superintend.te do mesmo gn.o da Cidade da Bahia. Lisboa, 15 de Fevereiro de 1748. TT, Conselho da Fazenda, Livro 405, fl. 189-189v.

143 Sobre as Contas q nella deu o Ouvidor Geral e Supperintendente do mesmo gn.^{o} de Pernambuco, *Doc. cit.*

Ao longo da metade inicial do século XVIII é justo dizer, acerca da Superintendência do Tabaco de Pernambuco, que, não obstante ter sido mais modesta que sua congênere baiana, esteve longe de ser quase inoperante[144]. Foi determinante para que suas dimensões se mantivessem reduzidas o fato de que, ao contrário da Bahia, a maior parte da produção local fosse despachada para a Costa da Mina e não para o reino. Além de ter o papel de garantir que apenas o tabaco de terceira categoria seria embarcado para a África e o mais fino para o reino, a Superintendência cumpria seu papel

> porq se não houvesse facilmente se descaminharia o tabaco da milhor qualidade q se fabricava nas Alagoas q era pertencente ao Governo de Pernambuco, e suposto se costumava navegar para a Bahia; facilmente se descaminharia por Pernambuco se lá não houvesse Ministro e Officiais q intendessem na sua arrecadação[145].

A existência de um grupo de mercadores traficando desde o Recife com a Costa da Mina fazia com que, para a fazenda régia, fosse necessário a existência e funcionamento da Superintendência. Da mesma forma que a política monopolista da coroa levou, inadvertidamente, à concentração da produção de tabaco na Bahia em Cachoeira[146] e o escape de parte do que se beneficiava para a Costa da Mina[147], o tabelamento de preços e o monopólio de seu comércio no reino teve por resultado, em Pernambuco, o desvio da produção para o gênero de 3ª. qualidade e a concentração de seu comércio no tráfico de escravos, o que, ao fim e ao cabo, coadunou-se com a demanda crescente por mão-de-obra nas minas.

---

144 Nardi, *O Fumo Brasileiro no Período Colonial op. cit.*, p. 106.

145 SOBRE as Contas q nella deu o Ouvidor Geral e Supperintendente do mesmo genero de Pernambuco, *Doc. cit.*

146 Até o fim da primeira década seiscentista a coroa tentou limitar a produção e mesmo proibiu-a a dez léguas do litoral. Com o aumento na demanda por escravos devido à mineração, a coroa mudou de opinião e liberou a produção em Cachoeira, aceitando uma situação de fato, embora tenha mantido-a interditada a áreas vizinhas, reservando a elas a produção de mandioca. Cf. as cartas do governador geral D. Rodrigo da Costa para os coronéis do Recôncavo in: Documentos Históricos da Biblioteca Nacional, vol. 40, p. 142-3, 168-9, 179-81, 316-7.

147 Nardi, *op. cit.*, p. 71-4, 218-21.

Servindo a dois senhores: o tráfico de escravos de Pernambuco com a Costa da Mina

Ao contrário do que se chegou a afirmar, a praça do Recife contou com grupos de homens de negócio que, entre outras atividades mercantis, engajou-se na mercancia de escravos[1]. As dimensões deste grupo, seu grau de inserção na economia colonial e as condições enfrentadas no trato que mantinham com a Costa da Mina são analisadas nas páginas que se seguem. Ver-se-á que suas atividades foram permitidas e mesmo estimuladas pela coroa, dada a insaciável demanda de braços pelo Brasil em sua "idade de ouro".

Ao mesmo tempo, porém, a compreensão metropolitana da utilidade destes homens de negócio confrontava-se com a contínua infração à legislação colonial que sua atividade mercantil em África implicava. Como se viu, no capítulo 1, este tráfico, uma das fontes primordiais do fator trabalho na colônia era, a um só tempo, via de contrabando de ouro e tabaco fino para as mãos dos outros europeus traficando na África Ocidental, colocando um dilema de difícil solução aos conselheiros da coroa.

O comércio negreiro e as exportações de tabaco.

Não obstante o rosário de queixas das autoridades reinóis e coloniais sobre os descaminhos de tabaco, também se embarcava este produto do porto do Recife,

---

[1] Joseph Miller afirmou que o Recife não contou com um tráfico escravista próprio àquela altura, sendo abastecido pelo trato da Bahia e de Lisboa. Cf. Miller. *Way of Death. Merchant Capitalism and the Angolan Slave Trade, 1780-1830.* Madison, Wisconsin: University of Wisconsin, 1988, p. 458.

fosse para o reino, fosse para a Costa da Mina. A partir de uma devassa[2] e do estabelecimento da superintendência do tabaco na capitania, as quantias embarcadas passam a ser registradas. Não é possível, por ora, apresentar um quadro completo do volume das exportações deste gênero a partir do Recife (se é que será possível fazê-lo um dia), como já se dispõe para a Bahia[3]. Podemos, porém, ter uma idéia aproximada da importância das exportações na primeira metade do século XVIII e, indiretamente, estimarmos as dimensões da produção local (Tabela XIV).

O que salta logo à vista são as lacunas da documentação. Para alguns anos, sabemos o total exportado para o reino e para a África, para os demais, só o de um ou outro dos destinos[4]. É possível afirmar, porém, que ao longo da primeira metade do século XVIII, a produção da capitania de Pernambuco não esmoreceu. Basta-nos ver que as remessas para a Costa da Mina permanecem. Quanto ao volume que se enviava para aquelas paragens do Atlântico, as exportações eram bastante irregulares ano a ano. Às vezes bem acima do que afirmava o superintendente do tabaco da Bahia, que dizia que "sem que V. Mg.^{de} tenha direytos alguns se embarcam todos os anos para a Costa da Mina mais de dez mil arrobas de Tabaco regularmente"[5], outras vezes, bem abaixo. O certo é que, dos números disponíveis, pode-se afirmar que entre 60% e 90% do tabaco embarcado no Recife seguiu para a Costa da Mina, com exceção de uns poucos anos.

A média das exportações para a Costa da Mina e Lisboa é distorcida pelos volumes do ano 1698. Neste ano o ouvidor realizou uma devassa e encarregou-se da arrecadação[6], o que deve ter aumentando o montante carreado para o reino. Quando comparada a média de exportações para a Costa da Mina à média para Lisboa, dos anos que dispomos, resulta que aquela (14.439,4 arrobas) é quase 7

---

2   DO DEZEMBARGADOR Cristovão Tavarez [de Moraes]. Bahia, 25 de Agosto de 1701. TT, JT, Maço 96-A, Caixa 83.

3   Jean Baptiste Nardi. *O fumo brasileiro no período colonial*. Lavoura, Comércio e Administração. São Paulo: Brasiliense, 1996, p. 114 e ss.

4   Os resumos do tabaco exportado deveriam ser enviados à Junta do Tabaco sempre que as frotas retornassem ao reino. REGIMENTO da Ivnta da Administraçam do Tabaco, *op. cit.*, p. 40-2. Há anos em que a frota não aportava em Pernambuco, mas navios de licença vinham exclusivamente buscar tabaco. Sobre as frotas Bahia, Rio de Janeiro e Pernambuco, cf. Virgílio Noya Pinto, *op. cit.*, p. 137-83, 188-201, 227-44.

5   SUPERINTENDENTE do Tabaco de Pernambuco. Recife, 20 de março de 1704. TT, JT, Maço 96, Caixa 82.

6   Parecer inserto em DE IGNACIO de Moraes Sarmento sobre a rrecadação do tabaco. Arrecife, 22 de Julho de 1698. TT, JT, Maço 96-A, Caixa 83.

vezes superior a esta (2.095,9 arrobas). Em média, o tráfico com a Costa da Mina absorveu 76% das exportações de tabaco de Pernambuco no período.

Tabela XIV - Exportação de Tabaco pelo Porto do Recife, 1698-1746 (Vários Anos)

	1	2	3	4	5
Ano	**Total @**	**Costa da Mina @**	**Lisboa @**	**2/1 % [a]**	**3/1 (%)**
1698	12.217	1.812	10.405	14,9	85,1
1701[b]	?	?	3.177	?	?
1703	?	?	1.984	?	?
1704[7]	12.064	9.400	2.664	78	22
1706	?	?	3.269	?	?
1710	?	?	2.062	?	?
1712	?	?	1.147	?	?
1713[c]	?	?	176		
1714[c]	?	?	4.400		
1716	9.564	7.205	843	75,3	8,8
1717	4.500	4.500	–	100	–
1718[c]	–	–	890		
1721[c]	–	–	7.847		
1725	?	38.148	?	?	?
1726	?	31.035	?	?	?
1727	–	46.025	–	100	–
1729[8]	10.896	9.817	94	90,1	0,86
1730	?	?	5500[9]	?	?
1731	540[10]	–	540	–	100
1734	25.477	16.334	328	64,11	1,29
1736	?	?	2.982	?	?
1737	26.259	24.831	84	94,6	0,3
1738[c]	–	–	1.177		
1739	10.790	8.257	845	76,5	7,8
1740[c]	–	–	7.918		
1742	6.570	3.942	?	60	?
1743[c]	–	–	11.235		

1744	2.100	2.100	–	100	–
1745	14.200	13.185	–	92,9	–
1746 c	–	–	187,2		

Fontes: Cf. Anexo V.

a. O somatório de 2 e 3 nem sempre é 100%, uma vez que em vários anos houve queima de tabaco podre, dentre o que entrou no armazém do Recife, e/ou algum tabaco foi deixado para o "consumo da terra".

b. Calculado de acordo com a carga da Bahia na frota de 1701 menos 32.000 rolos, cada rolo a 7,7 @.

c. Calculado pelo número de rolos, segundo Pinto, *op. cit.*, p. 140-1, 145, 147, 160, 165, 169-70; cálculo: n. de rolos x peso médio por rolo enviado da Bahia no período, segundo Nardi, *op. cit.*, p. 381.

Estaria o Recife, neste ramo da exportação de tabaco, no mesmo pé que a Bahia? O superintendente do tabaco na Bahia, José da Costa Correa, em 1706 responde à carta do colega de Pernambuco, que a regente do reino o mandara avaliar: achava que o número de arrobas estimado para o tráfico entre Pernambuco e a Mina "não he factivel que sejão tantas", uma vez que da Bahia navegavam "24 embarcações do nº [ou seja, as autorizadas] e mayorez que as de Pernambuco, não carregam mais que 13.270 arrobas por anno"[11], enquanto de Pernambuco apenas 3 embarcações faziam aquele tráfico[12]. Se fossem patachos, poderiam levar, cada um, até 1.000 arrobas, e se sumacas, até 850 arrobas, o que daria um máximo de 3.000 arrobas por ano, ficando, ainda assim, acima do que se exportava do Recife para o reino. Ao longo do século, no entanto, o volume de tabaco exportado pelos

---

7 Embora não seja dito expressamente, como o autor não refere outro tabaco além do exportado, deduziu-se que a soma de ambos compunha o total que deu entrada no armazém naquele ano.

8 Para este ano só há registro do movimento dos 6 primeiros meses.

9 Um registro no diário do Conde de Ericeira, de 10 de abril de 1731, informa a chegada da frota de Pernambuco, trazendo, entre outros produtos, "500 rolos de tabaco". Desde fins do Dezessete, o rolo enviado para o reino pesava entre 10arroba e 12arroba, o que nos dá uma estimativa de, no mínimo, 5.500 arrobas. Diário do Conde da Ericeira. Miscelânea - Tomo I. Biblioteca da Ajuda.

10 seria enviado para Lisboa, mas apodreceu no armazém da superintendência.

11 As embarcações do "número" são as 24 autorizadas pela coroa a fazerem o tráfico de escravos entre a Bahia e a Costa da Mina; Nardi, *op. cit.*, p. 225-6.

12 DO SUPERINTENDENTE [do tabaco da Bahia] Informação sobre hua carta do Suppreintendente [do tabaco] de Pernambuco sobre varios particulares. Bahia 20 de Janeiro de 1706.

A FÊNIX E O ATLÂNTICO

negreiros baianos foi muito superior ao dos pernambucanos, embora a diferença entre ambos os tráficos tenha sido menor do que se tem admitido.

As médias quinquenais das exportações baianas calculadas por J. B. Nardi para a Costa da Mina, entre 1676 e 1755, demonstram, de fato, a superioridade da produção do Recôncavo. Se nos restringirmos ao período enfocado na Tabela XV, 1698 a 1745, os negreiros da Bahia levaram para a Costa da Mina um mínimo de 11.731 arrobas (1706-1710) e um máximo de 119.897 arrobas (1736-1740)[13]. As lacunas da documentação não permitem estabelecer médias quinquenais para as exportações do Recife; no ano de 1704 – o mais próximo daquele primeiro qüinqüênio – saíram 9.400 arrobas de tabaco para a Costa da Mina, enquanto os anos 1737 e 1739 – dentro do segundo daqueles lustros – perfazem a média de 16.554 arrobas. A média baiana para todo o período 1698-1746 é de 47.830 arrobas, enquanto para Recife é de 15.470 arrobas (ressalvadas as lacunas já observadas). Conclui-se, portanto, que no tocante ao trato com a Costa da Mina, se as exportações do Recife foram inegavelmente inferiores às da Bahia, não obstante elas equivaliam a, talvez, um terço das soteropolitanas, ao menos em determinados períodos.

As exportações para o reino a partir do Recife representavam, como vimos, no máximo 40% do total do tabaco da capitania enviado oficialmente a Portugal (pelas frotas). Comparada à exportação baiana, aquela nunca chegou a corresponder sequer a 10%, ou mesmo 5%, desta sua outra. Ao menos quanto às exportações oficiais, o ramo africano foi o forte do comércio de tabaco da capitania de Pernambuco, ao contrário da Bahia, onde o ramo europeu deste comércio sempre foi superior ao africano[14]. Todavia, estes números oficiais, como era de se esperar, não contam tudo.

O contrabando de tabaco da capitania de Pernambuco e suas anexas para a Costa da Mina, lastimado pelas autoridades reinóis e coloniais, faz com que os números oficiais deem uma ideia subestimada da produção e exportação local. A coroa esvaziou ainda mais o papel do porto do Recife e da superintendência local no controle das exportações do gênero para a África ao fazer concessões à vila de Goiana. Esta representara ao rei "a necessidade [que] tinhão de escravos, pedindo em lhes fizesse mercê conceder lhes navegação para Angolla, e Costa da

---

13   Jean Baptiste Nardi. *O fumo brasileiro no período colonial*, op. cit., 1996, p. 224.

14   *Ibidem*, p. 115.

Mina". Ao que o rei, após o parecer positivo da Junta do Tabaco e do procurador da fazenda, resolveu

> [...] atendendo q o meyo de se aumentarem os Povos he facultar lhes o comercio fui servido deferir a estes moradores, concedendo lhes, q elles possão mandar os seus Navios a Angola, e Costa da Mina, sem serem obrigados mandallos a Pernambuco, por tempo de seis annos [...].[15]

Assim, os moradores de Goiana passaram a fazer o seu próprio tráfico de escravos diretamente da África, sem passar nem depender do Recife. O rei concedeu permissão para que se navegasse diretamente de Goiana para a Costa da Mina e Angola, ordenando, porém, que se estabelecesse uma fiscalização local do embarque de tabaco e acrescentado que os custos com o supervisor do tráfico teriam que ser sustentados pelos *efeitos* da própria vila de Goiana[16].

É possível entrever que por trás da petição da Câmara de Goiana deferida pelo rei estavam os interesses daquela "guarda avançada do comércio recifense na porta do sertão"[17], um grupo de comerciantes reinóis estabelecidos naquela vila. Entre a câmara de Goiana e a de Itamaracá, separadas em 1711, reproduzia--se a animosidade que marcou as relações entre as vilas do Recife e de Olinda[18].

A princípio, por ser Goiana sujeita à jurisdição do ouvidor da Paraíba, este ficou encarregado de efetuar a fiscalização do embarque de tabaco na dita vila, cuidando, como de praxe, que apenas o tabaco de *3a. e ínfima* qualidade fosse negociado com a África. O ouvidor, no entanto, queixou-se do excesso de trabalho, informando que "tenho ido a Goyanna alguãs vezes em tempos diversos, e [tido] muitos trabalhos, [...], por não faltar a ella, desta cabeça de Comarca a examinar os Tabacos daquela Villa [de Goiana]". Sobre a pessoa que poderia assumir em Goiana o posto de superintendente do tabaco, apontava

---

15 [Carta de D. João V] incerta na DO OUVIDOR Superintendente do Tabaco [da Paraíba]. Lisboa, 14 de março de 1720. TT, JT, Maço 98.

16 DECRETO de 19 de Julho de 1719. Lisboa, 8 de Agosto de 1719. TT, JT, Maço 52 - Caixa 43 (Decretos). DO OUVIDOR Superintend.te do Tabaco [da Parahiba]. Paraíba, 15 de Dezembro de 1721. TT, JT, Maço 98.

17 Mello. *A Fronda dos Mazombos*. Nobres contra mascates, Pernambuco, 1666-1715. 2ª. ed. rev. São Paulo: 34, 2003., p. 348-9.

18 *Ibidem*, p. 395-6.

> O Capitão Joseph Fernandes da Silva, Senhor do Engenho de Uruaé, sitio q dista da Villa hũa legoa[19], he a pessoa q unicamente achei com os requisitos convenientes para exercer o lugar de superintendente.

O ouvidor recomendava-o por ser "bem nascido e de procedimento notoriamente bom, he homen rico, e por isso independente, para fazer a sua obrigação sem respeitos; tem cazas na Villa", podendo ficar nelas na época dos embarques e, mesmo sendo senhor de engenho, por ter feitores, tal não lhe impediria de fazer o exame dos tabacos.

Ainda sobre o ordenado do superintendente, dizia o ouvidor que no mesmo ano (1721)

> cresceu em a minha prezença o contrato dos subsidios de açucares e tabacos dez mil e cem cruzados, pois remattandosse o proximo a este, por doze mil cruzados, e cem mil reis, nesta ocasião em q eu assisti, em comprimento da Ordem de V.Mg.^{de} se remattou por vinte e dous mil e cem cruzados; donde [...] se pode fazer o ordenado competente.[20]

De sorte que lhe parecia justo que do subsídio do tabaco saísse o dinheiro para se custear a superintendência. A câmara de Goiana concordou com todas as sugestões do ouvidor. Por fim, o procurador da fazenda foi de opinião que se custeasse o superintendente pelos *bens do conselho* da vila de Goiana, já que era em seu interesse que se concedia a navegação direta entre Goiana e a África[21].

Ao que parece, as tentativas de estabelecer-se uma superintendência ou fiscalização local do tabaco enviado para a Costa da Mina não vingou. A idéia deve ter sido abortada, pois ainda em 1728 era o ouvidor da Paraíba que fiscalizava o embarque em Goiana[22]. Talvez o malogro da proposta do ouvidor da Paraíba se deva às complicações em que se viu envolvido o mesmo José Fernandes da

---

19 Segundo documento de 1788, o engenho Uruaé estava situado entre o rio Tracunhaém e o Capibaribe Mirim, sendo seu proprietário Manuel Tavares da Silva, que o comprou a Francisco Lopes Barros. Cf. REQUERIMENTO de Manoel Tavares da Silva Coutinho à rainha [D. Maria I], pedindo provisão de demarcação das terras de seu engenho Uruaé por invocação Nossa Senhora da Piedade, na vila de Goiana. ant. 1788, outubro, 29. AHU, CU, Pernambuco, Cx. 165, doc. 11794.

20 DO OUVIDOR Superintendente do Tabaco [da Paraíba]. Lisboa, 14 de março de 1720. TT, JT, Maço 98.

21 Parecer junto à carta DO OUVIDOR Superintendente do Tabaco [da Paraíba]. *Doc. Cit.*, e datado em Lisboa, 18 de [abril?] de 1723.

22 DO OUVIDOR da Parayba. Paraíba, 7 de março de 1728. TT, JT, Maço 100-A, Caixa 90.

Silva, acusado de homicídio e desmandos pelas câmaras de Itamaracá e Goiana e pelo próprio governador de Pernambuco[23].

A liberdade deste comércio direto entre Goiana e a Costa da Mina foi renovada por ordem régia, a pedido dos moradores e oficiais da câmara de Goiana, em 1731[24], sem que, no entanto, se constituísse oficial na vila para o encargo da fiscalização do embarque de tabaco. Havia ordem de que se enviasse uma lista do número de embarcações que navegavam para a Costa da Mina e a quantidade de arrobas de tabaco que levavam. Se o ouvidor da Paraíba chegou a despachar para Lisboa este rol, não se sabe.

Observe-se, voltando ao trecho citado há pouco, que o aumento do valor pelo qual se arrematou o contrato dos subsídios do açúcar e tabaco na passagem da segunda à terceira década do século XVIII foi significativo. O acréscimo de doze mil cruzados ou de mais de 100% ao valor do triênio anterior aponta para uma situação ainda favorável da economia de Itamaracá, incluindo a vila de Goiana. É provável que tenha sido apenas o canto do cisne da capitania às vésperas da depressão que se seguiria nas duas décadas posteriores[25]. No entanto, nem o tabaco nem, por meio dele, a importação de mão de obra escrava faltaram à capitania, pois, como visto, os moradores de Goiana traficaram seus próprios escravos (legalmente) desde 1719 e ainda em fins da década 1740[26].

---

23 CARTA do [governador da capitania de Pernambuco], D. Manoel Rolim de Moura, ao rei [D. João V], sobre não ter passado salvo conduto permitindo armas ofensivas ao capitão mor de Itamaracá, José Fernandes da Silva, e aos seus irmãos que cometeram vários delitos, incluindo a morte do juiz dos órfãos de Itamaracá, Henrique Henriques de Miranda, e o auxílio que pretende dar ao desembargador da Relação da Bahia, João Veríssimo da Silva, nas diligências da devassa do dito caso. AHU, CU, Pernambuco, Cx. 34, Doc. 3107.

24 REQUERIMENTO dos oficiais da Câmara de Goiana ao rei [D. João V], pedindo nova provisão para poderem comercializar livremente escravos de Angola e da Costa da Mina, sem passarem pela capitania de Pernambuco, por mais 6 anos. Lisboa, 31 de janeiro de 1731. AHU, CU, Cx. 42, Doc. 3738.

25 Sobre a cronologia da depressão na produção açucareira da região, cf. J. H. Galloway. "Nordeste do Brasil, 1700-1750. Reexame de uma crise". *Revista Brasileira de Geografia*, Rio de Janeiro, 36 (2), abril/junho 1974, p. 93-4. Observe-se que, no início do último quartel daquele século, o valor de arrematação do mesmo contrato foi pouco superior a dez mil cruzados. *Ideia da População da Capitania de Pernambuco.* In: *ABNRJ*, Vol. XL, 1923, p. 28.

26 CARTA dos oficiais da Câmara de Goiana ao rei [D. João V], sobre a autorização para fazer comércio com o Reino de Angola e Costa da Mina, na aquisição de escravos para os engenhos de açúcar, através do negócio do tabaco, e os obstáculos postos pelo governador da capitania de Pernambuco, [conde dos Arcos, D. Marcos José de Noronha e Brito]. Goiana, 25 de janeiro de 1747. AHU_ACL_CU_015, Cx. 65, D. 5508.

Poderíamos supor, todavia, que o tráfico tenha sido uma alternativa econômica à depressão da lavoura açucareira nos anos de auge da mineração no centro-sul da colônia. Certamente não é por acaso que em nos anos 1720 dizia-se da "província de Pernambuco" que "a contínua variação do tempo e da fortuna a fez ainda mais célebre pelos estragos que pela grandeza"[27].

No entanto, testemunhos da década 1770, (talvez algo suspeitos por se dirigirem contra a Companhia pombalina) dão conta de que a primeira metade do Setecentos assistira à prosperidade da lavoura fumageira na capitania de Itamaracá. Segundo uma representação da Câmara de Goiana (1770), Itamaracá produzia 16.000 arrobas de tabaco por ano, tendo produzido no passado 40.000[28]. Aproximando-se o fim daquela década, a direção da Companhia de Pernambuco e Paraíba afirmava que a produção de Goiana era de 25.000 arrobas, enquanto o governador de Pernambuco asseverava que já fora de 45.000[29] (creio que, em ambos casos, a produção referida engloba as duas vilas). Apesar da distância que medeia entre a arrematação citada mais acima dos subsídios da capitania (1721) e estes testemunhos, meio século depois, parece que a lavoura de tabaco na região estava longe de extinta.

Outra concessão régia que afetou diretamente o rendimento da superintendência do tabaco de Pernambuco foi feita à vila de Alagoas. Por requerimento da mesma, a coroa deferiu a solicitação dos comerciantes e produtores das Alagoas de enviar o seu tabaco pela Bahia, o que gerou queixa do superintendente de Pernambuco. A esta deu resposta o seu colega da superintendência da Bahia, informando que

> [...] alguns dos moradores da Villa das Lagoas e S. Miguel remetem os seus asucres e Tabacos a Pernambuco de cujo destrito he aquella Villa, e outros os envião a esta Cidade aonde achão mais generos dos que necessitão por eles fornecerem maior comercio, consumo, e preço, e menos gravame de subcidios [...]. emquanto a distançia não sem duvida ser muito mais perto da dita Vila a Pernambuco do que a esta Cidade para onde há de Verão melhor monção a resp.º dos Ventos e

---

27 Sebastião da Rocha Pitta. *História da América Portuguesa*. [1730]. São Paulo: W.M. Jackson Inc., [1964], p. 79.

28 José Ribeiro Júnior. *Colonização e Monopólio no Nordeste do Brasileiro*. A Companhia Geral de Comércio de Pernambuco e Paraíba. São Paulo: HUCITEC, 1976, p. 173.

29 OFÍCIO do [governador da capitania de Pernambuco], José César de Menezes, ao [secretário de estado da Marinha e Ultramar], Martinho de Melo e Castro, sobre a Companhia Geral de Pernambuco [...]. Recife, 13 de julho de 1778. AHU, CU, Cx. 130, Doc. 9823, § 7, f. 31.

> agoas que Correm para o Sul, de alguns annos a esta parte se conserva reciproco tracto entre os homens de negocio desta praça, e os moradores daquela Villa com a dependencia de Largas Contas [...].[30]

A capitania das Alagoas mantinha relações comerciais com as duas capitanias mais ricas a norte e ao sul, para onde enviava o seu tabaco, tido por o melhor da colônia. Como bem notou Evaldo Cabral de Mello, apesar da jurisdição formal de Pernambuco sobre Alagoas, supostamente um satélite daquela, Recife e Salvador disputavam a hegemonia sobre a economia alagoana[31]. A julgar pelo testemunho do superintendente da Bahia, a praça soteropolitana levava a melhor, fosse pelo regime de ventos e águas, a monção de verão, fosse pela já discutida diferença de direitos cobrados sobre o tabaco em cada uma das capitanias, seja, enfim, pelo praça da Bahia fornecer "maior comercio, consumo, e preço" ao tabaco das Alagoas, o que levava à "dependência recíproca de Largas Contas".

Não obstante, Pernambuco também recebia tabaco da capitania da vila de Alagoas. O fato dos produtores desta o enviarem à Bahia com permissão régia deve ter resultado num volume ainda menor de tabaco enviado do Recife a Portugal, visto que justamente o tabaco de S. Miguel era reputado o melhor e, portanto, capaz de ser enviado ao reino, ao passo que o de Goiana e Itamaracá eram considerados inferiores e, assim, passíveis apenas de serem comercializados pelo tráfico de escravos.

Acrescente-se às rotas de Goiana e Alagoas/Bahia a da Paraíba, de cujo porto navegavam algumas embarcações, anualmente, em demanda da Costa da Mina, trocando tabaco pernambucano por escravos, como informava o superintendente (o ouvidor da Paraíba) em 1728:

> Nesta Capitania tem de prezente crescido a planta e cultura dos tabacos e mayor concurrencia por mar, e terra dos de Goyana e Itamaracá, por q alem de duas piquenas embarcações q deste porto costumão navegar para Costa da Mina a negocio, e resgate de negros entrou na mesma navegação hum navio de hu Mathias Soares Taveyra, q o mandou carregado de assucares e tabacos, e se esta aprestando outro no-

---

30 SUPERINTENDENTE da Recadação do Tabaco da Bahia, 12 de Outubro de 1705. TT, JT. Maço 97.

31 Evaldo Cabral de Mello. A cabotagem no Nordeste Oriental. In: *Idem. Um Imenso Portugal*, op. cit., p. 179-80.

vamente fabricado de muitos socios q tem comprado tabacos em a dita Vila de Goyana. [32]

O tráfico de escravos da Paraíba realizava-se, pelo acima exposto, também com a Costa da Mina, concorrendo, desta forma, com Pernambuco pela oferta de tabaco da capitania e na demanda por escravos. Um pequeno trecho desta passagem autoriza a deduzir que também a Paraíba cultivava tabaco, já que o ouvidor afirma que "Nesta Capitania tem de prezente crescido a planta e cultura dos tabacos". Havia, portanto, três portos na jurisdição da capitania de Pernambuco autorizados a fazer o tráfico de escravos diretamente com a África: Recife, Goiana e Paraíba. Em tópico anterior se discutiram as implicações desta constatação. Portanto, basta reafirmarmos que o tráfico de escravos entre a capitania de Pernambuco e a Costa da Mina não se restringia ao contrabando agenciado pelos comissários volantes, sendo mesmo um empreendimento sancionado pela coroa portuguesa.

Comissários volantes e homens de negócio: os agentes do tráfico

Na obra magna de Vitor Hugo, *Os Miseráveis*, o vilão-mor Thénardier, de posse de uma boa soma de dinheiro, fruto da derradeira maldade que praticou, parte para a América e, lá, torna-se traficante de escravos[33]. Os mercadores de almas de que aqui se trata tiveram origem mais prosaica, como logo se verá.

Para Guillermo Palacios os "comissários volantes" predominaram no comércio de tabaco do Nordeste oriental[34]. Suas conclusões parecem corretas quanto à importância destes agentes na exportação do tabaco saído do sul da capitania e das Alagoas, onde a escala do comércio negreiro era menor. No porto do Recife, no entanto, dominavam este trato homens de negócio, os quais apa-

---

32 DO OUVIDOR da Parayba. Paraíba, 7 de março de 1728. TT, JT - Maço 100-A, Caixa 90. Sobre a atividade mercantil de Matias Soares Taveira, cf. MENEZES, Mozart Vergetti de. Colonialismo em Ação: Fiscalismo, Economia e Socidade na Capitania da Paraíba (1647-1755). Tese de Doutorado (FFLCH/USP), 2005, p. 145.

33 Victor Hugo. *Os Miseráveis*. São Paulo; Rio de Janeiro: Cosac e Naify; Casa da Palavra, 2002, vol. II, p. 755.

34 Guillermo Palacios. *Cultivadores libres, Estado y crisis de la esclavitud en Brasil en la época de la Revolución industrial*. México, D. F.: Colegio de México; Fondo de Cultura, 1998, p. 37-8, 41-2, 65-8, 107, 111.

recem distintamente nos relatos e documentos coevos. Vejamos, primeiramente, as atividades daqueles.

Podemos saber pela letra da lei que "Commisarios volantes vinha a ser pessoas que comprão fazendas para as hirem vender pessoalmente sem terem fundos próprios [...]"[35]. A ação dos comissários volantes tornou-se proibida por duas leis régias de José I (1755 e 1760)[36]. Antes da segunda metade do século, no entanto, sua atividade é mencionada sem sobressaltos, como parte da economia reinol e da América portuguesa. O seu *modus operandis* pode ser mais detalhado a partir de testemunhos de personagens estantes na metrópole e no Estado do Brasil.

Os primeiros, os homens de negócio da praça de Lisboa; o segundo, o governador da capitania de Pernambuco. Diziam aqueles, numa petição escrita ao rei na qual se queixavam do peso dos direitos sobre o tabaco, que a *taxa* (preço) fixa do tabaco na colônia tinha pouca efetividade, devido à oscilação das safras (e, portanto, da oferta) e "Alem de q. os Comissarios do Brazil comulmente tratavão de se pagarem das fazendas, q tinham fiado, dos Lavradores"[37].

O governador, por sua vez, requisitado a comprar em Pernambuco 5000 cruzados de tabaco seleto, "passando letras sobre o tesoureiro" da Junta (ou seja, fiado), respondeu que

> os Lavradores deste genero morão vinte e sincoenta Legoas em distancia do Recife, e que são os mais pobres do Brazil, e por consequencia quazy infinitos aquelles com quem se ha de fazer o desembolço, o qual deve ser antecipado, e destribuido por comesarios que vão a Goyana e Alagoas no tempo da Colheita [...].[38]

O dinheiro solicitado antecipadamente deveria servir para pagar aquelas fazendas, às quais os homens de negócio de Lisboa se referem, em posse das

---

35 Joaquim José Caetano Pereira e Sousa. *Esboço de hum Diccionario Juridico, Theoretico, e Practico, remissivo ás Leis compiladas, e extravagantes*. Tomo I. Lisboa: Rollandiana, 1825, [s/ p.]. (Agradeço ao prof. Tiago Miranda pela indicação desta obra de inestimável valor, pois permite orientarmo-nos no labirinto da legislação colonial portuguesa).

36 Alvarás de 6 de Dezembro de 1755 e de 7 de março de 1760. *Idem, ibidem*.

37 DA JUNTA da Administração do Tabaco Com a petição inclusa do Provedor e Deputados da Meza do Espirito Santo dos Homenz de Neg.o desta Cidade [de Lisboa]. Lisboa, [s/d.: 1713?]. TT, JT, Maço 9.

38 DO G[OVERNADOR] Francisco Martins Mascarenhas sobre a compra que se lhe encommendou de cinco mil cruzados de tabaco selecto para a frota de 1700. Pernambuco, 10 de Junho de 1699. TT, JT, Maço 96-A; Caixa 83.

quais os comissários negociavam com os lavradores de tabaco, *fiando-lhes* os produtos, cuja garantia era a safra futura. Aqui se verifica, em pequena escala, o mesmo processo de endividamento, favorecido pela baixa liquidez da economia colonial[39], de que já tratamos acima (obviamente com conseqüências sócio-econômicas bem diferentes, visto serem os fumicultores de Pernambuco os lavradores *mais pobres do Brazil*).

A definição da atividade dos comissários volantes pela lei que os pôs na ilegalidade pode levar-nos a compreendê-las de forma muita estrita, como se aqueles se tratassem de tipos muito distintos de outros comerciantes que do reino vinham negociar na colônia luso-americana[40]. Tampouco, suponho, bastou a lei proibitiva para que sua atividade fosse encerrada. Estas hipóteses podem ser inferidas de alguns excertos de um longo arrazoado do governador de Pernambuco José César de Menezes, contra as atividades da Companhia Geral de Comércio de Pernambuco e Paraíba[41].

Os diretores da Companhia Geral de Comércio de Pernambuco e Paraíba (CGCPPB) afirmavam que as fazendas vendidas por contrabando na capitania de Pernambuco eram mais baratas por serem vendidas abaixo do custo, com prejuízo. Contrariando este argumento, segundo o qual estas atividades "S. Magestade [...] procurou evitar com o estabelecimento das companhias, e com a extinção dos Comissarios volantes"[42], o governador deu explicação diferente ao procedimento dos comissários. Para ele, o menor preço das fazendas ofertadas por contrabando devia-se ao *mayor zelo, e cuidado, que os ditos* Negociantes *poem*

---

39 Stuart B. Schwartz. *Segredos Internos*. op. cit., p. 179-84. Sobre o papel do crédito diante da baixa liquidez na América colonial como um todo, cf. Jacob Price. Credit in the slave trade and plantation economies. In: Barbara L. Solow. *Slave and the rise of the Atlantic System*. Cambridge: University Press, 1991, p. 293 e ss.

40 Leonor Freire Costa observou que os comissários volantes tiveram origem da conjuntura adversa do comércio açucareiro entre Portugal e Brasil em meados do séc. XVII e chama a atenção, como fazemos aqui, para que não se dê muito crédito à definição dada pelas leis que proibiram sua atividade no Atlântico português, por haverem "comissários volantes" que, no período aurífero, dispunham de bom cabedal. COSTA, Leonor Freire. Entre o açúcar e o ouro: permanência e mudança na organização dos fluxos (séculos XVII e XVIII). In: FRAGOSOS, João Luís *et alii*. (Org.) *Nas Rotas do Império*. Eixos mercantis, tráfico e relações sociais no mundo português. Vitória; Lisboa: Edufes, IICT, 2006, p. 109-10, 114-5, 117-22.

41 OFÍCIO do governador da capitania de Pernambuco, José César de Menezes, ao secretário de estado da Marinha e Ultramar, Martinho de Melo e Castro, sobre a Companhia Geral de Pernambuco [...]. Recife, 13 de julho de 1778. AHU, ACL, CU, Cx. 130, Doc. 9823.

42 *Ibidem*, f. [15].

em comprar suas fazendas nesse Reyno pellos menores preços, q' lhes é possível [...][43]. *Negociantes* aparecem aqui como sinônimo de *comissários volantes* e tudo indica que suas atividades não estavam extintas. Eles partiam do reino e, agora, passavam por outros portos (Bahia e Rio de Janeiro) antes de virem vender suas fazendas em Pernambuco.

Que sua atividade era considerada ilegal, não há dúvida, mas, como muitas outras que ocorriam ao arrepio das disposições da coroa, permaneciam vigorosas e ainda mais recompensadoras na vigência do monopólio da CGCPPB sobre o Nordeste Oriental. Diante dos altos preços das fazendas praticados pela Companhia nas praças sob seu exclusivo, os ditos negociantes, além dos fretes e direitos que pagavam das fazendas que adquiriam no reino, sujeitavam-se "ao mayor e mais formidavel de todos os riscos pellas suas consequencias qual he o do confisco, no caso de lhe serem aprehendidas"[44]. Confirma-se, neste caso, que o contrabando nas colônias tornava-se atraente, porque lucrativo, devido à intensificação do exclusivo metropolitano[45].

Assim, os comissários volantes ou, simplesmente, negociantes, permaneciam em atividade após 18 anos desde que haviam sido proscritos por el rei D. José. E seu *modus operandi* não havia se alterado:

> Convenho pois q' os ditos *Negociantes* se contentem de huma conveniencia modica para manutenção de suas familias, e continuação do modo de vida, em q' se achão; porem, geralmente falando, não posso de modo algum conformar-me a querer, *q' tão grande numero de homens* se unissem de comum acordo a procurar um tão precipitado meyo de se arruinarem, *comprando nesse Reyno fazendas fiadas*, para as hirem ali [na colônia] vender por custo, e ainda com alguma perda [...], e muito menos, me posso conformar a querer, q' quando eles entrassem num empenho tam desesperado, houvesse nesse Reyno quem o promovese, e auxiliase, *continuando lhes a fiar Partidas sobre Partidas*, sem verem dellas o indispensavel embolço [...][46].

---

43 *Ibidem*, f. [16]. (Grifo nosso).

44 *Ibidem*, f. [16-7].

45 Cf. Fernando A. Novais, *Portugal e Brasil na Crise do Antigo Sistema Colonial (1777-1808)*. São Paulo: HUCITEC, 1978, p. 90-1.

46 OFÍCIO do governador da capitania de Pernambuco, José César de Menezes, ao secretário de estado da Marinha e Ultramar, Martinho de Melo e Castro, sobre a Companhia Geral de Pernambuco [...], Doc. cit., f. [17]. (Grifo acrescentado).

Os comissários volantes, estes negociantes itinerantes, constituíam a base da hierarquia do setor mercantil do ultramar do império, para onde seguiam com a esperança de que, bem sucedidos em suas negociações, poderiam subir na escala mercantil. Assim acontecia com alguns dos que chegavam ao Recife e se empregavam nas casas comerciais já estabelecidas na praça ou tornavam-se vendedores de fazendas pelo interior, mas que logravam subir à condição de mercador de sobrado com o passar dos anos[47]. Vendendo fazendas que não lhes pertenciam ou representando mercadores de uma praça em outra, podemos encontrá-los também em Luanda, onde eram correspondentes de mercadores reinóis ou do Brasil na condição de "negociantes comissários" para os traficantes de escravos[48]. As distintas condições desses agentes mercantis eram denotadas pela designação contemporânea que recebiam, onde um comissário era distinto daquele que mercadejava com "efeitos próprios"[49] e, ainda mais, de um lojista ou de um mercador de sobrado[50], este no topo da elite mercantil colonial.

Assenhoreando-se do tabaco produzido pelos homens pobres livres ao sul da capitania de Pernambuco, os mesmos comissários volantes, desde décadas anteriores, enviavam-no para a Costa da Mina em demanda de escravos[51]. Porém, a suposição de que a interdição da atividade dos comissários volantes no Brasil foi um dos fatores que levou à extinção da lavoura do tabaco em Pernambuco no terceiro quartel do século XVIII[52] deve ser repensada à luz da permanência desse tipo de comércio itinerante do reino para a colônia, como os indícios apresentados acima sugerem fortemente.

---

47 Evaldo Cabral de Mello. *A Fronda dos Mazombos*. Nobres contra mascates, Pernambuco, 1666-1715. 2a. ed. rev. São Paulo: 34, 2003, p. 151-3.

48 Joseph C. Miller. Commercial Organization of Slaving at Luanda, Angola – 1760-1830. In: Henry A. Gemery; Jan S. Hogendorn, *op. cit.*, p. 83-4; Miller. *Way of Death*. Merchant Capitalism and the Angolan Slave Trade, 1780-1830. Madison, Wisconsin: University of Wisconsin, 1988, p. 250, 279, 295-6, 306, 311-2. Sobre a atuação de agentes mercantis itinerantes em Benguela, veja-se Mariana P. Candido. *An African Slaving Port and the Atlantic World: Benguela and its Hinterland*. Nova York: Cambridge University Press, 2013, p. 126-7 *et passim*.

49 Miller. Commercial Organization of Slaving at Luanda, Angola – 1760-1830, *op. cit.*, p. 83, 86-7.

50 David Grant Smith. *The Mercantile Class of Portugal and Brazil in the Seventeenth Century: a socio-economic study of the merchants of Lisbon and Bahia, 1620-1690*. Ann Arbor: Xerox University Microfilms, 1975. (Ph.D. Modern History. The University of Texas), p. 282-3, n. 20.

51 Palacios, *op. cit.*, p. 65-7.

52 *Ibidem*, p.. 73-5.

Por sua vez, o tabaco exportado pelo porto do Recife seguia em barcos registrados na superintendência, às vezes constando o nome dos mestres, o tipo de embarcação e, mais raramente, a carga de cada uma. O nome dos proprietários da carga e/ou das embarcações, porém, não aparecem nestes registros. Temos que ir buscá-los em outros documentos da superintendência que os mencionam. Os registros da superintendência falam de tais comerciantes de uma forma geral, assim como numa certidão passada pelo escrivão, na qual menciona que em 1717

> neste Armazem onde se costuma recolher [o tabaco], entrarão somente [4.500 arroba], q a mayor parte dellas mandarão vir os homens de negocio q tem embarçaçõens para Costa da Mina, de fora desta Capita.[nia], como foy de Sam Miguel Villa das Alagoas e do Rio de Sam Francisco [...].[53]

Percebe-se que os mesmos homens que adquiriam parte do tabaco da capitania anexa ao sul detinham os barcos que faziam o tráfico negreiro. Isso mostra que nem todo o tabaco produzido naquelas regiões era contrabandeado pelos comissários volantes para a Costa da Mina. Seus frutos também alimentavam o tráfico legal do Recife.

Entre estes traficantes de tabaco (e, certamente, de escravos) encontrava-se João de Oliveira Gouvim, personagem já nossa conhecida, que se candidatara ao ofício de escrivão da superintendência do tabaco de Pernambuco. Um seu "opositor" dizia dele que era

> homem de negocio Tenente e Cabo do Forte de Sam Francisco da dita Cidade de Olinda o qual serve de Tezoureiro das Desimas ha muito tempo e se acha com a administração do contrato do sal e pau Brazil, peçoa que costuma negoçiar com Tabacos, como he bem notorio [...].[54]

João de Oliveira Gouvim, que além dos postos que detinha almejava mais este, foi considerado impróprio para ocupá-lo, pelos interesses que tinha no trato com tabaco, mas ocupou várias outras posições de destaque no Recife, entre eles o de procurador (1730) e vereador em Recife (1733-1735), tesoureiro da Junta do Comércio Geral de Pernambuco, tenente e tenente-coronel, chegando até a

---

53 [CARTA do] Ouvidor Geral superintendente dos tabacos de Pernambuco. Recife, 18 de Setembro de 1717. TT, JT, Maço 98.

54 [PETIÇÃO de João de Souza Nunes] in: SUPERINTENDENTE do tabaco de Pernambuco . Recife, 20 de julho de 1725. TT, JT, Maço 98.

A FÊNIX E O ATLÂNTICO

ser intendente da Companhia Geral do Comércio de Pernambuco e Paraíba[55]. Em 1749, ele aparece na lista de proprietários de embarcações do porto do Recife como senhor do patacho Nossa Senhora Aparecida e São José[56].

Dois contemporâneos seus engajados na mesma mercancia aparecem nos altos de uma devassa tirada pelo superintendente do tabaco de Pernambuco em 1728, na qualidade de testemunhas de acusação contra o escrivão da mesma superintendência. Ambos confirmaram as acusações de irregularidades contra o oficial. O primeiro, o capitão João Gonçalves Reis, reiterou as denúncias dizendo que o sabia por ser homem de negócio e ser 'contratador de tabaco que compra para a Costa da Mina"[57]. O mesmo afirmou o cap. Amador de Almeida, tendo presenciado e saber de tudo por "ter negocios de tabaco que costuma embarcar para a Costa da Mina"[58].

Assim como João de Oliveira Gouvim, foi vereador na câmara do Recife João Gonçalves Reis (1727)[59], mas parece ter tido carreira menos diversificada. O mesmo tinha seus interesses bastante vinculados ao tabaco, uma vez que era o proprietário do armazém onde se recolhia o tabaco no Recife, recebendo aluguel da superintendência[60]. De Amador de Almeida não foi possível apurar mais nada, além de que não aparece nas listas de vereadores do Recife entre 1714-1738[61].

A segunda testemunha na devassa foi José Vaz Salgado, homem de negócio, morador do Recife, de 31 anos. Não referem os autos que ela tenha trato com tabaco e a Costa da Mina. No entanto, temos indícios de que ele veio a tê-lo: um

---

55   Vera Lúcia Costa Acioli. *Jurisdição e Conflito*. Aspectos da administração colonial. Pernambuco – Século XVII. Recife: EDUFPE; EDUFAL, 1997, p. 214-5.

56   INFORMAÇÃO Geral da Capitania de Pernambuco. *Anais da Biblioteca Nacional do Rio de Janeiro*. Vol. XXVIII. Rio de Janeiro: Biblioteca Nacional, 1908, p. 431.

57   DO SUPPERINTENDENTE Aviza sobre a culpa de João de Souza Nunes Escrivão do Armazem do Tabaco . Recife, 22 de março de 1728. TT, JT, Maço 100-A, Caixa 90.

58   DO SUPPERINTENDE, *ibidem*. Todas as 5 testemunhas eram homens de negócio, moradores do Recife, mas apenas os dois acima citados são referidos como negociantes de tabaco para a Costa da Mina. O escrivão era acusado de receber emolumentos não previstos no regimento da arrecadação do tabaco.

59   Acioli, *op. cit.*, p. 218.

60   INFORMAÇÃO do Superintendente do Tabaco. Recife, 15 de agosto de 1727. TT, JT, Maço 99.

61   Cf. Acioli, *Jurisdição e Conflito*, p. 211-22. Para todos os nomes de agentes mercantis do Recife encontrados na documentação do AHU pesquisaram-se outras informações nas Habilitações do Santo Ofício (HOC) e das três ordens (de Cristo, Avis e Santiago).

bergantim de nome *N. Sra. do Livramento e Almas* fez viagem, em 1744[62], para a Costa da Mina. Em 1749, uma embarcação do mesmo tipo e homônima aparece na lista de embarcações do porto Recife[63], cujo proprietário é José Vaz Salgado, então com 53 anos de idade.

Esses indivíduos faziam parte de um grupo para o qual não temos muitas informações, mas cuja existência podemos inferir com certa segurança: o dos traficantes de escravos da Costa da Mina[64] estabelecidos na praça do Recife, proprietários das embarcações que partiam carregadas de tabaco e voltavam lotadas com escravos.

Outros nomes ligados a este trato aparecem para o período, embora não haja indicação de que posição ocupavam na praça do Recife. É o caso de 4 indivíduos citados numa carta do superintendente da Bahia. Este oficial[65] fora averiguar a qualidade do tabaco encontrado a bordo de uma sumaca de nome *Nossa Senhora de Nazareth e Santa Cruz*, vinda de Alagoas, cujo destino era o Recife, mas que os ventos foram atirar na Bahia de Todos os Santos.

Feita a averiguação da carga, viu-se que se compunha de açúcar e de 332 rolos de tabaco *da Costa da Mina* (devido ao peso dos rolos: 2 e ½ arrobas). Quanto à qualidade do tabaco, informou o superintendente que

> achey ser este excelente, e da primeira qualidade, (como se verifica do termo incluso), donde se verifica a especia e bondade do tabaco que custuma hir das partes de Pernambuco, pera a Costa da Mina, e poderse entender que aquelle bom q vay a dita Costa, e levão os estrangeiros, não sae do porto desta Bahya [...].[66]

Soube o superintendente, pelo mestre da sumaca, que o proprietário do barco era o próprio, João Gonçalves de Castro, e mais Serafim Pacheco Freire

---

62　DO SUPERINTENDENTE Francisco Correa Pimentel. Santo Antonio do Recife, 10. de Outubro de 1744. TT, JT, Maço 102-A, caixa 94.

63　INFORMAÇÃO Geral da Capitania de Pernambuco, *op. cit.*, p. 431.

64　Sobre a oligarquia negreira na Bahia, cf. Nardi, *op. cit.*, p. 231-52; Verger, *Fluxo e Refluxo*, p. 81-117; Rae Flory; David. Grant Smith. "Bahian Merchants and Planters in the Seventeenth and Early Eighteenth Centuries". *The Hispanic American Historical Review*, vol. 58, 4, Nov., 1978, p. 579-82.

65　Que era também o desembargador mais velho da relação da Bahia, cf. o REGIMENTO do Tabaco, *op. cit.*, p. 40, § 1.

66　DO SUPERINTENDENTE [do tabaco da Bahia]. Bahia, 16 de março de 1722. TT, JT, Maço 98.

"morador em Pernambuco". E o tabaco se destinava aos nossos quatro indivíduos, a saber, o "Padre Manoel de Barros, Joseph Pires de Carvalho, Rodrigo de Souza, e Francisco de Freitas", todos moradores do Recife[67].

Estes indigitados, que poderiam se tratar de comerciantes da dita praça, não aparecem na lista de mascates, ou melhor, de vereadores da Câmara do Recife, que já referimos. Isto não significa, necessariamente, que não fossem eles membros do grupo de traficantes de escravos.

É certo que aqueles quatro destinavam o tabaco que recebiam para a Costa da Mina; e é razoável supor que, se não eram proprietários das embarcações engajadas no tráfico, bem poderiam participar neste negócio entrando com parte da carga dos barcos, como acontecia na Bahia[68]. Assim se explicaria serem destinatários de tabaco das Alagoas, partícipes da mercancia de escravos, sem que contassem entre os maiores traficantes. Da prática de partilha da carga dos negreiros que se destinavam à Costa da Mina saindo do Recife, temos um testemunho direto. O governador de Pernambuco, comentando a publicação e aplicação de uma lei régia que traria limitações ao tráfico da Costa da Mina na capitania, assim descreveu a organização do mesmo:

> Os Navios desta navegação commumente aqui se fabricão navegados com os Escravos dos donos delles, e marinheiros da terra com vellas rotas, e amarras de piaçava, carregando nelles o seu tabaco, de tal sorte q o Navio he de todos, e para todos, por q para o seu apresto, tomão os seus donos dinhr.º a risco de trinta por cento, de que se aproveita a Viuva, q' tem os Cem mil rz, e os maes do povo cada hum Conforme a sua possibilidade, outro manda a sua pequena encomenda de tabaco, de q' lhe vem hum Negrinho, q' o cria, e o serve, e os q' não são capazes para o Rio de Janeiro, servem para os Engenhos, plantas de farinhas, e tabacos.[69]

Ainda que haja algum exagero no que toca à qualidade das embarcações, fica claro que tomavam parte no tráfico outras pessoas que não apenas os donos

---

67 *Idem, ibidem.*

68 Nardi, *op. cit.*, p. 240-1.

69 [CARTA do Governador de Pernambuco] In: REQUERIMENTO dos oficiais da Câmara de Goiana ao rei [D. João V], pedindo nova provisão para poderem comercializar livremente escravos de Angola e da Costa da Mina, sem passarem pela capitania de Pernambuco, por mais 6 anos. Lisboa, 31 de janeiro de 1731. AHU, CU, Pernambuco, Cx. 42, Doc. 3738. Há, ainda, vários aspectos relevantes neste trecho e na íntegra da carta, aos quais voltaremos em outro ponto deste trabalho.

dos barcos e os comerciantes, estritamente falando. Esta forma de armação pela qual várias pessoas partilhavam a carga de uma embarcação e, portanto, a aquisição de escravos, foi comum a outros portos negreiros, como o da Bahia[70], Rio de Janeiro[71] e Nantes. O rateio dos custos de uma armação negreira servia aos investidores para fugirem de arriscar seu capital em um único navio, minimizando o efeito de possíveis perdas[72]. A crer no governador de Pernambuco, o investimento por parte de não comerciantes em empreendimentos negreiros era mais comum no Recife que em outras praças de tráfico. O mais provável, no entanto, é que estes pequenos investidores não eram especializados, mas ocasionais, e que a mercancia de escravos era domínio de poucos mercadores mais abastados[73].

Um exemplo de investimento no tráfico sem, no entanto, participar de sua organização, podemos encontrar em Antônio Fernandes de Matos. Ele enriqueceu no Recife exercendo o ofício de mestre de obra, chegando a mercador de sobrado. Quando faleceu (1701), deixou 75 escravos "novos vindos da Costa da Mina", vendidos por mais de quatro contos de réis. Alguns destes certamente lhe vinham à mão pelo tabaco que vendia aos mercadores de gentes, como o vendido a Francisco Correia da Fonseca – que negociava em escravos – no valor de 1:394$570, em 1692[74].

Voltando à missiva do superintendente do tabaco da Bahia, citada mais acima, saliente-se que outro trecho dela vem confirmar o que já disséramos antes: o Recife também era porto exportador do tabaco produzido nas Alagoas. Perguntando-se ao mestre da sumaca a quem pertencia a carga, este deu o nome de quatro indivíduos, todos "moradores no Lugar de S. Miguel termo da ditta Villa das Alagoas [...]"[75]. O superintendente faz questão de sublinhar que era das *partes de Pernambuco* que saía o tabaco de primeira trocado com os "estrangeiros" na Costa da Mina. Apesar de não ser crível esta exclusividade atribuída a

---

70 Nardi, *op. cit.*, p. 227-31.

71 Manolo Florentino, *Em costas negras*. Uma história do tráfico entre a África e o Rio de Janeiro. São Paulo: Companhia das Letras, 1997, p. 151-3.

72 Stein, *The French Slave* Trade, op. cit., p. 60-4, 151, 154.

73 Como, de resto, o era em Nantes, em Salvador e Rio de Janeiro, onde algumas poucas firmas controlavam a maior parte das armações negreiras; cf., respectivamente, Stein, *op. cit.*, p. 151-8; Nardi, *op. cit.*, 225-31; Florentino, *op. cit.*, p.153-4

74 Mello. *Um Mascate e o Recife, op. cit.*, p. 75-6.

75 DO SUPERINTENDENTE [do tabaco da Bahia]. Bahia, 16 de março de 1722. TT, JT, Maço 98.

Pernambuco, pois denota a preocupação das autoridades em eximir-se de culpa de uma prática reiteradamente proibida pela coroa.

Por fim, relembre-se que, não apenas três daqueles quatro homens de negócio que tratamos mais acima, mas 27 de 32 homens de negócio da praça do Recife, identificados entre 1714 e 1738, eram nascidos em Portugal (dos outros 5 desconhece-se a origem)[76]. Como os contemporâneos reconheciam, as relações prévias dos reinóis que chegavam a terra com pessoas já estabelecidas na mercancia do porto de Pernambuco facilitavam-lhes a ascensão comercial. Da mesma forma, os vínculos com mercadores metropolitanos, dos quais, muitas vezes, eram comissários, também era uma outra via de sucesso na carreira mascatal, que lhes permitia chegar a mercador de sobrado[77].

A lucratividade do tráfico de escravos

Tem-se enfatizado, até aqui, o papel relevante que o tráfico com a Costa da Mina teve no âmbito da economia de Pernambuco. Este tráfico escravista, como também já se viu, foi um dos principais ramos a que os homens de negócio da praça do Recife se dedicaram. É o momento apropriado para averiguar-se o nível dos ganhos com a mercancia de africanos forçados na praça do Recife.

A lucratividade do tráfico de escravos transatlântico já foi uma questão candente. O debate em torno da taxa média de lucro, deste que foi um dos principais ramos de investimento mercantil da Idade Moderna, não se esgotava no estabelecimento da porcentagem. A avaliação do volume absoluto e relativo de capitais gerados pelas atividades negreiras dos portos ingleses, franceses e holandeses, mas sobretudo dos britânicos, tinha implicações na análise de seu contributo para o desenvolvimento econômico do Ocidente[78].

---

76 Acioli, *op. cit.*, p. 210-22.

77 Mello. *A Fronda dos Mazombos*, op. cit., p. 152-4; Jorge Miguel V. Pedreira. Brasil, fronteira de Portugal. Negócio, emigração e mobilidade social (séculos XVII e XVIII). In: Mafalda Soares da Cunha. *Do Brasil à Metrópole*: efeitos sociais (séculos XVII e XVIII). Évora: Universidade de Évora, 2001, p. 53-9.

78 O debate tem origem com a tese dos "superlucros" do tráfico triangular investidos na manufatura e indústria da Inglaterra, defendida por Eric Williams. *Capitalismo y Esclavitud*. (Trad.) Habana: Instituto Cubano del Libro, [1975], p. 30-1, 43-4, 55 e ss.; contestada, posteriormente, por Roger Anstey. *The Atlantic Slave Trade and British Abolition, 1760-1840*. Londres: Cambridge University Press, 1975, p. 46-51; outros autores concluíram por níveis modestos de taxas de lucro para as outras carreiras escravistas: Robert L. Stein. "The Profitability of Nantes Slave Trade, 1783-1792". *The Journal of Economic History*, Vol. 35, n. 4, Dec. 1975, p. 779-93; *Idem. The French Slave Trade in the Eighteenth Century. An*

Quem se propuser a estimar a lucratividade do tráfico de escravos, em qualquer uma das carreiras escravistas, deve dispor de algumas informações essenciais, que incluem os preços dos escravos, os gastos com aparelhagem e com a depreciação das embarcações, o seguro, os salários da tripulação, os valores da carga, dos mantimentos e dos impostos[79].

Ao contrário da Bahia, para a qual há diversos manifestos de carga dos negreiros freqüentes na Costa da Mina, para os de Pernambuco há muito poucos[80]. O que caracteriza, porém, as listas dos gêneros embarcados nos negreiros daquela e desta capitania é a presença exclusiva de rolos de tabaco, dado que os documentos eram produzidos por ordem da Junta do Tabaco, para averiguar se havia infrações às normas sobre qualidade e quantidade embarcadas.

De posse, apenas, de tais manifestos, é quase impossível avaliar aspectos fundamentais do tráfico escravista, a saber, os demais gêneros que eram necessários ao negócio em África, o custo dos escravos adquiridos e a lucratividade deste ramo. Para o caso de Pernambuco, esta falta pode ser parcialmente suprida, lançando mão de um documento que registra extensamente o passo a passo de uma armação escravista que efetivou seus negócios na Costa da Mina[81].

Embora se trate do único documento encontrado com este teor, a riqueza de detalhes que contém permite tentar informar às questões acima colocadas.

Old Regime Business. Madison, Wisconsin.: The University of Wisconsin Press, 1979, p. 137-57. Todavia, após alguns historiadores cantarem um réquiem para a tese de Williams, o debate voltou à tona com as contribuições de Barbara Solow e Joseph Inikori, ambos favoráveis à tese, embora reformulem a abordagem e ponham-na sob outro ângulo. Cf. Barbara L Solow. Capitalism and Slavery in the Exceedingly Long Run. In: B. L. Solow; Stanley L. Engerman. (Ed.). *British Capitalism and Caribbean Slavery*. The Leacy of Eric Williams. Cambridge: Cambridge University Press, p. 51-77; Joseph E. Inikori. *Africans and the Industrial Revolution in England*. A study in the international trade and economic development. Cambridge, UK: Cambridge University Press, 2002.

79 Anstey, *op. cit.*, p. 41-5, 419-21; Herbert S. Klein. *The Middle Passage*. Comparative Studies in the Atlantic Slave Trade. Princeton: Princeton University Press, 1978, p. 47.

80 Os manifestos de carga da Bahia estão no fundo JT, nos maços de "Cartas do Brasil e da Índia", da Torre do Tombo. Quanto às exportações de fumo para a Costa da Mina, fizeram uso deles Stuart Schwartz. *Segredos Internos*. Engenhos e escravos na sociedade colonial. São Paulo: Companhia das Letras, 1999, p. 163-4; Jean Baptiste Nardi. *O fumo brasileiro no período colonial*. Lavoura, Comércio e Administração. São Paulo: Brasiliense, 1996, p. 181, 224, 263, 384-6.

81 [ENTRADA da Carregaçam que no Recife de Pernambuco me consignou o Sr. Jozé de Freitas Sacotto, na sua galera por invocação Aleluya da Surreição e Almas; a mim Jozé Francisco Rocha]. Costa da Mina, 1752. AHU, CU, S. Tomé, Cx. 8, Doc. 100.

Trata-se de um rol de carga feito pelo capitão José Francisco Rocha[82] na galera *Aleluia e Ressurreição*[83], por conta de seu senhorio, o homem de negócio do Recife José de Freitas Sacoto. A importância desta declaração de carga torna-se ainda maior pelo fato de a mesma ser parte de um conjunto de documentos que visavam a informar à coroa os gastos envolvidos no tráfico com a Costa da Mina, com vistas à formação de uma companhia (a futura de Pernambuco e Paraíba)[84].

A primeira parte é composta, precisamente, pela relação da carga ("Conta da Carregação", Tabela XV), seguida dos gastos efetuados na Costa da Mina ("Gastos com a carregação da galera", Tabelas XVI e XVII) para a aquisição de fazendas destinadas ao tráfico (aguardente francesa – *genebra* –, têxteis, ferro e búzios, principalmente). Segue-se a descrição das compras de escravos ("Saída da Carregação a troco de escravos", Tabela XVIII), constando o número, sexo e "tipo" de indivíduos adquiridos e os respectivos "preços" pagos, discriminados por fazenda.

---

82 Este capitão de negreiro recebeu patente régia de capitão de mar-e-guerra *ad honoren* e prestou serviços à coroa nesta função. Cf. REQUERIMENTO do capitão e primeiro piloto de Fragata, José Francisco Rocha, ao rei [D. José I], pedindo confirmação do atual posto de capitão da fragatinha Real que vai de Pernambuco à ilha de Fernando de Noronha, e a justa remuneração do referido serviço. [Recife], post. 6 de maio de 1774. AHU, CU, Pernambuco, Cx. 116, Doc. 8877.

83 A galera *Aleluia e Ressurreição* já deveria andar no tráfico anos antes, pois está listada junto com o seu senhorio no porto do Recife em 1749, ano em que Sacoto pediu uma provisão para poder enviá-la à Costa da Mina. INFORMAÇÃO Geral da Capitania de Pernambuco [1749]. *Annaes da Bibliotheca Nacional do Rio de Janeiro*, vol. XXVIII, 1906, p. 431; REQUERIMENTO do negociante José de Freitas Sacoto ao rei [D. João V], pedindo licença para remeter anualmente uma galera para Costa da Mina. Recife, Ant. 16 de outubro de 1749. AHU, CU, Pernambuco, Cx. 69, Doc. 5871.

84 José Ribeiro Júnior. *Colonização e Monopólio no Nordeste do Brasileiro*. A Companhia Geral de Comércio de Pernambuco e Paraíba. São Paulo: HUCITEC, 1976. António Carreira. *As Companhias Pombalinas de Grão-Pará e Maranhão e Pernambuco e Paraíba*. 2ª. Ed. Lisboa: Presença, [1985], p. 222-50.

Tabela XV - Produtos embarcados no Recife: volume e participação em valor na carga

Produto	Unidade	Quantidade	Preço $	Valor $	Valor/Carga[a]
Tabaco	rolo	2.267	2.000	4.534.000	45%
Sedas	côvado	3.343	1.500	5.014.500	50%
Sedas	peça	1	1.200	1.200	0,01%
Aguardente	ânforas	122	2.000	244.000	2%
Aguardente	pipas	18	16.000	288.000	3%
Aguardente	barricas	2	?	?	
Total				10.081.700	100%

Fonte: [ENTRADA da Carregaçam que no Recife de Pernambuco me consignou o Sr. Jozé de Freitas Sacotto, na sua galera por invocação Aleluya da Surreição e Almas; a mim Jozé Francisco Rocha]. Costa da Mina, 1752. AHU, CU, S. Tomé, Cx. 8, Doc. 100.

a. Somatório maior que 100% devido aos arredondamentos.

Tabela XVI - Carga adquirida na Costa da Mina: volume e dispêndio em gêneros

Produto	Unidade	Quant.	Tabaco	Seda	Local/Fornecedor
Genebra	frasqueira	22	5 rolos		Cabo Lahu
Ouro	onça	35	35 rolos		Cabo Lahu
Búzio	libra	1.702		256 côvados	Castelo de S. Jorge
Panicos	peça	32		32 côvados	Castelo de S. Jorge
Búzios	libra	682		96 côvados	Anamabu/ um negreiro holandês
Genebra	ânforas	12		48 côvados	Idem
Genebra	ânforas	16	16 rolos		Idem
Ferro	barra	340	34 rolos		Idem
Lenços grossos	peça	40	13 rolos		
Cachimbo	caixa	4	18 rolos		Idem
Saraças	–	25	5 rolos		Idem
Algodão vermelho	peça	72	14 rolos		
Riscado	peça	52	19 rolos		Idem
Panos brancos	peça	80	8 rolos		

					Um negreiro inglês
Ferro	barra	168	14 rolos		
Chita	peça	2	1 rolo		*Idem*
Búzios	libra	4960	124 rolos		*Idem*

Tabela XVII - Gastos com Fazendas na Costa: Volume, Valor e Preços

Produto	Unidade	Quant.	Tabaco	Seda	Preço Unit. $
Genebra	Frasqueira	22	5 rolos		455
Ouro	Onça	35	35 rolos		2.000
Panicos	Peça	32		32 côvados	1.200
Búzios	Libra	1.702		256 côvados	180
Genebra	Ânforas	12		48 côvados	4.800
Genebra	Ânforas	16	16 rolos		2.000
Ferro	Barra	340	34 rolos		200
Lenços grossos	Peça	40	13 rolos		650
Cachimbo	Caixa	4	18 rolos		9.000
Saraças	–	25	5 rolos		400
Algodão vermelho	Peça	72	14 rolos		389
Riscado	Peça	52	19 rolos		731
Panos brancos	Peça	80	8 rolos		200
Ferro	Barra	168	14 rolos		167
Chita	Peça	2	1 rolo		1.000
Búzios	Libra	4.960	124 rolos		50
Total ($)			612.000	504.000	

Tabela XVIII - Compra dos Escravos na Costa da Mina: Tipos, Despesa em Gêneros e Preço em Tabaco

Compra de escravos																						
Portos	**Quant./Tipo**							**Valor**														**Gasto**
Portos	Negros	Molecões	Moleques	Negras	Moleconas	Molecas	Total	Tabaco	Seda	Búzios	Aguardente ânf.	Ferro	Lenços grossos	Caximbo	Saraças	Algodão vermelho	Panos Brancos	Riscado	Chita	Genebra Frasqueira	Genebra ânfora	Tabaco
Anamabu	1	2	5				8	45														5,6
Acará	1	2	4				7	51			1											7,3
Popó	1	4	4		2	3	12	76														6,3
	2	3			2	3	10	70			1											7,0
	1	1	1				3	22														7,3
	1		1				2	14														7,0
	3	4					7	48														6,9
	1						1	6														6,0
Ajudá	1						1	13			1											13,0
	3						3	28	52													9,3
	1						1	13		35									8				13,0
	1	1					1	13			1											13,0

Compra de escravos

Negros	Molecões	Moleques	Negras	Moleconas	Molecas	Total	Tabaco	Seda	Búzios	Aguardente ânf.	Ferro	Lenços grossos	Caximbo	Saraças	Algodão vermelho	Panos Brancos	Riscado	Chita	Genebra Frasqueira	Genebra ânfora	Tabaco (Gasto)
4						4	128	48													3,3
1						1	8				100										4,0
1			1			1	4														8,0
2					8	10	288			1							34		12		3,2
2		1			1	2	32	120			200										1,5
2		1	1		1	4	6	64			100						10			2	3,0
6			1	1		2	18									40				2	8,0
2					1	6	26	192	48			30								2	3,0
3						2	26			3										2	2,7
2		1			1	2	10	64					3		40						1,5
3					3	3	93														5,2
2		1			1	3	9	80				10	1	25	32			2			10
2	1	1				3	22	32								40					3,0
1		1			3	3	9	96													3,0
1						3	26														7,3
2		1			1	2	20	96													3,3
2		1			1	5	9	64	48												13
6		1	1		1	6	64	48	48												4,3
2		1	2			3	6													8	4
2	1		1		2	4	24			2										2	8,0
1		1				4	16	120													0
1	2				1	1	16	64		5										4	11
1					9	9	100			10											5,0
2	1		1		2	5	15	64	64												5,3
4					2	5	22	64	48							40					5,2
4						4	256														4,4

Compra de escravos	Quant./Tipo							Valor														Gasto
	Negros	Molecões	Moleques	Negras	Moleconas	Molecas	Total	Tabaco	Seda	Búzios	Aguardente ânf.	Ferro	Lenços grossos	Caximbo	Saraças	Algodão vermelho	Panos Brancos	Riscado	Chita	Genebra Frasqueira	Genebra ânfora	Tabaco
Portos			1			2	3	128		50												0
					1	1	2		100	70	10	108										9
	1	2	4		2		7	18														0
Total	61	21	29	7	37	22	177	849	2133	491	45	508	40	4	25	72	80	52	2	22	28	4,8

As contas referentes à aquisição dos escravos estão dividas em duas partes: uma primeira, concernente às feitas por conta do senhorio da embarcação, e a segunda por conta das "praças", ou seja, as parcelas da capacidade de carga atribuídas à tripulação, as encomendas de outras pessoas e por conta de outros interessados na empreitada[85] ("Conta do mais tabaco e Ânforas de aguardente...", resumida na Tabela XIX). Vem em seguida um rol de devedores interessados no negócio; o resumo da carga de escravos adquirida; um balanço das contas com o "deve" e "há de haver", findando com os gastos em mantimentos realizados na Ilha do Príncipe.

Tabela XIX - Conta dos gastos em tabaco e aguardente: escravos por conta das praças e do senhorio

	Negros	Molecões	Moleques	Negras	Moleconas	Molecas	Total	Tabaco	Aguardente ânf.	Preço Aguardente	Preço Tabaco	Preço Réis	Custo Total	Gênero/Carga
Praças	2	3	10	35	18	42	110	764	85	0,8	6,9	14.400	1.584.000	17%
Senhorio	61	21	29	7	37	25	180	1.155	45	0,3	6,4	10.000	1.800.000	19%
Outros gastos								594	130				1.448.000	15%
Total								290	2.513	260			4.832.000	51%

Tabela XX - Conta dos gastos em seda: escravos por conta do senhorio

	Côvados	Escravos	Preço em seda	Preço Réis	Custo Total	Gênero/Carga
Quant.	3.077	180	17	25.642	4.615.500	49%

Os outros documentos apensos a estes consistem em relações elaboradas de despesas e receitas realizadas por uma embarcação padrão engajada no tráfico da Costa da Mina. Vê-se claramente que alguns dos itens arrolados basearam-se na

---

85 A prática de dar "praças" aos mareantes dos negreiros parece ser equivalente às "partidas" que a tripulação dos navios portugueses da primeira metade do Seiscentos recebia, sendo estas tiradas dos ganhos dos fretes. Cf. Leonor Freire Costa. *O Transporte no Atlântico e a Companhia Geral do Comércio do Brasil (1580-1663)*. Lisboa: CNCDP, 2002, p. 356-8.

experiência descrita na viagem do negreiro de José de Freitas Sacoto. Um deles, sobretudo, merece atenção nos pormenores. Numa das contas apresentadas, a carga necessária consta apenas de tabaco e aguardente (e uma peça de seda, que era dada como "daxa", ou seja, um tributo ao soberano local; Relação Nº 1); pergunta-se: e as sedas, que na conta da galera compunham, em valor, metade da carga?

A Relação Nº 5 permite, ao menos, duas explicações. Nela, além dos referidos gêneros, aparece o ouro. Note-se que a quantidade de oitavas incluídas é exatamente a de côvados de seda: 3.343. Logo, das duas uma: ou o valor das sedas era o mesmo das oitavas de ouro, com o qual seriam adquiridas; ou, por ser ilegal o embarque de ouro para a África, a conta da galera omitiu-o, pondo em seu lugar a seda. De uma forma ou de outra, torna-se correto utilizar o valor expresso (seja seda ou ouro) na avaliação do desempenho financeiro deste ramo do tráfico.

Vamos, então, às contas. Primeiro, vejamos como se compõe em valor a carregação deste negreiro (Tabela XV). É preciso, antes, esclarecer as escolhas feitas sobre os preços dos gêneros. Para o tabaco, embora nas certidões avalie-se em 3$200 o preço de um rolo com 2 a 3 arrobas, o mesmo parece superestimado. Nardi encontrou uma média de 500 réis por arroba do tabaco destinado à Costa da Mina pela Bahia no qüinqüênio 1751-1755, o que daria, no máximo, 1$500 por rolo. Como o tabaco era menos abundante em Pernambuco que nesta outra capitania, é provável que fosse mais caro[86]. Portanto, adotamos o preço de 2$000 por rolo, o que, aliás, vem expresso numa das relações como custo mínimo do tabaco (Relação Nº 4)[87]. Para a aguardente, foi utilizado o preço da ânfora registrado no documento, ou seja, 2$000, o que redunda em 16$000 a pipa, equivalente a 8 ânforas.

Os chamados gêneros da terra, o tabaco e a aguardente respondem por 50% do total da carga. Os rolos de tabaco somam 45%, enquanto a aguardente, 5%[88]. A outra metade deve-se à "seda" (se fosse ouro, como suposto, não alteraria o raciocínio que se segue, pois está em questão o poder de compra no mercado africano dos gêneros tropicais frente aos manufaturados, comprados com ouro).

---

86 Lembrar que os homens de negócio do Recife compravam tabaco de Alagoas, considerado o melhor do Brasil.

87 O preço médio é o mais adequado para estes cálculos em razão de buscar-se a lucratividade média e não, apenas, o desta viagem específica.

88 Coincidentemente ou não, de 76 negreiros do Brasil cuja carga foi confiscada pela WIC na Costa da Mina, o tabaco compunha 44% do valor total. Cf. Schwartz; Postma, The Dutch Republic and Brazil as Commercial Partners on the West African, p. 179.

Tem-se, assim, confirmada, como era de se esperar, a importância do tabaco no tráfico com a África Ocidental. No entanto, ela é bem menor do que alguns autores supunham. Mais revelador, aqui, é o peso das fazendas importadas. Para o preço destas, que entram como seda, adotou-se o valor expressado nas relações, uma vez que não se dispõe de preços médios para o período. Numa carregação de 1770, feita na Bahia, declarou-se que o côvado da seda custava 1$920. Dada a distância de quase duas décadas, é preferível usar o preço indicado para Pernambuco, mas mostra que este não está longe da verdade.

Caso fosse o preço de uma oitava de ouro, os 1$500 estavam de bom tamanho, dado que a onça (ou seja, 8 oitavas) de ouro em pó custava 12$000 na própria Costa cerca de 1778. Ainda no período áureo da mineração (década 1730), o ouro no Recife andava mais caro que na Bahia: cerca de 1$500 a oitava contra pouco mais de 1$200.

Chegamos ao custo total da carga. No entanto, nem toda ela foi empregada na compra de escravos. Para calcular a rentabilidade da armação, optou-se, então, por computar apenas os valores dos gêneros efetivamente gastos, inclusive na compra das fazendas nos portos africanos, trocadas, depois, pelos escravos. Todos estes gastos foram reduzidos a valores em tabaco e seda, pelos quais foram permutados.

A galera de Sacoto terminou por carregar 290 indivíduos: homens, mulheres, jovens e crianças de ambos os sexos (Tabelas XVIII e XXI). No entanto, destes, 180 foram comprados por conta do senhorio e os demais por conta das "praças". Deve-se observar um ponto importante: os indivíduos comprados na conta de Sacoto são maiormente homens e jovens do sexo masculino, que representam 46% de seu lote (Negros e Molecões; Tabela XXI). Estes eram os trabalhadores cativos que alcançavam maior preço nas praças do Brasil. Em seguida, os de valor intermédio (Moleconas e Moleques), compunham 37% de sua parte. Os demais eram mulheres e meninas[89].

---

89 "Negro" ou "negra" eram denominados os adultos com mais de 25 anos; entre os 15 e 25 anos, eram denominados "molecão" e "molecona"; os mais jovens, "moleque" e "moleca".

Tabela XXI - Composição da carga por sexo e tipo dos escravos

	Negros	Molecões	Moleques	Negras	Moleconas	Molecas	
Praças	2	3	10	35	18	42	110
Senhorio	61	21	29	7	37	25	180
Total	63	24	39	42	55	67	290
% da carga	22%	8%	13%	14%	19%	23%	100%

Já a carga comprada por conta das praças tinha perfil bem distinto. Apenas 5% eram escravos "de primeira escolha", como se dizia então. O segundo grupo contava por 25% dos cativos. As mulheres adultas e as meninas eram nada menos que 70% deste grupo. No contingente total de cativos, os do sexo feminino equivaliam a 57% do total.

A repartição da carga entre vários "interessados" era prática comum no tráfico negreiro de vários portos atlânticos[90]. O governador de Pernambuco deu uma descrição algo pitoresca da prática no Recife relativa ao trato com a Costa da Mina, citada acima, quando informava que "o Navio he de todos, e para todos"[91].

A diferença apontada, antes, nas duas partes da carga da galera é significativa quanto ao poder de compra dos gêneros e fazendas utilizados pelos mercadores de gente saídos do Brasil. A carga por conta do senhorio foi adquirida com tabaco, aguardente, búzios, ferro e têxteis diversos, de seda e algodão. Nos portos de Anamabu, Acará e Popo, foram comprados 37 "machos" e 13 "fêmeas". Negros e molecões foram 23; moleconas e moleques foram 19, enquanto negras e molecas somaram 8. Apenas nestes três portos adquiriram-se escravos sem o recurso aos têxteis e búzios. Neles, com o tabaco foi possível pagar por 28% da carga do senhorio. Com os gêneros da terra, ele adquiriu 52% dos escravos mais caros (molecões) e 20% dos "negros".

---

90 Robert L. Stein. *The French Slave Trade in the Eighteenth Century*. An Old Regime Business. Madison, Wisconsin.: The University of Wisconsin Press, 1979, p. 60-4, 151, 154; Manolo Florentino. *Em costas negras*. Uma história do tráfico entre a África e o Rio de Janeiro. São Paulo: Companhia das Letras, 1997, p. 14-5

91 [CARTA do Governador de Pernambuco] In: REQUERIMENTO dos oficiais da Câmara de Goiana ao rei [D. João V], pedindo nova provisão para poderem comercializar livremente escravos de Angola e da Costa da Mina, sem passarem pela capitania de Pernambuco, por mais 6 anos. Lisboa, 31 de janeiro de 1731. AHU, CU, Pernambuco, Cx. 42, Doc. 3738

A FÊNIX E O ATLÂNTICO

Por outro lado, dos 127 escravos comprados em Ajudá, 32 escravos foram adquiridos sem que o tabaco fosse utilizado como parte do pagamento. Além do mais, quando o "cesto" utilizado para comprar os lotes de escravos incluía os tecidos, o "preço" dos escravos em tabaco caía de 50% a 70%. Verifica-se, também, que uma parte significativa dos rolos de tabaco foi gasta em pagamento das várias taxas nos portos e feitorias por onde a galera passou, de S. Jorge da Mina a Ajudá[92].

Computando, porém, todos o dispêndio de gêneros e fazendas da embarcação (seja para troca por escravos, seja para qualquer outro gasto) – Tabelas XVII e XVIII – o tabaco e a aguardente correspondem a 51% dos gastos efetivos. Os demais 49% são atribuídos à seda, pelo que se despendeu, direta ou indiretamente, na empreitada. Agora, se os cálculos são feitos levando-se em conta apenas os 180 escravos por conta do senhorio, os têxteis correspondem a 52%. E, ainda, descontando-se todos os gastos efetuados em tabaco referentes às várias taxas pagas, mencionadas acima, a percentagem dos gêneros da terra na *compra* dos escravos cai para 36%, cabendo os quase dois terços restantes às manufaturas.

Uma primeira conclusão aponta, então, que a importância relativa dos gêneros tropicais no tráfico luso-brasileiro na Costa da Mina poderia variar entre 36% e 50%, aproximadamente. Por sua vez, o peso relativo das manufaturas ou do ouro nunca seria inferior à metade dos gastos em África. Contudo, apenas uma série de manifestos de carga deste feitio poderia ratificar estas conclusões.

Todos os pontos indicados acima foram levados em conta na hora de calcular a lucratividade do empreendimento. Os itens que entram nas despesas incluem: a carga efetivamente gasta; os mantimentos; a soldada (ou seja, as diárias dos mareantes)[93] e a amortização da embarcação[94], que compõem o "custo da

---

92 O documento não só menciona como traz um rol detalhado dos pagamentos feitos pelos negreiros portugueses na Costa da Mina. Os mesmo podem ser encontrados também em José Antonio Caldas. *Notícia Geral de toda esta Capitania da Bahia desde o seu descobrimento até o presente ano de 1759*. [Salvador]: Beneditina, 1951, p. 504-15.

93 Parte da tripulação desta e da maioria dos negreiros do Brasil era cativa do senhorio da embarcação. A julgar pela denominação "o preto" ou "negro" anteposto aos nomes de alguns membros da tripulação da galera de Sacoto, havia, ao menos, 6 escravos mareantes a bordo. No entanto, talvez por receberem como "escravos de ganho" ou por seu dono amortizar seu valor nas contas, as soldadas não distinguem livres e não livres a bordo.

94 A armotização supõe que em 10 anos cada negreiro realizasse 10 viagens, o que poderia não se dar, seja pela perda da embarcação, seja porque uma viagem redonda poderia durar mais que 12 meses. Para que se perceba a importância deste item, ver o caso do patacho ou galera "Rabeca" de Lisboa utilizado no tráfico da Costa da Mina e posto à venda na Bahia recém-chegado da dita Costa. Devido à sua velhice, não houve quem oferecesse mais que 800.000 réis pela embarcação. Novo, valeria pelo menos oito contos. Cf. CARTA

carregação" (Tabela XXII). Feitas as contas, o preço médio *de compra* dos cativos foi de 62.670 réis.

Tabela XXII - Cálculos de despesas, receitas, lucro bruto e lucro líquido

a. Custo da Carga	9.447.500
b. Produto da Venda	18.771.900
Lucro Bruto (a-b)	199%
c. Mantimentos	1.179.045
d. Soldadas	4.250.000
e. Amortização da embarcação	800.000
f. Soma (c+d+e)	6.229.045
g. **Custo da Armação (a+f)**	15.676.545
h. Tributos	1.179.000
i. Perdas por mortalidade	1.348.850
j. Total de despesas (g+h+i)	18.204.395
Produto Líquido (b-j)	**567.505**
Lucro Líquido	**3,1%**

No item receita, calculou-se o rendimento bruto potencial da carga humana adquirida pela galera, levando em conta o peso relativo dos "tipos" de trabalhadores forçados que a compunham. Significa dizer que a operação não consistiu, simplesmente, em multiplicar o preço médio de um escravo à época pelo número de cativos da carga, pois isso levaria a uma sobrevalorização da mesma. Sabendo que os "molecões" (jovens entre 15 e 25 anos, considerados "peças de Índia"[95]) eram os mais valorizados, e que os demais, "negros" (homens de mais de 25 anos), "moleconas", "negras", "moleques" e "molecas" eram cotados, nesta ordem, abaixo daqueles, adotamos o preço médio apenas para os "molecões", aplicando aos demais um percentual decrescente, segundo informações da época (Tabela XXIV)[96]. A razão

---

de Baltazar Álvares de Araújo a Francisco Pinheiro. Bahia, 9 de dezembro de 1715. In: Luís Lisanti Filho. *Negócios Coloniais*. (Uma correspondência comercial do século XVIII). Brasília; São Paulo: Ministério da Fazenda; Visão Editorial, 1973, vol. 1, p. 64. Vejam-se, também, os cálculos da lucratividade da carreira do Brasil na primeira metade do século XVII, onde a autora dos mesmos computa a amortização da embarcação em uma única viagem, devido aos riscos de apresamento no mar. Costa. *O Transporte no Atlântico e a Companhia Geral do Comércio do Brasil (1580-1663)*, *op. cit.*, p. 374-6.

95   CARTA do governador da Ilha do Príncipe e S. Tomé Luís Henrique da Mota e Melo ao rei D. José. Ilha do Príncipe, 17 de março de 1762. AHU, S. Tomé, cx. 10, doc. 68.

96   O preço médio provém de Miller, Slave prices in the Portuguese southern Atlantic, 1600-1830, *op. cit.*, p. 54 e ss.

entre os respectivos preços dos escravos segundo o sexo e faixa etária foi estimado a partir de um conjunto de informações que incluem o valor por tipo de cativo pago na carregação de Sacoto, valores contemporâneos informados por traficantes e preços de vendas de africanos forçados no Recife[97] (Anexo VI).

Antes de se chegar ao rendimento bruto, foram deduzidas da carga três molecas, as quais foram dadas ao rei do Daomé, pois isto era uma prática costumeira (a "marcação do rei"). Igualmente, subtraíram-se os valores equivalentes às perdas pela mortalidade dos cativos, que à época rondava os 8,8%[98]. Estas perdas foram deduzidas do valor da carga viva segundo o custo médio por escravo (pois não podemos saber quais indivíduos, de fato, morreram), menos os direitos que incidiriam sobre os escravos se chegassem vivos. Por fim, do valor total da carga que supostamente foi desembarcada no Recife extraiu-se o valor referente aos tributos que incidiam sobre a escravaria, os 3$500 por escravo para a folha de S. Tomé e 10 tostões por cabeça para a Fortaleza de Ajudá.

Pode-se concluir, finalmente, que o lucro líquido da empreitada ficou pouco acima dos 3%. Vê-se que há uma grande distância entre os resultados a que se pode chegar pelo cálculo simples da diferença entre o custo da carga e o produto da venda dos escravos, que, neste caso, rondaria os 200%.

O resultado está abaixo da lucratividade encontrada por Roger Anstey para o tráfico britânico, cerca de 9,5%. Assim como do francês, calculada em 10% por Robert Stein. Está, ainda, longe da lucratividade média do tráfico do Rio de Janeiro, que Manolo Florentino estimou em 19,20% para metade inicial do século XIX[99]. Este último caso será discutido logo mais.

---

97 A proporção entre os preços dos cativos foi calculada segundo a venda de 62 escravos minas no Recife em 1702, dos quais 10 "negros", 9 "negras", 23 "peças" (molecões), 9 "moleques" e 11 "molecas", cf. Mello, *Um Mascate e o Recife, op. cit.*, p. 75-6; pelo "preço" equivalente em rolos de tabaco constante em [REPRESENTAÇÃO de José de Torres sobre os descaminhos do ouro, diamantes e tabaco fino na Costa da Mina e projeto de uma Companhia para a Bahia]. Lisboa, [Post. a 1724]. AHU, C.U., S. Tomé, Cx. 4, Doc. 118. Da carga da galera foi possível calcular o preço em réis para 16 "negros", 5 "molecões", 4 "negras", 9 "moleconas" e 4 "molecas". Só foi possível fazê-lo para os grupos homogêneos de indivíduos comprados a cada vez.

98 O documento informa que a mortalidade esperada era de 8%, mas é preferível seguir a média encontrada por pesquisadores de acordo com os dados disponíveis no TSTD; ver H. S. Klein; S. L. Engerman. "Long Term Trend in African Mortality in the Transatlantic Slave Trade". *Slavery and Abolition*, 18, No. 1, 1997, p. 43.

99 Anstey e Florentino apresentam os cálculos mais comparáveis, por inserirem todos os gastos que incidiam sobre o negócio negreiro, apesar de que o último teve que inferir algumas porcentagens dos gastos, baseado no primeiro, por ausência de dados.

Evidentemente, várias situações poderiam provocar uma oscilação desta taxa de lucro. No entanto, esta viagem em particular foi tomada como um modelo pelos contemporâneos, como se disse de início. Isto talvez se deva ao fato de apresentar características que predominavam no ideal dos mercadores de gente, nomeadamente pelo grande número de escravos adultos e jovens do sexo masculino.

Apesar do papel dos gêneros tropicais, particularmente o do tabaco, no tráfico de Pernambuco com a Costa da Mina ser bem menos relevante do que se supunha, sua importância se mantém em outro aspecto. O fato de que os homens de negócio podiam pagar cerca de um terço da carga de escravos em tabaco reduzia significativamente seus custos. A aquisição de manufaturas para o tráfico com tabaco ou com ouro modificava os preços relativos (Tabela XVII). Por exemplo, enquanto uma ânfora de genebra paga em tabaco saiu pelo preço de 2.000 réis, a mesma, paga em "seda", custou 4.800 réis. A libra de búzio, demandada como moeda na região[100], foi adquirida ao custo de 50 réis, em tabaco, e 183 réis, em seda. A diferença de custo, portanto, poderia ir dos 240% aos 360%.

Devido aos preços altos das manufaturas têxteis nas praças do Brasil, dado que parte significativa era importada por meio da metrópole, os negreiros prefeririam adquiri-las às feitorias européias no litoral africano. No caso em questão, o capitão da galera comprou todas as manufaturas que precisou a um negreiro holandês e a um outro, inglês. Esta prática vinha sendo denunciada desde o início das descobertas auríferas, que impulsionaram os tráficos de Pernambuco e Bahia na Costa da Mina.

Quanto aos custos da armação de uma empreitada negreira, podemos distingui-los por itens, de acordo com sua participação relativa (Tabela XXIII). A carga compunha 52% do total dos gastos, valor próximo dos 57% calculados por Roger Anstey para o tráfico britânico até 1788[101]. Os gastos com os mantimentos (incluindo os destinados à tripulação e aos escravos) e soldadas, correspondiam a 29%, enquanto a amortização do valor da embarcação exigia outros 4%[102]. Os

---

100 Marion Johnson. "The Cowrie Currency of West Africa". Part I. *The Journal of African History*, Cambridge University Press, vol. 11, n. 1, 1970, p. 17-49.

101 A lei de arqueação inglesa elevou estes custos para 65% do total após 1788. Klein, *The Middle Passage, op. cit.*, p. 205, estimara que a carga equivaleria a 2/3 dos custos de uma viagem negreira, mas essa não parece ser a média da maior parte do século XVIII.

102 Florentino, *op. cit.*, p. 167, estimou que o valor do seguro sobre os negreiros era equivalente ao desgaste da embarcação. O que se fez aqui foi dividir o valor da embarcação, 8:000$000, por 10, considerando-se que 10 anos fosse o período médio de atividade de um negreiro, cálculo realizado por Joseph E. Inikori. *Africans and the Industrial Revolution in*

tributos respondiam por apenas 6% do dispêndio geral, mas equivaliam a mais que o dobro do lucro líquido!

Tabela XXIII - Composição das Despesas[a]

Item	
Carga	52%
Mantimentos	6%
Soldadas	23%
Amortização da embarcação	4%
Custos da Armação	86%
Tributos	6%
Perdas por mortalidade	7%

a. Não soma 100% exatos devido a arredondamentos

Isto requer tratar de um ponto que se revela importante: o pagamento dos direitos régios sobre a escravaria importada. A galera de José de Freitas Sacoto fez escala na Ilha do Príncipe na torna-viagem. Aí deveriam ter sido pagos os tributos referentes à folha de S. Tomé, ou seja, os 3$500, cuja origem foi indicada antes. A prática estabelecida, no entanto, era que o procurador (morador da ilha) do senhorio da embarcação ficasse como avalista dos direitos devidos, depositando no cofre da alfândega um bilhete reconhecendo a dívida[103].

Sacoto, como a maior parte dos negreiros de Pernambuco e da Bahia, dispunha de um procurador na ilha. Dele se adquiriam os mantimentos necessários à travessia do Atlântico. Este procurador (embora o documento não diga) deve ter passado letras a serem pagas com ágio de 50% por Sacoto no Recife no valor dos direitos régios, como faziam todos procuradores. A operação findava com o pagamento pelo senhorio ao seu procurador de apenas metade do valor devido em tributos, ou seja, em lugar de pagar os direitos acrescidos de 50% (dos juros

---

England, p. 299-300, Tabela 6.7. Os negreiros de Rode Island, por sua vez, tinham duração média de 7 a 10 anos. Coughtry. *The Notorious Triangle, op. cit.*, p. 170.

103 Apesar das denúncias de fraudes, a prática de fianças foi autorizada pela coroa: ORDEM de S. Mag. ao Ouvidor Geral João Coelho de Souza, em q se determina se recebão fianças aos Direitos dos Escravos vindos da Costa da Minna; e q os fiadores sejão seguros. Lisboa, 18 de Setembro de 1732. In: ORDENS de S. Mag. [...] em traslado das vindas da Ilha de S. Thomé tiradas do Livro em que nelle se achão registadas. [Ilha do Príncipe, 8 de abril de 1771]. AHU, CU, S. Tomé, cx. 13, doc. 62, f. 33v-34.

da letra), o homem de negócio pagava um terço do valor original. O avalista, por sua vez, sonegava à fazenda régia por muitos anos (se é que chegava a pagar) o valor que havia afiançado, embolsado o que lhe foi pago como procurador. Se o negreiro lograsse essa burla ao fisco régio, poderia chegar a dobrar seus lucros.

Devemos, porém, acrescentar uma outra fonte de ganho, a qual não aparece descrita com detalhes na documentação, mas pode ser deduzida pelo que se conhece acerca do tráfico. Como se viu, apenas parte da carga foi comprada por conta do senhorio, sendo a outra parcela devida às praças. Estas eram as frações da carga que cabiam à tripulação e aos outros investidores na armação. Mesmo que o ganho sobre a venda destes escravos coubesse a outras pessoas, o senhorio ganhava o frete dos mesmos[104].

Cento e dez escravos fizeram a viagem forçada para o Brasil na conta das praças da galera de Sacoto. O frete por escravo em Angola, em meados do século, andava por 6$000, mas este era um valor fixado por ordem régia. No documento que serve de base aos presentes cálculos, não está mencionado o valor do frete. Outro documento contemporâneo, respeitante ao tráfico da Bahia, informa ser de 10$000 o frete por escravo[105]. Admitindo-se que o senhorio da embarcação receberia os fretes da centena e dezena de africanos forçados que sua galera traria a Pernambuco (menos os que pereceriam na viagem), esse valor acrescer-se-ia aos seus ganhos brutos[106].

No entanto, para a estimativa ser tão completa quanto as informações permitem, devem ser inseridos, ainda, os fretes referentes aos rolos de tabaco por conta das praças, pois estes também o pagavam. Somaram-se, portanto, estes dois tipos de porte às receitas da galera. Chegou-se, assim, a uma nova taxa de lucro de cerca de 14% (Tabelas XXV)[107].

---

104 Os quais poderiam ser divididos, caso a própria embarcação fosse mantida em co-propriedade, o que era comum, mas não altera o cálculo da lucratividade global.

105 Bahia, 7 de janeiro de 1752. AHU, CU, Bahia, Cx. 61. Citado por Corcino Medeiros Santos. "A Bahia no comércio português na Costa da Mina e a concorrência estrangeira". In: Maria Beatriz Nizza da Silva. (Org.). *Brasil: colonização e escravidão*. Rio de Janeiro: Nova Fronteira, 2002, p. 229. O autor não informa o número do documento.

106 Não foi preciso calcular os fretes de acordo com os tipos de escravos, pois os custos de frete não variavam significativamente segundo a idade e o sexo dos cativos. David Eltis; Stanley L. Engerman. "Fluctuations in sex and age ratios in the transatlantic slave trade, 1663-1864". *Economic History Review*, New Series, Vol. 46, N. 2, p. 314.

107 Por tratar-se do cálculo da lucratividade do empreendimento negreiro com vistas a um padrão, não distinguimos neste primeiro balanço as carga do senhorio e a das partes. Se

Tudo isso mostra que para garantir um saldo positivo ao final da operação, os homens de negócio deveriam levar em conta todas estas variáveis: algumas fixas (tributos), outras flutuantes (fretes, preços dos escravos, repartição da carga) e outras de controle delicado (a mortalidade dos cativos).

Como índice da estreita margem de manobra de que dispunham estes homens de negócio, avaliou-se o lucro da viagem tomando-se apenas os 180 escravos por conta do senhorio. Incluindo os ganhos com os fretes e os gastos proporcionais, o lucro ficaria próximo dos 4% (Tabela XXVI). Portanto, os ganhos com os outros itens já indicados eram parte substancial das receitas e da lucratividade do tráfico.

Tabela XXIV - Cálculo do produto da venda dos escravos

Tipo	Índice	N.	Preço Unit.	Venda
Molecão	100	24	102.500	2.460.000
Negro	85	63	87.125	5.488.875
Negra	75	42	76.875	3.228.750
Molecona	65	55	66.625	3.664.375
Moleque	50	39	51.250	1.998.750
Moleca	50	64	51.250	3.280.000
Total		287		20.120.750

Fontes: Ver Anexo VI.

Tabela XXV - Cálculos de despesas, receitas e fretes, lucro bruto e líquido

a. Custo Total da Carga	9.447.500
Lucro Bruto	225%
b. Mantimentos	1.179.045
c. Soldadas	4.250.000
d. Amortização da embarcação	800.000
e. Soma	6.299.045
f. Custo da Armação (a+e)	15.676.545
g. Tributos	1.179.000
h. Perdas por mortalidade	1.348.850
i. Total (f+g+h)	18.204.395
j. Produto da Venda	18.771.900
l. Fretes	1.916.800

assim fosse feito, os fretes deveriam ser computados na despesa destes e não na receita, pois as "partes" deviam os fretes ao armador.

m. Produto bruto (j+l)	20.688.700
Produto Líquido (m-i)	2.484.305
Lucro Líquido	14%

Tabela XXVI - Cálculos de despesas, receitas, lucro bruto e líquido da carga do senhorio

a. Custo da Carga	7.282.803
b. Produto da Venda	13.237.875
Lucro Bruto (a-b)	182%
c. Mantimentos	492.480
d. Soldadas	4.250.000
e. Amortização da embarcação	800.000
f. Soma (c+d+e)	5.542.480
g. Custo da Armação (a+f)	12.825.283
h. Tributos	738.000
i. Perdas por mortalidade	1.004.380
j. Total de despesas (f+g+h)	14.567.663
l. Fretes	1.916.800
m. Ganhos brutos (b+l)	15.154.675
Ganhos líquidos (m-j)	587.012
Lucro Líquido	4,0%

Uma vez que o estudo de Florentino é o único que contempla uma tentativa mais consistente de estimar a lucratividade de um dos ramos do tráfico para o Brasil, convém avaliar seus resultados mais de perto, que permita uma comparação mais precisa com os resultados que foram mostrados acima. O autor procurou incluir todos os itens necessários ao cálculo, os quais permitem avaliar o lucro líquido, ou seja, descontadas todas as despesas. Para o cálculo do rendimento bruto do tráfico negreiro do Rio de Janeiro em anos variados, multiplicou o número de escravos supostamente sobreviventes à travessia do Atlântico desde Angola pelo preço médio de um escravo na praça carioca. No entanto, como o próprio autor informa, os preços que utilizou são de homens adultos (15-55 anos) em perfeitas condições físicas[108]. Isto distorce sensivelmente o primeiro item do cálculo dos rendimentos do tráfico.

---

108 Florentino, *op. cit.*, p. 159-60, Tabela 9, Nota 29, 168.

A FÊNIX E O ATLÂNTICO

Como visto acima, parte considerável das cargas dos negreiros era comporta por mulheres, sejam adultas, jovens ou crianças. A tendência da virada do século XVIII ao século XIX foi de aumento da parcela de crianças traficadas para a América, dando-se o incremento de meninos e meninas às expensas dos homens e mulheres adultas[109]. Portanto, para calcular o montante bruto gerado pela venda dos cativos, seria necessário, como se fez acima, ponderar os preços segundo a participação relativa dos "tipos" de trabalhadores forçados africanos no contingente dos escravos importados, ainda que usando, na ausência de dados originais, as médias históricas.

Apenas para deixar clara a importância deste aspecto, refizeram-se as contas do autor levando em conta a participação relativa de crianças do sexo masculino no tráfico atlântico após 1809. Segundo Klein, esta chegou a 25% dos desembarques de cativos africanos na América[110]. Portanto, em média um quarto dos escravos desembarcados no Rio de Janeiro era composto por meninos. Estes valiam, na melhor das hipóteses, 70% do valor de um homem adulto. Estimando, então, a parcela infantil masculina destes escravos e atribuindo-lhe 70% do preço médio (os dados para o investimento inicial, as importações e os preços são os de Florentino), chega-se a um resultado sensivelmente diferente (Tabela XXVII).

Tabela XXVII - Estimativa do Lucro Líquido do Tráfico do Rio de Janeiro, 1810-1820

Anos	Investimento	Rendimento	Rentabilidade	Lucro
1810	835.096.500	894.909.750	59.813.250	7%
1812	641.896.650	609.908.000	- 31.988.650	-5%
1815	696.465.000	683.593.500	- 12.871.500	-2%
1817	549.281.250	624.663.600	75.382.350	14%
1820	818.268.750	1.089.228.200	270.959.450	33%
Média	3.541.008.150	3.902.303.050	361.294.900	10%

Fonte: Florentino, *Em Costas Negras*, p. 160-9, com os ajustes indicados acima.

Estes números, embora especulativos, indicam que também o tráfico luso-brasileiro não era o *El Dorado* dos lucros exorbitantes e fáceis. Para se alcançar

---

109 Klein, *O Tráfico de Escravos no Atlântico*, p. 161-3. David Eltis; Stanley L. Engerman. "Fluctuations in sex and age ratios in the transatlantic slave trade, 1663-1864", *op. cit.*, p. 310.

110 *Ibidem*, p. 163. Numa altura que os tráficos de ingleses e norte-americanos já haviam cessado e, portanto, os traficantes luso-brasileiros e espanhóis eram os responsáveis pela totalidade do tráfico ocidental.

lucros razoáveis, requeria-se muito cuidado com a estratégia das armações ne-greiras, de forma a aproveitarem todas as oportunidades de ganho possibilitadas pela viagem. De qualquer forma, os números calculados para o Recife e para o Rio de Janeiro são de difícil comparação, uma vez que os anos 1810-1830 são atípicos, comparados aos cem anos de tráfico que o antecedem. Aliás, é isto que indica a substancial taxa de lucro dos anos 1820, acima apontada.

O tráfico transatlântico de escravos na primeira metade do século XVIII: aspectos quantitativos.

> Angola, Congo, Benguela, Monjolo, Cabinda, Mina, Quiloa, Rebolo (Jorge Ben, "Zumbi")

Empreender uma pesquisa num campo que já tem sido explorado há vá-rias décadas, por muitos autores, têm inequívocas vantagens, mas não deixa de trazer maiores cuidados. Nas últimas quatro décadas, emergiu uma grande quan-tidade de pesquisas sobre o tráfico atlântico ou transatlântico de escravos. Como é de costume nas questões mais candentes da historiografia, muita polêmica re-sultou em torno de alguns pontos centrais: o volume total do tráfico ao longo dos quase quatro séculos de sua existência, a rentabilidade do tráfico exercido pelos europeus, o impacto da exportação de escravos nas sociedades e economias afri-canas, bem como o seu contributo para as transformações sócio-econômicas no Noroeste europeu, o papel dos africanos neste comércio, a taxa de mortalidade da *middle passage,*só para ficar nos mais destacados.

Aquele que se aventura a estudar este tema defronta-se com uma prolífica produção de artigos, teses e livros nos quais os pontos referidos e ainda outras questões são discutidos. E não só a quantidade é importante, mas a qualidade dos estudos igualmente. O pesquisador adventício se vê desafiado, portanto, já não a ultrapassar a qualidade do que foi feito até então, mas ao menos oferecer uma contribuição no mesmo nível.

O que seria uma dificuldade, porém, acaba por ser uma vantagem. Para o ponto específico de que trata este tópico, a saber, o volume do tráfico numa deter-minada carreira, as formas de avaliação que os pesquisadores têm elaborado para suprir as lacunas de dados referentes ao tráfico desta ou daquela nação servem de guia seguro para quem quiser navegar neste mar de cifras. Para avaliar o volu-

A FÊNIX E O ATLÂNTICO

me do tráfico Pernambuco-Costa da Mina, portanto, fez-se uso da metodologia que se mostrou mais útil e confiável na avaliação quantitativa do tráfico, embora com as adaptações que se mostraram pertinentes. Precede a esta avaliação um panorama das condições em que ele medrou. Adota-se aqui uma perspectiva comparativa entre as várias carreiras no tráfico atlântico de escravos, buscando escapar a uma abordagem "paroquial"[111], atentos à advertência de um dos grandes especialistas no tema.

Antes de passarmos às avaliações propostas, um esclarecimento sobre o uso da expressão "luso-brasileiros", recorrente nas páginas que seguem. Como vimos num dos tópicos da segunda parte deste trabalho, os comerciantes de escravos e tabaco sediados no porto e praça do Recife eram, esmagadoramente, nascidos em Portugal. Ao que tudo indica, haviam começado a carreira mercantil em Pernambuco, para onde haviam vindo com este propósito, seguindo um padrão comum a várias das praças coloniais e mesmo aos portos comerciais da Europa. Assim, uso o termo "luso-brasileiro" como uma indicação de que estes homens eram portugueses baseados no Brasil, expressão que prefiro à "brasílicos"[112], cuja conotação, parece-me, deixa na sombra a origem majoritariamente reinol (o que não consiste num dado fortuito) dos mercadores escravistas da colônia.

Para avaliar mais justamente a evolução do tráfico entre Pernambuco e a Costa da Mina, convém observarmos, sobretudo para aqueles anos em que os números escasseiam, quais as condições e dimensões do tráfico realizado por mercadores europeus na costa ocidental da África, no período do qual nos ocupamos, ou seja, pensarmos o tráfico negreiro em suas dimensões atlânticas[113]. Por cerca de um século e meio, desde 1440, os traficantes escravistas de Portugal mantiveram-se ao lado dos genoveses na mercancia de escravos no Atlântico,

---

111 Philip D. Curtin. *The Atlantic Slave Trade: A Census*. Madison, Wisconsin: University of Wisconsin, 1969, p. xv-xvi.

112 Luiz Felipe de Alencastro. *O trato dos viventes: a formação do Brasil no Atlântico Sul*. São Paulo: Companhia das Letras, 2000, p. 28-9, 262. Tem havido uma tendência na historiografia recente de denominar aos tratistas de escravos da América portuguesa como "brasileiros", o que constitui um flagrante anacronismo. Vejam-se os exemplos em Miller. *Way of Death, op. cit., passim*; Curto. *Álcool e Escravos, op. cit., passim*.

113 A perspectiva atlântica na qual buscamos circunscrever este ponto da análise insere-se no gênero de abordagem que se chamou *Cis-Atlantic*, isto é, que aborda uma região na perspectiva do Atlântico; cf. Alison Games. "Atlantic History: Definitions, Challenges, and Opportunities". *The American Historical Review*, vol. 111, 3, 2006, p. 741-57.

ultrapassando-os no final do século XVI[114]. Nos anos 1620 os mercadores dos Países Baixos entram efetivamente na disputa por uma fatia do tráfico de escravos no Ocidente[115]. Primeiramente, para abastecer as regiões do Brasil tomadas às coroas ibéricas[116] e, logo em seguida, para abastecer as *plantation islands* do Caribe[117], depois de terem cursado a "escola do tráfico"[118] no Brasil. O uso da força militar pelos holandeses[119] contra a concorrência luso-brasileira no Atlântico não lograria, porém, afastar, ou mesmo abalar, o tráfico de escravos efetuado pelos portugueses[120]. Daí em diante, no entanto, estes últimos não estariam mais sozinhos neste ramo.

As nações do noroeste europeu cedo se interessaram pelo tráfico atlântico de escravos, mas levaram algumas décadas até se estabelecerem firmemente nas costas ocidentais da África. No último quartel do século XVII, os ingleses, seguidos pelos franceses, fundaram uma companhia com o fim principal de traficar com escravos nas costas ocidentais da África: a *Royal African Company* (RAC), que detinha o monopólio britânico do tráfico. A companhia francesa, por sua vez, destinava-se a comercializar em Senegal, mantendo o tráfico francês sob monopólio por várias décadas, até 1720[121].

---

114 Henriqueta Vila Vilar. *Hispanoamerica e el Comercio de Esclavos*. Sevilla: Escuela de Estudios Hispano-Americanos, 1977, p. 93-4 e ss.; Toby Green, *The Rise of the Atlantic Slave Trade*, p. 139.

115 Johanes Postma. *The Dutch in the Atlantic Slave Trade, 1600-1815*. Cambridge: Cambridge University Press, 1990, p. 10-3, 17-8.

116 Ernst van den Bogart; Pieter C Emmer. The Dutch Participation in Atlantic Slave Trade, 1596-1650. In: Henry A. Gemery; Jan S. Hogendorn. (Ed.). *The Uncommon Market*. Essays in the Economic History of Atlantic Slave Trade. Nova York: Academic Press, 1979, p. 357-59.

117 Bogart; Emmer, The Dutch Participation, p. 371-3; Pieter Emmer. The Dutch and the second Atlantic System. In: Barbara L. Solow. *Slave and the rise of the Atlantic System*. Cambridge: University Press, 1991, p. 77; P. D. Curtin. *The Rise and Fall of the Plantation Complex*. Essays in the Atlantic History. Cambridge: University Press, 1990, p. 81-5.

118 Edmundo Correia Lopes. *A Escravatura*. (Subsídios para sua história). [Lisboa]: Agência Geral das Colônias, 1944, p. 115.

119 Para ser mais preciso, a Companhia das Índias Ocidentais (WIC), era majoritariamente dominada por acionistas das câmaras das províncias da Holanda e da Zelândia; cf. J. Postma, *op. cit.*, p. 126-7. Heije, The Dutch West India Company, *op. cit.*, p. 82-3.

120 Bogart; Emmer, The Dutch Participation, p. 374.

121 Herbert S. Klein. *The Middle Passage*. Comparative Studies in the Atlantic Slave Trade. Princeton: Princeton University Press, 1978, p. 175.

Ao lado destas companhias monopolistas, mercadores particulares de ambas as nações se aventuraram no tráfico, embora os ingleses o tenham feito abertamente apenas após 1698, com o fim do monopólio da RAC. O engajamento das duas grandes potências européias, ao lado de outros tratistas menores (dinamarqueses, hamburgueses, anglo-americanos), levaria o tráfico de escravos na costa ocidental da África a um nível sem precedentes. Assim como no caso holandês, ingleses e franceses visavam abastecer as colônias nas Antilhas e Caribe, embora os ingleses e holandeses abastecessem às suas próprias e traficassem com as colônias dos seus rivais[122]. Outro fator que puxaria a demanda por escravos por parte destes comerciantes consistiu na arrematação do *Asiento* castelhano, concedido, sucessivamente, aos Países Baixos[123], França e Inglaterra.

Um sinal inequívoco do engajamento destas nações europeias no tráfico Atlântico é a proliferação de estabelecimentos sob suas bandeiras na África ocidental. Em poucos anos já havia 23 fortes e/ou feitorias europeias desde a Senegâmbia à Costa do Ouro[124]. A emergência do tráfico inglês e do francês nas três primeiras décadas do século XVIII, e os descobrimentos auríferos no Brasil foram responsáveis pelo salto na demanda por escravos da África ocidental. Juntos, ingleses e franceses responderam por 50% a 60% das exportações de cativos até 1730[125]. Dominariam, pelo menos, metade de toda a exportação negreira do século XVIII. O tráfico europeu distribui-se pelos portos citados na estrofe em epígrafe que abre este tópico, mas nos interessa, aqui, uma região específica do "resgate".

Para situar com melhor precisão o tráfico escravista na Costa da Mina, é necessário ver-se mais de perto o papel desempenhado pela região na exportação de escravos. Em primeiro lugar, definir a que região correspondia os portos aos quais os luso-brasileiros chamavam de Costa da Mina, embora estabelecer sua geografia precisa seja quase impossível.

---

122 Curtin. *The Atlantic Slave Trade*, op. cit., p. 142-6; Postma, *op. cit.*, p. 31-2 e ss.

123 Postma, *op. cit.*, p. 33-5, 38-46. Além de um pequeno interregno português, 1696-1701; Goulart, *op. cit.*, p. 176-7.

124 Eltis, *op. cit.*, p. 174; os holandeses antes de construir os seus próprios, tomaram-nos aos portugueses: Arguim e Castelo de S. Jorge da Mina, com conseqüências de longo prazo para o tráfico luso-brasileiro na região; Verger, *Fluxo e Refluxo*, p. 20 *et passim*.

125 Curtin, *op. cit.*, 1969, p. 126, 205; David Richardson. "Slave Exports from West and West-Central Africa, 1700-1810: New Estimates of Volume and Distribution". *The Journal of African History*, vol. 30, n. 1, 1989, p. 2-5.

Seus limites geográficos compreendiam desde o cabo do Monte até o de Lopo Gonçalves, na acepção mais ampla do termo[126], o que englobaria desde a Costa do Ouro até a costa de Biafra. Na prática, porém, os portugueses e brasílicos não traficavam por toda esta extensão. Quando se dirigiam à Costa da Mina, iam aos portos situados entre o rio Volta e o rio Lagos, compreendendo a região que os ingleses chamavam costa dos Escravos, ou à "sotavento da Mina", como prefere Pierre Verger, e a baía do Benin[127]. Talvez desde os anos 1640 os moradores do Brasil traficassem diretamente da colônia para aquela região[128].

Entre 1700-1720, as exportações da Costa da Mina atingem seu primeiro pico. Para isso, contribuíram tanto fatores do lado da demanda, quanto da oferta. De um lado, como dito, outras nações européias, além de Portugal e Holanda, entram a traficar naquela região: ingleses e franceses, principalmente. Embora David Richardson tenha demonstrado que a contribuição da baía do Benin neste período, em termos absolutos, foi menor do que Philip Curtin estimara, porém, o volume das exportações inglesas da costa ocidental da África foi ainda maior do que se supunha, segundo o mesmo Richardson[129]. Os franceses só ganham relevância no tráfico, efetivamente, cerca de 1710[130]. Concentraram a maior parte da sua mercancia escravista na África Ocidental (neste caso distinguida da África Centro-Ocidental)[131], incluindo a baía de Benin[132].

---

126 Maurício Goulart. *A Escravidão Africana no Brasil*. (Das origens à extinção do tráfico). 2a. ed. São Paulo: Martins Fontes, 1950, p. 186. O autor cita uma petição dos mercadores da Bahia na qual propunham à coroa a formação de uma companhia monopolista para o tráfico da Costa da Mina; daí ser possível que os peticionários ampliassem indevidamente o escopo geográfico do tráfico visado. Há uma descrição dos portos e da atividade negreira dos luso-brasileiros na Costa da Mina in: DESCRIÇÃO geral desta Capitania da Bahia desde sua fundação até o ano de 1759, p. 477-90.

127 Pierre Verger, *Fluxo e Refluxo*, p. 37 e ss; Philip D. Curtin, *op. cit.*, p. 129-30; cf. também Patrick Manning. The Slave Trade in the Bight of Benin, 1640-1890. In: Gemery; Hogendorn, *op. cit.*, p. 107, 114-5. A historiografia em língua inglesa sobre o tráfico negreiro refere-se à região como *Bight of Benin* ou *Slave Coast*.

128 Verger, *Fluxo e Refluxo*, p. 21, 34, 56; Nardi, *op. cit.*, p. 215-7.

129 Para os dados de Curtin referentes às quatro primeiras décadas do século XVIII, Curtin, *op. cit.* p. 129, 150; revistos por Lovejoy, que os aceita com pequenas alterações, Paul Lovejoy. "The Volume of the Atlantic Slave Trade: a Synthesis". *The Journal of African History*, vol. 23, n. 4, 1982, p. 496. Sobre a revisão para mais, cf. Richardson, *op. cit.*, p. 168-9, 172-3.

130 Eltis, *op. cit.*, p. 181-3.

131 Além do cabo Lopo Gonçalves; cf. Joseph Miller. *Way of Death*. Merchant Capitalism and the Angolan Slave Trade, 1780-1830. Madison, Wisconsin: University of Wisconsin, 1988, p. 3-38.

132 Curtin, *op. cit.*, p. 221-2; Richardson, *op. cit.*, p. 172-4.

A FÊNIX E O ATLÂNTICO

Os holandeses passam a participar dos *asientos* indiretamente já em 1662, quando o abastecimento das Índias de Castela foi cometido a dois comerciantes genoveses, que contrataram com a Companhia das Índias Ocidentais holandesa (WIC) o fornecimento de *peças da Índia*[133]. A WIC arrematou diretamente o *asiento* em 1667-68 e em 1675, mas esse último não foi efetivado. O novo *asiento* de 1679-87, arrematado pelo mercador sevilhano Juan Barroso de Pozo, deu à "nova" WIC[134] outra oportunidade de aumentar seu tráfico, em consórcio com aquele mercador. Seu papel no tráfico atlântico viria tornar-se secundário com a assunção pelos franceses do *asiento*[135]. Ainda assim, os holandeses não deixariam de influenciar o tráfico luso-brasileiro na Costa da Mina.

Do lado dos fornecedores de escravos no litoral africano, a oferta de cativos tornou-se mais regular entre 1650 e 1690. Neste momento, o sistema de escravização desenvolvido pelos agentes locais do tráfico (oficiais ou particulares) atinge um ponto de "maturidade"[136]. Com o aumento acentuado na demanda ocidental por mão-de-obra compulsória, a Costa dos Escravos, juntamente com a Costa do Ouro, suportou a maior pressão do tráfico transatlântico. A emergência desta região como um das principais exportadoras de mão-de-obra cativa da África ocidental vinha de décadas anteriores, mas o ponto de viragem é mesmo os anos 1690. Em parte, pelo declínio das exportações de metal precioso da Costa do Ouro (que havia atraído os europeus para a região desde o século XV), que caíram pela metade naquela década[137].

De exportador de ouro, a região passou à importadora, pagando-o com escravos. As exportações de escravos da Costa do Ouro, entre 1700-1740, foram quatro vezes maiores do que haviam sido nos 40 anos anteriores[138]. Já a Costa dos

---

133 Postma, *op. cit.*, p. 33.

134 A WIC foi refundada em 1674, com nova organização e apoio financeiro do Estado neerlandês; Postma, *op. cit.*, p. 38-41, 126-7.

135 Postma, *op. cit.*, p. 48-9.

136 Patrick Manning. *Slavery and African Life.* Occidental, Oriental and African slave trade. Cambridge: Cambridge University Press, 1995, p. 130-1.

137 A participação no comércio atlântico pelas sociedades africanas quando estas não possuíam ou deixavam de ter *commodities* a oferecer aos europeus, invariavelmente redundou na exportação de escravos; Eltis, *The Rise of African Slavery in the Américas*, op. cit., p. 178; Miller, *Way of Death*, op. cit., p. 71-2, 105-6, 115.

138 Eltis, *The Rise of African Slavery*, op. cit., p. 177; Manning, *Slavery and African Life*, op. cit., p. 133-4.

Escravos e a baía de Benin tornam-se as maiores exportadoras de escravos, entre 1662-1713, com 50% do total da África ocidental[139].

A oferta de escravos nos portos africanos nem sempre correspondia aos estímulos "mecânicos"[140] do mercado, ou seja, demanda e preços. O salto nas exportações de escravos eram, por vezes, impulsionados por eventos locais que proporcionavam um número excedente de indivíduos cativos, disponíveis para serem vendidos aos estrangeiros[141]. Foi o caso da baía de Benin, no período em questão, onde uma guerra opondo o obá de Benin e os *egaevbo*[142], nos anos 1690, com intervenção de portugueses e holandeses ao lado do rei, resultou numa grande e regular oferta de escravos[143]. O mesmo se daria nas guerras entre os reinos de Daomé, de um lado, e Ardra, Uidá e Oió, do outro, nos anos 1720-1740[144].

Os luso-brasileiros da Bahia e de Pernambuco defrontaram-se, então, com concorrentes poderosos no tráfico de escravos da região. Os traficantes da Bahia já haviam se deslocado de Angola para a Costa da Mina em razão da concorrência de negreiros de Pernambuco e do Rio de Janeiro[145]. Os tratistas da Bahia lançaram mão de uma vantagem no tráfico que lhes permitia concorrer com os demais mercadores de escravos europeus: o uso do tabaco como moeda na compra de escravos na Costa da Mina[146], da mesma forma que os traficantes de Pernambuco e Rio de Janeiro usavam a *jeribita* no tráfico de Angola[147].

---

139 Eltis, *op. cit.*, p. 166, 181.

140 Cf. Manning, *op. cit.*, p. 126-9, sobre os fatores de estímulo ao tráfico e às mudanças sociais na África.

141 Curtin, *The Rise and Fall of Plantation Complex, op. cit.*, p. 119-22.

142 Responsável pelas relações exteriores e comerciais do obá de Benin; cf. Alberto da Costa e Silva. *A Manilha e o Libambo. A África e a escravidão, de 1500 a 1700*. Rio de Janeiro: Nova Fronteira; Fundação Biblioteca Nacional: 2002, p. 343-4; Robin Law. "Royal monopoly and private enterprise in the Atlantic Trade: The Case of Dahomey". *The Journal of African History*, vol. 18, n. 4, 1977, p. 558, 563.

143 Alberto da Costa e Silva. op. cit., p. 343-4.

144 Robin Law. "Royal Monopoly and Private Enterprise in the Atlantic Trade", op. cit., p. 558-9.

145 Miller. Slave prices in the Portuguese southern Atlantic, 1600-1830, *op. cit.*, p. 44; *idem*. A marginal institution on the margin of the Atlantic System: the Portuguese southern Atlantic slave trade in the eighteenth century, *op. cit.*, 1991, p. 136-7.

146 Goulart, *A Escravidão Africana no Brasil*, p. 196-7; Verger, *Fluxo e Refluxo*, p. 37 et passim.

147 Klein, *The Middle Passage.*, p. 41-2; Luís Felipe de Alencastro. *O trato dos viventes: a formação do Brasil no Atlântico Sul*. São Paulo: Companhia das Letras, 2000, p. 310, 312-25.; José C. Curto. Vinho verso Cachaça – A luta luso-brasileira pelo comércio do álcool e de escravos em Luanda, c. 1648-1703. In: Selma Pantoja; José F. Sombra Saraiva. (Org.). *Angola e Brasil nas Rotas do Atlântico Sul*. Rio de Janeiro: Bertrand Brasil, 1999, p. 69 e ss.

A FÊNIX E O ATLÂNTICO

Os negreiros que desaferravam da capitania de Pernambuco rumo à Costa da Mina, por sua vez, viam-se às voltas com uma dupla concorrência: a das potências européias, traficando com bens de consumo e mercadorias-moeda que lhes eram proibidas pelos Países Baixos carrear para a África Ocidental (a todos os portugueses, de fato, pelo tratado entre Portugal e as Províncias Unidas)[148]. Ainda que não houvesse tal proibição, é pouco provável que os luso-brasileiros conseguissem concorrer com os traficantes europeus na mesma "moeda". Ingleses, franceses e holandeses, particularmente aqueles primeiros, tinham acesso privilegiado aos "panos de negros" trazidos do Oriente, além de contarem com uma produção doméstica de têxteis[149].

O tráfico de escravos na costa ocidental da África articulava os quatro cantos conhecidos do mundo. Da América vinha a prata e ouro que eram carreados para o Índico e mar da China, onde eram trocados pelos têxteis de vários feitios e as conchas marítimas, os cauris[150]. Os negreiros que partiam de Lisboa, Londres, Bristol, Liverpool e Nantes (principais portos escravistas do Velho Continente) levavam em seu bojo aqueles têxteis e cauris, trocando-os por escravos no litoral africano, seguindo com a carga humana para as três partes da América. O ciclo se fechava na Europa, para onde os negreiros partiam levando produtos tropicais, metais preciosos e letras, e em cujas praças os lucros eram amealhados[151].

Ao lado dos têxteis, pelos portos africanos entravam armas e bebidas alcoólicas, que juntamente com os tecidos compunham a maior parte das trocas

---

148 Verger, *Fluxo e Refluxo*, p. 31-5. Verger cita o art. IV do Tratado de 1661, como não concedendo à recíproca de comércio aos portugueses em domínios dos Países Baixos, p. 24. Sua fonte é o Arquivo Real de Haia.Nas transcrições que li dos tratados não localizei esta informação nem qualquer outra sobre o comércio de manufaturados pelos portugueses nas costas africanas. A fonte consulta foi: TRATADO de Paz e de Confederação entre El-Rei Dom Afonso VI e os Estados Gerais das Províncias Unidas dos Países Baixos, assinado na Haia a 6 de Agosto de 1661. In: CASTRO, José Ferreira Borges de. *Collecção dos Tratados, Convenções, Contratos e Actos Públicos celebrados entre a Coroa de Portugal e as mais potências desde 1640 até ao presente*. Tomo I. Lisboa, Imprensa Nacional, 1856, p. 261-93. (Agradeço ao prof. Tiago Miranda a indicação desta obra).

149 David Richardson. West African Consumption Patterns and Their Influence on the Eighteenth-Century English Slave Trade. In: Gemery; Hogendorn, *op. cit.*, p. 307-9, 311-6.

150 Sobre o uso de cauris como moeda na África Ocidental, cf. Marion Johnson, "The Cowrie Currency of West Africa". Part I. *The Journal of African History*, Cambridge University Press, vol. 11, n. 1, 1970, p. 17-49.

151 Curtin, *The Rise and Fall of Plantation Complex, op. cit.*, p. 132, 141-2; Walter E. Minchinton. The Triangular Trade Revisited. In: Henry A. Gemery; Jan S. Hogendorn. (Ed.). *The Uncommon Market*. Essays in the Economic History of Atlantic Slave Trade. Nova York: Academic Press, 1979, p. 341-52.

no litoral africano, sendo, portanto, as "grandes" fazendas do tráfico. Pólvora e munições, adornos, ferramentas de metal, e uma miscelânea de outros bens de menor valor eram produzidos na própria Europa e compunham os "feixes"[152] que pagavam os escravos adquiridos.

A composição da pauta de importação de cada região africana de tráfico variava, embora os têxteis tenham sido sempre o principal produto do escambo escravista[153]. Na região que nos interessa de perto, a Costa dos Escravos e a baía de Benin ou, simplesmente, a Costa da Mina, os bens de maior demanda eram os têxteis asiáticos e europeus. Havia grande importação de búzios, mas esses não eram propriamente bens de consumo, mas circulavam internamente como moeda, assim como algumas peças de metal[154].

Vimos na primeira parte deste trabalho as condições de surgimento e disseminação da fumicultura na capitania de Pernambuco e suas anexas. É importante notar que a disponibilidade de tabaco na região foi um meio imprescindível para que os mercadores de escravos com base nas praças do Recife, Goiana, Paraíba e outras menores continuassem a traficar na Costa da Mina. Enquanto os mercadores europeus concorriam entre si ofertando bens similares, o mesmo não poderia se dar com os luso-brasileiros. Diante da concorrência das potências européias e do padrão de consumo de importados dos portos da Costa da Mina, só a oferta de um bem de baixo custo e sem rival no mercado de escravos pode garantir as margens de lucro que compensavam a armação pelos negreiros dos portos do Brasil. Os traficantes deparavam-se com este imperativo em toda a costa ocidental africana, como argumenta David Richardson:

> *Once it is recognized that African tastes could exert quite a substantial influence over prices paid for slaves it follows that competitive position on the [African] coast of any group of mer-*

---

152 Cf. Miller, *op. cit.*, p. 40, 42-50, 63, 65-7, sobre a natureza das trocas na África centro--ocidental e a composição dos "feixes" ou *banzos* trocados pelos escravos.

153 Importações da Senegâmbia e Guiné, em ordem decrescente de importância: têxteis (50% da Índia), armas, metais e ferramentas, adornos, bebidas, tabaco, Curtin, *op. cit.*, 1990, p. 134-5; da Costa do Ouro: de 74%-84%, têxteis, seguido de armas e pólvora, Eltis, 2000, p. 175-7; da baía de Biafra: ferramentas de metal (80%) e adornos, nenhum tabaco ou cachaça, Eltis, 2000, p. 187-8; de Angola: têxteis (50%), álcool e metais, Miller, *op. cit.*, p. 71-94. Sobre a variação no padrão de consumo africano por região, cf. Richardson, *op. cit.*, p. 1979, p., 304-5 e ss.

154 Marion Johnson. "The Cowrie Currency of West Africa", op. cit., p. 17-49; sobre os búzios e outras mercadorias-moeda em Angola, Miller, *op. cit.*, p. 56-7, 62-5.

> *chants depended upon its accessibility to low cost supplies of standard trade goods* [...][155].

Além de não ter concorrente europeu ou americano à altura, o tabaco brasileiro não tinha qualquer rival africano[156]. Este ponto, também, é relevante, visto que os bens exportados pelas potências europeias e pela metrópole portuguesa para o tráfico encontravam rivais na própria África, como no caso dos têxteis, objetos metálicos e mesmo de aguardentes, visto que na África Centro-Ocidental havia uma bebida fermentada da seiva da palma, o *malafo*[157]. Claro está que os ganhos de produtividade na produção europeia tornavam as suas mercadorias cada vez mais baratas para os negreiros[158], o que foi vital na conjuntura da virada do século XVII, quando os termos de troca tornaram-se – no curto prazo pelo menos – favoráveis aos mercadores africanos[159]. Vejamos, então, a tendência dos preços no mercado atlântico de escravos.

A subida em flecha da demanda ocidental por escravos em fins do século XVII, estimulada pelo amadurecimento das *plantations Islands* caribenhas e a mineração na América portuguesa, não foi acompanhada, de início, pela oferta em todas as regiões da África. Ainda assim, as exportações de escravos africanos pelo Atlântico triplicaram entre a década de 1680 e de 1730[160].

Em razão das novas condições do mercado atlântico de escravos, os preços no litoral africano, que tinham caído entre 1650 e 1690, apreciaram-se acentuadamente. Nos 40 anos seguintes, a subida foi de 50%, ficando estáveis até cerca 1790. Se considerarmos o intervalo de 1670 a 1730, a apreciação na África ocidental foi de 400%[161]. No caso da África Centro-Ocidental, os preços nominais sobem no mesmo ritmo das demais regiões entre 1680-1730, mas têm novo pico nos anos 1750[162].

---

155 Richardson, West African Consumption Patterns, *op. cit.*, p. 323.

156 Silva, *A Manilha e o Libambo*, *op. cit.*, p. 455-6.

157 Miller. *Way of Death*, op. cit., p. 83; Alencastro. *O Trato dos Viventes*, *op. cit.*, p. 311-2.

158 Eltis. *The Rise of Slavery in Americas*, *op. cit.*, 2000, p. 116.

159 Miller, *op. cit.*, p. 107-8.

160 Eltis, *op. cit.*, 2000, p. 100-2.

161 Eltis, *op. cit.*, 2000, p. 151-3; Manning. *Slavery and the African Life*, *op. cit.*, p. 94, 131.

162 Miller. Slave prices in the Portuguese southern Atlantic, 1600-1830, op. cit., p. 51-2; *idem, Way of Death*, op. cit., p. 241-2.

Na baía de Benin, razões locais tornaram a oferta inelástica nos anos 1700-1730. A população do reino do Benin, por exemplo, declinou devido ao impacto do tráfico, reduzindo suas exportações de escravos, cedendo espaço à Costa dos Escravos e à do Ouro[163]. Talvez isso explique o deslocamento dos traficantes ingleses para a baía de Biafra[164], onde passaram a ser os maiores compradores de cativos. Da mesma forma, embora com menor acento que se supunha, os ingleses dirigem-se mais ao sul, em demanda do tráfico em Angola[165]. Os franceses, por sua vez, concentram a maior parte de suas exportações na Costa dos Escravos, baía de Benin e Senegal[166].

Portanto, somadas às limitações colocadas pelos holandeses ao tráfico português na região, os mercadores luso-brasileiros enfrentariam no comércio de escravos da Costa da Mina a concorrência das duas maiores potências econômicas de então.

As importações de escravos em Pernambuco na dimensão atlântica e da América portuguesa

Os esforços para quantificar a exportação africana e a correspondente importação americana de escravos ao longo dos cerca de quatro séculos de vigência do tráfico transatlântico têm sua pedra fundamental na obra de Phillip D. Curtin: *The Atlantic Slave Trade: A Census*[167]. Nela, Curtin empreendeu a tarefa hercúlea de sumarizar todos os cálculos efetuados e os dados até então publicados acerca das carreiras nacionais do tráfico atlântico e das importações regionais americanas, fazendo as correções que julgou necessárias.

Para calcular o volume do tráfico em suas várias vertentes, Curtin tanto procedeu da forma que outros autores já haviam estabelecido, como propôs ele mesmo formas de cálculo aproximativas. Devido à ausência de séries estatísticas para al-

---

163 Manning, *op. cit.*, p. 131-2, 134, 166-8.

164 Richardson, West African Consumption Patterns and Their Influence on the Eighteenth-Century English Slave Trade, *op. cit.*, 1989, 172-4.

165 *Ibidem*, p. 168-9, 172-4; *idem*, "The Eighteenth Century British Slave Trade: estimates of its volume and coastal distribution in Africa", *op. cit.*, 1989b, p. 4.

166 Klein, *op. cit.*, p. 177, 207.

167 Phillip D. Curtin. *The Atlantic Slave Trade: A Census*. Madison, Wisconsin: University of Wisconsin, 1969. Sobre a importância desta obra para os estudos ulteriores, cf. Henry A. Gemery; Jan S. Hogendorn. Introduction, p. 3. In: *Idem. The Uncommon Market*. Essays in the Economic History of Atlantic Slave Trade. Nova York: Academic Press, 1979.

A FÊNIX E O ATLÂNTICO

guns períodos, sobretudo anteriores a 1750, e dos elementos necessários para avaliar o tráfico entre a África e a América, o pesquisador do tema tem que lançar mão de recursos indiretos que possibilitem aproximar-se de resultados satisfatórios.

A melhor fonte de informação que se poderia desejar, obviamente, é aquela que trouxesse os números efetivos, oficiais pelo menos, de embarques na África e desembarques de escravos na América. Quando esta falta, alguns procedimentos provêem cálculos aceitáveis do volume de escravos exportados e importados, de um lado e outro do Atlântico. A forma mais comum faz usos de dados de navegação, "considerada como a mais sólida fonte de evidência"[168], isto é, o número das viagens de negreiros de um porto ou nação rumo à África. De posse desta informação, multiplica-se o total de viagens/navios pela capacidade média de carga de escravos das embarcações. Esta, ou é tomada de anos em que são conhecido o número de viagens e de escravos embarcados, ou calcula-se de acordo com a tonelagem de cada navio e o número de escravos por tonelada, também calculado a partir dos anos em que se têm ambas informações.

Utilizando aquelas duas formas de cálculo, é possível preencher as lacunas referentes aos anos em que se têm apenas informações sobre o número de viagens negreiras. Tais procedimentos têm sido adotados por quase todos os estudiosos que escreveram após Curtin[169]. Outra abordagem, ainda, que rendeu frutos consiste em calcular as exportações de escravos da África por meio das exportações de produtos carreados da Europa para aquele continente. Para tanto, é necessário que se saiba o "preço"[170] de um ou mais escravos, por *cabeça* ou *peça*, em moeda européia, isto é, o valor do conjunto de mercadorias trocadas por um cativo ou mais. Esse "preço", denominado *prime cost* (preço f.o.b.), permite que se calcule o montante de cativos que determinado valor em mercadorias poderia adquirir.

---

168 David Richardson. "The Eighteenth Century Slave Trade: estimates of its volume and coastal distribution in Africa". *Research in Economic History*, London; Connecticut: Jai Press, vol. 12, 1989, p. 159.

169 Cf. as sínteses em Paul Lovejoy. "The Volume of the Atlantic Slave Trade: a Synthesis". *The Journal of African History*, vol. 23, n. 4, 1982, p. 473-501; David Richardson *op. cit.*

170 Sobre a composição e utilização do "preço" dos escravos em bens europeu para calcular a flutuação daqueles preços na África cf. David Richardson, *op. cit.*, 1979, p. 322-3; David Eltis. *The Rise of African Slavery in the Americas*. Cambridge: Cambridge University Press, 2000, p. 115-6; sobre a composição de um *banzo* ou "preço" pago na África centro-ocidental, Joseph C. Miller. *Way of Death*, op. cit, p. 71-88. Cf. a explicação ligeiramente diferente de Alfredo de Albuquerque Felner. *Angola*. Apontamentos sobre a ocupação e início do estabelecimento dos portugueses no Congo, Angola e Benguela extraídos de documentos históricos. Coimbra: Imprensa da Universidade, 1933, p. 300-2.

Os dois procedimentos resumidos acima possibilitam cálculos aproximados das exportações africanas de escravos com o concurso dos negreiros europeus. Para chegarmos ao volume de importações de escravos pela América, contudo, devemos descontar destes resultados o montante referente à taxa média de mortalidade da carga humana nas diversas carreiras do tráfico.

Há, ainda, outra forma de abordar a questão, no que diz respeito à importação americana. Alguns autores calcularam-na para o Caribe inglês estabelecendo uma relação entre volume de produção açucareira e o volume necessário de escravos[171]. Esta fórmula, porém, é a que apresenta mais problemas, tendo sido pouco aplicada desde então.

No Anexo VII apresentam-se os resultados obtidos, usando dois dos procedimentos expostos atrás, para calcular as importações de escravos pelo porto do Recife entre 1696 e 1742, acrescido dos dados para 1743-1760. As fontes das estimativas são quatro conjuntos de informações, dos quais dois são dados de importações efetivas de escravos pelo porto do Recife e os outros dois são estimativas baseadas em dados de exportações de tabaco e quantidade de embarcações fazendo a carreira da Costa da Mina a partir do Recife.

Os dois primeiros blocos de informações são oriundos de registros da alfândega real da capitania de Pernambuco. O primeiro é uma lista das importações de "negros da Costa da Mina"[172] e a respectiva arrecadação dos direitos régios sobre os mesmo, compreendendo os anos 1722-1731. Esta lista apresenta, ainda, o número de embarcações que deram entrada no porto do Recife, ano a ano, nas quais os escravos foram trazidos. O segundo consiste noutra relação da alfândega, incluindo os anos de 1742-1760, do mesmo teor que a primeira, cujo volume de escravos importados e de viagens foi tabulado por Daniel Domingues B. da Silva[173].

---

171 O principal trabalho é de Kenneth W Stetson,. *A quantitative approach of the Britain's American slave trade, 1700-1773*. Apud: Curtin, *op. cit.*, p. 137-42.

172 CARTA do provedor da Fazenda Real da capitania de Pernambuco, João do Rego Barros, ao rei [D. João V], remetendo certidão dos editais que foram postos para a arrematação do contrato da Alfândega dos negros que vêem da Costa da Mina, e da relação dos seus rendimentos nos últimos dez anos. Recife, 16 de janeiro de 1732. AHU_ACL_CU_015, Cx. 42, D. 3786.

173 Daniel Domingues Barros da Silva. "O Tráfico Transatlântico de Escravos de Pernambuco (1576-1851): notas de pesquisa". *Anais do VI Congresso da ABPHE*. Registro, RJ: Associação Brasileira de Pesquisadores em História Econômica, 2005, p. 25, Anexo 8, incluído no *Trans-Atlantic Slave Trade: A Dataset 2*.

De acordo com estes números, foi possível estabelecer a carga média de escravos por embarcação para os dois períodos citados (Tabelas XXVIII e XXIX).

Como se pode ver, a quantidade média de escravos que cada embarcação poderia transportar em cada um dos períodos é bastante próxima. Mesmo tendo em conta as variações ano a ano, podemos tomar estas médias como a capacidade média de cada embarcação, para os anos em que desconhecemos o número de escravos importados, mas dispomos do número de embarcações naquela rota. De fato, as duas médias foram transformadas numa só, devido à quase igualdade de ambas, isto é, 250 escravos por barco[174].

Tabela XXVIII - Número de Negreiros e de Escravos vindos da Costa da Mina para o Porto do Recife, 1722-1731

	1	2	3
ANO	Embarcações	Escravos	2/1
1722	10	1.957	196
1723	13	3.693	284
1724	10	2.505	251
1725	6	1.650	275
1726	11	2.733	248
1727	10	2.684	268
1728	10	2.803	280
1729	6	1.426	238
1730	8	1.910	239
1731	5	859	172
Total	89	22.220	250

Fonte: CARTA do provedor da Fazenda Real da capitania de Pernambuco, João do Rego Barros, ao rei [D. João V], remetendo certidão dos editais que foram postos para a arrematação do contrato da Alfândega dos negros que vêem da Costa da Mina, e da relação dos seus rendimentos nos últimos dez anos. Recife, 16 de janeiro de 1732. AHU, CU, Pernambuco. Cx. 42, doc. 3786.

---

174 Preferi a cifra de 250 escravos, ao invés de 254, para não pecar por excesso nas estimativas indiretas.

Tabela XXIX - Importação de escravos e Número de Negreiros Vindos da Costa da Mina para o Porto do Recife 1742-1760

	1	2	3
ANO	Embarcações	Escravos	2/1
1741-45	2,1	550	262
1746-50	4,2	1.080	257
1751-55	3,3	840	255
1756-60	3,6	940	261
Total	64,0	16.667	258

Fontes: OFÍCIO do [governador da capitania de Pernambuco], José César de Meneses, ao [secretário de Estado da Marinha e Ultramar], Martinho de Melo e Castro, sobre a Companhia Geral de Pernambuco e Paraíba [...], Anexo 2. AHU, CU, Pernambuco, cx. 130, doc. 9823; Daniel Domingues Barros da Silva e David Eltis. The Slave Trade to Pernambuco. In D. Eltis; D. Richardson. Extending the Frontiers: Essays on the New Transatlantic Slave Trade Database. Yale University, 2008, p. 100.

Os outros dois conjuntos de dados não trazem informações acerca das importações de escravos no Recife, mas permitem que estas sejam estimadas indiretamente. Primeiro, lançando mão do volume de tabaco exportado para a Costa da Mina pelo porto do Recife, o qual aparece nos registros enviados de forma intermitente a Lisboa pela superintendência do tabaco de Pernambuco (Tabela V). Para derivar desta informação uma estimativa da importação de escravos, consideramos o peso dos rolos embarcados para aquele destino, o qual nem sempre coincidia com o verificado na Bahia[175], o preço em rolo de cada escravo (cálculo disponível para a Bahia)[176], o que nos dá o número bruto (potencial) de escravos a serem importados. Deste número descontamos a taxa de mortalidade no tráfico transatlântico da costa ocidental da África, que era de 15% no período, o que resulta no número líquido de escravos importados[177].

Uma observação é necessária quanto ao preço dos escravos em rolos de tabaco. Para chegarmos a este preço como média, bastaria que tivéssemos o volume de tabaco exportado pelo porto do Recife e o número de escravos importados de um dado ano, como de fato temos. O que parece à primeira vista simples,

---

175 Cf. Anexo II.

176 Nardi, *op. cit.*, 224, 276, 384-6 (Apêndice 2).

177 Silva, *op. cit.*, p. 19, 24, Anexo 7; Lovejoy, *op. cit.*, p. 491. Poderíamos, se tivéssemos fontes para tanto, usar diferentes taxas de mortalidade nos diversos períodos calculados, uma vez que a taxa de mortalidade do tráfico de escravos foi decrescente ao longo do século XVIII. Klein, *Middle Passage*, op. cit., p. 229-34.

torna-se difícil, visto que não temos como garantir que todo os escravos que foram importados pelo porto de Pernambuco vieram, efetivamente, em barcos da capitania. Isto porque há várias menções a barcos saídos de Salvador que vinham vender – pelo menos parte – sua carga de escravos no Recife[178]. Portanto, os anos em que o número de importações de escravos excede o volume potencial indicado pelas exportações de tabaco da capitania podem ser atribuídos ou à descarga de navios baianos ou ao uso, por nós, de um preço em rolos irreal. Usamos, então, os preços calculados por Jean Baptiste Nardi[179].

Outro dos procedimentos adotados consistiu em verificar a quantidade de barcos fazendo aquela rota em determinados anos, informação respigada na documentação e, considerando-se a capacidade média de 250 escravos por barco, estabelecer o número bruto de escravos importados nos ditos anos. Deste total, todavia, não foi preciso subtrair o volume equivalente aos 15% de perdas na torna-viagem, para chegarmos aos números líquidos, uma vez que as cargas declaradas nos documentos que já referimos são de despacho dos escravos na alfândega de Pernambuco, logo, já tendo sido realizada a travessia com as perdas médias supostas.

Há uma exceção quanto a este caminho: o ano de 1706. Há registro de que a esta altura havia 3 embarcações traficando entre o Recife e a Costa da Mina, das quais duas eram patachos e uma, sumaca[180]. Por esse ano estar bastante afastado daqueles dois períodos para os quais há dados efetivos de importação de escravos e número de barcos, é mais prudente não utilizar a capacidade média verificada nos anos mencionados. Segundo a mesma fonte, a capacidade de carga de tabaco de cada um daqueles barcos era de 1.000 arrobas para o patacho e 850 arrobas para a sumaca. Enquanto a capacidade em escravos era de 300 por navio. Ao invés de utilizar-se esta última, que parece muito alta para as embarcações de Pernambuco,

---

178 Verger, *Fluxo e Refluxo*, p. 124. É possível que os escravos fossem apenas desembarcados em Pernambuco e, a maior parte, seguisse pelo "sertão" para as Minas Gerais, sendo este comércio taxado por cabeça de escravo enviada "em direitura" às minas ou enviados por terra; cf. a CARTA Régia ao governador de Pernambuco de 27 de fevereiro de 1711; CARTA do Vice-Rei ao Governador de Pernambuco de 17 de agosto de 1715, in: INFORMAÇÃO Geral da Capitania de Pernambuco. *Annaes da Bibliotheca Nacional do Rio de Janeiro*, vol. XXVIII, 1906, p. 295-6; sobre o caminho para as minas, saindo de Salvador e passando por Cachoeira, cf. André João Antonil. *Cultura e Opulência do Brasil*. 3a. ed. Belo Horizonte; São Paulo: Itatiaia; Edusp, 1982, p. 186-7.

179 Nardi, *op. cit.*, p. 276.

180 SUPPERINTENDENTE da Recadação do Tabaco da Bahia. Bahia 20 de Janeiro de 1706. Instituto dos Arquivos Nacionais Torre do Tombo (TT), JT, Maço 96.

preferiu-se considerar a capacidade de carga em tabaco daquelas embarcações, de acordo com esta fonte. Chegou-se, assim, ao número bruto de escravos importados, do qual subtraímos, como de praxe, os 15% da taxa de mortalidade[181].

Tendo efetuado estes cálculos, para determinados anos distribuídos de 1698 a 1741, e de posse dos números referentes a 1742-1760, restam os anos para os quais nos faltam os números relativos à exportação de tabaco, número de barcos naquela rota e importação de escravos pelo Recife. Para preencher estes vazios, repetimos o número médio ou efetivo de escravos importados em um dado período ou ano para os demais anos antecedentes e posteriores sobre os quais carecemos de informação. Dispondo dos números para dois anos ou períodos não sucessivos, os anos não conhecidos que medeiam entre aqueles são preenchidos, metade, com os dados do(s) ano(s) anterior e, a outra metade, com os dados do ano ou período seguinte[182].

Resta reafirmar que o número de arrobas ou rolos de tabaco exportados não é um equivalente direto do volume de escravos importados. Seja porque nem todo o tabaco embarcado no Recife e exportado para a África foi gasto unicamente na aquisição de escravos, seja por ser necessário saber quais os outros produtos comercializados.

Do lado da oferta africana, os estudos sobre a região da Baía de Benin e Costa dos Escravos indicam que por seus portos exportavam-se quase exclusivamente escravos[183]. No que toca à demanda pelos negreiros, viu-se que era por escravos e manufaturas.

No entanto, como não sabemos os gastos efetivos na compra dos escravos nestes portos, consideramos uma relação direta entre quantidade de bens exportada na ida e quantidade de escravos retornada (o chamado *prime cost*[184]). Aqui

---

181 Arrobas de tabaco / peso do rolo / preço em rolo por escravo ou 2850arroba / 2,8/6,2 = 382.

182 Sobre este procedimento, cf. Curtin, *op. cit.*, p. 146-8; Roger Anstey. The Volume and Profitability of British Slave Trade, 1761-1807. In: Stanley L. Engerman; Eugene D. Genovese. (Ed.). *Race and Slavery in the Western Hemisphere*. Quantitative Studies. New Jersey: Princeton University Press, 1975, p. 4-5; Manolo Florentino. *Em costas negras*. Uma história do tráfico entre a África e o Rio de Janeiro. São Paulo: Companhia das Letras, 1997, p. 48-50. Nosso cálculo difere da forma proposta por Curtin no que diz respeito à fonte da exportação anual utilizada; ele lança mão de estimativas contemporâneas, enquanto fazemos uso (assim como os demais autores citados) de importações efetivas ou calculadas com dados contemporâneos.

183 Philip D. Curtin. *The Rise and Fall of the Plantation Complex*. Essays in the Atlantic History. Cambridge: Cambridge University Press, 1990, p. 133; David Eltis, *op. cit.*, p. 166, 181.

184 Richardson, *op. cit.*, 1979, p. 322-3; Joseph C. Miller. Slave prices in the Portuguese southern Atlantic, 1600-1830. In: Paul E. Lovejoy (Ed.). *Africans in Bondage*. Studies in Slavery and

A FÊNIX E O ATLÂNTICO

se justifica, em parte, a asserção de que *há uma conexão lógica entre o comércio de exportação* [de produtos para o tráfico transatlântico] *e o nível de importação* [de escravos], *sendo a diferença as perdas em trânsito*[185]. Ver-se-á, logo à frente, que as exportações de tabaco são um indicador limitado das importações de escravos da Costa da Mina.

Outra observação é necessária para o ano de 1698, do qual foram derivadas as médias dos 2 anos subseqüentes e os 2 antecedentes. O número de escravos calculado para este ano baseia-se na exportação de tabaco do Recife e, usando apenas esta referência, é provável que resultasse num volume subestimado. Naquele ano, o ouvidor geral encarregou-se, pela primeira vez, da arrecadação do tabaco na capitania de Pernambuco, pelos moldes das ordens emanadas da corte e da Bahia. Parece-me que, vista a evolução das exportações locais de tabaco (Tabela I), o ano de 1698 é excepcional quanto à repartição do gênero entre Portugal e África. Se aplicarmos o percentual médio verificado para as importações totais do Recife para a Costa da Mina (Tabela I) *vis-à-vis* as remessas para Lisboa, os dados para 1698 alteram-se sensivelmente. Ao invés de 95, teríamos 401 escravos importados naquele ano, ou melhor, 369, observada a taxa de mortalidade da *middle passage* a partir da Costa da Mina.

Esta elevação é plausível, visto que, segundo o mesmo tipo de cálculo (exportação de tabaco/importação de escravos), apenas 6 anos depois o número de escravos importados foi 460. Por outro lado, no ano 1698, a Bahia importava 942 escravos, enquanto a média do qüinqüênio (1696-1700) foi de 1.264; por sua vez, os valores para 1704 e para o qüinqüênio 1701-1705 são 1.180 e 1.158, respectivamente[186]. Comparados aos números do Recife indicados acima, mantém-se certa proporção entre as importações de ambas as praças, o que reforça nossa estimativa para mais das importações do ano 1698 e, conseqüentemente, do qüinqüênio. Nas duas primeiras décadas do Oitocentos, o Recife importava um número de escravos equivalente à cerca de um terço da praça soteropolitana, estimativa que pode ser estendida para o qüinqüênio 1695-1700.

---

the Slave Trade. Madison, Wisconsin: Africans Studies Program, University of Wisconsin, 1986, p. 68; Patrick Manning. *Slavery and African Life*. Occidental, Oriental and African slave trade. Cambridge: Cambridge University Press, 1995, p. 93, nota 25. Mais precisamente, o *prime cost* é o valor em réis dos rolos de tabaco trocados por um escravo.

185 Paul Lovejoy, *op. cit.*, p. 495.
186 Nardi, *op. cit.*, p. 224 e 383.

Da avaliação ano a ano, obtiveram-se as médias qüinqüenais. No entanto, outros dados relativos à importação de cativos da Costa da Mina por Pernambuco levaram a uma sensível alteração deste quadro. De acordo com o valor arrecadado pela provedoria da fazenda da capitania dos direitos de entrada destes escravos (3$500) para os anos 1708-1710 e 1715, o volume de escravos desembarcados superou os que as exportações de tabaco pelo Recife faziam supor. No triênio referido a provedoria arrecadou 9.416.519 réis e em 1715 o valor foi de 2.009.370 réis. Por estas somas, é possível deduzir o desembarque de 2.690 e 574 escravos, para os respectivos anos. Comparados enquanto médias para estes anos às médias calculadas pelas exportações de fumo, as diferenças relativas são de 235% para 1708-1710 (382 contra 897) e 179% para 1715 (321 contra 574).

De forma que foi necessário corrigir o qüinqüênio (1706-1710) ajustando--o pelos valores dos direitos arrecadados e o qüinqüênio posterior (1716-1720) pela diferença percentual verificada entre os dois cálculos (exportação de tabaco/direitos de importação) do qüinqüênio que lhe antecede. Os resultados reajustados vão expressos na Tabela XXX e no Gráfico 3, comparados às importações da Bahia no mesmo período. Ainda assim, há indícios que os primeiros dez anos da Tabela XXX estão subavaliados.

Esta diferença de resultados entre as duas formas de estimativas provém do papel que se atribuiu ao tabaco na aquisição de escravos na África Ocidental. Tendo-se demonstrado que o tabaco não pagava pela totalidade das cargas de cativos adquiridos pelos negreiros de Pernambuco, compreende-se o porquê da defasagem dos cálculos de acordo com as exportações de fumo. Embora a participação relativa do gênero neste tráfico possa ter variado segundo a abundância do ouro na praça recifense, os indícios mostram que ele provavelmente não excedeu os 60% do valor dos cativos importados na metade inicial do século XVIII.

Considere-se o período de 1742 a 1760, quando 16.478 escravos foram importados da Costa da Mina pelo Recife. O número equivalente de rolos de tabaco exportados foi de 57.218, ou seja, 3,5 por escravo. Ora, na Bahia, no decênio 1745-1755, a mesma relação era de 7,7 a 7,8 rolos por escravo. Logo, só o recurso a outros produtos pode ter permitido aos negreiros de Pernambuco colmatar esta diferença[187].

---

187 Os dados de importação e exportação constam do OFÍCIO do governador da capitania de Pernambuco, José César de Menezes, ao secretário de estado da Marinha e Ultramar, Martinho de Melo e Castro, sobre a Companhia Geral de Pernambuco [...]. Recife, 13 de julho de 1778. AHU, CU, Pernambuco, Cx. 130, Doc. 9823. Os relativos à Bahia: Nardi. *O Fumo Brasileiro, op. cit.*, p. 224.

Comparadas período a período, as importações da praça da Bahia e de Pernambuco oriundas da Costa da Mina revelam alguns pontos importantes. Tendo o tráfico transatlântico de escravos aumentado drasticamente no início do século XVIII, o tráfico da Bahia teria ficado fora daquela tendência nos três primeiros lustros do século. O tráfico de Pernambuco, por sua vez, demonstra uma tendência inversa, embora só acentuada na segunda metade da primeira década setecentista.

Com as descoberta das minas de São Paulo, como ainda se chamavam na virada do século XVIII, a demanda da América portuguesa por mão-de-obra compulsória deu um salto. Assim, como até então os dois principais, e quase únicos, portos de importação de escravos eram Salvador e Recife (uma vez que o Rio de Janeiro levaria ainda alguns anos para emparelhar-se com aqueles portos[188]), os dados para a Bahia e para o primeiro decênio (1696-1705) de Pernambuco são contrários ao que se poderia esperar. Poderíamos aventar que o aumento das remessas de escravos para o centro-sul da colônia foi compensado pela queda na demanda do nordeste, tendo em vista a crise no seu setor açucareiro.

Tabela XXX - Importação de Escravos da Costa da Mina: Bahia e Pernambuco (Médias Qüinqüenais)

	Pernambuco		Bahia		
	1	2	3	4	5
Anos	**Escravos**	**Variação**	**Escravos**	**Variação**	**1/3**
1696-1700	419	100	1.264	100	33%
1701-1705	448	107	1.158	92	39%
1706-1710	897	214	1.043	83	86%
1711-1715	574	137	1.188	94	48%
1716-1720	1.261	301	2.171	172	58%
1721-1725	2.405	574	2.256	178	107%
1726-1730	2.311	552	3.978	315	58%
1731-1735	1.319	315	4.175	330	32%
1736-1740	999	238	6.055	479	16%
1741-1745	550	131	4.209	333	13%
1746-1750	1.080	258	4.380	347	25%
1751-1755	840	200	3.581	283	23%
1756-1760	940	224	3.932	311	24%

Fontes: para a Bahia: Nardi, *op. cit.*, p. 224, 383-94, Tabela VII.1; Pernambuco, ver Anexo VII.

---

188 Klein, 32; Florentino, *op. cit.*, p. 37.

GRÁFICO 5 - Importações de Escravos da Costa da Mina pela Bahia e Pernambuco: 1696-1760 (Médias qüinqüenais)

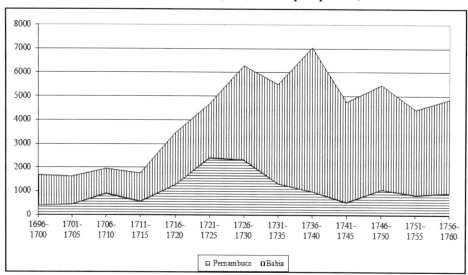

O comportamento das exportações de açúcar da Bahia e Pernambuco pode ajudar a comprovar ou rejeitar este argumento. As exportações da Bahia seguem em alta desde 1700 até 1710, quando declinam até meados da década seguinte, voltando a recuperar-se e mantêm-se aumentando pelos próximos 10 ou 15 anos, até declinarem fortemente nos anos 1730[189]. Quanto a Pernambuco, teria conhecido as mesmas tendências da Bahia em suas exportações açucareiras: alta nos anos 1700; baixa: 1710-1715; recuperação, 1715-1730, porém, sem voltar a alcançar os níveis do início do século[190]. No entanto, o valor de arrematação do contrato dos dízimos da capitania cai continuamente entre 1706-1710[191].

Portanto, para primeira década setecentista, os níveis de remessa de açúcar das duas principais capitanias do Estado do Brasil levar-nos-iam a supor um quadro de importação de escravos diferente do que se apresenta na Tabela XXX. Se, todavia, os valores dos contratos dos dízimos de Pernambuco forem um indicador

---

[189] J. H. Galloway. "Nordeste do Brasil, 1700-1750. Reexame de uma crise". *Revista Brasileira de Geografia*, Rio de Janeiro, 36 (2), abril/junho 1974, p. 92-3, 95; Stuart B. Schwartz. *Segredos Internos*. Engenhos e escravos na sociedade colonial. São Paulo: Companhia das Letras, 1988, p. 165-9. Advirta-se que estes dois autores discordam sobre a cronologia da crise nas exportações baianas da primeira metade do século XVIII; para Schwartz, a crise já se estabelecera no início dos anos 1720.

[190] Galloway, "Nordeste do Brasil, 1700-1750", p. 93.

[191] *Ibidem*, p. 97.

fiel de suas exportações, a baixa verificada no tráfico com a Costa da Mina no segundo lustro dos anos 1700 estaria conforme com o desempenho econômico da capitania. Para o qüinqüênio 1711-1715, a baixa certamente é conseqüência das "alterações" ocorridas em Pernambuco, opondo "mascates" e "pró-homens" desde 1709, cujo impacto sobre a economia local fazem-se sentir até 1715[192].

Importa-nos, não obstante, mais a tendência de conjunto que os períodos isolados. Assim, ainda haveria que se compreender o recuo no tráfico do nordeste colonial com a Costa da Mina do início do século XVIII até cerca de 1715. Não podendo ser atribuído, ao que parece, à queda nas exportações de açúcar, que ainda não se faziam sentir, podemos buscar uma explicação em fatores externos a estas economias.

Uma razão, talvez, para a retração naquele interregno do tráfico da Bahia e Pernambuco com a Costa da Mina possa ser encontrada na conflagração européia entre 1701-1712, envolvendo a sucessão da coroa de Castela. Portugal envolveu-se neste conflito, aliando-se à Inglaterra, aos Paises Baixos e à Áustria, contra a França e a Espanha. Estas guerras tornavam o Atlântico um ambiente hostil para os dois lados, pois boa parte das contendas girava em torno da hegemonia no ultramar[193]. Assim, pilhagens e apresamentos de navios de parte a parte tornavam-se correntes. Das nações envolvidas nesta guerra, apenas espanhóis e austríacos não tinham presença no litoral africano. Portugal estava aliado à, já então, maior potência marítima, mas os súditos lusitanos de além-mar não poderiam deixar de temer as represálias francesas no Atlântico sul.

A redução no volume do tráfico transatlântico de escravos durante os anos de guerra era um fenômeno geral, atingindo as duas maiores carreiras do tráfico, a inglesa e a francesa. Os anos seguintes aos períodos conflagrados apresentam níveis de tráfico maiores que os dos anos anteriores a cada uma das guerras, compensando a demanda reprimida[194]. É provável, portanto, que o tráfico luso-brasileiro não tenha fugido à regra. O mesmo raciocínio, no entanto, não se aplica

---

192 Mello, *A Fronda dos Mazombos*, op. cit., p. 407, 445-6.

193 Na análise de Fernando Novais: "Comércio de produtos orientais, produção colonial, tráfico negreiro – são de aí por diante objeto de afanosa competição por parte dos ingleses, franceses, holandeses, além dos precursores ibéricos. A concorrência colonial se entrelaçava com as questões européias e esse entrelaçamento foi se acentuando no correr da segunda metade do século XVII, engendrando tensões que se generalizaram nos conflitos da guerra de Sucessão Espanha". F. A. Novais. *Portugal e Brasil na Crise do Antigo Sistema Colonial (1777-1808)*. São Paulo: HUCITEC, 1978, p. 39.

194 Curtin. *The Atlantic Slave Trade*, op. cit., p. 149, 154.

aos anos posteriores à Paz de Ultrecht (1713), pois, desde então, Portugal permaneceu neutro nos conflitos europeus, até 1762[195], o que lhe permitia um trânsito mais tranqüilo no Atlântico e, dado que o tráfico francês era o mais atingido pelo poderio inglês durante as guerras setecentistas[196], os conflitos poderiam, mesmo, favorecer o tráfico luso-brasileiro.

Voltemos, agora, nossa atenção ao tráfico pernambucano *vis-à-vis* do baiano. Visto em detalhes, os tráficos de Pernambuco e da Bahia discrepam ao longo do período. Note-se que no primeiro lustro do século XVIII, as importações pernambucanas aumentam, ainda que levemente, enquanto que os da Bahia mostram constante declínio até 1710, quando começa uma leve recuperação assinalada no qüinqüênio seguinte. Deste ponto e nos próximos 15 anos, ambas as capitanias recuperam o fôlego na corrida por braços africanos. A Bahia, no entanto, mostra uma discreta recuperação no lustro anterior, enquanto o tráfico de cada capitania é retomado com força na segunda metade dos anos 1710.

A não coincidência em alguns períodos entre a evolução do tráfico a partir da Bahia e o do porto do Recife indica a particularidade de cada um. Dito de outra forma, não é possível considerá-los como um único ramo de comércio de escravos do nordeste do Brasil colonial e para a América portuguesa como um todo. Pode-se mesmo tomá-los como concorrentes entre si, o que explicaria que em períodos de restrição ao tráfico luso-brasileiro na costa da África, uma capitania tivesse melhor desempenho às expensas da outra.

A rivalidade entre os negreiros de cada capitania era expressa pelas próprias autoridades encarregadas da arrecadação do tabaco. No ano de 1725, o superintendente da arrecadação da Bahia informava ao rei a conclusão das diligências que fora enviado a fazer em Pernambuco. Após fazer várias críticas ao desempenho do órgão arrecadador desta capitania, apontou três formas de sanar as suas deficiências. Entre as medidas indigitadas para impedir os descaminhos

---

195 Sobre a posição de Portugal e seu ultramar no concerto das relações diplomáticas e bélicas da Europa e a importância das colônias e dos mercados ultramarinos no cálculo diplomático dos Estados centrais europeus, cf. F. A. Novais, *op. cit.*, p. 33-54.

196 A "Fase II" da "Luta no Centro"; cf. Immanuel Wallerstein. *O Sistema Mundial Moderno.* Vol. II. O mercantilismo e a consolidação da economia-mundo europeia, 1600-1750. (Trad.). Lisboa: Afrontamento, [1994], p. 250-3, onde o autor analisa os móveis econômicos e políticos destas guerras (a Sucessão Austríaca, 1739-1748; dos Sete Anos, 1756-1763). Sobre as vicissitudes do tráfico francês, cf. Curtin. *The Atlantic Slave Trade*, op. cit., p. 174-6; Robert L. Stein. *The French Slave Trade in the Eighteenth Century*, op. cit., p. 26-7. Apenas entre 1739 e 1748, a França perdeu mais de 1.000 navios mercantes; Wallerstein, *op. cit.*, p. 253.

A FÊNIX E O ATLÂNTICO

209

de tabaco para a Costa da Mina incluía-se limitar o número de embarcações saídas do Recife com aquele destino[197]. O governador de Pernambuco remeteu uma missiva ao rei em resposta àquela carta. Segundo o mesmo, os *arbítrios* sugeridos pelo superintendente da Bahia

> todos se encaminhão a deminuir, e atinuar esta capitania, querendo se impedir com o rebuço de Zello do Real Serviço de V. Mg.[de] as embarcações que daqui vão para a costa da mina a comerciar com Tabacos, deligencia em que há muito tempo trabalhão os homens de negocio da Bahia [pois] q só se dezejaria conseguir he q V.Mg.[de] mande taxar nº certo de embarcações para que então as da Bahia tenhão o negocio maez franco.[198]

A resposta acima permite-nos perceber que os traficantes da Bahia sentiam a concorrência dos de Pernambuco (a recíproca deveria ser verdadeira) na Costa da Mina e buscavam, a crer no governador de Pernambuco, manipular os instrumentos legais para coibi-la.

Por outro lado, o arrefecimento do tráfico luso-brasileiro naquela região do Atlântico africano, no período indicado, pode ser atribuído ao aumento da concorrência de outros negreiros, particularmente ingleses e franceses, que entram cada vez mais no tráfico em finais do século XVII, como exposto anteriormente.

Deve-se considerar, igualmente, que o tráfico de escravos na Costa da Mina era afetado pela conjuntura política interna àquela região, particularmente pelas disputas militares entre as entidades políticas locais. De forma que, se as guerras do Daomé contra Oió, Ardra e Uidá aumentaram a oferta de cativos nos anos 1720-1740, as incursões de Daomé sobre os reinos e cidades litorâneas também foram responsáveis, em alguns anos, pelo retardamento do giro do tráfico, como aconteceu nos anos 1728-1733. Durante estes anos, o giro completo das viagens à Costa da Mina a partir da Bahia saltou de seis a sete meses para mais de um ano[199].

Pode-se, agora, cotejar as importações baianas e as pernambucanas – exclusivamente as do Recife – para dimensionar a importância destas últimas no

---

197 CARTA do Superintendente da Bahia. Bahia, 29 de Setembro de 1725. TT, JT, Maço 98.

198 DO GOVERNADOR de Pernambuco. Pernambuco, 12 de Agosto de 1726. TT, JT, Maço 98.

199 Verger, *Fluxo e Refluxo*, p. 166-70, 176-7, 187-9. Os dados oficiais de desembarque de cativos no Recife refletem esta conjuntura, acusando uma redução de 2/3 entre o ano 1728 e 1731; ver Tabela III.

âmbito da colônia e do tráfico transatlântico. Os números relativos à Bahia são os calculados por J. B. Nardi. Antes dele, Maurício Goulart[200], Pierre Verger[201] e, com base nos dados deste, Patrick Manning[202] haviam oferecido uma estimativa das importações baianas da Costa da Mina (Tabela XXXI). Os números de Nardi são preferíveis aos demais, uma vez que aos dados de navegação utilizados por Verger ele adicionou os dados das listas dos navios e carga de tabacos saídos da Bahia para a Costa da Mina[203], cuja finalidade quase exclusiva era o tráfico. Com este procedimento ele refinou o cálculo das importações de escravos, na medida em que não supôs uma carga em escravos invariável para o número de navios durante toda a primeira metade do século XVIII (como fizeram Verger e Manning) e pode preencher vários anos para os quais não havia dados – no caso de Verger (1715-25, 1734-38)[204], e Goulart (1701-24, 1749-50)[205] .

---

200 Goulart, *A Escravidão Africana no Brasil, op. cit.*, p. 211-6.

201 Verger, *Fluxo e Refluxo*, p. 692-707.

202 Manning, *The Slave Trade in the Bight of Benin, op. cit.*, p. 118, 136-7.

203 Nardi, *O Fumo Brasileiro, op. cit.*, p. 224, 381-94, embora também recorra, em menor medida, à Verger e Viana Filho.

204 Verger, *Fluxo e Refluxo, op. cit.*, p. 707.

205 Goulart, *A Escravidão Africana no Brasil, op. cit.*, p. 211-6.

Tabela XXXI - Exportações da Costa da Mina para a Bahia: Três Estimativas [a]

		Manning			Nardi		Goulart
	1	2	3	4	5	6	7
Ano	Navios	Escravos	2/1	Navios	Escravos	5/4	Escravos
1691-1700	152	60.800	400	152	9.815	65	–
1701-1710	216	86.400	400	90	11.010	122	67.200
1711-1720	168	67.200	400	118	16.800	142	67.200
1721-1730	159	63.400	399	119	31.170	262	65.540
1731-1740	123	49.000	398	98	51.150	522	47.530
1741-1750	98	39.200	400	93	42.950	462	46.030
1751-1760	101	34.400	341	87	37.560	432	38.420
Total	1.017	400.400		757	200.455		331.920

Fontes: Manning, *op. cit.*, 1979, p. 137-8; Nardi, *op. cit.*, p. 224, 383-94; Goulart, *op. cit.*, p. 212-6.

a. Os dados de Nardi, no original, são formulados em médias quinquenais, enquanto os de Goulart, o são em períodos não homogêneos e não apresentam número de embarcações.

Segundo a série elaborada por Nardi, entre 1696 e 1760, entraram pelo porto da Bahia 167.400 escravos oriundos da Costa da Mina[206]. De acordo com os cálculos apresentados, pelo porto do Recife entraram, no mesmo intervalo, 70.215 escravos daquela procedência. Comparando-se os dois volumes de importação, pode-se concluir que a capitania de Pernambuco importou o equivalente a dois quintos do total da Bahia (mais especificamente, 42%).

Todavia, talvez haja certa subavaliação nos números da Bahia, pelas mesmas razões indicadas quanto a Pernambuco. Tome-se, por exemplo, os anos 1722 a 1724. O governador geral do Brasil informou à coroa que de maio daquele ano a julho deste, 12.843 escravos minas foram desembarcados na Bahia. O cômputo segundo as exportações de tabaco para a África Ocidental pela capitania resulta em 9.023 escravos ou 11.280, se computados pela média do qüinqüênio 1721-1725. A diferença é de, pelo menos, 14%.

---

206 Uso os números de Nardi descontada a taxa de mortalidade da travessia Costa da Mina-Bahia, uma vez que o autor, segundo comunicou-me, calculou as importações de escravos da Bahia sem aquela taxa, o que faz que seus números equivalham às exportações da Costa da Mina para a Bahia. Cálculos recentes apontam para cerca de 608 mil cativos africanos desembarcados na Bahia no período 1696-1760; Alexandre Ribeiro, "The Atlantic Slave Trade to Bahia, 1582-1851" in Eltis, Richardson, *Extending the Frontiers*, p. 135, tabela 4.3; Tabela 4.4, p. 153-4, Apêndice 4.1.

Comparado este volume às importações de escravos de Angola para o Brasil, da ordem de 516.880 mancípios[207], no mesmo período, as importações de Pernambuco equivalem a cerca de 14%. No cômputo geral do Estado do Brasil (excluído, portanto, o Estado do Maranhão e Grão-Pará), somados os cativos da Mina e de Angola, as importações da Costa da Mina por Pernambuco responderam por cerca de 9% das importações de mão-de-obra compulsória africana entre 1696-1760.

Mantida a estimativa de 70.215 escravos importados por Pernambuco da Costa da Mina no período 1696-1760, somada à importação dos anos 1760-1777 (por conta da Companhia Geral de Comércio de Pernambuco e Paraíba) de 7.955[208] e os cerca de 2.000 escravos "minas" para os anos restantes do século XVIII[209], a importação total daquela região soma 80.080 escravos. Duas breves conclusões se nos apresentam, então.

A primeira: Maurício Goulart atribuíra, hipoteticamente, 80.000 a 100.000 escravos à importação por Pernambuco e Rio de Janeiro da Costa da Mina[210] para todo o século XVIII. Este número havia sido posto em dúvida por Philip Curtin, que o diminuíra em 10%[211]. Se apenas Pernambuco recebeu (mantendo-os ou reexportando-os) cerca de oitenta mil escravos entre 1700-1785, é provável que a revisão da estimativa de Goulart seja, antes, para mais que para menos.

A segunda: o comércio de escravos monopolizado pela CGCPEPB (1760-77) significou um estrangulamento do tráfico entre a capitania de Pernambuco e a Costa da Mina. Se o cômputo global das importações de escravos por Pernambuco oriundas da África caíram cerca de 25% no período da Companhia quando comparadas às efetuadas nos 18 anos anteriores, a média anual de importações exclusivamente da Costa da Mina, que fora de aproximadamente 853 nos 20 anos anteriores, caiu para 442 escravos, isto é, um decréscimo de quase 50%.[212]

---

207 Richardson, "Slave Exports from West and West-Central Africa, 1700-1810: New Estimates of Volume and Distribution", *op. cit.*, p. 10, tabela 4, que dá o total exportado da África, do qual subtraímos 9% da mortalidade.

208 OFÍCIO do [governador da capitania de Pernambuco], José César de Meneses, ao [secretário de Estado da Marinha e Ultramar], Martinho de Melo e Castro, sobre a Companhia Geral de Pernambuco e Paraíba [...], Anexo 2. AHU, Pernambuco, Cx. 130, Doc. 9823.

209 Silva, *op. cit.*, p. 25, Anexo 8.

210 Goulart, *op. cit.*, p. 217.

211 urtin, *op. cit.*, 1969, p. 208-10.

212 Salvo tenha sido compensada pelo contrabando, o qual não nos é possível estimar, mas não é de se descartar.

Esta baixa, porém, deve ser creditada, também, a razões pertinentes às condições da lavoura de tabaco da capitania e, visto que as exportações de açúcar de Pernambuco e capitanias anexas aumentaram no período da Companhia[213], é provável que o decréscimo das importações de mão-de-obra africana tenha origem, em parte, na diminuição das remessas de Pernambuco para as minas.

No que toca à concorrência nos portos da Costa dos Escravos e Baía de Benin, os negreiros luso-pernambucanos enfrentaram não apenas os luso-baianos mas, como já mencionado, holandeses, ingleses e franceses. Em relação aos primeiros, a despeito da decantada modernidade mercantil dos Países Baixos, os luso-brasileiros tiveram que se submeter à força das armas das galeras holandesas, que os forçavam a cumprir o tratado assinado com a coroa portuguesa referente ao tráfico na Costa da Mina.

Por sua vez, os traficantes britânicos e franceses, por terem acesso mais fácil a bens com alta demanda na costa africana eram, efetivamente, concorrentes difíceis de bater ou mesmo emular. O que antes havia sido um resultado da fraqueza inglesa no Oriente, ou seja, sua circunscrição ao Noroeste do subcontinente indiano, redundou, na segunda metade do século XVII, num fator chave de seu sucesso no tráfico atlântico. Os ingleses não conseguiram por as mãos nas fontes de especiarias da Ásia e tiveram que se contentar com os têxteis do Guzerath. Estes tecidos de algodão (os famosos *calicós*)[214], então os melhores do mundo, foram a principal moeda de troca no comércio de escravos no litoral ocidental africano por quase todo o século XVIII[215]. Assim, na dita centúria, Londres, Bristol, e Liverpool emergem, sucessivamente, como os maiores centros de origem do tráfico transatlântico de escravos[216]. Ao lado dos tecidos asiáticos,

---

213 José Ribeiro Júnior. *Colonização e Monopólio no Nordeste do Brasileiro*. A Companhia Geral de Comércio de Pernambuco e Paraíba. São Paulo: HUCITEC, 1976, p. 134-9.

214 *A wide variety of textiles came to be imported from Asia by the [English and Dutch] East India companies, but by far the most important of these were the many kinds of India cotton goods*. Niels Steensgaard. The growth and composition of the long-distance trade of England and Dutch Republic before 1750. In: James D. Tracy. (Ed.). *The Rise of Merchant Empires*. Cambridge: Cambridge University Press, 1993, p. 123.

215 Além de terem sido importantes no comércio intra-asiático realizado por ingleses e holandeses.

216 Richardson. "The Eighteenth Century British Slave Trade", *op. cit.*, p. 169-71.

os ingleses contavam com suas próprias imitações dos têxteis da Índia, além de produzirem tecidos de lã, utensílios metálicos e armas de fogo para o tráfico[217].

Tendo se tornado os maiores mercadores da mão-de-obra africana forçada a migrar (Gráfico 2), a maior parte das exportações inglesas concentraram-se, nas duas primeiras décadas do Dezoito, na Costa do Ouro e Baía de Benin e na Baía de Biafra, na África Ocidental, e ao norte de Angola, na África Centro-Ocidental. David Richardson, com base em dados de navegação para a primeira metade do século XVIII, reviu para baixo os números de Curtin e Lovejoy para o tráfico britânico nos portos da Costa do Ouro e Baía de Benin, reduzindo-os quase pela metade. Segundo seus cálculos, os ingleses teriam exportado da Baía de Benin de 118.376 a 127.558[218] entre 1698 e 1759. Isso significou apenas 9,4% de todas as exportações britânicas de escravos no período.

Do lado francês, os mercadores sediados em Nantes tomaram a dianteira no tráfico atlântico de escravos, seguidos por Bordeaux, La Rochelle e Le Havre[219]. As exportações africanas de escravos pelos franceses concentram-se pesadamente na Baía de Benin durante toda a primeira metade do século XVIII, somando 218.280 indivíduos ou 50,55% das exportações francesas do período e 36% dos cativos saídos da região[220]. Isto mostra que, tanto em termos relativos quanto absolutos, os franceses foram os maiores rivais dos luso-brasileiros no mercado de escravos da Costa da Mina no período em questão.

Quando se comparam todas as exportações de escravos da Costa da Mina realizadas pelos portuguses de Pernambuco no referido período às exportações da costa atlântica de África pelas demais carreiras, conclui-se que a contribuição daquelas para o tráfico foi bastante modesta. Cerca de 2% dos africanos exporta-

---

217 Eric Williams. *Capitalismo e Escravidão*. (Trad.) Rio de Janeiro: Americana, 1975, p. 75-8, 90-3; Joseph Inikori. *Africans and the Industrial Revolution in England*. A study in the international trade and economic development. Cambridge, UK: Cambridge University Press, 2002, p. 416-21, 435-47, 458-72.

218 Richardson, "The Eighteenth Century British Slave Trade", p. 11-3; Richardson, "Slave Exports from West and West-Central Africa", p. 171-4; há pequenas diferenças entre os números apresentados pelo autor em cada um dos artigos, especialmente para as décadas de 1700-1739.

219 Stein. *The French Slave Trade*, op. cit., p. 55-8.

220 Richardson, "The Eighteenth Century British Slave Trade", p. 14-5.

dos o foram em barcos de Pernambuco, ficando estes à frente apenas dos anglo--americanos e dinamarqueses em volume de tráfico do período (Gráfico 4)[221].

Se, no entanto, insere-se o tráfico de Pernambuco nos limites das exportações da Costa dos Escravos e da Baía de Benin, teremos outro quadro. Ao longo dos sessenta primeiros anos do século XVIII, o braço luso-pernambucano do tráfico na região variou entre 8% e 12% do total por década, respondendo por cerca de 11% das exportações totais do período.

GRÁFICO 6 - Exportações de Escravos da África Atlântica por Origem dos Negreiros, 1700-1760

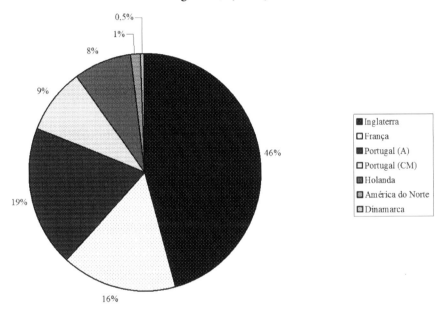

Obs: A = Angola; CM = Costa da Mina.

---

221 Os dados do TSTD discutidos em David Eltis; Stephen Behrendt; David Richardson. "A participação dos países da Europa e das Américas no tráfico transatlântico de escravos: novas evidências". *Afro-Ásia*, 24, 2000, p. 49, dão uma distribuição distinta daquela do Gráfico 4; embora os autores não distingüam o tráfico por década entre 1700-1760, para o período 1700-1750 a participação relativa de cada carreira no transporte de africanos forçados é a seguinte: Inglaterra, 38%; Portugal, 35%; França, 16%; Holanda, 8%; América do Norte, 2%; e Dinamarca, 1%. No entanto, aí se incluem estimativas para o tráfico português entre a Bahia e a Costa da Mina, cujos resultados derivam do número médio de carga de escravos por embarcação de todas as carreiras saindo da Costa da Mina durante todo o séc. XVIII, que, segundo o TSTD, era de 329,5. *Idem*, p. 31. Todavia, como dito em outra parte, entre 1674-1710, a carga média dos negreiros da Bahia era bem inferior a esta média.

GRÁFICO 7 - Exportações de Escravos da África Ocidental por Origem dos Negreiros, 1700-1760

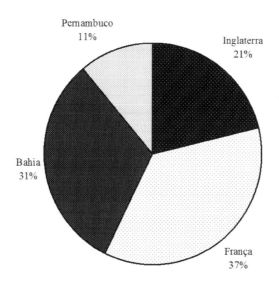

A relevância do tráfico de escravos através do porto do Recife de Pernambuco também pode ser avaliada comparando-se sua posição no tráfico total luso-brasileiro e a posição dos distintos portos ingleses e franceses dentro das respectivas carreiras. Como já observamos, o porto de Nantes foi o maior responsável dentre os demais portos da França pelo transporte de escravos da costa ocidental da África (Tabela XXXII).

Os mercadores de Nantes tiveram a preeminência no tráfico transatlântico de escravos desde o início do século XVIII e mantiveram a dianteira até o fim do Antigo Regime na França. Em seguida, La Rochelle e Bordeaux, que aumenta sua participação nos anos 1740-1760, disputavam o segundo lugar (que este último viria a assumir nos anos seguintes). Ambos eram seguidos a uma certa distância pelos negreiros dos portos de Saint Malo e Le Havre. Juntos, estes portos foram responsáveis por mais de 90% do tráfico francês entre 1700 e 1760.

Tabela XXXII - Participação de Embarcações Francesas no Tráfico de Escravos, 1700-1760 [a]

	1	2	3	4
Porto	1700-45	%	1746-1760	%
Nantes	507	55,7%	218	54,0%
Bordeaux	45	4,9%	46	11,4%
La Rochelle	133	14,6%	54	13,4%
Le Havre	17	1,9%	31	7,7%
Saint Malo	56	6,2%	42	10,4%
Lorient	115	12,6%	4	1,0%
Honfleur	8	0,9%	2	0,5%
Marselha	13	1,4%	1	0,2%
Outros	16	1,8%	6	1,5%
Total	910	100%	404	100%

Fontes: Robert Louis Stein. *The French Slave Trade*, op. cit., p. 207-8, Tabela A1. (Com ligeiras modificações de nossa autoria na apresentação).

a. O ideal seria que apresentássemos estes dados em número de escravos, mas o autor fornece-os apenas em navios.

As mudanças no tráfico britânico de escravos, ao longo da primeira metade do século XVIII, foram mais dramáticas. As posições entre Londres e Liverpool inverteram-se diametralmente, tendo esta última saltado de uma modesta terceira posição para uma folgada liderança, enquanto Bristol, que entrementes havia ultrapassado Londres, voltou a um confortável segundo lugar. Os três portos juntos, como se percebe, eram responsáveis por quase a totalidade da navegação escravista inglesa (Tabela XXXIII).

Tabela XXXIII - Participação dos Negreiros Ingleses no Tráfico de Escravos de acordo com o Porto de Origem, 1698-1759

	1	2	3	4
Porto	**1698-1739**	**%**	**1740-1759**	**%**
Londres	464.670	56%	60.766	14%
Bristol	256.391	31%	128.310	29%
Liverpool	90.884	11%	229.253	51%
Outros	16.818	2%	27.569	6%
Total	828.763	100%	445.898	100%

Fontes: David Richardson. "The Eighteenth Century British Slave Trade", *op. cit.*, p. 170, Tabela 6. (Com ligeiras alterações de nossa autoria na apresentação dos dados).

A grande expansão do tráfico de escravos da primeira metade do século XVIII, que seria igualada apenas pelo final da centúria, também provocou modificações na hierarquia dos portos importadores de escravos da América portuguesa. A Bahia e Pernambuco desfrutavam quase de um oligopólio sobre as importações luso-americanas de cativos. Com a emergência da mineração, o Rio de Janeiro entra para o clube dos grandes portos negreiros. Não se dispõe de dados tão detalhados (ao menos publicados) sobre o tráfico de escravos carioca para a primeira metade do século. No entanto, alguns pesquisadores acreditam que, cerca de 1730, o Rio de Janeiro tenha ultrapassado Salvador como o principal sorvedouro de africanos escravizados, posição que deteve até o fim do tráfico em portos brasileiros[222]. Quanto ao Recife, desde então, passa ao terceiro lugar, posto que irá ocupar pelo resto da centúria. Assim, em termos comparativos (apenas), o Recife estava mais para uma Londres ou uma Le Havre tropical na hierarquia dos portos negreiros luso-brasileiros.

Somadas as exportações da Costa da Mina para a Bahia e Pernambuco, também temos algumas modificações dignas de nota. Em termos gerais, a participação luso-brasileira nas exportações de escravos da Costa da Mina, no intervalo 1700-1760, reduz-se levemente, apesar das diferenças significativas entre as estimativas anteriores e as que adotamos. O que faz a diferença, sem alterar muito o volume total, é a distribuição do tráfico luso-brasileiro no tempo. O volume das exportações nas duas primeiras décadas do Setecentos foi bem menor do

---

222 Florentino. *Em costas negras*, op. cit. p. 37-8, 64-9; Manolo Florentino; Alexandre Vieira Ribeiro; Daniel Domingues da Silva. "Aspectos comparativos do tráfico de africanos para o Brasil (séculos XVIII e XIX)". *Afro-Ásia*, n. 31, 2004, p. 87-9.

que se supunha até agora, enquanto foi maior nas três últimas décadas do nosso período do que se havia sugerido.

Tudo indica, ainda, que estes números são antes um volume mínimo que um máximo. Do lado pernambucano, o salto nas importações da Costa da Mina na passagem da década de 1710 à de 1720, apesar de coerente com a evolução do tráfico no lado africano, parece muito brusco. Creio que o mesmo se deve mais à falta de informações mais confiáveis para os primeiros dez anos. Quanto aos anos 1720, a construção de um forte português em Ajudá ou Uidá (o *Ouidah* francês e *Whidah* inglês, porto central no comércio de escravos da Costa dos Escravos)[223], embora pareça ter ficado aquém dos projetos de seu iniciador[224], ele mesmo traficante de escravos, deu novo alento aos luso-brasileiros frentes aos holandeses. Alguns traficantes do porto do Recife conseguem se subtrair às exações neerlandesas no forte da Mina e, ainda mais, os luso-brasileiros chegam a ameaçar os seus rivais, apreendendo alguns de seus navios negreiros carregados (1725-27)[225].

Curiosamente, e como várias autoridades reinóis e estantes na colônia notaram, as escalas em S. Jorge da Mina pelos traficantes domiciliados nos portos da Bahia e Pernambuco não eram de todo compulsórias. A WIC chegou a vender 200 escravos por ano, em média, aos barcos negreiros vindos do Brasil entre 1715-1731[226], o que denota relações comerciais entre as duas partes além das habituais exações pelos batavos, embora haja exagero na afirmação do superintende do tabaco de Pernambuco de que "vam os Mercadores [do Recife] mais a negocear com os Flamengos q correm aquella Costa q com os Negros della"[227].

---

223   Curtin, *op. cit.*, p. 187; Paul Lovejoy. *A Escravidão na África*. Uma história de suas transformações. Trad. Rio de Janeiro: Civilização Brasileira, 2002, p. 101-2; Stein, *op. cit.*, p. 77-9.

224   Verger, *Fluxo e Refluxo*, p. 59-60, 159-61, onde são relatados todos os sucessos da construção batizada de Fortaleza Cezaréa ou de N. Sra. da Ajuda, iniciada pelo traficante de escravos José de Torres sob os auspícios do vice-rei Vasco Fernandes Cezar de Menezes, Conde de Sabugosa.

225   Postma, *op. cit.*, p. 77.

226   *Ibidem*, p. 77-8, Tabela 3.1.

227   SUPERINTENDENTE do Tabaco de Pernambu.co. Recife de Pernambuco. 31 de Março de 1704. 2a. Via. TT, JT, Cartas remetidas do Brasil e da Índia, maço 97.

Considerações finais

A trajetória da economia da capitania de Pernambuco ao longo de um século, tendo por referência a relação entre a produção exportável (local ou alhures), principalmente de e açúcar e tabaco, e o tráfico de escravos, revela como a capitania passou de um dos centros fulcrais do império atlântico português à posição intermediária. Este evolver de sua economia deveu-se a fatores de várias ordens, alguns pertinentes às estruturas do sistema colonial em sua vertente portuguesa. Outros que transcendiam à metrópole, ao controle dos agentes régios (mas nem sempre ao seu discernimento) e dos senhores de terras e gentes. Por outro lado, viu-se que a mercancia escravista com a Costa da Mina e a fumicultura contribuíram para certo desafogo da capitania frente a condições adversas, mas que, não obstante, não puderam evitar o seu deslocamento para uma posição secundária e, mesmo, acompanharam-no.

Todavia, o declínio das áreas açucareiras acima da margem direita do S. Francisco no século XVIII não constitui novidade. O que se acrescentou ao quadro, nas linhas que precederam a estas, foram contornos que tornaram mais nítidos alguns elementos. Eles permitem estabelecer ou reforçar uma cronologia que, se não é exclusiva de Pernambuco (posto que os ritmos macro-econômicos não se prestam a idiossincrasias, como demonstrou Ernest Labrousse), ao menos revelam os ajustamentos de sua economia aos influxos atlânticos.

Para a metade posterior do século XVII, os ritmos da produção açucareira mostraram-se, em certos anos, mais positivos do que se poderia esperar. Passados os primeiros quinze anos após a restauração, marcados por severa depressão, os números apontam para uma acelerada recuperação da produção. Esta, porém, sofre de solução de continuidade em relação à alta verificada no início do século XVIII, a "recuperação conjuntural". Assim, a tendência de baixa no mercado açucareiro parece ter pesado mais fortemente sobre Pernambuco que à Bahia na última década seiscentista.

Neste mesmo período, a cultura do tabaco difundiu-se pela capitania até atingir volumes significativos ao final da centúria. A política régia para o mesmo, implementada em Pernambuco apenas em fins do século, parece ter sido um dos fatores responsáveis pela retração da fumicultura de qualidade superior, que se verifica nas duas primeiras décadas do século XVIII. A intensificação do tráfico da capitania com a Costa da Mina deu novo impulso à produção, que atingiu seu maior nível entre os anos 1730-1740, recuando, então, de par com este ramo do tráfico. Deve-se acrescentar que é possível que os fumicultores de Pernambuco, cuja maioria constituía-se de produtores domésticos, devem ter sentido dificuldades em manter-se à altura da produção escravista do Recôncavo baiano[1].

Embora com menos elementos do que se gostaria, revelou-se o crescimento do tráfico de Pernambuco com a Costa da Mina no período anterior, em paralelo às importações de escravos de Angola. Por outro lado, ficou claro que, durante o último quartel do século XVII, o suprimento de escravos "minas" à capitania deveu-se em boa medida ao tráfico com origem em Lisboa. Apenas quando este ramo destina-se diretamente ao Rio de Janeiro (quer dizer, às minas), é que os mercadores do Recife assumem a dianteira na rota Pernambuco-África Ocidental.

A geografia do tráfico, porém, é um pouco mais complexa do que as designações de bipolar e triangular sugerem. Deve-se distinguir entre o *tráfico* e o *tráfego* (como indicado por Leonor Freire Costa), ou seja, os circuitos de financiamento da aquisição de escravos, de um lado, e o transporte dos trabalhadores forçados para o Brasil, de outro. O tráfico com origem em Lisboa ou nas capita-

---

1   Barickman, *Um Contraponto Baiano*, p. 214-215, 217, embora se refira à segunda metade do séc. XVIII; podemos traçar um paralelo com a produção de café em São Paulo na primeira metade do séc. XIX, que começou com forte participação dos produtores familiares, mas, com a ascensão dos produtores escravistas, a produção em pequena escala foi varrida do mercado; cf. Francisco V. Luna and Herbert S. Klein, *Evolução da sociedade e economia escravista de São Paulo, de 1750 a 1850*. São Paulo: Editora da Universidade de São Paulo, 2006, p. 39, 41, 55, 62, 70-75.

nias do Brasil, a rigor, pode ser considerado como ligado a vários circuitos, dado que as mercadorias exportadas para a África provinham de várias partes: Ásia (Índia e China) e Noroeste europeu, principalmente, mas também da África e da própria colônia.

Porém, do ponto de vista do tipo de mercadoria que circulava em cada uma das conexões do tráfico, Portugal e suas colônias saldavam em ouro e gêneros agrícolas a aquisição das fazendas do tráfico. As nações traficantes do Noroeste europeu, por sua vez, abasteciam o tráfico atlântico com manufaturas, de produção própria ou re-exportadas, reiterando as respectivas funções de cada região da economia-mundo. Como se viu, também, uma parcela (que não foi possível estimar) dos escravos que os negreiros de Pernambuco e Bahia compeliam em seus porões era, de fato, adquirida por conta de outros mercadores escravistas europeus, o que reforça que fazer o *tráfego* não era o mesmo que realizar o *tráfico* da totalidade dos cativos desembarcados no Brasil.

Apenas parte do *tráfego*, portanto, era de fato bipolar. Porção considerável dos cativos africanos importados pelas capitanias do Brasil foi trazida em embarcações que saíam dos seus portos, escalavam na África e faziam a torna-viagem. No entanto, sem a conexão com o centro da economia-mundo européia, esta quota do tráfico colonial seria, certamente, ainda mais reduzida.

De acordo com números apresentados, aliados às informações sobre os homens de negócio da praça do Recife e às sobre os fumicultores, pode-se, também, acrescentar outras conclusões. O comércio de tabaco e escravos entre a capitania de Pernambuco e suas anexas e a Costa da Mina foi relevante para abastecer não só a região, mas a outras partes do Estado do Brasil (as Minas Gerais, sobretudo) de mão-de-obra escrava No entanto, as re-exportações de escravos sudaneses de Pernambuco para o centro-sul decrescem passadas as três primeiras décadas setecentistas.

Esta mercancia contribuiu para a construção de carreiras mercantis no ultramar. Mesmo indivíduos já estabelecidos como mercadores em Lisboa vieram tentar maior sorte na capitania. O relevo, todavia, destes homens de negócio e da praça do Recife tornou-se, também, crescentemente circunscrito, como indicado por seu alijamento do provimento das minas e das arrematações de contratos.

Por outro lado, as informações sobre o tráfico a partir da Paraíba, Goiana e das Alagoas apontam para um volume razoável das exportações de tabaco (oficial ou não), que tanto podem ter estado a cargo dos comissários volantes (Alagoas e sul de Pernambuco), como ter sido empreendida por homens de negócio reconhecidos como tais (Recife, Goiana e Paraíba). Isto ratifica a importância da produção do tabaco no Nordeste Oriental, já afirmada por Guillermo Palacios para a primeira metade do século XVIII, acrescentando-lhe uma dimensão econômica *dentro* do sistema colonial português.

As exportações de fumo de Pernambuco para o reino reduziram-se quase à insignificância após 1700. Este gênero mostrou-se, não obstante, importante para a economia da região, em particular durante a metade posterior dos cem anos em tela. Num período em que os preços dos escravos nas praças do Estado do Brasil e da África ocidental cresceram fortemente – c. 1680-1730, aumento de c. 50%, na América e de c. de 100%, na África –, o uso do tabaco como mercadoria-moeda no tráfico de escravos em Pernambuco foi favorável a que o setor açucareiro, assim como na Bahia, suportasse a inflação no mercado de mão-de-obra.

Além disso, o período aurífero, normalmente apontado como de danosos efeitos para as capitanias açucareiras, também acabou por ter efeitos positivos, ao menos até cerca de 1730. O uso do ouro pelos traficantes de Pernambuco na Costa da Mina conferiu-lhes um poder de compra acima daquele inerente aos gêneros tropicais. A relativa abundância do comércio de trabalhadores forçados africanos na praça do Recife resultou numa oferta à capitania de mão-de-obra a custos ainda compatíveis com seu desempenho financeiro.

Apesar do aprofundamento das tensões entre a açucarocracia e os mascates em Pernambuco, os valores relativos aos dízimos e os números do tráfico indicam que Pernambuco manteve a capacidade de importação de mão-de-obra africana durante o deslanche da mineração no centro-sul do Brasil. Embora a fumicultura e a lavoura açucareira estivessem em mãos distintas em Pernambuco, como na Bahia, a conexão do açúcar, do tabaco e do tráfico de escravos era tecida pelas mãos dos negociantes, como afirmou Luiz Felipe de Alencastro.

Por fim, ao longo deste século, o aprendizado da política ultramarina bragantina envolveu, também, a integração do tráfico de escravos realizados pelas capitanias do Brasil à lógica do império português. Desde que realizado com gêneros da terra (exceto o ouro, naturalmente), esta mercancia permitiu a continuidade das relações coloniais sem infringir gravemente as regras do sistema que as regia.

Portanto, o tráfico encetado nas praças das capitanias do Brasil – que nunca foi o único a suprir o Brasil de escravos – passou a constituir aos olhos da coroa e seus agentes um elemento pertinente ao sistema colonial. Após a restauração bragantina e no período aurífero, o tráfico realizado pelos súditos do Brasil é considerado como parte da condição colonial e necessário à reprodução das estruturas do império luso-atlântico.

Não obstante, embora não haja referência aos traficantes das capitanias como "americanos" (como viria a dizer, em fins do século XVIII, Martinho de Mello e Castro), ou qualquer outra denominação que denotasse que fossem outra coisa que não "súditos portugueses", em alguns momentos desponta a percepção da contradição de interesses entre os vassalos do reino e os "moradores do Brasil", especialmente no tocante ao contrabando.

O tráfico direto, ao lado do triangular, não foi interditado pela coroa porque havia outros mecanismos que garantiam que o maior quinhão gerado nesta circulação de bens e pessoas fluísse para a metrópole. O impulso proporcionado pelo tráfico escravista à produção fumageira derivava não de si mesmo, mas da demanda do setor açucareiro, à qual veio juntar-se a aurífera. Portanto, o "trato" não se dava às "margens do pacto" colonial, pois assim seria se uma e outra coisa – tráfico e tabaco – se bastassem e nada tivessem que ver com os ritmos da economia exportadora colonial.

Em fins do século XVII, a prática este tráfico direto entre o Brasil e a África estava de tal forma instituída, que o procurador da fazenda José Galvão de Lacerda podia afirmar que, assim como a exportação de gêneros tropicais e a importação de manufaturados, fora estabelecido pela "antiguidade".

O contrabando de ouro poderia ser indicado como uma negação a estas considerações. No entanto, se formos além dos estritos interesses do império bragantino e repusermos a análise no nível da economia-mundo europeia no qual o mesmo estava inserido, as conclusões se mantêm. O ouro poderia desencaminhar-se da rota de Lisboa, mas não dos núcleos hegemônicos (ou que disputavam a hegemonia) da economia ocidental.

Ao ser transportado para a África, o metal amarelo não penetrava na economia africana. Pelo contrário, mal tocava o seu litoral, pois, na maioria das vezes, saía direto dos porões dos negreiros do Brasil para os dos ingleses, franceses e holandeses. Estes, por sua vez, ofertavam manufaturas, das quais, crescentemente, tornavam-se os produtores. Em suma, o contrabando de ouro do Brasil tinha um efeito positivo sobre a produção manufatureira do Noroeste europeu. Equivale a dizer que, afinal de contas, se o ouro escapava pelas margens do império português, ele tomava o caminho do centro, apenas que o fazia contornando a "semiperiferia".

Anexos

Anexo I

Fontes da Tabela II e III: valores de arrematação dos dízimos de Pernambuco

1654-1655	AHU, CU, Pernambuco, cx. 6, doc. 551
1656-1657	Mauro, *Portugal, o Brasil e o Atlântico*, p. 326-9, 338-9
1659-1660	Mauro, *op. cit.*, p. 326-9, 338-9
1660-1661	AHU, CU, Pernambuco, cx. 7, doc. 617
1662-1663	Mauro, *op. cit.*, p. 326-9, 338-9
1663-1664	Mauro, *op. cit.*, p. 326-9, 338-9
1667-1668	Mauro, *op. cit.*, p. 326-9, 338-9
1672-1673	Mello, *João Fernandes Vieira, op. cit.*, p. 412
1677-1678	AHU, REGISTO de Cartas Régias. Cód. 256, f. 24.
1678-1679	AHU, REGISTO de Cartas Régias. Cód. 256, f. 27-27v.
1679-1680	AHU, REGISTO de Cartas Régias. Cód. 256, f. 32.
1682-1683	AHU, CU, Pernambuco, cx. 14, doc. 1466
1684-1685	Mello, José A. G. de. *Um Mascate e o Recife*, p. 77
1685-1686	AHU, CU, Pernambuco, cx. 15, doc. 1540
1689-1690	AHU, CU, Pernambuco, cx. 15, doc. 1540
1690-1691	AHU, CU, Pernambuco, cx. 15. doc. 1532
1692-1693	Mello, José A. G. de *Um Mascate e o Recife*, p. 77
1693-1694	Mello, José A. G. de., *op. cit.*, p. 77
1694-1695	Mello, José A. G. de, *op. cit.*, p. 77
1701-1702	Mello, José A. G. de, *op. cit.*, p. 77

Anexo II

Sobre as exportações de escravos de Angola, 1667-1671

Luiz Felipe de Alencastro apontou o que acredita ser uma subestimação pelos organizadores do *Transatlantic Slave Trade Database* das exportações de escravos de Angola na segunda metade do século XVII (estimada em 112.300 indivíduos)[1]. Para o autor, apesar da crise açucareira do período, o escambo de tabaco e cachaça melhorou os termos de troca no mercado africano em favor dos "brasílicos". Assim, o fluxo de escravos para o Brasil – sobretudo Bahia e Pernambuco - não foi afetado. Embora haja uma carência de dados mais objetivos para este tráfico no período, Alencastro apresenta alguns dados compreendendo os anos 1666-1672. No entanto, a fonte do autor deve ter cometido algum engano na leitura dos originais[2]. Pelos números apresentados, teriam sido deportados de Angola no período 64.185 africanos escravizados ou, em média, 9.170 por ano.

Segundo as contas tomadas por um desembargador especialmente designado para Angola[3], aferindo a arrecadação dos donativos da "Rainha da Grã-Bretanha e Paz de Holanda", os números são outros. Entre 1667 e 1671, Luanda exportou 30.380 escravos, incluindo homens e mulheres adultas e crianças ou 6.076 por ano (Tabela abaixo).

Muito provavelmente, o engano cometido por Ferranhosa – não percebido por Alencastro – foi ter confundido os "direitos novos", dos quais a câmara e seus procuradores prestavam conta, com os 1$000 por cabeça do donativo. Bastam duas considerações para indicar o equívoco.

---

1   David Eltis; Stephen Behrendt; David Richardson; Herbert Klein. *The Trans-Atlantic. Slave Trade*: A database on CD-Rom. Nova York: Cambridge University. Press, 1999; Luís Felipe de Alencastro. *O trato dos viventes: a formação do Brasil no Atlântico Sul*. São Paulo: Companhia das Letras, 2000, p. 376-9.

2   Alencastro cita António Luís Alves Ferronha. *Angola: 10 anos de história: 1666-1676*. Faculdade de Letras da Universidade de Lisboa, 1989, vol. 1, p. 119-20. Este baseou-se em RELAÇÃO por maior das contas que o Desembargador Sebastião Cardoso de Sam Payo [...] Sindicante Geral neste Reino de Angolla, e Estado do Brasil tomou [...] aos Procuradores do Senado da Camara desta cidade de Sam Paulo de Assumpção de todo o tempo que administrarão os direitos novos [...]. AHU. CU, Angola, Cx. 10, Doc. 64.

3   Ver o Doc. citado na nota anterior.

Exportação de escravos de Angola, 1667-1671

	1	2	3
Ano	Escravos	Embarcações	1/2
1667	5.109	13[a]	408
1668	6.908	15	461
1669	5.293	14	378
1670	6.461	17	380
1671	6.609	16	413
Total	30.380	75	405

a. A fonte assinala 11 navios de Setembro a Dezembro. O número das demais embarcações foi calculado pelo de escravos embarcados antes da cobrança do donativo: 1.048.

Fonte: PAPEIS pertencentes as contas q se tomarão do donativo, com q estes moradores servem a V.A., pera o dote da Sra. Rainha da Gra Bretanha e pax de Holanda. São Paulo de Assunção [Luanda], 24 de maio de 1672. AHU, CU, Angola, cx. 10, doc. 40.

Primeiro, em 1668, por exemplo, os direitos novos renderam 12.956$618. Ferranhosa, então, calculou que 12.956 escravos foram embarcados. Ora, se este rendimento fosse o dos mil réis por cabeça, o valor arrecadado seria redondo (como acontecia na Bahia e em Pernambuco com o direito dos 10 tostões cobrados para a fortaleza de Ajudá desde 1724).

Em segundo lugar, se o número de escravos exportados por Luanda nos referidos seis anos fosse o apontado pelos autores, cada embarcação (62 de 1667 a 1670) teria carregado 670 cativos (849 em 1667). Lotações como estas só seriam atingidas pelos negreiros portugueses bem entrado o século XVIII[4]. Esta correção indica que houve, efetivamente, uma contração nas exportações de Luanda para o Brasil na segunda metade do século XVII e que o tráfico luso-brasileiro foi afetado pela crise seiscentista. Conclui-se, portanto, que os números das exportações de trabalhadores por Luanda autoriza uma revisão para cima do cômputo do TSTD para o período, mas menor do que pretende Alencastro

---

4   Herbert S. Klein. *The Middle Passage*. Comparative Studies in the Atlantic Slave Trade. Princeton: Princeton University Press, 1978, p. 27-8, 30-1. Os negreiros saídos de Lisboa costumavam ter capacidade de carga superior aos do Brasil, como discutido no capítulo 1.

Anexo III

Saída de Negreiros de Lisboa para a Costa da Mina, 1676-1729 (vários anos)

Data	Embarcação	Nome	Mestre/Cap.	Fiadores	América
1676	Navio	Santíssimo Sacramento	Lourenço Fernandes Lima	Pedro Álvares Caldas	Brasil
1676	Fragata	Santo Rei Davi	João Machado de Oliveira	Domingo Soares da Costa	Pernambuco
1676	Charrua	S. Simão	Lourenço Pinto	Manoel Delgado da Cunha	Brasil
1676	?	?	Domingos Martins Pereira	Bento Pestana	Bahia
1677	Nau	S. Jorge	Sebastião Correia Pimenta	?	Bahia
1678	Navio	Santíssimo Sacramento	Lourenço Fernandes Lima	Pedro Álvares Caldas	Brasil
1678	Fragata	S. Jorge	Sebastião Correia Pimenta	Pedro Álvares Caldas	Brasil
1678	Navio	Sta. Cristina	João Gomes Aranha/Antonio Ribeiro Rosa	Domingos Ferreira Souto	Pernambuco
1678	Patacho	?	Domingos Martins Pereira	Bento Pestana	Bahia
1678	Patacho	S. Pedro e Nossa Sra. do Carmo	?	Manoel Soares	Brasil
1679	Navio	Santiago	Pedro Gonçalves	Jacques Gudi Froy	Brasil
1680	Navio	N. Sra. da Conceição e S. Sacramento	Antonio Gorjão	João Malbanque	Brasil
1684	Navio	Bom Jesus de Bouções	Manoel Pinto dos Santos	Bento Pestana	Brasil
1686	Navio	N. Sra. da Salvação e S. Francisco	João Correia Fagano	?	Brasil
1686	Fragata	N. Sra. da Conceição e S. Bartolomeu	Manoel Pinto dos Santos	Bento Pestana	Brasil
1686	Navio	N. Sra. da Luz e S. José	Lourenço Francisco Lima	Francisco Garcia de Lima	Brasil
1687	Navio	N. Sra. da Penha de França e S. Francisco Xavier	José Carvalho	?	Pernambuco
1691	Nau	S. Pedro e S. Clara	Baltazar Álvares de Araújo	Francisco Slooter	Bahia
1691	Fragata	S. José	José Lourenço Araújo	António Correa Monção	Brasil
1697	Nau	Santa Ana	?	Francisco Slooter	Brasil
1698	Navio	N. Sra. do Rosário e S. Antonio	Antonio Cubello	Antonio Rodrigues de Castro	Brasil
1699	Fragata	S. Ana	?	Francisco Slooter	Brasil
1699	Navio	S. Escholastica e S. Vicente Ferreira	?	José Gomes Ribeiro	Rio de Janeiro
1703	Fragata	N. Sra. de Nazaré	Luís de Barros Santos	Antonio Vaz Coimbra	Janeiro
1703	Navio	N. Sra. da Conceição	Francisco Pereira de Gouveia	Antonio Antunes	Rio de

					Janeiro
1703	Navio	N. Sra. do Pilar	?	João Baptista Casado	Brasil
1703	Navio	S. Antonio dos Coqueiros	Antonio da Costa Lisboa	Antonio de Souza de Carias	Brasil
1703	Charrua	Santa Cruz e N. Sra. da Boa Hora	Francisco Rodrigues Gaio	?	Brasil
1703	Patacho	N. Sra. da Piedade e S. Antonio	Tomás Ribeiro Corço	Pedro da Costa Silva	Brasil
1704	Nau	N. Sra. do Populo	José Carvalho	Manoel Gomes da Costa	Brasil
1705	Patacho	O Bom Encontro	?	?	Brasil
1717	?	?	?	?	Bahia
1717	?	?	?	?	Rio de Janeiro
1718	Patacho	?	?	?	?
1718	?	?	?	?	?
1718	?	?	?	?	?
1719	?	?	?	?	Rio de Janeiro
1719	?	?	?		Rio de Janeiro
1720	Navio	Santa Ana	Vitoriano Dias Jordão	Manoel Velho da Costa	Brasil
1720	Navio	N. Sra. das Neves e Almas	Mateus Lucas	Francisco Nunes da Cruz José Damásio	Brasil
1720	Navio	N. Sra. Mãe de Deus, S. José, S. Catarina e Almas	Antonio Coelho	Manoel Domingues dos Passos Antonio Rodrigues Ribeiro José Damásio Manoel de Souza	Brasil
1721	?	N. Sra. da Oliveira	?	?	?
1721	?	Madre de Deus	?	?	?
1722	?	S. Antonio	?	?	?
1722	?	N. Sra. da Conceição	?	?	?
1722	?	S. Antonio	?	?	?
1723	Galera	N. Sra. da Rábida, S. Antônio e Almas	Agostinho Gomes Lisboa	?	Rio de Janeiro
1723	Navio	N. Sra. Mãe de Deus, S. José, S. Catarina e Almas	José Barreto	José Damásio	Brasil

				Manoel Velho da Costa	
1723	Nau	N. Sra. do Rosário e S. António	Manuel de Farinha Franco	Bento da Silva Marinho	Brasil
				Felipe de São Tiago	
1723	Galera	Triunfante Santa Rita	José Ferreira	Gonçalo Nunes	Brasil
				Antonio Rodrigues Neves	
1723	Fragata	N. Sra. da Arrábida	Antonio Rodrigues Rocha	José de Almeida Álvares	BA/PE
				Antonio Ferreira de Souza	
1723	Nau	N. Sra. da Concórdia	Antonio de Oliveira Ribeiro	?	Brasil
1724	Fragata	N. Sra. das Neves e S. José	Mateus Lucas	Manoel Domingues de Passos	Brasil
				Francisco Nunes da Cruz	
1725	Navio	Triunfante Santa Rita	José Ferreira	?	?
1725	Corveta	S. António e S. Joaquim	Cosme de Oliveira Guimarães	Jerônimo Lobo Guimarães	Brasil
				Domingos Álvares Seixas	
1725	Corveta	N. Sra. do Rosário, Santo António e Almas	João da Costa	Manoel de Almeida Leitão	Brasil
				Fernando da Costa Silva	
1725	Navio	N. Sra. da Conceição e S. António	José Coutinho	?	Brasil
1725	Galera	S. Rita e Almas	Bentos Ramos Teles	?	Brasil
1725	Navio	Jesus, Maria, José e Almas	Antonio Rodrigues Rocha	José de Almeida Álvares	Rio de Janeiro
1725	Navio	S. João	Veríssimo de Freitas	Manoel Dias Ferreira	Brasil
1726	Navio	?	?	?	?
1726	Galera	?	Valentim Rodrigues da Costa	?	BA/PE
1726	Corveta	Diana	Domingos Lopes	Cia. do Corisco	Brasil
1727	Nau	S. António de Pádua	António Antunes de Araújo	?	Brasil
1727	Patacho	S. João Batista e Almas	José Ramalho Farto	?	Brasil
1727	Patacho	N. Sra. de França e S. José	João Alves Ferrel	?	Rio de Janeiro
1728	Navio	N. S. da Penha de França	?	?	?
1728	?	?	?	?	?
1728	?	?	?	?	?
1729	Bergantim	S. Ana	Francisco Paulo	?	Brasil

1729	Bergantim	S. Ana e S. Antonio e Almas	João dos Reis	?	Brasil
1730	Galera	N. Sra. da Soledade e Almas	Manoel Rodrigues Campos	?	Brasil
1731	Galera	N. Sra. da Conceição, Sto. Antônio e S. José	Manuel Rodrigues Gaspar	?	Rio de Janeiro

Fontes: AHU, CU – Livro dos Assentos, Contratos e Fianças, 1º. vol. 1671-1731; AHU, CU, São Tomé, Cx. 4, docs.. 73, 74, 79, 80, 93, 96, 97, 101, 104, 105, 112; Cx. 5, docs.. 2, 3, 14, 25, 44, 45, 46; Livro de Registo dos Despachos dos Navios para o Brasil e África Ocidental, cód. 2041. ALMEIDA, M. Lopes de. *Notícias Históricas de Portugal e Brasil*. Coimbra: [s/n.], 1961-1964, vol. 1, p. 14, 17, 19, 27, 67, 74, 136, 139.

Obs. Agradeço a Maximiliano Menz a indicação de uma das fontes: M. Lopes de Almeida. *Notícias Históricas de Portugal e Brasil*. Coimbra: [s/n.], 1961-1964.

Anexo IV

Propostas e projetos para o tráfico na costa Ocidental da África (1723)

[Projeto 1]

PROJECTO de húa Companhia para a Costa da Mina. De varios homens de negocio Portuguezes.

"Diz Jozeph Barreiros e seus Sossios abaixo asignados que elles pertendem sendo V.Mg.[de] servido, fazerem expedição de mandarem a Costa da Minna hua Nau de quarenta pessas de Artilharia cavalgadas, com sua gente competente para no dito destricto, poder fazer resgate de negros, sem receio de que as Galleras Hollandezas o possão perturbar, por ter a dita Nau, força suffeciente para a sua deffeza, transportando a escravatura aos portos do brazil onde se preciza para o augmento da fazenda de V.Mg.[de] a abundancia de semelhante genero, por ser o mais proporcionado tanto para as minnas do ouro, como para as lavras do asucar e Tabbaco; e porq sem faculdade de V.Mag.[de] o não podem por em execução recorrem a sua real grandeza para que examinada as condiçõins juntas e havendo lhas V.Mag.[de] por confirmadas, possão logo dar principio a dita execução".

Assinam: Ambrózio Lopes [Coelho] e Companhia; [...]; Francisco Pereira de Sampaio; Domingos Pires Bandeira; Caetano Leitão; Manoel Teixeira; José Barreiros de Carvalho.

1ª. Com condição que S.Mag.[de] será servido conceder-lhe que possam levar até 40 soldados pagando eles armadores os soldados a sua custa, e um oficial que os governe.

2ª. Que poderão levar desta cidade todo o tabaco que sem prejuízo do contrato lhe for necessário sem pagar direitos de consulado por saída, em atenção que este gênero se transportasse da Bahia, como é expressamente permitido por S.Mag.[de] os não costumam pagar, maiormente tendo satisfeito na alfândega os direitos de entrada.

3ª. Que chegada que seja a dita nau à Bahia ou qualquer outro porto do Brasil poderá voltar a este reino com carga ou sem ela, para poder continuar semelhante derrota.

4ª. Que poderão eles ditos armadores continuar esta negociação por tempo de dez anos, sem nova licença, e aumentando a mesma navegação à proporção do cabedal que tiverem.

5ª. Que sendo S.Mag.[de] servido conceder semelhante graça a outra qualquer pessoa lhe não possa embaraçar a eles armadores o seu expediente, assim como eles não embaraçarão aos mais.

6ª. Que a proibição de poderem ir navios dos portos do Brasil se continuará como presentemente se pratica para os ditos portos e se passarão as ordens necessárias para o dito efeito.

7ª. Que todo o prejuízo que eles armadores fizerem as galeras holandesas em sua defesa, não poderão ser demandados neste reino à instância da Companhia de Holanda, e que S.Mag.[de] os protegerá aos ditos armadores para o dito efeito.

8ª. Que lhes não será tirada pessoa alguma da gente que tiver para sua mareação tanto nesta cidade, como em qualquer dos portos do Brasil.

9ª. Que chegando a qualquer dos portos do Brasil com necessidade de qualquer gênero de aperto, se lhe mandarão dar, obrigando-se eles armadores a pagá-los pelo seu justo valor, nos Armazéns da Coroa desta cidade, ou em dinheiro ou em espécie.

10ª. Que os Capitães que forem nos Navios se lhes concederá patente de Capitão de Mar e Guerra *ad honorem*.

[Projeto 2]

[PROJETO de uma companhia para o resgate de escravos na Costa da Mina e Cachéu]

Francisco Xavier Braga, Manoel de Bastos Viana, Antonio dos Santos Pinto, Francisco Xavier Ferraz de Oliveira, Manuel Nunes da Silva, José Valentim Viegas, Jerônimo da Silva Pereira, Estevão Martins Torres, Manoel de Faria Airão, Antonio Ribeiro da Silva, Manoel Gomes de Campos, Manoel Gonçalves Reinao, Domingos da Silva e Antonio Rodrigues Neves, todos homens de negócio desta praça, desejando melhorar o comércio da extração dos negros da Costa da Mina e Cachéu para os portos do Brasil, no que consideram fazerem serviço a S.Mag.[de] estão resolvidos entre si a fazerem uma companhia para a extração dos ditos escravos debaixo das condições que expressam:

1ª. Que sendo V.Mag.[de] servido, mande por uma fragata de guerra naquela Costa para lhes franquear o comércio, comboiar as suas embarcações, e libertar do insulto que qualquer pirata ou nação, que possa ser inimiga desta coroa, lhes queira fazer; se oferecem os suplicantes a pagar para ajuda das despesas das ditas fragatas cem mil cruzados em cada um ano.

2ª. Que como o clima da Costa da Mina é sumamente doentio, será V.Mag.^{de} servido mandar expedir desta cidade de quatro em quatro meses uma fragata de guerra a render a que na dita Costa da Mina se achar, para que se não experimente mortandade da gente, e os suplicantes tenham a conveniência de lhe servir de comboio desta cidade para os portos da dita Costa ou ilhas dela aos navios que mandarem transportar a escravatura da mesma Costa para os portos do Brasil; para o que farão prontos os suplicantes a parte dos ditos cem mil cruzados que tocar para a expedição de cada fragata, depois da dita fragata sair deste porto na mão da pessoa ou cofre, que V.Mag.^{de} for servido determinar-lhe.

3ª. Que duas fragatas de guerra partirão deste porto para os da Costa da Mina nos tempos que lhes parecer conveniente ao seu comércio, para o que farão a saber dois meses antes da sua partida ao provedor dos Armazéns, a quem V.Mag.^{de} ordenará com recomendação observará esta condição, e não haja demora na expedição em o tempo que se lhe nomear.

4ª. Que V.Mag.^{de} seja servido conceder aos suplicantes esta graça por tempo de dez anos, dentro dos quais nenhuma outra pessoa possa introduzir nos portos do Brasil escravos da Costa da Mina e Cachéu; e acabado o dito tempo, possam os suplicantes continuar na dita Companhia todo o mais tempo que lhe parecer conveniente, havendo V.Mag.^{de} desde já por confirmada a prorrogação do mais tempo porque a quiserem continuar.

5ª. Que, sucedendo introduzir-se nos ditos portos do Brasil escravos da Costa da Mina e Cachéu por pessoa de qualquer qualidade, estado ou nação que seja, lhe serão confiscados, sendo metade para a Real Fazenda de V.Mag.^{de}, e a outra para os interessados desta Companhia.

6ª. Que V.Mag.^{de} seja servido conceder-lhes o poder mandar vir por sua conta em cada um ano em companhia de frota ou fora dela a porção de cinco mil rolos de tabaco para esta cidade, para dela os navegarem para a dita Costa da Mina, e a troco deles resgatarem escravos, como o faziam os moradores da Bahia e de Pernambuco, meio pelo qual terá consumo a mesma porção de tabaco que aqueles moradores mandavam para os ditos portos, e os Lavradores, a conveniência de continuarem na cultura deste gênero.

7ª. Que sendo aos suplicantes conveniente entregarem neste porto a qualquer das nações estrangeiras alguma porção do dito tabaco, para os transportarem aos da Costa da Mina para o dito resgate de escravos, V.Mag.^{de} seja servido conceder-lhes para isso Licença, e não pagarão mais direito que de cinco por cento da avaliação que tem na Alfândega desta Cidade; e na mesma forma se observará com o que por sua conta navegarem para a dita Costa da Mina e Cachéu.

8ª. Que, sucedendo não poderem consumir nos ditos portos a porção referida dos ditos cinco mil rolos de tabaco, poderão os administradores desta companhia navegar o que lhes ficar para qualquer dos portos da Europa, pagando porem os direitos deles por em cheio, na forma que o faz outro qualquer Vassalo de V.Mag.^{de}.

9ª. Que a dita porção dos cinco mil rolos de tabaco será isenta de escolha que o Contratador geral deste gênero tem nele na Alfândega desta cidade; no que senão considera prejuízo algum ao Contrato, porque dos portos do Brasil iam semelhantes porções de tabaco.

10ª. Que em cada um dos portos do Brasil terá preferência para poder carregar um navio desta companhia primeiro que os mais que houverem de vir em companhia de comboio para esta Cidade.

11ª. Que como o desembolso que a Companhia há de fazer para esta negociação há de ser considerável, e para não haver falência na introdução dos escravos nos portos do Brasil, lhes é preciso valerem-se dos cabedais que naqueles portos tiverem antecipadamente à partida das frotas; e para assim o conseguirem, seja V.Mag.^{de} servido conceder-lhes Licença para uma Nau da dita Companhia lhes poder transportar em qualquer tempo, e de qualquer porto do Brasil que seja a parte dos seus cabedais, que entenderem lhes são precisos, para assim poderem girar este negócio em forma que os moradores do Brasil não experimentem falta de escravos.

12ª. Que a fábrica, aguadas e mais petrechos que à Companhia forem necessários para custeamento dos navios que desta Cidade expedirem para o dito transporte de escravos, sejam isentos de pagarem direitos aos Tribunais a que eram devidos.

13ª. Que sendo-lhes conveniente mandar vir dos Reinos Estrangeiros alguns gêneros, para com eles se resgatarem escravos nos portos referidos, lograrão os tais gêneros a liberdade dos direitos de entrada e saída, que V.Mag.^{de} foi servido conceder à Companhia do Corisco.

14ª. Que as dívidas que se deverem a esta Companhia se possam cobrar como dívidas da Fazenda Real, graça que V.Mag.ᵈᵉ concedeu à Companhia de Macau.

15ª. Que para poder introduzir número de escravos nos portos do Brasil, em forma que os moradores dele não experimentem falta, e serem socorridos com brevidade da escravatura necessária, lhes é preciso fazer negociação com as nações estrangeiras e ser transportada por estas a alguma terra do domínio desta Coroa, (não sendo porto do Brasil), faculdade que V.Mag.ᵈᵉ lhes deve conceder para os poderem receber deles na Costa da Mina, Ilha do Príncipe, ou outra qualquer dos Domínios de V.Mag.ᵈᵉ, para dali os reconduzirem em navios da Companhia aos portos do Brasil.

16ª. Que poderão admitir para sócios da dita Companhia outras quaisquer pessoas moradoras neste Reino e das Conquistas, sendo porém Vassalos de V.Mag.ᵈᵉ e Portugueses.

17ª. Que se no decurso dos dez anos de duração da Companhia parecer aos interessados conveniente, e aumento dela, erigir nos ditos portos da Costa da Mina, feitorias e fortalezas, V.Mag.ᵈᵉ será servido conceder-lhes Licença para as poderem fazer à sua custa.

18ª. Que sendo caso que durante a dita Companhia possa haver ocasião que alguma das nações da Europa desampare alguma das feitorias ou fortaleza que ao presente possuam, poderá a Companhia tomar dela posse em nome de V.Mag.ᵈᵉ e a terão à sua Real Ordem, debaixo das novas condições que se estipularem.

19ª. Que sendo V.Mag.ᵈᵉ servido ter a dita Companhia debaixo de sua Real proteção e conceder-lhes a faculdade de a erigirem com as condições referidas, mande expedir ordens necessárias para o seu inteiro cumprimento, assim neste Reino, como nas suas Conquistas.

20ª. Que V.Mag.ᵈᵉ lhes conceda Licença para nomear Ministro de Letras, e desinteressado, que sirva de Conservador dos Privilégios e Liberdades concedidos a esta Companhia; o qual possa também em seu nome representar a V.Mag.ᵈᵉ qualquer incidente que lhe seja advertido pelos Administradores da Companhia.

21ª. Que os navios que a Companhia expedir para o transporte da escravatura, que há de extrair dos portos da Costa da Mina e Cachéu, não sejam obrigados a levar sal algum; porque este gênero é nocivo à mesma escravatura, causando-lhes doenças e outras enfermidades.

22ª. Que os navios que a Companhia comprar para a mesma expedição sejam isentos de pagarem o direito do Paço da Madeira, assim da dízima, como do Consulado.

23ª. Que, sendo caso se faça apreensão ou penhora por dívida real, ou particular, a que esteja obrigado algum dos interessados nesta Companhia, se não entenderá a dita penhora mais que tão somente no interesse que lhes couber correspondente à sua entrada, que os haverá de dois em dois anos, como qualquer dos mais sócios; e de nenhuma sorte se possa extrair este do corpo da dita Companhia, e só, sim, terá vigor no fim dos dez anos da concessão dela.

Projeto 3

CONDIÇÕES, sobre as quais offerecem os interessados na Companhia que V.Mag.^{de} foi servido estabelecer para a Costa da Africa, de aumentar o commercio della, e de proverem as Conquistas, com os escravos necessários para as lavouras do Assucar, Tabaco, e trabalho das Minas, por tempo de trinta annos.

1.

Que V.Mag.^{de} é servido que esta Companhia se conserve debaixo da proteção do Glorioso Santo São José.

2.

Que a dita Companhia possa livremente negociar em todas as partes na Costa da Mina de África, inclusivos os Portos do Reino de Angola, e que de todas estas partes, poderão os seus Navios levarem para todos os Portos do Brasil, Escravos, e quaisquer gêneros que produzirem as ditas partes, pagando de uns e outros os Direitos que se deverem.

3.

Que V.Mag.^{de} mandará arrematar à dita Companhia o Contrato do Reino de Angola, durante o tempo dela, pelo mesmo preço em que hoje se acha arrematado.

4.

Que durante o tempo deste Comércio, poderá a dita Companhia mandar vir de fora, todos os gêneros de Fazendas e Mantimentos, Navios e Materiais para eles, que necessário lhe forem para seu Comércio, tanto aqueles que ao presente são proibidos, como pólvoras, armas e aguardentes, como os que em diante possam ser, ou por entrada, ou por saída, os quais gêneros e [...] virão desembarcar neste porto somente em franquia, e não pagarão Direitos alguns, nem por entrada nem por saída, e as ditas Fazendas se poderão baldear em os Navios da dita Companhia, sem serem por isso obrigados a descerem dos Marcos para baixo; e com o juramento dos Diretores da dita Companhia, de que as tais Fazendas, Mantimentos, Navios e Materiais são para o Comércio dela, serão livres e isentos, a pagarem Direitos na forma referida, tanto os que mandarem vir de fora, como os que comprarem neste Reino.

5.

Que como a maior parte das Fazendas que esta Companhia há de consumir na Costa são algodões da Índia, e de outros gêneros do dito País, é V.Mag.^{de} servido conceder Licença à dita Companhia, para mandarem buscar à Costa de Coromandel as Fazendas que necessitarem para o seu Comércio em a dita Costa, e Reino de Angola, livres de Direitos, e que os Navios da dita Companhia possam fazer escala por Zurate, e lá vender o Marfim e os mais Gêneros que levarem do produto da Costa e Reino de Angola, de que pagarão os Direitos nesta Cidade, ou nas Conquistas, de adonde lhes será permitido levarem Prata em Patacas, ou em barra, para fazerem seu Comércio na dita Costa de Coromandel; e querendo levar quaisquer outros Gêneros do Norte, não pagarão Direitos deles nesta Cidade nem nas Conquistas.

6.

Que a dita Companhia não possa vender em nenhum dos Portos do Brasil quaisquer Gêneros que lhes forem franqueados de Direitos, com cominação de que, sendo-lhes achados, serão confiscados para a Fazenda de V.Mag.^{de}, e os navios e suas cargas em que forem transportados.

7.

Que como esta Companhia possa experimentar grande prejuízo pela dilação das Frotas, na retenção de seu cabedal no Brasil, que tanto poderá necessitar para continuar o seu Negócio, será V.Mag.^{de} servido de lhe conceder licença para que em cada um ano possa voltar a este Reino um dos Navios sem ser em corpo da Frota, e que possa trazer todos os Gêneros do dito País, por não ser possível a esta Companhia deixar de vender os seus escravos a troco de Gêneros, que é em maior utilidade dos moradores do Brasil.

8.

Que além da dita Nau de Licença em cada um ano, poderão os Navios desta Companhia, em todo o tempo que lhes for conveniente, partir dos Portos do Brasil para este Reino, sem esperar as Frotas, trazendo somente o seu Cabedal em ouro, manifestando-o nas Casas da Moeda, e pagando dele o Direito de um por cento, como haviam de pagar se o referido ouro viera nos Navios de Comboio, como poderão trazer quaisquer outros Gêneros que forem Produtos da Costa de África, de que pagarão os direitos nesta Cidade.

9.

Que, porquanto a Companhia possa necessitar servirem-se da Ilha do Príncipe para nela assentarem o seu Comércio para a Costa, é V.Mag.^{de} servido permitir aos Diretores desta Companhia, com consentimento do Proprietário, a faculdade de poderem nomear a Capitania-Mor da dita Ilha, na pessoa que bem lhes parecer, a qual V.Mag.^{de} aprovará, para efeito de que, com prontidão seja a Companhia servida em tudo que necessitarem para o seu Comércio e expedição dos seus Navios e Embarcações, obrigando-se a Companhia a renovar e reedificar as duas Fortalezas, que os interessados na de Cachéu se ofereceram levantar na dita Ilha; e outrossim, poderão assentar Feitorias nas mais partes da Costa aonde bem lhes convier, exceto em Cabinda.

10.

Que é V.Mag.^{de} servido mandar se entregue à dita Companhia a Feitoria que se acha principiada por V.Mag.^{de} em o porto de Ajudá, para manter à sua custa, e por este respeito, é V.Mag.^{de} servido isentar à dita Companhia dos Direitos que se impuseram para a conservação dela.

11.

Que em todos os Portos dos Domínios de V.Mag.^{de}, geralmente, sem limitação alguma, a que chegarem os Navios ou qualquer Embarcação da Companhia, lhe seja dado tudo o de que necessitar, assim de gente e Mantimentos, como do mais que lhe for preciso para a Mareação e seguimento de suas viagens, com a mesma expedição e pelos mesmos preços que se costumam das às Fragatas e Naus de V.Mag.^{de}, e que em nenhum dos ditos Portos nem Conquistas deste Reino e seus Domínios, seja[m] retidos nem de forma alguma dilatados pelas Justiças, Conselhos ou Governos, os ditos Navios e Embarcações, mas, antes, lhes dará com diligência toda a ajuda e favor possível; e na falta de Marinheiros, lhes serão dados para o que se procederá à prisão, e não consentirão que a Gente que levarem para os usos e ministérios de suas Viagens se acolha aos ditos Portos, escusando-lhes quaisquer desculpas ou razões que derem, e só, sim, serão admitidas queixas dos Mestres, ou Capitães, para constranger, e com efeito obrigar aos subordinados a que não desamparem as suas obrigações, para o quê, sendo necessário, sejam presos os que se alterarem [ausentarem?] e entregues aos ditos Capitães e Mestres, para as irem cumprir; e todo o dano que se causar da inobservância do referido, será pago à Companhia, pelos bens e fazenda da pessoa que for causa dele.

12.

Que para esta Companhia poder concertar e aprestar nesta Cidade, e nas Conquistas, as suas Embarcações, se lhe mandará dar nelas os lugares que para isso forem convenientes, e outrossim poderão tomar por aposentadoria todas as mais Casas e Armazéns que lhe forem necessárias para o seu Comércio, pagando os aluguéis a seus donos, derrogando para este efeito qualquer privilégio de aposentadoria que tenham as Pessoas a quem se tomarem.

13.

Que suposto os Diretores determinem obrar em tudo o que tocar ao apresto e expedição dos seus Navios e Embarcações com toda a suavidade, sem usar dos meios de Justiça e rigor dela, contudo, poderá ser necessário para muitas coisas valer-se dos Ministros da Justiça, é V.Mag.^{de} servido que para os ditos aprestos e expedição, se procede na mesma forma que se faz para as Fragatas e Naus de sua Real Coroa, por esta condição somente, mandando o Juiz Conservador desta Companhia prender gente e Marinheiros para a Mareação, que serão isentos do troço, estando no serviço da dita Companhia.

14.

Que os Navios desta Companhia que forem fazer as suas Viagens para a Costa não serão obrigados a levarem sal do Contrato do Provimento do Brasil, não obstante qualquer condição dada e concedida a favor do mesmo Contrato, pela impossibilidade que há de que possam Navios carregados com Escravos ter mais praça do que lhes é precisa para a dita carregação, aguada e mantimentos.

15.

Que todas as pessoas de qualquer qualidade e condição que sejam, tanto naturais, como estrangeiras, em qualquer parte aonde assistam, ainda que vivam fora deste Reino, que quiserem entrar na dita Companhia com seus cabedais, o poderão fazer livremente, sem que por isso derroguem as suas Nobrezas, Preeminências ou Privilégios, e os Diretores abrirão os livros, e darão para este efeito o tempo de um ano para os moradores de todos os Brasis, sete meses aos de todas as Ilhas, e três meses aos deste Reino, o qual tempo principiará do dia da Publicação que se fará pela Gazeta geral, e editais fechados nos lugares Públicos, e sendo findo, se fecharão os Livros, para não poder entrar neles mais Pessoa alguma.

16.

Que V.Mag.^{de} é servido segurar os ditos Cabedais e avanços de qualquer seqüestro, embargo, denunciação, confiscação Real e Represália, que contra eles possa haver, por qualquer crime de Lesa Majestade, Divina ou Humana, conservando a mesma natureza que os Morgados, ou por qualquer outro respeito, ou guerras, que haja entre esta Coroa com qualquer Reino. Mercê que V.Mag.^{de} faz a esta Companhia em razão de sua conservação e aumento, o que V.Mag.^{de} promete cumprir debaixo de sua Real Palavra, e somente se poderão penhorar e executar os avanços por dívida cível sendo primeiro executidos [sic] os mais bens do devedor.

17.

Que para Juiz Conservador nomeará V.Mag.^{de} um dos Desembargadores da Casa de Suplicação, que na Relação, com os adjuntos que o Regedor lhe nomear, sentenciará todas as causas, assim cíveis como crimes desta Companhia e seus subordinados, na mesma forma que fazia o Conservador da Junta do Comércio Geral, e terá as mesmas Regalias e Privilégios, e que este Ministro será da satisfação dos Diretores desta Companhia, e assim terá um Procurador fiscal, que nomeará para todas as suas Causas, que será um Desembargador da Casa de Suplicação.

18.

Que será V.Mag.^{de} servido conceder a esta Companhia que os seus Navios se despachem na mesma forma que o fazem os Navios de Viagem da Índia, e logrará os mesmos Privilégios, e arvorando Bandeira com Armas Reais, passando aos Capitães Patentes de Mar e Guerra *ad honorem*.

19.

Que seja V.Mag.^{de} servido emprestar a esta Companhia duas fragatas de Guerra aparelhadas e prontas, todas as vezes que por ela lhe forem pedidas, sendo para um caso muito urgente, e o mantimento e gente para o fornecimento das ditas Naus, metida pela Companhia e paga às suas custas.

20.

Que os Navios de que esta Companhia se servirem [sic] no seu Comércio, poderão ter a metade dos seus Oficiais e Equipagem de Portugueses e a outra metade de Estrangeiros, não sendo de uma só Nação.

21.

Que V.Mag.^{de} seja servido que esta Companhia possa mandar tocar caixa nesta Cidade, Reino e Ilhas, e fazer gente do Mar e Guerra, para guarnecerem seus Navios e Estabelecimentos, e servirem-se de oficiais que estão atualmente em o serviço de V.Mag.^{de}, sem que por este respeito se possa reputar por perdido o seu tempo nem serviços, antes os que servirem a esta Companhia, V.Mag.^{de} é servido os reputar como feitos à sua Coroa.

22.

Que V.Mag.^{de} é servido que todos os subordinados a esta Companhia, tanto Marinheiros como Soldados, seus Oficiais, e os que forem da Arrecadação da Fazenda da dita Companhia, estejam sujeitos às mesmas Penas e Castigos, e aos de Disciplina Militar, como são os que atualmente estão servindo à V.Mag.^{de}.

23.

Que nos Cabedais desta Companhia se não lançará Dízima alguma nem meneio às pessoas que entrarem nela pelo dito Cabedal, nem os subordinados desta Companhia pagarão Dízima de seus ordenados.

24.

Que a Fazenda de V.Mag.^{de} que entrar na dita Companhia será em nome de Pessoa particular, para efeito de não serem os Diretores obrigados a dar conta nos Contos, nem em outro algum Tribunal, nem citados, chamados, ou vexados, ainda que seja a requerimento dos Procuradores Régios, para a dita conta, a qual só serão obrigados a dar àquela pessoa particular, como a qualquer do Povo interessado na dita Companhia, na forma de seu Regimento, que V.Mag.^{de} será servido confirmar.

25.

Que V.Mag.^{de} é servido permitir aos Testamenteiros e Tutores poderem interessar nesta Companhia aos seus Menores, com tanto que o dito interesse não exceda a metade do valor dos bens móveis, que pertencerem aos ditos Menores.

26.

Que V.Mag.^{de} é servido que não se possa fazer penhora ou embargo nas mãos dos Diretores desta Companhia em quaisquer soldos que se possam dever aos subordinados dela, por dívidas criadas antes ou depois de entrarem no serviço da dita Companhia.

27.

Que V.Mag.^{de} é servido não conceder a qualquer pessoa que for devedora a esta Companhia Carta Moratória para não poder ser executado e, concedendo-se-lhe, não terá efeito algum, antes, todas as dívidas que se deverem a esta Companhia se cobrarão executivamente, como Fazenda Real de V.Mag.^{de}

28.

Que V.Mag.^{de} é servido que todas as prezas que fizerem os Navios desta Companhia, seja em utilidade própria dela, sendo julgados por boa e bem feitas pelo Juiz Conservador da Companhia.

29.

Que V.Mag.^{de} é servido mandar a todos os Governadores e Ministros, a quem estas condições forem apresentadas, as façam guardar inviolavelmente, sob pena de que todo o dano que se causar à Companhia, pela falta da inobservância delas, se haverá de seus bens e Fazendas.

30.

Que a Companhia será governada pelos Diretores independentemente, com inibição a qualquer Ministro ou Tribunal de se intrometerem no maneio, disposição e Direção da dita Companhia; nem poderão os [juizes de] defuntos e ausentes pedirem ou tomarem conta de cousas algumas, por falecimento ou ausência de qualquer pessoa do Serviço da dita Companhia, nem tomarem em arrecadação efeitos da dita Companhia, ou de Pessoas do Serviço dela, sob pena de que a dita Companhia possa haver dos bens de tal Ministro todo o prejuízo, que pela inobservância desta Condição, se causar à dita Companhia.

31.

Que os Diretores desta Companhia e os seus subordinados, durante ela, gozarão dos mesmos Privilégios que gozam os Contratadores do Tabaco, e Cartas de Jogar e Solimão, e não poderão ser presos por ordem de Tribunal algum, ou Ministro de Justiça, por causa Cível ou Crime, salvo for em flagrante delito, sem ordem do seu Conservador por escrito; Mercê que V.Mag.^{de} faz aos Diretores para melhor se empregarem no serviço da dita Companhia.

32.

Que V.Mag.^{de} é servido ordenar aos Tesoureiros das Casas da Moeda, ou das Alfândegas, de quaisquer portos do Brasil, que sendo lhes entregue algum Cabedal desta Companhia, por mão dos Capitães dos seus Navios, ou de outra alguma Pessoa, o remetam na primeira ocasião de Nau de Guerra que vier para este Reino, a entregar aos Diretores desta Companhia, sem falta ou falência, e havendo-a, pagarão por seus bens e fazendas todo o dano que causar à dita Companhia.

33.

Que passados dois anos depois da confirmação de V.Mag.^{de} destas Condições, se proibirá a saída de todas as embarcações das Conquistas para a Costa da Mina, excetuados para os portos do Reino de Angola; e somente os Navios desta Companhia poderão voltar dos Portos do Brasil para a Costa, levando somente Tabacos e jerebitas e os mantimentos necessários para as suas carregações; e sendo caso que os Navios desta Companhia encontrem na Costa alguma embarcação vinda do Brasil a negociar ou que tenha negociado na dita Costa, a possam apresar e confiscar em benefício da dita Companhia.

34.

Que toda a pessoa que tiver Cabedal nesta Companhia possa vender, ceder e trespassar todo ou qualquer parte dele em quem bem lhe parecer, na forma que se pratica com Juros Reais, pelos preços que convierem, sem intervenção do Corretor.

35.

Que V.Mag.^{de} é servido prometer debaixo de sua Real Palavra que em nenhum tempo revogará as Concessões feitas nestas Condições, nem alterará o disposto nelas, nem formar ou estabelecer outra Companhia em prejuízo desta, nem impedir o Governo e Direção desta Companhia pelos presentes Diretores, e os mais que forem erigidos pelos interessados, que sempre serão Homens de Negócio e, deles, a metade portugueses; nem de nenhuma sorte por si, nem por seus Ministros, infringirá a Liberdade que V.Mag.^{de} é servido que esta Companhia tenha, sem outra dependência alguma.

36.

Que V.Mag.^{de} será servido confirmar o Regimento que esta Companhia fizer para a boa Direção e Governo dela, e sendo necessário em algum tempo mudar ou alterar o disposto nestas condições, para maior benefício desta Companhia, o poderão representar à V.Mag.^{de} para determinar o que for servido.

37.

Que V.Mag.^{de} é servido que o Comércio desta Companhia durará por tempo de trinta anos, que hão de principiar do dia da data do Alvará de Confirmação destas Condições, passados os quais, não sendo V.Mag.^{de} servido de confirmar a continuação por mais tempo, entregará à ordem de V.Mag.^{de} todas as suas Fortificações, Armas, Munições, Petrechos e Armazéns [...] que tiverem, pagando-se-lhes tudo em dinheiro de contado, pelo preço que for estimado, no estado em que as sobreditas cousas se acharem, pelos louvados que de ambas as partes forem eleitos.

38.

Que V.Mag.^{de} é servido prometer a esta Companhia de a proteger e defender com e contra todos que a atacarem injustamente, e ainda em caso de necessidade, de empregar a força de suas Armas para as suster e manter na liberdade inteira do seu Comércio e Navegação; e lhe fazer que lhe façam razão de todas as injustiças, injúrias e maus tratamentos com que alguma Nação possa empreender de a molestar ou perturbar.

39.

Que como V.Mag.^{de} foi servido conceder à dita Companhia várias condições nos Alvarás de V.Mag.^{de} de 23 de dezembro de 1723 e de 24 de Janeiro de 1724, é V.Mag.^{de} servido declarar que as presentes somente terão validade e força, porque é sobre elas que fica estabelecida e formada a dita Companhia.

40.

Que V.Mag.^{de} é servido derrogar todas quantas Leis, Arrestos, Decretos, Alvarás, que encontram o disposto nestas Condições, havendo-as por revogadas, como se deles se fizesse expressa e declarada menção, e por estabelecida e confirmada esta Companhia, como se contém nas ditas Condições.

E debaixo destas Condições oferece a dita Companhia de proverem as Conquistas com Escravos suficientes para as lavouras dos Açúcares, Tabacos e Ouro e de os vender pelo preço de cento e oitenta mil réis para baixo, sem que em nenhum tempo possam exceder o dito preço, pela melhor peça que houver.

Anexo V

Agentes mercantis do Recife (1695-1750) [a]

Nome	Ocupação	Natural	Idade	Obs.
Agostinho Ferreira da Costa				
Alfonso Maciel				
Antonio Brebion	mercador de fazendas	Flandres		
Antonio da Costa de Souza	homem de negócio	Braga	79	
Antonio de Almeida Vila Nova				
Antonio de Souza Vieira	homem de negócio	Braga	68	
Antonio Gomes Freire	homem de negócio	Porto	34	morador no Recife há 25
Antonio Ribeiro Rosa				
Antonio Ribeiro de Vasconcelos	vive de negócio de fazendas	Braga	39	natural de S. Cruz de Cima, Tâmaga, morador no Recife há 22 anos
Antonio Rodrigues Campelo	homem de negócio	?	?	
Baltazar Aranha de Araújo				
Bento Gomes	homem de negócio	Ponte da Barca	?	
Francisco Correia da Fonseca	homem de negócio	Viana	64	
Francisco Correia Mota				
Francisco de Brito Neves				
Francisco Dias Ferreira	homem de negócio	Pernambuco	80	
Francisco Garcia				
Francisco Luiz da Serra	homem de negócio	Faial	75	
Francisco Xavier de Azevedo	tráfico de escravos			

Gonçalo Ferreira da Costa	homem de negócio	?	?	foi caixeiro e mercador de loja aberta; hábito de Cristo
João Álvares do Couto	homem de negócio	Viana	86	
João da Silva Santos				
João Machado de Oliveira				
João Maciel Barbosa	agência de mercancia	Ponte de Lima	59	morador no Recife há 37 anos
João Vieira da Silva				
Joaquim de Almeida				
José Garcia Jorge				
Lourenço Gomes Ferraz				
Luís Ribeiro Lima				
Manoel Álvares Moreira				
Manoel Aranha da Fonseca				
Manoel Dias Pereira	homem de negócio	Braga	42	natural de Dorneles, morador no Recife há 21 anos
Manoel da Vera Cruz				
Manoel de Mello Bezerra				
Manoel de Siqueira Passos				
Manoel Ferreira da Costa				
Manoel Rodrigues Roles	vendia fazendas	?	?	
Manuel Nunes dos Reis				
Pedro Tavares Correa				
Vicente Correa	homem de negócio	Braga	80	

Anexo VI

Cálculo dos preços médios e relativos de venda dos escravos

A proporção entre os preços dos cativos foi calculada levando-se em conta informações contemporâneas e as aquisições feitas pelo mestre da galera de José Sacoto. Segundo a venda de 62 escravos minas no Recife em 1702, dos quais 10 "negros", 9 "negras", 23 "peças" (molecões), 9 "moleques" e 11 "molecas", o preço médio por tipo e a razão entre eles é a seguinte[5]:

Tipo	Quant.	Preço	Índice
negros	10	90.800	100%
negras	9	67.000	74%
"peças"	23	75.000	83%
moleques	9	57.000	63%
molecas	11	60.600	67%

Por sua vez, o "preço" equivalente em rolos de tabaco informado à coroa pelo traficante de escravos José de Torres era de 6 rolos por negro, 5 por molecão, 4 por molecona e moleque, e 3 por negra e moleca[6].

Por fim, da carga da galera foi possível calcular o preço em réis para 16 "negros", 5 "molecões", 4 "negras", 9 "moleconas" e 4 "molecas". Só foi possível fazê-lo para os grupos homogêneos de indivíduos comprados a cada vez, ou seja, quando o "lote" comprado que variou de 1 a 9 indivíduos comprados de uma vez consistia de um mesmo tipo de escravo. Quando esta condição foi satisfeita, convertemos os gastos em gêneros aos seus valores em réis (também previamente calculados).

Apesar do testemunho de José de Torres e os números acima referentes à venda de escravos no Recife, os preços pagos pelos molecões nas transações da galera de Sacoto foram superiores aos pagos pelos negros, apontando que os chamados molecões valiam mais que os chamados "negros", pois eram conside-

---

5   Mello, *Um Mascate e o* Recife. A vida de Antônio Fernandes de Matos no período de 1671-1701. 2ª. ed. Recife: Fundação de Cultura da Cidade do Recife, 1981, p. 75-6.

6   [REPRESENTAÇÃO de José de Torres sobre os descaminhos do ouro, diamantes e tabaco fino na Costa da Mina e projeto de uma Companhia para a Bahia]. Lisboa, [Post. a 1724]. AHU, C.U., S. Tomé, Cx. 4, Doc. 118.

rados como "peça", ou seja, o escravo padrão, estalão pelo qual os demais eram avaliados.

Por esta razão, adotou-se a escala que se apresenta nos cálculos da tabela XXV. Já o preço pago por crianças escravizadas (molecas e moleques) no Recife (1702) diverge fortemente do preço de compra das molecas por conta da galera de Sacoto, bem inferior ao pago por indivíduos jovens e adultos. Sendo aquele primeiro registro feito num período de alta na demanda e nos preços dos cativos africanos, distante meio século do tráfico realizado na galera *Insurreição e Almas*, pareceu preferível aplicar um proporção entre os preços de crianças e adultos mais em linha com a experiência histórica.

Preços pagos por tipo de escravo

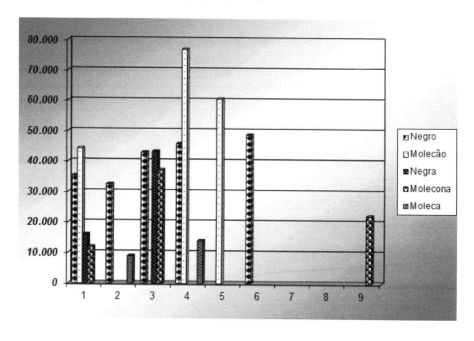

Preço médio ponderado pago por tipo de escravo

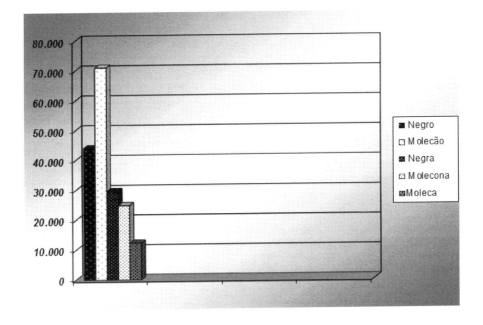

Anexo VII

Fontes da Tabela XXX

Exportação de Tabaco do Porto do Recife, 1698-1746 (Vários Anos).

	1	2	3	4	5
ANO	Total @	Costa da Mina @	Lisboa @	2/1 % [a]	3/1 %
1698	12.217	1.812	10.405	14,9	85,1
1701	?	?	3.177	?	?
1703	?	?	1.984	?	?
1704	12.064	9.400	2.664	78	22
1706	?	?	3.269	?	?
1710	?	?	2.062	?	?
1712	?	?	1.147	?	?
1713 [b]	?	?	176		
1714 [b]	?	?	4.400		
1716	9.564	7.205	843	75,3	8,8
1717	4.500	4.500	–	100	–
1718 [b]	–	–	890		
1721 [b]	–	–	7.847		
1725	?	38.148	?	?	?
1726	?	31.035	?	?	?
1727	–	46.025	– [b]	100	–
Cont.					
1729	10.896	9.817	94	90,1	0,86
1730	?	?	5500	?	?
1731	540	–	540	–	100
1734	25.477	16.334	328	64,11	1,29
1736	?	?	2.982	?	?
1737	26.259	24.831	84	94,6	0,3
1738 [b]	–	–	1.177		
1739	10.790	8.257	845	76,5	7,8
1740 [b]	–	–	7.918		
1742	6.570	3.942	?	60	?

1743 [b]	–	–	11.235		
1744	2.100	2.100	–	100	–
1745	14.200	13.185	–	92,9	–
1746 [b]	–	–	187,2		

Virgílio Noya Pinto, *op. cit.*, p. 140-1, 145, 147, 160, 165, 169-70; cálculo: n. de rolos x peso médio por rolo da Bahia no período (Nardi, *op. cit.*, p. 381).

Fontes: De Ignacio de Moraes Sarmento s.[e] arrecadação do tabaco. Recife, 22 de Julho de 1698. TT, JT, Maço 96-A, Caixa 83. TT, JT, Maço 96 - Caixa 82; Superintendente do Tabaco de Pernambuco. Recife, 20 de Março de 1704; Carta do Superintendente do Tabaco. Recife, Abril de 1704. TT, JT, Maço 96 - Caixa 82; Superintendente dos Tabacos de Pernambuco. Recife, 25 de julho de 1710. TT, JT, Maço 96 - Caixa 82; Do Superintendente do Tabaco de Pernambuco . Recife, 08 de julho de 1712. Do Ouvidor Geral de Pernambuco Superintendente dos Tabacos. Recife, 13 de Setembro de 1716. JT, Maço 97-A, Cx. 85; [Carta do] Ouvidor Geral Superintendente dos Tabacos de Pernambuco. Recife, 18 de Setembro de 1717. TT, JT, Maço 98; Do Superintendente do Tabaco Manoel do Monte Fogaça. Recife de Pernambuco, 20 de julho de 1729. TT, JT, Maço 100; Do Ouvidor Geral de Pernambuco Superintendente dos Tabacos. Recife, 11 de Janeiro de 1731. TT, JT, Maço 100; Do Ouvidor Geral de Pernambuco Superintendente do Tabaco. Recife, 13 de Setembro de 1734. TT, JT, Maço 100; Do Ouvidor Geral de Pernambuco Superintendente dos Tabacos Bento da Sylva Ramalho. Pernambuco, 4 de maio de 1736. TT, JT, Maço 101; O Superintendente do Tabaco de Pernambuco. Pernambuco, 26 de Fevereiro de 1738. TT, JT, Maço 101; O Superintendente do Tabaco de Pernambuco. Pernambuco, 12 de março de 1738. TT, JT, Maço 101; O Superintendente do Tabaco de Pernambuco Antonio Rebello Leite. Pernambuco, 10 de Dezembro de 1739. TT, JT, Maço 101; Sobre as Contas q nella deu o Ouvidor Geral e Supperintendente do mesmo gênero de Pernambuco . Lisboa, 8 de Fevereiro de 1744. TT, Conselho da Fazenda, Livro 405, fl. 116v-118. Do Superintendente Francisco Correa Pimentel. Santo Antonio do Recife, 1º. de Outubro de 1744. TT, Maço 102-A, caixa 94; DA JUNTA da administração do tabaco. Com a consulta incluza do Conselho Ultramarino sobre o que escrevem os officiais da Camara da Villa da Cachoeira acerca da taxa q se pos no tabaco - no estado do Brazil. Lisboa, 9 de junho de 1702. TT, Junta do Tabaco, Maço 82 (Cartas e informes).

Anexo VIII

Fontes da Tabela XXXI

Cálculo da importação de escravos no porto do Recife, vários anos: 1698-1745

	1	2	3
ANO	**Embarcações**	**Escravos**	**Fonte**
1698		419	A: exportação de tabaco [a]
1704		460	A
1706	3	382	D
1708			B: arrecadação de direitos
1709			B
1710			B
1715			B
1716		395	A
1717		247	A
1722	10	1.957	C: importações oficiais
1723	13	3.693	B
1724	10	2.505	B
1725	6	1.650	B
1726	11	2.733	B
1727	10	2.684	B
1728	10	2.803	B
1729	6	1.426	B
1730	8	1.910	B
1731	5	859	B
1732	5	1.250	D: número de barcos
1733	8	2.000	C
1734	6	1.500	C
1735	8	2.000	C
1736	3	750	C
1737	7	1.750	C
1739	4	1.000	C
1742	2,1	550	E: TSTD2
1743	2,1	550	D
1744	2,1	550	D

1745	2,1	550	D
1746	4,2	1.080	D
1747	4,2	1.080	D
1748	4,2	1.080	D
1749	4,2	1.080	D
1750	4,2	1.080	D
1751	3,3	840	D
1752	3,3	840	D
1753	3,3	840	D
1754	3,3	840	D
1755	3,3	840	D
1756	3,6	940	D
1757	3,6	940	D
1758	3,6	940	D
1759	3,6	940	D
1760	3,6	940	D
N=41			

a. Cálculo segundo peso do rolo (1698: 2,6 arrobas; 1704: 2,8 arrobas; 1716-1717: 2,5 arrobas), preço de um escravos em rolos (1698, 1704, 1716-1717: 6,2) e montante exportado no ano.

Fontes A: De Ignacio de Moraes Sarmento sobre a arrecadação do tabaco. Arrecife, 22 de Julho de 1698. TT, JT, Maço 96-A, Caixa 83. TT, JT, Maço 96 - Caixa 82; Superintendente do Tabaco de Pernambuco. Recife de Pernambuco, 20 de Março de 1704; Carta do Superintendente do Tabaco. Recife, Abril de 1704. TT, JT, Maço 96 - Caixa 82; Superintendente dos Tabacos de Pernambuco. Recife, 25 de julho de 1710. TT, JT, Maço 96 - Caixa 82; Do Superintendente do Tabaco de Pernambuco. Recife, 08 de julho de 1712. Do Ouvidor Geral de Pernambuco Superintendente dos tabacos. Recife, 13 de Setembro de 1716. JT, Maço 97-A, Cx. 85; [Carta do] Ouvidor Geral Superintendente dos Tabacos de Pernambuco. Recife, 18 de Setembro de 1717. TT, JT, Maço 98; Do Superintendente do Tabaco Manoel do Monte Fogaça. Recife, 20 de julho de 1729. TT, JT, Maço 100; Do Ouvidor Geral de Pernambuco Superintendente dos Tabacos de Pernambuco. Recife, 11 de Janeiro de 1731. TT, JT, Maço 100; O Ouvidor Geral de Pernambuco Superintendente do Tabaco de Pernambuco. Recife, 13 de Setembro de 1734. TT, JT, Maço 100; Do Ouvidor Geral Superintendente dos Tabacos Bento da Sylva Ramalho. Pernambuco, 4 de maio de 1736. TT, JT, Maço 101; O Superintendente do Tabaco de Pernambuco. Pernambuco, 26 de Fevereiro de 1738. TT, JT, Maço 101; O Superintendente do Tabaco de Pernambuco. Pernambuco, 12 de março de 1738. TT, JT, Maço 101; O Superintendente do Tabaco de Pernambuco [Antonio Rebello Leite]. Pernambuco, 10 de Dezembro de 1739. TT, JT, Maço 101; Sobre as Contas q nella deu o Ouvidor Geral de Pernambuco Superintendente do mesmo gênero de Pernambuco. Lisboa, 8 de Fevereiro de 1744. TT, Conselho da Fazenda, Livro 405, fl.

116v-118. Do Superintendente Francisco Correa Pimentel. Santo Antonio do Recife, 1º. de Outubro de 1744. TT, Maço 102-A, caixa 94.

Fontes B: CARTA do [provedor da Fazenda Real da capitania de Pernambuco], João do Rego Barros, ao rei [D. João V], sobre o envio da importância relativa à Tesouraria dos Despachos dos escravos da Costa da Mina. Recife, 12 de julho de 1710. AHU, CU, Pernambuco, cx. 24, doc. 2168; CARTA do [provedor da Fazenda Real da capitania de Pernambuco], João do Rego Barros, ao rei [D. João V], sobre a ordem para enviar ao Reino o direito dos escravos e demais negócios que fizerem os navios que vão comercializar na Costa da Mina. Recife, 2 de agosto de 1715. AHU, CU, Pernambuco, cx. 27, doc. 2455.

Fontes C: CARTA do provedor da Fazenda Real da capitania de Pernambuco, João do Rego Barros, ao rei [D. João V], remetendo certidão dos editais que foram postos para a arrematação do contrato da Alfândega dos negros que vêem da Costa da Mina, e da relação dos seus rendimentos nos últimos dez anos. Recife, 16 de janeiro de 1732. AHU, Conselho Ultramarino, Documentos de Pernambuco. Cx. 42, D. 3786.

Fontes D: 1732-1736, Pierre Verger. *Fluxo e Refluxo*, op. cit., p. 66, n. 30; 1737: O Superintendente do Tabaco de Pernambuco. Vila de Santo Antonio do Recife, 6 de Fevereiro de 1738. TT, Junta do Tabaco, Maço 101, caixa 91; 1739: O Superintendente do Tabaco de Pernambuco [Antonio Rebello Leite]. Pernambuco, 10 de Dezembro de 1739. TT, Junta do Tabaco, Maço 101, caixa 91.

Fontes D: Dados do *Transatlantic Slave Trade: A Database 2*. In: Daniel Domingues Barros da Silva. "O Tráfico Transatlântico de Escravos de Pernambuco (1576-1851): notas de pesquisa", *op. cit.* O autor usou o cômputo total do tráfico de Pernambuco com a Costa da Mina de 1742-1760, mas distribuiu-os de acordo com a proporção de viagens naquela rota presentes no TSTD 2 para cada cinco dos referidos anos, uma vez que o volume calculado pelo TSTD 2 era menor que o volume registrado em fontes contemporâneas; a fonte onde se encontra o volume total para 1742-1760 e 1760-1778 é: OFÍCIO do [governador da capitania de Pernambuco], José César de Meneses, ao [secretário de Estado da Marinha e Ultramar], Martinho de Melo e Castro, sobre a Companhia Geral de Pernambuco e Paraíba [...], Anexo 2. AHU, Documentos Avulsos da Capitania de Pernambuco, cx. 130, doc. 9823.

Anexo IX

Observações sobre as embarcações do tráfico pernambucano

É importante frisar, aqui, dois pontos: por um lado, não havia um tipo de navio negreiro específico e, por outro, a tonelagem média dos navios engajados na mercancia de escravos africanos variou ao longo do tempo. Herbert Klein concluiu pela existência de um tipo de negreiro comum a todas as carreiras do tráfico atlântico no século XVIII, para ele uma embarcação de tonelagem média[7], o que não significa um tipo particular de barco negreiro, pois o tráfico caracterizou-se pela heterogeneidade nas categorias de barco[8].

Em termos de quantidade de escravos carregados, os negreiros franceses e holandeses eram os maiores, enquanto os ingleses, mesmo no período da *Royal African Company* (RAC), eram os menores. Os holandeses transportavam 515 escravos em média (1675-1738)[9], enquanto os franceses, 384, nas duas primeiras décadas do século XVIII[10]. Os negreiros da RAC, por sua vez, até 1714, já perdido o monopólio, carreavam, em média, 388 escravos, mas os barcos privados (os *entrelopos*) tinham carga menor. A tendência, no entanto, em todas as carreiras européias, até meados do século XVIII, foi de redução da carga em escravos, com aumento da tonelagem, o que significou uma menor relação escravos por tonelada[11]. Os negreiros ingleses, os mais importantes desde então, apresentaram capacidade média entre 248 e 268 escravos nos anos 1750-1776[12].

Se nos detivermos nos destinos específicos dos negreiros europeus rumo à África, isto é, os portos nos quais os traficantes iam fazer seu comércio, distingue-se uma particularidade. Os navios traficando em Angola apresentavam uma

---

7 Herbert Klein, *The Middle Passage*. Comparative Studies in the Atlantic Slave Trade. Princeton: Princeton University Press, 1978, p. 181-3, 207, 228.

8 Eltis, *The Rise of African Slavery in the Americas*. Cambridge: Cambridge University Press, 2000, p. 128.

9 Johanes M. Postma, *The Dutch in the Atlantic Slave Trade, 1600-1815*. Cambridge: Cambridge University Press, 1990, p. 130-1.

10 Eltis, *op. cit.*, p. 125, 127; Curtin, *op. cit.*, 1969, p. 171.

11 Klein, *op. cit.*, p. 185-6.

12 Curtin, *The Atlantic Slave Trade: A Census*. Madison, Wisconsin: University of Wisconsin, 1969, p. 133-6; Richardson, "The Eighteenth Century British Slave Trade: estimates of its volume and coastal distribution in Africa". *Research in Economic History*, Connecticut: Jai Press, vol. 12, 1989, p. 160.

capacidade média de carga superior à das demais regiões do tráfico[13]. Enquanto a capacidade média dos negreiros franceses, entre 1726-1755, era de 340 escravos, em Angola sua média era de 403[14].

O tráfico de escravos luso-brasileiro, no século XVIII, apresentou uma tendência contrária ao seu congênere europeu. Ao menos no caso do tráfico da Costa da Mina, as embarcações apresentam uma crescente capacidade de carga em escravos e, provavelmente, também na tonelagem. Das sumacas e patachos, o tráfico passou a ser feito com navios, galeras, fragatas, bergantins[15]. Isto pode ser observado tanto para a Bahia quanto para Pernambuco.

De acordo com a Tabela VI, a capacidade média em escravos dos negreiros saídos da Bahia quase dobrou na comparação entre os decênios 1691-1700 e 1701-1710, o mesmo ocorrendo na comparação do segundo com o terceiro decênio do século. Tendo em vista a capacidade dos negreiros europeus para fins do século XVII e duas primeiras décadas do século XVIII, exposta anteriormente, as embarcações brasileiras no tráfico seriam ainda menores que todas as demais, européias, até os anos 1730. Isto se coaduna com uma tendência que parece ter sido comum aos negreiros oriundos da própria América, como é o caso daqueles que partiam das colônias anglo-americanas. Estes eram fabricados na quase totalidade na própria colônia, com carga majoritariamente de um só produto, o rum[16], guardando semelhanças com os dos portos da América portuguesa. A partir dos anos 1730, no entanto, a capacidade dos negreiros da Bahia sofre novo incremento, com média quase duas vezes maior que a dos dez anos antecedentes, o que os punha no mesmo nível de carga das demais carreiras escravistas do Atlântico.

Nardi calculou para os navios baianos traficando entre 1691-1710 a média de 65 escravos por embarcação. Num documento já citado, o superintendente da arrecadação do tabaco da Bahia (e desembargador da Relação) afirma, em 1706, que os patachos e sumacas da Bahia engajados no tráfico ou no "resgate dos escravos que podem e custumão trazer segundo suas arqueações que ao mais são 300 cabeças"[17], ou seja, sua capacidade de carga máxima era de 300 escra-

---

13   Klein, *op. cit.* p. 187.

14   *Idem, ibidem*, p. 27-8, 180-1, Tabela 8.1.

15   Jean Baptiste Nardi. *O fumo brasileiro no período colonial*. Lavoura, Comércio e Administração. São Paulo: Brasiliense, 1996, p. 247-8.

16   Klein, *op. cit.* p. 135-8; Eltis, *op. cit.*, 2000, p. 127-8.

17   DO SUPPERINTENDENTE [do tabaco da Bahia] Informação sobre hua carta do Supp.te [do tabaco] de Pernambuco sobre varios particulares. Bahia 20 de Janeiro de 1706. TT,

A FÊNIX E O ATLÂNTICO

vos. Ainda que esta capacidade seja uma média e que os navios não carregassem sempre o máximo de sua arqueação, há uma diferença muito expressiva para ser ignorada. Significa dizer que a análise do comportamento do tráfico luso-baiano de princípios do século XVIII, assim parece, continua em aberto.

Patrick Manning, seguindo Pierre Verger, adotou uma média de 400 escravos por embarcação para 1651-1756[18]. Esta média também nos parece inadequada, pecando pelo excesso. Uma pista para nos aproximarmos de uma média mais plausível pode nos ser dada por uma lista de embarcações saídas do porto da Bahia rumo à Costa da Mina em 1698[19]. Segundo esta lista, 16 negreiros, dos quais 7 são identificados como patachos ou sumacas, carregaram 3.160 rolos de tabaco ou uma média de 197,5 por negreiro. Ao "preço" de 4 rolos de tabaco por escravos, teríamos aproximadamente (arredondando para mais) 50 escravos por embarcação, o que deixaria estes barcos abaixo da média encontrada por Nardi. Ainda que o nível do tráfico tenha aumentado nos anos seguintes, o que ocorreu para franceses e ingleses, o volume do tráfico soteropolitano só dá indícios de aumentar significativamente a partir de cerca 1716, quando patachos e sumacas são substituídos por iates, bergantins, galeras e navios, barcos de médio e grande porte[20].

No caso de Pernambuco, que pode servir como comparação, sabemos que havia 3 embarcações no tráfico em 1706, enquanto estimamos que em 1704 foram importados da Costa da Mina 460 escravos[21] (Tabela II). Considerando que fossem estas mesmas a fazer o tráfico dois anos antes, teríamos 153 escravos por embarcação. Considerando-se a superioridade das importações baianas da Costa da Mina frente às pernambucanas, seria pouco provável aquela carga média na casa dos 60 escravos por navio da capitania da Bahia. Advirta-se, porém, que o tráfico saído do porto do Recife era bastante irregular no tocante ao número anual de embarcações, o que nos impede de afirmar em quantos barcos vieram aquelas quatro centenas e meia de escravos supostamente desembarcados em Pernambuco em 1704.

JT, Maço 96.

18 Manning. The Slave Trade in the Bight of Benin, 1640-1890, *op. cit.*, p. 137, Tabela 4.4.

19 Maria da Conceição J. F. Cheis. *O Tabaco do Brasil nos quadros da economia portuguesa no século XVII*. Lisboa, 1967. (Dissertação em História). Faculdade de Letras, Universidade de Lisboa, p. 36. Essa autora é uma pioneira no estudo do papel do tabaco na economia do império português, tendo realizado pesquisas também no Brasil.

20 Nardi, *op. cit.*, p. 248-50.

21 Estimativa segundo carga de tabaco exportada e preço em rolo dos escravos.

As embarcações utilizadas no tráfico entre Pernambuco e Bahia e a Costa da Mina eram de categorias iguais, a julgar pelas designações que aparecem na documentação. Como já dissemos algumas vezes, constam sumacas, patachos – as menores – fragatas, corvetas, bergantins, navios – as maiores. Ocorre que embarcações com as mesmas denominações apresentam capacidade de carga distinta, o que confirma que o que contava era o feitio das mesmas, mais que suas dimensões absolutas[22]. Assim é que os bergantins e fragatas de Pernambuco, observados nos anos 1730 e 1740 (ver tabela abaixo), apresentam carga média inferior às suas congêneres da Bahia: de 2.000 arrobas a 4.000 arrobas contra 11.000 a 25.000 arrobas[23]. Mais uma vez, podemos dar crédito ao governador de Pernambuco sobre o tráfico local com a Costa da Mina quando afirmava que no que dizia respeito às embarcações, as pernambucanas *são muito pequenas e não tem comparação com as da Bahia*[24].

---

22   Excetuado os casos de informação fraudulenta, tais como Nardi surpreendeu na documentação da Bahia; Nardi, *op. cit.*, p. 247-8.

23   *Ibidem.*

24   DO GOVERNADOR de Pernambuco. Pernambuco, 12 de Agosto de 1726. TT, JT, Maço 98.

Embarcações do Porto do Recife para a Costa da Mina: Tipos e Cargas

ANO	1 Embarcação	2 Carga: @	3 Carga: Rolos	4 (2)/(1)	5 Peso dos Rolos (2/3)
1729					
	–	–	–	–	
Total	4	9.817	4.024	2.454	2,4
1737	Patacho (4)[a]	–	–	–	
	Sumaca (1)	–	–	–	
	Bergantim (1)	–	–	–	
	Corveta (1)	–	–	–	
Total	7	28.215	11.286	4.031	2,5
1739					
	Patacho (2)	–	–	–	
	Sumaca (1)	–	–	–	
	Bergantim (1)	–	–	–	
Total	4	8.257	4.095	2.064	2,0
1744					
	Bergantim (1)	2.300	986	2.300	
Total	1	2.300	986	2.300	2,33
1745	Corveta (2)	5.879	2.568	2.939	2,29
	Navio (1)	5.245	2.469	5.245	2,12
	Bergantim (1)	2.061	1.080	2.061	1,91
Total	4	13.185	6.117	3.296	2,2

a. O número entre parênteses indica a quantidade de embarcações de cada tipo.

Fontes: Do Superintendente do Tabaco Manoel do Monte Fogaça. Recife, 15 de julho de 1729. TT, Junta do Tabaco. Maço 100-A, Cx. 90. O Superintendente do Tabaco de Pernambuco. Recife, 6 de Fevereiro de 1738. TT, Junta do Tabaco, Maço 101, caixa 91. O Superintendente do Tabaco de Pernambuco [Antonio Rebello Leite]. Pernambuco, 10 de Dezembro de 1739. TT, Junta do Tabaco, Maço 101, Cx. 91. DO Superintendente Francisco Correa Pimentel. Santo Antonio do Recife, 1º. de Outubro de 1744. TT, Maço 102-A, cx. 94. Do Ouvidor Geral Superintendente do Tabaco Francisco Correa Pimentel. Pernambuco, 25 de abril de 1745. TT, Junta do Tabaco, Maço 102.

Anexo X

Superintendentes do Tabaco em Pernambuco

Superintendente	Cargo	Período
Ignacio de Morais Sarmento	Ouvidor-Geral	?-1701
João Guedes de Sá	Ouvidor-Geral	1701-1704
Roberto Car Ribeiro	Juiz de Fora	1704-1707
José Ignacio de Arouche	Ouvidor-Geral	1708-1710
Luis de Vallençuella Ortiz	Ouvidor-Geral	1707-?
Fernando Luiz Pereyra	Ouvidor-Geral	1720
Francisco Lopes de Carvalho	Ouvidor-Geral	1725
Antonio Souza da Silva	Ouvidor-Geral	1731
Manoel de Thomé Fogaça	Ouvidor-Geral	1726
Bento da Silva Ramalho	Ouvidor-Geral	1734
Antonio Rebello de Leite	Juiz de Fora	1738
Francisco Correa Pimentel	Ouvidor-Geral	1744

Fontes

a) Manuscritas

AHU. Arquivo Histórico Ultramarino – Lisboa

CU. Angola. Cxs. 4-12

CU, S. Tomé,, Cxs. 2-16.

CU, Guiné, Cx. 4-5

LIVRO DOS ASSENTOS, Contratos e Fianças do Conselho Ultramarino, 1º. vol. 1671-1731. Cód. 296.

LIVRO DE REGISTO dos contratos reais do Conselho Ultramarino. 1º. vol. Cód. 296. 2º. vol., Cód. 297.

LIVRO DE REGISTO Provisões do Conselho Ultramarino, 6º. vol., 1728-1734, Cód. 97.

MAPAS DOS CONTRATOS Reais do Conselho Ultramarino. 1º. vol. Cód. 1269.

REGISTO DE CARTAS Régias para o governador de Pernambuco e Paraíba e outras entidades dessas e mais capitanias do Brasil, 1673-1698. Cód. 256.

TT. Torre do Tombo – Lisboa

JUNTA DE ADMINISTRAÇÃO do Tabaco: Consultas, Maços 6-15; Decretos, Maços 50-3, 56-7; Cartas e Informes, Maços 78-84; Cartas do Brasil e Índia, Maços 96-103; Papéis findos, Maço 115.

CHANCELARIA de D. Pedro II: Livros 9-10, 22, 25, 44, 46, 50-51, 56, 62-3.

CONSELHO DA FAZENDA: Livro do Registo das Consultas da Junta da Administração do Tabaco, Livros 401-5.

HABILITAÇÕES do Santo Ofício: Maço 1, Diligência 7; Maço 10, Diligência 188; Maço 33, Diligência 539; Maço 45, Diligência 718; Maço 50, Diligência 976; Maço 78, Diligência 1508; Maço 100, Diligência 1663.

LIVRO de Notas de Manoel Machado. TT, *Registro Notarial de Lisboa*, Cartório 1 (Antigo 12 A). Livro 248, Cx. 60.

APEJE. Arquivo Público Estadual de Pernambuco Jordão Emerenciano - Divisão Permanente – Recife

LIVROS DE ORDENS Régias: Livros 04 (1640-1745), 05 (1698-1701) [Cópia de 1905], Livro 06 (1701-1706).

LIVROS DE ORDENS Régias, Capitania de Itamaracá: Livro 3 (1680-1760), [Transcrição Paleográfica].

BA. Biblioteca da Ajuda – Lisboa

Diário do Conde da Ericeira. Miscelânea - Tomo I.

Notícia que o governador de Pernambuco deu a S. Mag. quando tomou posse do governo destes Reinos, na qual lhe dá conta do estado da dita Província, com as hostilidades feitas pelos holandeses. Recife, 23 de março de 1663.

51-V-10, f. 247-250v.

BN - Biblioteca Nacional de Lisboa

COLECÇÃO de Decisões e Providências dadas para a Administração do Tabaco. Arquivo Conde de Tarouca, 2ª. série, 97-A.

BNRJ. Biblioteca Nacional do Rio de Janeiro

ALBUQUERQUE, Francisco de Brito Bezerra Cavalcanti de. *Cathalogo das Reaes Ordens existentes no arquivo da extinta Provedoria de Pernambuco*. (11, 3, 1).

OFÍCIO de D. Marcos de Noronha a Tomé Joaquim da Costa Corte Real (II, 33, 29, 31).

ESTRATO do Rendimento annual da Provedoria de Pernambuco [...], 1744-1756. 16, 2, 8, 1.

IAHGP. Instituto Arqueológico, Histórico e Geográfico Pernambucano – Recife

COLEÇÃO CONDE dos Arcos: Códice 33 I, Maço I. (Cópia).

LAPEH/UFPE. Laboratório de Pesquisa e Ensino em História– Recife

A FÊNIX E O ATLÂNTICO

DOCUMENTOS AVULSOS da Capitania de Pernambuco (Cópia).

b) Impressas

ALBUQUERQUE, Francisco Bezerra Cavalcanti de. *Cathalogo das Reaes Ordens existentes no arquivo da extinta Provedoria de Pernambuco.* Biblioteca Nacional do Rio de Janeiro. Seção de Manuscritos, 11, 3, 1.

ALMEIDA, Antonio Lopes da Costa. *Repertório remissivo da legislação da Marinha e do Ultramar comprehendida nos annos de 1317 até 1856.* Lisboa : Imprensa Nacional, 1856.

ALMEIDA, M. Lopes de. *Notícias Históricas de Portugal e Brasil.* Coimbra: [s/n.], 1961-1964. 2 vols.

ANTONIL, André João. *Cultura e Opulência do Brasil.* 3ª. ed. Belo Horizonte; São Paulo: Itatiaia; Edusp, 1982 (Reconquista da Brasil; nova série, v. 70). (Ed. original, 1711).

BRANDÃO, Ambrósio Fernandes. *Diálogo das Grandezas do Brasil.* São Paulo: Melhoramentos, 1977. (Original de 1618).

CALDAS, José Antonio. *Notícia Geral de toda esta Capitania da Bahia desde o seu descobrimento até o presente ano de 1759.* [Salvador]: Beneditina, 1951. (Ed. fac-similar].

COSTA, F. A. Pereira da. *Anais Pernambucanos.* 2ª. Ed. Recife: Fundarpe, 1983. 10 Vols. Coleção Pernambucana.

DISCURSO Preliminar, Histórico, Introdutório, com Natureza de Descrição Econômica da Comarca e Cidade da Bahia. In: *Anais da Biblioteca Nacional do Rio de Janeiro*, vol. XXVII. Rio de Janeiro: BN, 1906, p. 283-348.

DOCUMENTOS Históricos da Biblioteca Nacional. Vols. 40-2. Correspondência dos Governadores Gerais, 1704-1716. Rio de Janeiro: BN; MES, 1938.

DOCUMENTAÇÃO Histórica Pernambucana. Sesmarias. Vol. I. Recife: Biblioteca Pública, 1954.

IDEIA da População da Capitania de Pernambuco. In: *Annaes da Bibliotheca Nacional do Rio de Janeiro*, Vol. XL, 1923, p. 1-112.

INFORMAÇÃO Geral da Capitania de Pernambuco. *Annaes da Bibliotheca Nacional do Rio de Janeiro*, vol. XXVIII, 1906, p. 117-496. (Ed. original 1749).

LISANTI FILHO, Luís. *Negócios Coloniais*. (Uma correspondência comercial do séc. XVIII). Brasília; São Paulo: Ministério da Fazenda; Visão Editorial, 1973. 5 vols.

LISBOA, João Luís; MIRANDA, Tiago C. P. dos Reis; OLIVAL, Fernanda. *Gazetas Manuscritas da Biblioteca Pública de Évora*. Vol II. (1732-1734). Évora; Lisboa: Universidade de Évora; CIDEHUS; Colibri; Universidade Nova de Lisboa, 2005.

PITTA, Sebastião da Rocha. *História da América Portuguesa*. São Paulo: W.M. Jackson Inc., [1964]. (Edição original: 1730).

REGIMENTO da Iunta da Administraçam do Tabaco. Lisboa: Miguel Deslandes, 1702. Biblioteca Nacional de Lisboa, Reservados.

SOUSA, Joaquim José Caetano Pereira e. *Esboço de hum Diccionario Juridico, Theoretico, e Practico, remissivo ás Leis compiladas, e extravagantes*. Tomo I. Lisboa: Rollandiana, 1825.

Bibliografia

ABRAMOVAY, Ricardo. *Paradigmas do Capitalismo Agrário em Questão.* 2ª. Ed. São Paulo; Campinas: HUCITEC; Campinas, 1998.

ACIOLI, Vera Lúcia Costa. *Jurisdição e Conflitos: aspectos da administração colonial.* Pernambuco – século XVII. Recife: EDUFPE; EDUFAL, 1997.

ALBUQUERQUE, Cleonir Xavier de. *A Remuneração dos Serviços da Guerra Holandesa.* Recife: Imprensa Universitária, 1968. Monografias n. 4.

ALDEN, Dauril. *Royal Government in Colonial Brazil.* Berkeley; Los Angeles: University of California, 1968.

_____ ; DEAN, Warren. (Ed.). *Essays Concerning the Socioeconomic History of Brazil and Portuguese India.* Florida: University Press of Florida, 1977.

ALENCASTRO, Luiz Felipe de. *O trato dos viventes: a formação do Brasil no Atlântico Sul.* São Paulo: Companhia das Letras, 2000.

AMES, Glenn J. "The *Estado da Índia*, 1663-1677: Priorities and Strategies in Europe and the East". *Revista Portuguesa de História.* Lisboa, 1987, vol. XXII, p. 31-46.

ANDRADE, Gilberto Osório de. *Montebelo, os Males e os Mascates.* Contribuição para a história de Pernambuco na segunda metade do século XVII. Recife: UFPE, 1969.

ANDRADE, Manuel Correia de. *Geografia de Pernambuco.* Recife: Secretaria de Educação e Cultura, 1974.

_____. *A Terra e o Homem do Nordeste*. Contribuição ao estudo da questão agrária no Nordeste. 6ª. ed. Recife: Ed. da UFPE, 1998.

ANSTEY, Roger. *The Atlantic Slave Trade and British Abolition, 1760-1840*. Londres: Cambridge University Press, 1975.

ANTUNES, Luís Frederico Dias. "A crise no Estado da Índia no final do século XVII e a criação das Companhias de Comércio das Índias Orientais e dos Baneanes de Diu". *Mare Liberum*, 9. Lisboa: CNCDP, março 1995, p. 9-28.

ARRUDA, José Jobson de A. *O Brasil no Comércio Colonial*. São Paulo: Ática, 1980.

_____. "Immanuel Wallerstein e o moderno sistema mundial". *Revista de História*, São Paulo: USP, n. 115, jul./dez. 1983, p. 167-74. (Nova Série).

_____. "A crise do século XVII e a consolidação da economia-mundo (1600-1750)". *Revista de História*, São Paulo: USP, n. 116, jan./jun. 1984, p. 183-92. (Nova série).

_____. "O século de Braudel". *Novos Estudos Cebrap*, São Paulo, v. 2, n. 4, abril, 1984, p. 37-43.

_____. "A prática econômica setecentista no seu dimensionamento regional". *Revista Brasileira de História*, São Paulo, v. 5, n. 10, março/ago. 1985, p. 147-56.

_____. "O Império Tripolar: Portugal, Angola, Brasil". In: SCHWARTZ, S.; MYRUP, Erik L. (Org.). *O Brasil no Império Marítimo Português*. São Paulo; Bauru, SP: Cátedra Jaime Cortesão; EDUSC, 2009, p. 509-31.

AZEVEDO, J. Lúcio de. *Épocas de Portugal Económico*. 4ª. ed. Lisboa: Clássica, 1988. (Ed. original: 1928).

AZEVEDO, Pedro de. "A Companhia da Ilha do Corisco". *Archivo Historico Portuguez*, vol. 1, n. 12, dezembro de 1903, p. 422-29.

BARICKMAN, Bert J. *O Contra-Ponto Baiano: açúcar, fumo, mandioca e escravidão no Recôncavo, 1780-1860*. (Trad.). Rio de Janeiro: Civilização Brasileira, 2003.

BICALHO, Maria Fernanda. *A Cidade e o Império*. O Rio de Janeiro no século XVIII. Rio de Janeiro: Civilização Brasileira, 2003.

BLACKBURN, Robin. *A Construção do Escravismo no Novo Mundo, 1492-1800*. (Trad.). Rio de Janeiro: Civilização Brasileira, 2003.

BOGART, Ernst van den; EMMER, Pieter C. The Dutch Participation in Atlantic Slave Trade, 1596-1650. In: GEMERY, Henry A.; HOGENDORN, Jan S. (Ed.). *The Uncommon Market*. Essays in the Economic History of Atlantic Slave Trade. Nova York: Academic Press, 1979. Studies in Social Discontinuity, p. 353-75.

BORREGO, Maria Aparecida de Menezes. *A teia mercantil: negócios e poderes em São Paulo colonial (1711-1765)*. Tese de Doutorado (História). São Paulo: FFLCH/USP, 2006.

BOXER, Charles R. *Salvador de Sá e a luta pelo Brasil e Angola, 1602-1686*. (Trad.). São Paulo: Nacional, 1973. Brasiliana, 353.

_____. *O Império Marítimo Português*. (Trad.). Lisboa: Edições 70, 2001.

_____. *A Idade de Ouro do Brasil*. Dores de crescimento de uma sociedade colonial. (Trad.). 3ª. ed. Rio de Janeiro: Nova Fronteira, 2000.

_____. "Brazilian gold and British traders in the first half of the eighteenth century", *The Hispanic American Historical Review*, 49, n. 3, 1969, p. 454-472.

BRAUDEL, Fernand. *O Mediterrâneo e o Mundo Mediterrâneo na Época de Felipe II*. Lisboa: D. Quixote, 1983. 2 vols.

_____. *Civilização Material, Economia e Capitalismo. Séculos XV a XVIII*. (Trad.) São Paulo: Martins Fontes, 1995. 3 vols.

BUESCU, Mircea. "Novas notas sobre a importação de escravos". *Estudos Históricos*, Marília, n. 7, 1968, p. 79-88.

CARDIM, Pedro. *Cortes e Cultura Política no Portugal do Antigo Regime*. Lisboa: Cosmos, 1998.

CARDOSO, Ciro F. S. As concepções acerca do "Sistema Econômico Mundial" e do "Antigo Sistema Mundial"; a preocupação excessiva com a "extração de excedentes". In: LAPA, J. R. do Amaral. *Modos de Produção e Realidade Brasileira*. Petrópolis, RJ: Vozes, 1980, p. 109-32.

CARDOSO, José Luís. Trajetórias do Mercantilismo em Portugal: o pensamento econômico na época da Restauração. In: *Idem. Pensar a Economia em Portugal*. Digressões históricas. Lisboa: DIFEL, 1997, p. 59-80.

CARRARA, Ângelo Alves. *Minas e Currais*: produção rural e mercado interno em Minas Gerais, 1674-1807. Juiz de Fora, MG: UFJF, 2007.

_____. Camponês: uma controvérsia conceitual. In: OLINTO, Beatriz Anselmo; MOTTA, Márcia Menendes; OLIVEIRA, Oséias de. (Org.). *História Agrária: Propriedade e Conflito*. Guarapuava, PR: UNICENTRO, 2008.

_____. *Receitas e despesas da Real Fazenda no Brasil: 1607-1700*. Juiz de Fora: Editora da UFJF, 2009. 2 vols.

CARREIRA, António. *As Companhias Pombalinas do Grão-Pará e Maranhão e de Pernambuco e Paraíba*. 2ª. ed. Lisboa: Presença, [1982].

CASAL, Manoel Ayres de. *Corografia Brazilica*. 2ª. ed. São Paulo: Cultura, 1943. 2 tomos.

CHEIS, Maria da Conceição J. F. *O Tabaco do Brasil nos quadros da economia portuguesa no século XVII*. Lisboa, 1967. (Dissertação em História). Faculdade de Letras, Universidade de Lisboa.

COELHO, Lucinda Coutinho de Mello. "O tabaco no Brasil-Colônia". *Revista do Instituto Histórico e Geográfico Brasileiro*, Rio de Janeiro, n. 346, jan.-mar. 1983.

COSTA, F. A. Pereira da. *Vocabulário Pernambucano*. 2ª. Ed. Recife: Secretaria de Educação e Cultura, 1976.

COSTA, Leonor Costa. *O Transporte no Atlântico e a Companhia Geral do Comércio do Brasil (1580-1663)*. Lisboa: CNCDP, 2002.

_____. *Império e Grupos Mercantis*. Entre o Oriente e o Atlântico (século XVII). Lisboa: Horizonte, 2002.

_____. Os primórdios do tabaco brasileiro: monopólios e expansão do mercado (1600-1700). In: SANTIAGO DE LUXÁN (Org.). *Política y Hacienda del Tabaco en los Imperios Ibéricos* (Siglos XVII-XIX). Madrid: Altadis, 2014, p. 21-45.

COUGHTRY, Jay Alan. *The Notorious Triangle: Rhode Island and the African Slave Trade, 1700-1807*. (Tese de Doutorado). The University of Wisconsin-Madison, 1978.

COUTO, Carlos. "O pacto colonial e a interferência brasileira no domínio das relações econômicas entre Angola e o reino no século XVIII". *Estudos Históricos*, Marília, n. 10, 1971, p. 21-32.

CURTIN, Philip D. *The Atlantic Slave Trade: A Census*. Madison, Wisconsin: University of Wisconsin, 1969.

_____ . *The Rise and Fall of the Plantation Complex*. Essays in the Atlantic History. Cambridge: Cambridge University Press, 1990.

CURTO, José C. Vinho verso Cachaça – A luta luso-brasileira pelo comércio do álcool e de escravos em Luanda, c. 1648-1703. In: PANTOJA, Selma; SARAIVA, José F. Sombra. (Org.). *Angola e Brasil nas Rotas do Atlântico Sul*. Rio de Janeiro: Bertrand Brasil, 1999, p. 69-116.

A FÊNIX E O ATLÂNTICO 273

_____. *Álcool e Escravos*. O comércio luso-brasileiro de álcool em Mpinda, Luanda e Benguela durante o tráfico atlântico de escravos (c. 1480-1830) e o seu impacto nas sociedades da África Central Ocidental. (Trad.). Lisboa: Vulgata, 2002.

DAVIS, Ralph. *The Rise of English Shipping Industry in the Seventeenth and Eighteenth Century*. London; New York: Macmillan and Co.; St. Martin's Press, 1962.

DIAS, Erika S. de A. C.. *As pessoas mais distintas em qualidade e negócio*: a Companhia de Comércio e as relações políticas entre Pernambuco e a Coroa no último quartel de Setecentos. Tese de Doutorado (História). Lisboa: Universidade Nova de Lisboa, 2014.

DOBB, Maurice. *A Evolução do Capitalismo*. (Trad.). Rio de Janeiro: Zahar, 1963.

DUPLESSIS, Robert S. "Mercadorias Globais, Consumidores Locais: Têxteis no Mundo Atlântico nos Séculos XVII e XVIII", *Afro-Ásia*, 41, 2010, p. 9-55.

ELTIS, David. Pre-colonial western Africa and the Atlantic Economy. In: SOLOW, Barbara L. *Slave and the rise of the Atlantic System*. Cambridge: Cambridge University Press, 1991, p. 97-119.

_____ ; ENGERMAN, Stanley L.. "Fluctuations in sex and age ratios in the transatlantic slave trade, 1663-1864". *Economic History Review*, New Series, Vol. 46, N. 2, Maio, 1993, p. 308-23.

_____ . *The Rise of African Slavery in the Americas*. Cambridge: Cambridge University Press, 2000.

_____ . BEHRENDT, Stephen; RICHARDSON, David. "A participação dos países da Europa e das Américas no tráfico transatlântico de escravos: novas evidências". *Afro-Ásia*, 24, 2000, p. 9-50.

EMMER, Pieter C. The Dutch and the second Atlantic System. In: SOLOW, Barbara L. *Slave and the rise of the Atlantic System*. Cambridge: Cambridge University Press, 1991, p. 75-96.

ENGERMAN, Stanley L.; GENOVESE, Eugene D. (Ed.). *Race and Slavery in the Western Hemisphere*. Quantitative Studies. New Jersey: Princeton University Press, 1975.

FARNIE, Douglas A. "The Commercial Empire of the Atlantic, 1607-1703". *The Economic History Review*, New Series, Vol. 15, n. 2, 1962, p. 205-18.

FELNER, Alfredo de Albuquerque. *Angola*. Apontamentos sobre a ocupação e início do estabelecimento dos portugueses no Congo, Angola e Benguela extraídos de documentos históricos. Coimbra: Imprensa da Universidade, 1933.

FERLINI, Vera Lúcia Amaral. *Terra, trabalho e poder*. O mundo dos engenhos no Nordeste colonial. 2ª. Ed. Bauru, SP: Edusc, 2003.

_____. Pobres do Açúcar: Estrutura Produtiva e Relações de Poder no Nordeste Colonial. In: SZMRECSÁNYI, Tamás. (Org.). *História Econômica do Período Colonial*. 2ª. ed. São Paulo: EDUSP; Imprensa Oficial; Hucitec; ABPHE, 2002, p. 21-34.

FERREIRA, Roquinaldo Amaral. Dinâmica do comércio intracolonial: Geribitas, panos asiáticos e guerra no tráfico angolano de escravos (século XVIII). In: FRAGOSO, J.; BICALHO, M. F.; GOUVÊA, M. de F. (Org.). *Antigo Regime nos Trópicos: A dinâmica imperial portuguesa (séculos XVI a XVIII)*. Rio de Janeiro: Civilização Brasileira, 2001, 339-78.

_____. *Transforming Atlantic Slaving: Trade, Warfare and Territorial Control in Angola, 1650-1800*. Los Angeles: Universidade da Califórnia (2003). Tese de Doutorado em História.

_____, "Biografia, Mobilidade e Cultura Atlântica: A Micro-Escala do Tráfico de Escravos em Benguela, séculos XVIII-XIX". *Revista Tempo*, Niterói, 2006, p. 23-49.

FLORENTINO, Manolo. *Em costas negras*. Uma história do tráfico entre a África e o Rio de Janeiro. São Paulo: Companhia das Letras, 1997.

_____ ; RIBEIRO, Alexandre Vieira; SILVA, Daniel Domingues. "Aspectos comparativos do tráfico de africanos para o Brasil (séculos XVIII e XIX)". *Afro-Ásia*, n. 31, 2004, p. 83-126.

FLORY, Rae; SMITH, David Grant. "Bahian Merchants and Planters in the Seventeenth and Early Eighteenth Centuries". *The Hispanic American Historical Review*, vol. 58, n. 4, nov. 1978, p. 571-94.

FRAGINALS, Manuel Moreno. *O Engenho*. Complexo sócio econômico açucareiro cubano. (Trad.). São Paulo: Hucitec, 1987. 2 Vols.

FRAGOSO, João Luís. *Homens de grossa aventura*. Acumulação e hierarquia na praça mercantil do Rio de Janeiro (1790-1830). 2ª. ed. rev. Rio de Janeiro: Civilização Brasileira, 1998.

_____ ; BICALHO, M.F.; GOUVÊA, M. de F. (Org.) . *O Antigo Regime nos Trópicos*: a dinâmica imperial portuguesa (séculos XVI-XVIII). Rio de Janeiro: Civilização Brasileira, 2001.

_____ ; FLORENTINO, Manolo. *O Arcaísmo como projeto*. Mercado Atlântico, Sociedade Agrária e Elite Mercantil no Rio de Janeiro, 1790-1840. 2ª. ed. Rio de Janeiro: Civilização Brasileira, 2001.

FRAGOSO, João; GOUVÊA, Maria de Fátima Silva. Nas rotas da governação portuguesa: Rio de Janeiro e Costa da Mina, séculos XVII e XVIII. In: FRAGOSO *et alii*, *Nas Rotas do Império*: eixos mercantis, tráfico e relações sociais no mundo português. Ilha de Vitória; LIsboa: EDUFES/IICT, 2006, p. 25-72.

FRANÇA, Eduardo de Oliveira. *Portugal na Época da Restauração*. São Paulo: HUCITEC, 1997.

FRAQUELLI, Jane Elizabeth Aita. "Métodos usados para avaliar o volume do tráfico de escravos africanos para o Brasil". *Revista do Instituto de Filosofia e Ciências Humanas da UFRS*, Porto Alegre, ano V, 1977, p. 305-18.

FREITAS, Décio. *Palmares: a guerra dos escravos*. 5ª. Ed. Rio de Janeiro: Graal, 1982.

FREYRE, Gilberto. *Nordeste*. Aspectos da influência da cana sobre a vida e a paisagem do Nordeste do Brasil. Rio de Janeiro: José Olympio, 1937.

FURTADO, Celso. *Formação Econômica do Brasil*. São Paulo: Companhia Editora Nacional, 1959.

FURTADO, Júnia Ferreira. (Org.). *Diálogos Oceânicos*: Minas Gerais e as novas abordagens para uma história do Império Ultramarino Português. Belo Horizonte: UFMG, 2001.

GAASTRA, Femme. *The Dutch East India Company*. Expansion and Decline. Zutphen: Walburg Pers, 2003.

GALLOWAY, J.H. "Nordeste do Brasil, 1700-1750. Reexame de uma crise". *Revista Brasileira de Geografia*. Rio de Janeiro, 36 (2), p. 85-102, abril/junho, 1974.

GAMA, José Bernardo Fernandes. *Memórias Históricas da Província de Pernambuco*. [1844-1847]. Vol. I. Tomo 1o. Recife: Arquivo Público Estadual, 1977.

GAMES, Alison. "Atlantic History: Definitions, Challenges, and Opportunities". *The American Historical Review*, Vol. 111, No. 3, Jun. 2006, p. 741-757.

GEMERY, Henry A.; HOGENDORN, Jan S. (Ed.). *The Uncommon Market*. Essays in the Economic History of Atlantic Slave Trade. Nova York: Academic Press, 1979. Studies in Social Discontinuity.

GIANNOTTI, José Arthur. "Notas sobre a categoria 'modo de produção' para uso e abuso dos sociólogos". *Estudos Cebrap*, São Paulo, n. 17, jul./set. 1976, p. 163-8.

GODELIER, Maurice. *Horizontes de Antropologia*. (Trad.). Lisboa: Edições 70, [s./d.].

GODINHO, Vitorino de Magalhães. "Portugal, as frotas do açúcar e as frotas do ouro (1670-1770)". *Revista de História da USP*, São Paulo, n. 15, jul./set. 1953, p. 69-88.

_____. *Ensaios II*: Sobre História de Portugal. Lisboa: Sá da Costa, 1968.

_____. *Os Descobrimentos e a Economia Mundial*. 2ª. ed. Cor. e Amp. Lisboa: Presença, 1983. Vols. III e IV.

_____. Portugal and her Empire, 1680-1720. In: BROMLEY, J. S. (ed.). *The New Cambridge Modern History*. v. VI. The Rise of Great Britain and Russia, 1688-1715/25. Cambridge: Cambridge University Press, 1971, p. 509-39.

_____. *Mito, mercadoria, utopia e prática de navegar. Séculos XIII-XVIII*. Lisboa: Difel, [1990]. Coleção Memória e Sociedade.

GOLDFRANK, Walter L., "Paradigm Regained? The Rules of Wallerstein s World-System Method", *Journal of World-Systems Research*, 6.2, 2000, p. 150-195.

GOULART, Maurício. *A Escravidão Africana no Brasil*. (Das origens à extinção do tráfico). 2ª. ed. São Paulo: Martins Fontes, 1950.

GRYNSZPAN, Mario. Campesinato. In: MOTTA, Márcia (org). *Dicionário da terra*. Rio de Janeiro: Civilização Brasileira, 2005.

GUERRA, Flávio. *Nordeste: um século de silêncio*. Recife: CEPE, 1984.

HALL, Gwendolyn Midlo. *Slavery and African Ethnicities in the Americas*. Restoring the links. Chapel Hill: University of North Carolina Press, 2005.

HANSON, Carl. *Economia e Sociedade no Portugal Barroco*. (Trad.). Lisboa: Dom Quixote, 1986.

HECKSHER, Eli F. *La Época Mercantilista*. (Trad.). México, DF: Fondo de Cultura Econômica, 1983.

HEIJER, Henk der, The Dutch West India Company, 1621–1791. In: POSTMA, Johannes M.; ENTHOVEN, Victor (Org.). *Riches from Atlantic Commerce*. Dutch Transatlantic Trade and Shipping, 1585-1817. Leiden; Boston: Brill, 2003, p. 77-112.

HEINTZE, Beatrix, Os Tributos dos Vassalos Angolanos no Século XVII. In: *Idem*. *Angola nos séculos XVI e XVII*. Luanda; Kilombelombe, 2007, p. 437-68.

HESPANHA, António Manuel. A Fazenda. In: *Idem* (coord.); MATTOSO, José. (Org.). *História de Portugal*. 4º. v.: O Antigo Regime (1620-1807). Lisboa: Estampa, [1993], p. 203-39.

HOPKINS, Terence K.; WALLERSTEIN, Immanuel, "Patterns of development of the modern world-system", *Review*, 1977, p. 111-145.

INIKORI, Joseph E. "Measuring the Atlantic Slave Trade: An Assessment of Curtin and Anstey". *The Journal of African History*, Cambridge University Press, vol. 17, n. 2, 1976, p. 197-223.

_____ . "Measuring the Atlantic Slave Trade: a Rejoinder". *The Journal of African History*, Cambridge University Press, vol. 17, n. 4, 1976, 607-27.

_____ . "The Import of Firearms into West Africa, 1750-1807: A Quantitative Analysis". *The Journal of African History*, Cambridge University Press, vol. 18, n. 3, 1977, 339-68.

_____ . *Africans and the Industrial Revolution in England*. A study in the international trade and economic development. Cambridge, UK: Cambridge University Press, 2002.

JOHNSON, Marion. "The Cowrie Currency of West Africa". Part I. *The Journal of African History*, Cambridge University Press, vol. 11, n. 1, 1970, p. 17-49.

_____ . _____ . Part II. *The Journal of African History*, Cambridge University Press, vol. 11, n. 3, p. 331-53.

KEA, R. A. "Firearms and Warfare in the Gold Coast and Slave Coast from the Sixteenth to the Nineteenth Centuries". *The Journal of African History*, Cambridge University Press, vol. 12, n. 2, 1971, p. 185-213.

KLEIN, Herbert S. *The Middle Passage*. Comparative Studies in the Atlantic Slave Trade. Princeton: Princeton University Press, 1978.

_____ . *A Escravidão Africana: América Latina e Caribe*. (Trad.). São Paulo: Brasiliense, 1987.

_____ . *O Tráfico de Escravos no Atlântico*. Novas Abordagens para as Américas. (Trad.). São Paulo: FUNPEC, 2004.

_____ ; ENGERMAN, Stanley L. A Note on Mortality in the French Salve Trade in the Eighteenth Century. In: GEMERY, Henry A.; HOGENDORN, Jan S. (Ed.). *The Uncommon Market*. Essays in the Economic History of Atlantic Slave Trade. Nova York: Academic Press, 1979. Studies in Social Discontinuity, p. 261-72.

_____; _____. "Long Term Trend in African Mortality in the Transatlantic Slave Trade". *Slavery and Abolition*, No. 1 (1997), 36-48.

KULIKOFF, Alan. *Tobacco and Slaves*. Carolina: University of Carolina Press, 1986.

LABROUSSE, Ernest. *Fluctuaciones Económicas e História Social*. (Trad.). Madrid: Tecnos, 1973.

LAPA, José Roberto do Amaral. *A Bahia e a Carreira da Índia*. São Paulo: Companhia Editora Nacional/Edusp, 1968.

_____. "O Brasil e a Navegação Portuguesa para a Ásia", *Estudos Históricos*, Marília, SP, n. 7, 1968, p. 89-173.

_____. (Org.). *Modos de Produção e Realidade Brasileira*. Petrópolis, RJ: Vozes, 1980.

_____. "Dimensões do comércio colonial entre o Brasil e o Oriente", *Stvdia*, Lisboa, n. 49, 1989, p. 379-96.

LAW, Robin. "Royal Monopoly and Private Enterprise in the Atlantic Trade: The Case of Dahomey". *The Journal of African History*, vol. 18, n. 4, 1977, p. 555-77.

_____. "The Slave Trade in Seventeenth-Century Allada: A Revision". *African Economic History*, No. 22 (1994), pp. 59-92.

_____. "Dahomey and the Slave Trade: Reflections on the Historiography of the Rise of Dahomey". *The Journal of African History*, vol. 27, n. 2, 1986, p. 237-67. Special Issue in Honour of J.D. Fage.

_____. "Ethnicities of Enslaved Africans in the Diaspora: On the Meanings of "Mina" (Again)". *History in Africa*, n. 32, 2005, p. 247-267.

_____. *Ouidah: The Social History of a West African Slaving 'port', 1727-1892*. Athens: Ohio University Press, 2006.

LINDOSO, Dirceu. *A Utopia Armada*. Rebeliões de pobres nas matas do tombo real. Rio de Janeiro: Paz e Terra, 1983. (Estudos sobre o Nordeste, vol. 15).

LINHARES, Maria Yedda; SILVA, Francisco Carlos Teixeira. *História da Agricultura Brasileira*. Combates e controvérsias. São Paulo: Brasiliense, 1981.

LISBOA, Breno A. Vaz, "A Doce Riqueza da Mata: São Lourenço e o açúcar no Brasil Colonial. Séculos XVII e XVIII". *Revista do IAHGP*, Recife, n. 65, p. 255-80.

LOPES, António; FRUTUOSO, Eduardo; GUINOTE, Paulo. "O Movimento da Carreira da Índia nos sécs. XVI-XVIII. Revisão e propostas". *Maré Liberum*, n. 4, Dezembro de 1992, p.187-265.

LOPES, Edmundo Correia. *A Escravatura*. (Subsídios para sua história). [Lisboa]: Agência Geral das Colônias, 1944.

LOPES, Gustavo Acioli, "A ascensão do primo pobre: o tabaco na economia colonial da América Portuguesa-um balanço historiográfico", *Saeculum*, 12, João Pessoa, Jan.-Jun. 2005, p. 22-37.

LOVEJOY, Paul E. "The Volume of the Atlantic Slave Trade: a Synthesis". *The Journal of African History*, vol. 23, n. 4, 1982, p. 473-501.

_____. (Ed.). *Africans in Bondage*. Studies in Slavery and the Slave Trade. Madison, Wisconsin: Africans Studies Program, University of Wisconsin, 1986.

_____. *A Escravidão na África*. Uma história de suas transformações. (Trad.). Rio de Janeiro: Civilização Brasileira, 2002.

LUGAR, Catherine. The Portuguese Tobacco Trade and Tobacco Growers of Bahia in the Late Colonial Period. In: ALDEN, Dauril; DEAN, Warren. (Ed.). *Essays Concerning the Socioeconomic History of Brazil and Portuguese India*. Florida: University Presses of Florida, 1977, p. 26-70.

LUNA, Francisco V.; KLEIN, Herbert S. *Evolução da sociedade e economia escravista de São Paulo, de 1750 a 1850*. São Paulo: Editora da Universidade de São Paulo, 2006.

LUXAN MELENDEZ, S.; GÁRATE OJANGUREN, M, "La creación de un sistema atlántico del tabaco (Siglos XVII-XVIII)", *Anais de História de Além-Mar*, Vol. XI, 2010, p. 145-175.

MACEDO, Jorge Borges de. *Problemas de História da Indústria Portuguesa no século XVIII*. 2ª. ed. Lisboa: Querco, 1982.

MAGALHÃES, Joaquim Romero de. Os territórios africanos. In: BETHENCOURT, Francisco; CHADHURI, Kirti. *História da Expansão Portuguesa*. v. 3: O Brasil na balança do Império (1698-1808). [Lisboa]: Temas e Debates, [2000], p. 70-83.

_____, "Dinheiro para a Guerra: as décimas da Restauração", *Hispania*, LXIV/1, N. 216, 2004, p. 157-82.

MANNING, Patrick. The Slave Trade in the Bight of Benin, 1640-1890. In: GEMERY, Henry A.; HOGENDORN, Jan S. (Ed.). *The Uncommon Market*. Essays in the Economic History of Atlantic Slave Trade. Nova York: Academic Press, 1979, p. 107-41.

_____. *Slavery, Colonialism and Economic Growth in Dahomey, 1640-1960*. Cambridge: Cambridge University Press, 1982. (African Studies Series, 30).

_____. "Contours of Slavery and Social Change in Africa". *The American Historical Review*, vol. 88, n. 4, 1983, p. 835-57.

_____. *Slavery and African Life*. Occidental, Oriental and African slave trade. Cambridge: Cambridge University Press, 1995. (American Studies, 67).

MARCÍLIO, Maria Luiza. A população do Brasil colonial. In: BETHELL, Leslie. (Org.). *História da América Latina*. Vol. II: América Latina Colonial. São Paulo; Brasília, DF: Edusp; FUNAG, 2004, p. 311-38.

MARTINS, Diego de Cambraia. *O Tráfico de Escravos nos Rios da Guiné e a Dinâmica da Economia Atlântica Portuguesa (1756-1807)*. Dissertação de Mestrado em História Econômica. São Paulo: FFLCH/USP, 2015, p. 52 e SS.

MARTIN, J. P. Oliveira. *O Brazil e as colonias portuguezas*. 5ª ed. Rev. e Aum. Lisboa: Parceria Antonio Maria Pereira, 1920.

MARX, Karl. *O Capital*. Crítica da Economia Política. Livro I, vols. I e II. 8ª. ed. (Trad.) São Paulo: DIFEL, 1982.

MAURO, Frédéric. *Nova História e Novo Mundo*. (Trad.). 3ª. ed. São Paulo: Perspectiva, 1973. Debates 13.

_____. *Expansão Européia (1600-1870)*. (Trad.). São Paulo: Pioneira; Edusp, 1980. Série Nova Clio. A História e seus problemas.

_____. *Portugal, o Brasil e o Atlântico*, 1570-1670. Lisboa: Estampa, 1997. 2 v. (Histórias de Portugal).

MCCUSCKER, John J.; MENARD, Russell R. The Sugar Industry in the Seventeenth Century. A new perspective on the Barbadian "Sugar Revolution". In: SCHWARTZ, Stuart B. *Tropical Babylon*: Sugar and the Making of Atlantic World, 1450-1680. North Carolina: University of North Carolina Press, 2004, p. 289-330.

MELLO, Evaldo Cabral de. *Olinda Restaurada*. Guerra e açúcar no Nordeste, 1650-1654. 2ª. Ed. Rio de Janeiro: Topbooks, 1998.

_____. "Uma relação dos engenhos de Pernambuco em 1656". *RIAP*, vol. XLVIII, 1976, p. 157-69.

_____. *O Nome e o* Sangue. Uma fraude genealógica no Pernambuco colonial. São Paulo: Companhia das Letras, 1989.

_____. *O Negócio do Brasil*. Portugal, os Países Baixos e o Nordeste, 1641-1669. 2ª. ed. Rio de Janeiro: Topbooks, 1998.

_____. *A Fronda dos Mazombos*. Nobres contra mascates, Pernambuco, 1666-1715. 2ª. ed. rev. São Paulo: 34, 2003.

_____. *Um Imenso Portugal*. História e historiografia. São Paulo: 34, 2002.

_____. *O Bagaço da Cana*. São Paulo: Companhia das Letras, 2012.

MELLO, José Antônio Gonsalves de. *Três roteiros de penetração de Pernambuco*. Recife: Instituto de Ciências do Homem, 1966.

_____. "Nobres e Mascates na Câmara de Pernambuco, 1713-1738". *Revista do Instituto Arqueológico, Histórico e Geográfico Pernambucano*, vol. LIII, 1981, p. 113-262.

_____. *Um Mascate e o Recife*. A vida de Antônio Fernandes de Matos no período de 1671-1701. 2ª. ed. Recife: Fundação de Cultura da Cidade do Recife, 1981. Coleção Cidade do Recife, vol. IX.

_____. *Gente da Nação*: cristãos-novos e judeus em Pernambuco, 1542-1654. 2. ed. Recife: FUNDAJ, Ed. Massangana, 1996.

_____. *João Fernandes Vieira, mestre-de-campo do Terço de Infantaria de Pernambuco*. 2ª. ed. Lisboa: CEHA; CNCDP, 2000.

MENDRAS, Henri. *Sociedades Camponesas*. (Trad.). Rio de Janeiro: Zahar, 1978.

MENEZES, Mozart Vergetti. *Colonialismo em ação*. Fiscalismo, economia e sociedade na capitania de Paraíba (1647-1755). São Paulo, 2005. (Tese de História Social). FFLCH, USP.

MENZ, Maximiliano M., "A Companhia de Pernambuco e Paraíba e o Funcionamento do Tráfico de Escravos em Angola (1759-1775/80)", *Afro-Ásia*, 48 (2013), 45-76.

MILLER, Joseph C. Slave prices in the Portuguese southern Atlantic, 1600-1830. In: LOVEJOY, Paul E. (Ed.). *Africans in Bondage*. Studies in Slavery and the Slave Trade. Madison, Wisconsin: Africans Studies Program, University of Wisconsin, 1986, p. 43-77.

_____. Commercial Organization of Slaving at Luanda, Angola – 1760-1830. In: GEMERY, Henry A.; HOGENDORN, Jan S. (Ed.). *The Uncommon Market*. Essays in the Economic History of Atlantic Slave Trade. Nova York: Academic Press, 1979, p. 77-106.

_____. "Capitalism and Slaving: The Financial and Commercial Organization of the Angola Slave Trade, according to the Accounts of Antonio Coelho Guerreiro. *The International Journal of African Historical Studies*, vol. 17, n. 1, (1984), p. 1-56.

_____. *Way of Death*. Merchant Capitalism and the Angolan Slave Trade, 1780-1830. Madison, Wisconsin: University of Wisconsin, 1988.

_____. A marginal institution on the margin of the Atlantic System: the Portuguese southern Atlantic slave trade in the eighteenth century. In: SOLOW, Barbara L. (Ed.) *Slave and the rise of the Atlantic System*. Cambridge: Cambridge University Press, 1991, p. 121-48.

_____. The Numbers, Origins, and Destinations of Slaves in the Eighteenth-Century Angolan Slave-Trade. In: INIKORI, Joseph E.; ENGERMAN, Stanley L. (Ed.). *The Atlantic Slave Trade: Efects on Economies, Societies and Peoples in Africa, the Americas and Europe*. Durham, London: Duke University Press, 1992, p. 77-116.

MINCHINTON, Walter E.. The Triangular Trade Revisited. In: GEMERY, Henry A.; HOGENDORN, Jan S. (Ed.). *The Uncommon Market*. Essays in the Economic History of Atlantic Slave Trade. Nova York: Academic Press, 1979, p. 331-52.

MINTZ, Sidney W. *Sweetness and Power*. The Place of sugar in Modern History. New York: Penguin Books, 1986.

MONTEIRO, Nuno Gonçalo. Trajetórias Sociais e Governo das Conquistas: Notas preliminares sobre os vice-reis e governadores-gerais do Brasil e da Índia nos séculos XVII e XVIII. In: FRAGOSO, João; BICALHO, M.F.; GOUVÊA, M. de F. (Org.) . *O Antigo Regime nos Trópicos*: a dinâmica imperial portuguesa (séculos XVI-XVIII). Rio de Janeiro: Civilização Brasileira, 2001, p. 249-83.

MONTEIRO, Rodrigo Bentes. *O Rei no Espelho: a Monarquia Portuguesa e a Colonização da América, 1640-1720*. São Paulo: Hucitec; FAPESP, 2002.

NARDI, Jean Baptiste. "Retrato de uma indústria no Antigo Regime: o Estanco Real do Tabaco em Portugal (1675-1830)". *Arquivos do Centro Cultural Português*, Lisboa-Paris: Fundação Calouste Gulbenkian, 1990, p. 321-39.

_____. *Le tabac brésilien et ses fonctions dans l'Ancien Système Colonial portugais (1570-1830)*. Aix-en-Provence, 1991, (Tese de Doutorado em História). Universidade de Aix-en-Provence. 5 vols.

_____. *O fumo brasileiro no período colonial*. Lavoura, Comércio e Administração. São Paulo: Brasiliense, 1996.

_____. *Sistema Colonial e Tráfico Negreiro: novas interpretações da História Brasileira*. Campinas, SP: Pontes, 2002.

NOVAIS, Fernando A. *Portugal e Brasil na Crise do Antigo Sistema Colonial (1777-1808)*. São Paulo: HUCITEC, 1978.

_____. *Aproximações*. Estudos de História e Historiografia. São Paulo: Cosac Naify, 2005.

OLIVEIRA, Francisco de; ALENCASTRO, Luiz Felipe de. "Engenho de Sempre". *Novos Estudos Cebrap*, São Paulo, n. 24, julho, 1989, p. 193-202. Resenha de: SCHWARTZ, Stuart B. *Segredos Internos*. Engenhos e escravos na sociedade colonial. São Paulo: Companhia das Letras/CNPq, 1988.

OLIVEIRA, Luanna Maria Ventura dos Santos. *A Alfândega de Pernambuco*: História, Conflitos e Tributação no Porto do Recife (1711-1738). Dissertação (Mestrado em História). Recife: UFRPE, 2016.

OSÓRIO, Helen. As elites econômicas e a arrematação dos contratos reais. In: FRAGOSO, J.L.; BICALHO, M.F.; GOUVÊA, M. de F. (Org.) . *O Antigo Regime nos Trópicos*: a dinâmica imperial portuguesa (séculos XVI-XVIII). Rio de Janeiro: Civilização Brasileira, 2001.

PALACIOS, Guillermo. "Campesinato e Escravidão: uma proposta de periodização para a história dos cultivadores pobres livres no Nordeste Oriental do Brasil, c. 1700-1875". *Dados*, Revista de Ciências Sociais, Rio de Janeiro, vol. 30, n. 3, 1987, p. 325-56.

_____. "Campesinato e Historiografia no Brasil. Comentários sobre algumas obras notáveis". *BIB*, Rio de Janeiro, n. 35, 1º. semestre 1993, p. 41-57.

_____. *Cultivadores libres, Estado y crisis de la esclavitud en la época de la Revolución Industrial*. México, DF: Colegio de México; Fondo de Cultura, 1998.

PEDREIRA, Jorge Miguel de M. Viana. "Os negociantes de Lisboa na segunda metade do século XVIII: padrões de recrutamento e percursos sociais". *Análise Social*, vol. XXVII, (116-117), 1992, p. 407-40.

_____. *Estrutura Industrial e Mercado Colonial. Portugal e Brasil (1780-1830)*. Lisboa: DIFEL, 1994.

_____. *Os Homens de Negócio da Praça de Lisboa de Pombal ao Vintismo*. Diferenciação, reprodução e identificação de um grupo social. Lisboa, 1995. (Tese de Doutorado em Sociologia), Universidade Nova de Lisboa.

_____. Brasil, fronteira de Portugal. Negócio, emigração e mobilidade social (séculos XVII e XVIII). In: CUNHA, Mafalda Soares da. *Do Brasil à Metrópole*:

efeitos sociais (séculos XVII e XVIII). Évora: Universidade de Évora, 2001, p. 47-72. (Separata de *Anais da Universidade de Évora*, nº 8 e 9, dezembro de 1998/1999).

PHILLIPS, Carla Rahn. The growth and composition of trade in the Iberian empires, 1450-1750. In: In: TRACY, James D. *The Rise of Merchant Empires*. Cambridge: Cambridge University Press, 1993, p. 34-101.

PIJNING, Ernst. *Controlling Contraband*: Mentality, Economy and Society in Eighteenth-Century Rio de Janeiro" (Tese de Doutorado), Johns Hopkins Univ., 1997.

_____. "Contrabando, ilegalidade e medidas políticas no Rio de Janeiro do século XVIII". *Revista Brasileira de História*, São Paulo, v. 21, n. 42, p. 397-414, 2001.

_____. "Le Commerce Négrier Brésilien et la Transnacionalité. Le cas de la Compagnie Corisco (1715-1730)". *Dix-Hutième Siécle*, n. 33, 2001, p. 63-79.

POLANYI, Karl. The Economy as an Instituted Process. In: POLANYI, K.; ARENSBERG, Conrad M.; PEARSON, Harry W. (Ed.). *Trade and Market in the Early Empires*. Economies in History and Theory. New York; London: The Free Press; Collier-Macmillan, 1975, p. 243-70.

POSTMA, Johanes. Mortality in the Dutch Slave Trade, 1675-1795. In: GEMERY, Henry A.; HOGENDORN, Jan S. (Ed.). *The Uncommon Market*. Essays in the Economic History of Atlantic Slave Trade. Nova York: Academic Press, 1979, p. 239-60. Studies in Social Discontinuity.

_____ . *The Dutch in the Atlantic Slave Trade, 1600-1815*. Cambridge: Cambridge University Press, 1990.

PRADO JR., Caio. *Formação do Brasil Contemporâneo*. 6ª. ed. São Paulo: Brasiliense, 1961.

PRICE, Jacob M. *France and the Chesapeake*: A History of the French Tobacco Monopoly, 1674–1791, and of its Relationship to the British and American Tobacco Trades. Ann Arbor: University of Michigan Press, 1973. 2 vols.

_____. Credit in the slave trade and plantation economies. In: SOLOW, Barbara L. *Slave and the rise of the Atlantic System*. Cambridge: Cambridge University Press, 1991, p. 293-339.

PUNTONI, Pedro. *A Mísera Sorte*. A Escravidão africana no Brasil holandês e as guerras do tráfico no Atlântico sul, 1621-1648. São Paulo: Hucitec, 1999. (Estudos Históricos, 36).

_____ . *A Guerra dos Bárbaros*. Povos indígenas e a colonização do sertão no Nordeste do Brasil, 1650-1720. São Paulo: FAPESP, Hucitec, Edusp, 2002.

RAMOS, Artur. *As Culturas Negras no Novo Mundo*. 4ª. ed. São Paulo: Nacional, 1979. (Brasiliana, vol. 249).

RÊGO, João Figuerôa, "Os agentes do tabaco e a mobilidade ibérica. Brasil, Indias de Castela e conexões italianas (séculos XVII e XVIII)", *Ammentu*, n. 5, Julho-Dezembro 2014, p. 41-55.

RIBEIRO JÚNIOR, José. *Colonização e Monopólio no Nordeste do Brasileiro*. A Companhia Geral de Comércio de Pernambuco e Paraíba. São Paulo: HUCITEC, 1976.

RICHARDSON, David. West African Consumption Patterns and Their Influence on the Eighteenth-Century English Slave Trade. In: GEMERY; HOGENDORN, *op. cit.*, p. 303-30.

_____ ."The Eighteenth Century British Slave Trade: estimates of its volume and coastal distribution in Africa". *Research in Economic History*, Connecticut: Jai Press, vol. 12, 1989, p. 151-195.

_____ . "Slave Exports from West and West-Central Africa, 1700-1810: New Estimates of Volume and Distribution". *The Journal of African History*, vol. 30, n. 1, 1989, p. 1-22.

ROCHA, Aurélio. "Contribuição para o Estudo das Relações entre Moçambique e o Brasil no século XIX. Tráfico de escravos, relações políticas e culturais", *Stvdia*, Lisboa, n. 51, p. 61-119.

ROCHA, Maria Manuela; SOUZA Rita Maria de. Moeda e Crédito. In: LAINS, Pedro; SILVA, Álvaro Ferreira da. (Org.). História Económica de Portugal, 1700-2000. Vol. 1º.: século XVIII. Lisboa: ICS, 2005, p. 214-6.

RODRIGUES, Jaime. *De Costa a Costa*. Escravos, marinheiros e intermediários do tráfico negreiro de Angola ao Rio de Janeiro (1780-1860). São Paulo: Companhia das Letras, 2005.

ROMANO, Ruggiero. *Conyunturas Opuestas*. La crisis del Siglo XVII en Europa e Hispanoamérica. México: Colegio de México; FCE; Fideicomisso Historia de Las Américas, 1993.

_____ . Between the Sixteenth and Seventeenth Centuries: the economic crisis of 1619-22. In: PARKER, Geoffrey; SMITH Lesley M. (Ed.). *The General Crisis of Seventeenth Century*. 2ª. Ed. Londres; Nova York: Routledge, 1997, p. 153-205.

_____ . *Mecanismo y elementos del sistema económico colonial americano. Siglos XVI-XVIII*. México: Colegio de México; Fideicomisso Historia de Las Américas, FCE, 2004.

RUSSEL-WOOD, A. J. R. . *Um Mundo em Movimento: os portugueses na África, Ásia e América (1415-1808)*. (Trad.). Lisboa: DIFEL, 1998.

SALVADO, João Paulo. O Estanco do Tabaco em Portugal: Contrato Geral e Consórcios Mercantis (1702-1755). In: SANTIAGO DE LUXÁN (Org.). Política y Hacienda del Tabaco en los Imperios Ibéricos(Siglos XVII-XIX). Madrid: Altadis, 2014, p. 133-53.

SALVADOR, José Gonçalves. *Os Magnatas do Tráfico Negreiro*. São Paulo: Pioneira; EDUSP, 1981.

SANTOS, Corcino Medeiros dos. A Bahia no comércio português da Costa da Mina e a concorrência estrangeira. In: SILVA, Maria Beatriz Nizza da. (Org.). *Brasil: Colonização e Escravidão*. Rio de Janeiro: Nova Fronteira, 2000, p. 221-38.

SANTOS, Raphael Freitas. *Minas com Bahia: Mercados e negócios em um circuito mercantil setecentista*. Tese de Doutorado (História). Niterói, ICHF/UFF, 2011.

SCHWARTZ, Stuart B. Free Labor in a Slave Economy: the *Lavradores* de Cana of Colonial Bahia. In: ALDEN, Dauril. (Ed.). *Colonial Roots of Modern Brazil*. University of California Press, 1973, p. 147-97.

_____ . Elite Politics and the Growth of a Peasantry in Late Colonial Brazil. In: RUSSELL-WOOD, J. R. (Ed.). *From Colony to Nation*. Baltimore/London: John Hopkins University Press, 1978, p. 133-54.

_____ . Brasil colonial: plantaciones y periferias, 1580-1750. In: BETHELL, Leslie. (Ed.). *História de América Latina*. v. 3: América Latina colonial: economía. Barcelona: Crítica, 1990, p. 191-225.

_____ . *Segredos Internos*. Engenhos e escravos na sociedade colonial. São Paulo: Companhia das Letras, 1999.

_____ . *Escravos, roceiros e rebeldes*. Bauru, SP: EDUSC, 2001.

SCHWARTZ, Stuart B.; POSTMA, Johannes. The Dutch Republic and Brazil as Commercial Partners on the West African Coast During the Eighteenth Century. In: Johannes Postma; Victor Enthoven (org.). *Riches from Atlantic Commerce. Dutch Transatlantic Trade and Shipping*. Leiden: Brill, 2003, p. 171-199.

SERAFIM, Maria Tereza Seuan. *A Ilha de S. Tomé na segunda metade do século XVII*. Lisboa: CHAM, 2002.

SEVILLA GUZMÁN, Eduardo; GONZÁLEZ DE MOLINA, Manuel. *Sobre a evolução do conceito de campesinato.* (Trad.). 3ª. ed. São Paulo: Expressão Popular, 2005.

SHANIN, Teodor. (Ed.). *Peasants and Peasant Societies.* Middlesex: Penguin Books, 1984. (1ª. ed. 1971).

_____. Peasantry as a Political Factor. In: SHANIN, Teodor. (Ed.). *Peasants and Peasant Societies.* Middlesex: Penguin Books, 1984, p. 238-63.

SHERIDAN, Richard B. The Domestic Economy. In: GREENE, Jack P.; POLE, J. R. *Colonial British America.* Essays in New History of the Early Modern History. Baltimore; London: The John Hopkins University Press, 1984, p. 43-85.

SIDERI, Sandro. *Comércio e Poder.* Colonialismo informal nas relações anglo-portuguesas. Lisboa; Santos: Cosmo; Martins Fontes, [1978].

SILVA, Alberto da Costa e. *A Manilha e o Libambo.* A África e a escravidão, de 1500 a 1700. Rio de Janeiro: Nova Fronteira; Fundação Biblioteca Nacional: 2002.

SILVA, Daniel Domingues Barros da. "O Tráfico Transatlântico de Escravos de Pernambuco (1576-1851): notas de pesquisa". *Anais do VI Congresso da ABPHE.* Registro, RJ: Associação Brasileira de Pesquisadores em História Econômica, 2005.

_____, "The Atlantic Slave Trade to Maranhão, 1680–1846: Volume, Routes and Organisation", *Slavery and Abolition,* Vol. 29, No. 4, December 2008, pp. 477–501.

_____; ELTIS, David. The Slave Trade to Pernambuco, 1561-1851. In: ELTIS, David; RICHARDSON, David (org.). *Extending the Frontiers.* Essays on the New Transatlantic Slave Trade Database. New Haven: Yale University Press, 2012.

SILVA, Filipa Ribeiro da. *Dutch and Portuguese in Western Africa.* Empires, Merchants and the Atlantic System, 1580–1674. Leiden; Boston: Brill, 2011.

SILVA, Kalina Vanderlei. *O Miserável Soldo e a boa ordem da sociedade colonial.* Recife: Fundação de Cultura da Cidade do Recife, 2001, p. 82.

SILVA, Leonardo Dantas. *Alguns Documentos para a História da Escravidão.* Recife: Fundaj; Massangana, 1988.

SILVA, Luiz Geraldo. "A Propriedade Mercantil e a Propriedade Colonial: uma abordagem interpretativa da economia colonial do Nordeste (1690-1750)". *Cadernos de História,* vol 2, Recife: Departamento de História da UFPE, 1987, p. 6-20.

SILVA, Maria Júlia de Oliveira e. *Fidalgos-Mercadores no século XVIII*. Duarte Sodré Pereira. Lisboa: Imprensa Nacional – Casa da Moeda, 1992.

SIMONSEN, Roberto C. *História Econômica do Brasil*. 4ª. ed. São Paulo: Companhia Editora Nacional, 1962.

SMITH, David Grant. *The Mercantile Class of Portugal and Brazil in the Seventeenth Century: a socio-economic study of the merchants of Lisbon and Bahia, 1620-1690*. Ann Arbor: Xerox University Microfilms, 1975. (Ph.D. Modern History. The University of Texas).

SOARES, Mariza de Carvalho. *Devotos da Cor*. Identidade Étnica, Religiosidade e Escravidão no Rio de Janeiro, século XVIII. Rio de Janeiro: Civilização Brasileira, 2000.

SOLOW, Barbara L. Capitalism and Slavery in the Exceedingly Long Run. In: SOLOW, B. L.; ENGERMAN, Stanley L. (Ed.). *British Capitalism and Caribbean Slavery*. The Leacy of Eric Williams. Cambridge: Cambridge University Press, p. 51-77.

_____ . Slavery and Colonization. In: SOLOW, B. L. (Ed.) *Slave and the rise of the Atlantic System*. Cambridge: Cambridge University Press, 1991, p. 21-42.

SOUZA, George Felix Cabral de. *Os Homens de Negócio e os Modos da Governança*. A Câmara Municipal do Recife no século XVIII. Recife: Flamar, 2003.

_____. *Tratos e Mofatras*. O Grupo Mercantil do Recife Colonial. Recife: EDUFPE, 2012.

SOUZA, Laura de Mello e. *O Sol e a Sombra*. Política e Administração na América Portuguesa do século XVIII. São Paulo: Companhia das Letras, 2006.

SOUZA, Rita Martins de. *Moeda e Metais Preciosos no Portugal Setecentista. (1698-1797)*. Lisboa: Imprensa Nacional – Casa da Moeda, 2006.

STEENSGARD, Niels. The growth and composition of long-distance trade of England and the Dutch Republic before 1750. In: TRACY, James D. (Ed.). *The Rise of Merchant Empires*. Cambridge: Cambridge University Press, 1993, p. 102-52.

_____ . The Seventeenth Century Crisis. In: PARKER, Geoffrey; SMITH, Lesley M.. *The General Crisis of the Seventeenth Century*. 2th ed. Londres; Nova York: Routledge, 1997, p. 32-56.

STEIN, Robert L.. "The Profitability of Nantes Slave Trade, 1783-1792". *The Journal of Economic History*, Vol. 35, n. 4, Dec. 1975, p. 779-93.

A FÊNIX E O ATLÂNTICO

_____. *The French Slave Trade in the Eighteenth Century*. An Old Regime Business. Madison, Wisconsin.: The University of Wisconsin Press, 1979.

STRICKRODT, Silke. *Afro-European Trade in the Atlantic World: The Western Slave Coast, C.1550-c.1885*. Oxford: James Currey, 2015.

SUBRAHMANYAN, Sanjay. *O Império Asiático Português, 1500-1700*. Uma história política e econômica. Lisboa: DIFEL, 2000.

TAYLOR, Kit Sims. *Sugar and Underdevelopment of Northeastern Brazil, 1500-1970*. Gainesville: University of Florida, 1978.

TAUNAY, Affonso de E. *Subsídios para a história do tráfico africano no Brasil*. São Paulo: Imprensa Oficial, 1941.

THORNER, Daniel. Peasant Economy as a Category in Economic History. In: SHANIN, Teodor. (Ed.). *Peasants and Peasant Societies*. Middlesex: Penguin Books, 1984, p. 202-18.

TILLY, Charles. *Coerção, Capital e Estados Europeus*. Trad. São Paulo: EDUSP, 1996.

TORRES SANCHEZ, Rafael. Capitalismo internacional y política estatal. Los asientos de tabaco em España durante la segunda mitad del siglo XVIII. In: GONZÁLES ENCISO, Augustin; TORRES SANCHEZ, Rafael (org.). *Tabaco y Economia in el Siglo XVIII*. Navarra: Eunsa, 1999, p. 415-456.

VERGER, Pierre F.. *Fluxo e Refluxo do Tráfico de Escravos entre o Golfo de Benin e a Bahia de Todos os Santos: dos séculos XVII a XIX*. (Trad.). Salvador: Corrupio, 1987.

VIANA FILHO, Luiz. *O Negro na Bahia*. 3ª. ed. Rio de Janeiro: Nova Fronteira, 1988.

VILA VILAR, Henriqueta. *Hispanoamerica e el Comercio de Esclavos*. Sevilla: Escuela de Estudios Hispano-Americanos, 1977.

VILLAR, Pierre. *Ouro e moeda na história*. (Trad.). Rio de Janeiro: Paz e Terra, 1980. (Coleção Economia, v. 13).

VRIES, Jan de. *A Economia da Europa numa Época de Crise (1600-1750)*. (Trad.). Lisboa: Dom Quixote, 1983.

WALLERSTEIN, Immanuel. *O Sistema Mundial Moderno*. Vol. I. A agricultura capitalista e as origens da economia-mundo européia no século XVI. (Trad.). Lisboa: Afrontamento, [1990].

_____. *O Sistema Mundial Moderno*. Vol. II. O mercantilismo e a consolidação da economia-mundo europeia, 1600-1750. (Trad.). Lisboa: Afrontamento, [1994].

_____. "The rise and future demise of the world capitalist system: concepts for comparative analysis." *Comparative Studies in Society and History*, 16.04 (1974), p. 387-415.

WÄTJEN, Hermann. *O Domínio Colonial Holandês no Brasil*. Um capítulo da história colonial no século XVII. Trad. São Paulo: Companhia Editora Nacional, 1938. Brasiliana, Série 5ª., vol. 123.

WILLIAMS, Eric. *Capitalismo e Escravidão*. (Trad.) Rio de Janeiro: Americana, 1975.

Lista de tabelas e gráficos

TABELAS

26   I Arrecadação dos Dízimos do Açúcar de Pernambuco por Freguesia, 1701-2

30   II Valor de Arrematação de Três Contratos de Pernambuco, 1656-1702

31   III Valor de Arrematação dos Dízimos de Pernambuco, 1656-1702

35   IV Rendimento de Três Contratos de Direitos sobre o Açúcar, 1744-1756

49   V Saída de Negreiros de Lisboa para a Costa da Mina, 1676-1731

54   VI Tipos de Embarcações no Tráfico Lisboa–Costa da Mina, 1676-1730

58   VII Tráfico de Negreiros: Lisboa – Costa da Mina por qüinqüênio, 1676-1730

58   VIII Tráfico de Negreiros: Lisboa – Costa da Mina por período

80	IX Entrada de Negreiros no Recife, 1724
85	X Homens de Negócio do Recife, 1ª. Metade do século XVIII
90	XI Contratos de Pernambuco: Arrematadores e Local de Arrematação, 1723-1750
91	XII Direitos sobre a Entrada de Escravos no Brasil (Contratos em cruzados)
92	XIII Direitos sobre a Saída de Escravos para as Minas Gerais (Contratos em cruzados)
147	XIV Exportação de Tabaco pelo Porto do Recife, 1698-1746 (Vários Anos)
168	XV Produtos embarcados no Recife: volume e participação em valor na carga
168	XVI Carga adquirida na Costa da Mina: volume e dispêndio em gêneros
169	XVII Gastos com Fazendas na Costa: Volume, Valor e Preços
170	XVIII Compra dos Escravos na Costa da Mina: Tipos, Despesa em Gêneros e Preço em Tabaco
173	XIX Conta dos gastos em tabaco e aguardente: escravos por conta das praças e do senhorio
173	XX Conta dos gastos em seda: escravos por conta do senhorio
176	XXI Composição da carga por sexo e tipo dos escravos
178	XXII Cálculos de despesas, receitas, lucro bruto e lucro líquido
181	XXIII Composição das Despesas
183	XXIV Cálculo do produto da venda dos escravos

183	XXV Cálculos de despesas, receitas e fretes, lucro bruto e líquido
184	XXVI Cálculos de despesas, receitas, lucro bruto e líquido da carga do senhorio
185	XXVII Estimativa do Lucro Líquido do Tráfico do Rio de Janeiro, 1810-1820
199	XXVIII Número de Negreiros e de Escravos vindos da Costa da Mina para o Porto do Recife, 1722-1731
200	XXIX Importação de escravos e Número de Negreiros Vindos da Costa da Mina para o Porto do Recife, 1742-1760 (Médias Qüinqüenais)
205	XXX Importação de Escravos da Costa da Mina: Bahia e Pernambuco (Médias Qüinqüenais)
211	XXXI Exportações da Costa da Mina para a Bahia: Três Estimativas
217	XXXII Participação de Embarcações Francesas no Tráfico de Escravos, 1700-1760
218	XXXIII Escravos Transportados por Negreiros Ingleses de Acordo com o Porto de Origem, 1698-1759

GRÁFICOS

32	1 Valores de arrematação dos Dízimos de Pernambuco : média trienal (1654-1703)
37	2 Preço do açúcar no Recife, 1695-1725 (média qüinqüenal)
117	3. Preços pagos pela *renta del tabaco*
118	4. Preços do tabaco em Amsterdã (médias quinquenais)
206	5. Importações de Escravos da Costa da Mina pela Bahia e Pernambuco: 1696-1760 (médias quinquenais)
215	6. Exportações de Escravos da África Atlântica por Origem dos Negreiros, 1700-1760

Gustavo Acioli Lopes

216   7. Exportações de Escravos da África Ocidental por Origem dos Negreiros, 1700-1760

Siglas utilizadas

AHU – Arquivo Histórico Ultramarino

ABNRJ – Anais da Biblioteca Nacional do Rio de Janeiro

AP – Anais Pernambucanos.

BA – Biblioteca da Ajuda

BNL – Biblioteca Nacional de Lisboa

BNRJ – Biblioteca Nacional do Rio de Janeiro

CU – Conselho Ultramarino

IAHGP – Instituto Arqueológico, Histórico e Geográfico Pernambucano

JT – Junta do Tabaco

LAPEH – Laboratório de Pesquisa e Ensino em História (UFPE)

MMA – Monumenta Missionária Africana

TSTD – Transatlantic Slave Trade Database

TT – Torre do Tombo

Pesos, medidas e moedas

Arroba (@): 32 arráteis ou libras (aprox. 14,7 Kg).

Onça: 8 oitavas.

Pipa: 500 litros.

Vintém ($020): vinte réis.

Tostão ($100): cem réis.

Pataca ($320): trezentos e vinte réis.

Cruzado ($400): quatrocentos réis.

Obs.: apesar da desvalorização de 20% da moeda portuguesa em 1688, os valores anteriores permaneceram vigentes na contabilidade pública e privada

Agradecimentos

As contribuições, de diversas formas, que recebi para desenvolver este trabalho deram-se antes, durante e depois dos anos do doutorado. Contei com apoios de várias ordens, todos eles fundamentais para que o trabalho chegasse a bom termo, por isso, expresso aqui meus agradecimentos. A prof.a Vera Lúcia Amaral Ferlini dispensou-me atenção e apoio constantes e o professor Fernando Novais leu este trabalho em várias de suas fases, tornando-se ambos credores de meu reconhecimento. Tiago dos Reis Miranda concedeu-me sua atenção nos dois lados do Atlântico, tornando as temporadas em Portugal particularmente produtivas, para o que também contribuiu a generosidade de Érika Dias no Arquivo Histórico Ultramarino, que continuou a ser prestimosa mesmo depois de meu retorno ao Brasil. A generosidade e amabilidade de Miucha facilitaram-me muito a vida de pesquisador em Lisboa.

Jean Baptiste Nardi leu as primeiras versões deste texto e a última, sugerindo e criticando de forma pertinente. Evaldo Cabral de Mello recebeu-me numa proveitosa tarde de conversa em sua sala de visitas, da qual saí com valiosas sugestões e indicações.

Daniel Domingues (então doutorando na Universidade de Emory, ago¬ra docente na Universidade do Missouri), mesmo à distância e sem que nos conhecêssemos pessoalmente, foi muito generoso comigo, lendo e criticando alguns textos meus e subsidiando a pesquisa com informações valiosas.

Sou grato a Maximiliano Menz, meu amigo Max; começamos há alguns anos uma parceria que, espero, continuará a dar frutos. Everton Barbosa, que se mostrou amigo em momentos importantes. Pablo Montserrath indicou-me algumas gralhas e equívocos no texto, que tratei de corrigir. Agradeço a Bruno Miranda, que me ajudou a escolher a imagem da capa, abreviando esta etapa final.

Finalmente, o professor Pedro Puntoni, que, com amabilidade, orientou a tese e não poupou esforços para que eu desfrutasse de todas as oportunidades que o doutoramento pode proporcionar, transmitindo confiança e dando-me autonomia na condução do trabalho.

Cumpre registrar a importância do CNPq, pela bolsa no Brasil e em Portugal.

Aos trabalhadores e trabalhadoras do Brasil, sem cujos impostos eu não teria o privilégio de fazer este trabalho.

O agradecimento a Micheline Reinaux vem no final, por uma razão muito simples: a gratidão a ela corresponde ao conjunto de todas as demais e, ainda assim, é maior que a soma das partes. A ela dedico este trabalho.